GONGYE QIYE
GUANLI

全国高等职业院校规划教材

工业企业管理

第二版

何林福　主编　　李夏生　主审

化学工业出版社

·北京·

本教材是为适应高等和中等职业教育非管理专业企业管理课程教学改革的需要而修订的。修订版在原《工业企业管理》第一版的基础上，吸收了当前国内外企业管理理论研究新成果和新经验，重点介绍了现代企业管理的基本理论、基本原理和实务知识，主要内容包括企业管理概论、经营管理、生产管理、技术管理、人力资源管理、物流管理、财务管理及技术经济分析等八大方面。

本教材以培养既懂工程技术知识，又懂管理技能和方法的二十一世纪有用人才为目标，内容基本涵盖了企业管理学科的基本知识。修订时，在结构上基本保留了第一版的编写体系；在内容上增加了人力资源管理、物流管理等新知识。为便于教学，各章均附有复习思考题。

全书内容精炼，观点鲜明，语言简练，重点突出，层次分明，通俗易懂。适合于高职院校、中专学校、职业高中等非管理专业学生的教学用书，也可作为相应层次的成人教育、管理干部培训教材，还可作为自学人员自学用书。

图书在版编目（CIP）数据

工业企业管理/何林福主编．—2版．—北京：化学工业出版社，2009.12（2023.8重印）
ISBN 978-7-122-06858-3

Ⅰ.工… Ⅱ.何… Ⅲ.工业企业管理 Ⅳ.F406

中国版本图书馆CIP数据核字（2009）第189276号

责任编辑：廉　静　王丽娜　　　　　装帧设计：王晓宇
责任校对：李　林

出版发行：化学工业出版社（北京市东城区青年湖南街13号　邮政编码100011）
印　　装：天津盛通数码科技有限公司
787mm×1092mm　1/16　印张15½　字数399千字　2023年8月北京第2版第5次印刷

购书咨询：010-64518888　　　　　售后服务：010-64518899
网　　址：http://www.cip.com.cn
凡购买本书，如有缺损质量问题，本社销售中心负责调换。

定　　价：38.00元　　　　　　　　　　　　　　　　　　版权所有　违者必究

第二版前言

原教材自2000年出版以来，得到许多兄弟学校的选用，并给予了不错的评价，甚感欣慰，在此表示不胜感谢。同时，许多学校该课程的任课老师在应用该教材过程中，提出了不少宝贵的意见和建议，并要求能在原教材基础上加以修改、充实、完善，组织再版发行。另外，从客观环境上来讲，自进入21世纪以来，随着经济全球化和信息技术的飞速发展，企业管理领域中许多新理论、新方法不断涌现，不断成熟，不断地被应用到管理实践之中。如人力资源管理、现代物流管理等内容，越来越受到管理理论界和管理实践者的重视，人力资源被称为"第一资源"，认为21世纪的"竞争归根到底是人力资源的竞争"，现代物流被誉为"第三利润源"、"企业脚下的金矿"、"未被开发的新大陆"等等。

为此，编者再次对原教材进行了全面剖析，同时征询了有关教师和企业界人士的意见，在此基础上，对有关章节作了适当的调整和修订，并增加了人力资源管理与物流管理两章新的内容。希望能给任课教师更好地组织教学过程带来有益的帮助，也能给学生扩大知识面，掌握更新更多的管理技能和方法，顺利进入社会参与经济建设带来有益帮助。

本教材的修编工作由浙江工商大学何林福老师独立完成，李夏生老师担任主审。在修编过程中参阅了许多专家学者的书籍资料，得到了企业界人士的大力支持和帮助，在此表示深深的谢意。

由于本人学识有限，不尽如人意之处仍然在所难免，恳请兄弟学校的教师、学生和其他读者批评指正，不胜感激。

编者

2009年8月于杭州

第一版前言

近几年来，我国社会主义市场经济深入发展，企业改革不断深化，企业管理领域新方法和新经验不断涌现，所有这些都对企业管理的理论教学提出了新的要求。为此，我们参考全国化工中专教学指导委员会1996年制定的企业管理教学大纲，并结合企业管理实践和理论教学中积累的经验，组织编写了本教材。

本教材立足于改善工科非管理专业学生的知识结构和思维方式，贯彻培养既懂工程技术又懂管理技术的现代化建设有用人才，并提高人才的综合素质的宗旨。在教材体系和结构上按照社会主义市场经济对企业管理的要求进行组织和更新，努力将管理实践中取得的新成果融入教材的各章节之中。编写过程中，从培养工程技术人员适应市场经济的实际需要出发，增加了现代企业制度，企业公共关系，市场营销，技术经济分析等内容。并按照素质教育的要求，在教材中有机地融合了与企业密切相关的法规、税收、保险、股票与证券、银行结算与存贷款、质量认证等内容，增强了教材的综合性。对生产管理、技术管理、财务管理等专业管理，主要从基本原理及分析运用入手，注意定量分析简明扼要，定性分析相对加强，力求做到定性分析与定量分析深浅适度。基本保证了本教材内容新颖、层次分明、特点明显、通俗易懂。既便于教学，又易于自学。

本教材既可作为工科高职、高专、中专非管理专业工业企业管理课程的教材；也可作为各类职工中专，成人高校及管理干部培训的教学用书；还可作为大专院校非管理专业的教学用书或教学参考书。

本教材由杭州化工学校何林福主编，并编写第一章、第二章、第五章，第三章、第六章由新疆化工学校韩长厦执笔，第四章由两人共同完成。全书由福建化工学校李夏生主审，安徽化工学校沈鸿、左静萍，上海化工学校顾睁，吉林化工学校杜志敏、洪玉花，泸州化工学校蒲开伦，沧州工业学校高安吉，河北化工学校赵志军，济南石化经济学校任军，兰州石化职业技术学院曹晨，湖北化工学校程福松等各位老师参加了本书的编写大纲和书稿审定工作。

在本教材编写过程中，编者参阅了许多专家学者的大量书籍资料，并得到福建省技术监督局张则钦处长的指导和帮助，在此谨向他们表示衷心感谢；同时对所有帮助和支持本教材编写的领导和老师们以及在本教材的整理、校对、打印方面做了大量工作的杭州化工学校的罗文婠老师一并表示深深的谢意。

由于编者水平所限，谬误之处在所难免，祈望读者提出宝贵意见。

编者
2000年2月于杭州

目 录

第一章 概论 ················· 1
第一节 工业企业 ················· 1
一、工业企业概述 ················· 1
二、现代企业制度 ················· 5
三、中国企业的主要法律制度 ······· 8
第二节 企业管理原理 ··············· 11
一、企业管理的职能和方法 ········· 11
二、企业管理的基本原理 ··········· 14
三、企业管理的演进和企业管理现代化 ··· 18
四、企业管理基础工作 ············· 21
第三节 企业公共关系与企业形象 ····· 23
一、企业公共关系的职能 ··········· 23
二、企业公共关系活动的程序 ······· 24
三、企业公关人员 ················· 25
四、企业公共关系实务 ············· 26
五、企业形象 ····················· 30
六、企业形象设计 ················· 31
复习思考题 ······················· 33

第二章 经营管理 ················· 34
第一节 经营思想 ················· 34
一、经营的概念 ··················· 34
二、经营思想 ····················· 34
第二节 经营战略 ················· 35
一、经营环境分析 ················· 36
二、明确经营目标 ················· 38
三、选择经营策略 ················· 38
四、经营战略实施 ················· 39
第三节 经营决策 ················· 39
一、经营决策的概念 ··············· 39
二、经营决策的程序 ··············· 41
三、经营决策的定量方法 ··········· 42
第四节 经营计划 ················· 48
一、年度经营计划的内容 ··········· 48
二、年度经营计划的编制 ··········· 49
三、年度经营计划的执行 ··········· 49
四、年度经营计划的控制 ··········· 50
第五节 市场营销 ················· 50
一、市场及市场营销 ··············· 50
二、市场调研 ····················· 52
三、市场选择 ····················· 57
四、市场营销组合策略 ············· 60
第六节 WTO 与企业国际化经营 ····· 68
一、WTO 简介 ···················· 68
二、加入 WTO 对我国经济的影响和对策 ························· 70
三、企业国际化经营 ··············· 71
复习思考题 ······················· 73

第三章 生产管理 ················· 75
第一节 生产管理概述 ············· 75
一、生产管理的任务和内容 ········· 75
二、生产管理的原则 ··············· 76
三、生产管理的发展趋势 ··········· 77
第二节 生产过程组织 ············· 79
一、生产过程与生产类型 ··········· 79
二、生产过程的空间组织与时间组织 ··· 82
三、生产现场管理 ················· 84
第三节 生产计划与生产作业计划 ····· 86
一、生产计划 ····················· 86
二、生产作业计划 ················· 90
三、生产控制 ····················· 90
第四节 网络计划技术 ············· 93
一、网络图 ······················· 93
二、网络图的时间参数计算 ········· 96
三、网络计划的优化 ··············· 99
第五节 物资管理 ················· 100
一、物资消耗定额 ················· 100
二、物资储备定额 ················· 101
三、库存控制 ····················· 102
四、库存分析 ····················· 104
五、物资节约 ····················· 105

复习思考题 ………………………………… 105

第四章　技术管理 ………………………………………………………………… 107

第一节　技术开发管理 …………………… 107
一、技术开发的内容和原则 ………… 107
二、技术开发基本程序 ……………… 108
三、技术开发评价与鉴定 …………… 109
四、新产品开发 ……………………… 110
五、高新技术开发与现代企业发展 … 112

第二节　质量管理 ………………………… 114
一、质量与质量管理 ………………… 114
二、ISO 9000 族质量管理与质量保证国际标准 …………………………… 117
三、质量控制 ………………………… 121
四、质量管理统计方法 ……………… 123

第三节　设备管理 ………………………… 134
一、设备的选择与评价 ……………… 134
二、设备的使用与维护 ……………… 135
三、设备的修理 ……………………… 136
四、设备的改造与更新 ……………… 139
五、现代设备管理理论 ……………… 141

第四节　安全与环境保护管理 …………… 142
一、化工生产的特点 ………………… 142
二、安全管理 ………………………… 142
三、环境保护管理 …………………… 145

第五节　价值工程和正交试验法 ………… 147
一、价值工程 ………………………… 147
二、正交试验法 ……………………… 151

复习思考题 ………………………………… 154

第五章　物流管理 ………………………………………………………………… 156

第一节　企业物流 ………………………… 156
一、物流的定义 ……………………… 156
二、企业物流的类型 ………………… 156
三、企业物流的特征 ………………… 157
四、企业物流的作用 ………………… 157
五、企业物流系统 …………………… 158
六、现代物流技术 …………………… 159

第二节　企业物流管理 …………………… 159
一、企业物流管理的概念 …………… 159
二、物流管理的类型和程序 ………… 161
三、物流管理的内容 ………………… 162

第三节　现代物流与电子商务 …………… 169
一、电子商务概述 …………………… 169
二、电子商务与现代物流 …………… 171
三、电子商务物流管理模式——供应链管理 ………………………………… 174

复习思考题 ………………………………… 176

第六章　人力资源管理 …………………………………………………………… 177

第一节　人力资源概述 …………………… 177
一、人力资源的概念 ………………… 177
二、人力资源是第一资源 …………… 177
三、人力资源的特点 ………………… 178
四、人力资源供求状况预测 ………… 178
五、人力资源开发 …………………… 179

第二节　人力资源规划 …………………… 180
一、人力资源规划的概念 …………… 180
二、人力资源规划的任务 …………… 180
三、人力资源规划的主要内容 ……… 180
四、制定人力资源规划的基本原则 … 181
五、制定人力资源规划的基本程序 … 181

第三节　人力资源激励 …………………… 182
一、人力资源激励的主要功能 ……… 182
二、人力资源激励的基本原则 ……… 183
三、激励理论简介 …………………… 184

第四节　人力资源管理 …………………… 188
一、人力资源管理的内涵 …………… 188
二、人力资源管理的职能 …………… 189
三、人力资源管理的作用 …………… 189
四、人力资源管理的内容 …………… 190

复习思考题 ………………………………… 191

第七章　财务管理 ………………………………………………………………… 192

第一节　资金筹集 ………………………… 192
一、资金筹集的原则 ………………… 192
二、资金筹集的渠道和方式 ………… 193

第二节　资产管理 ………………………… 199
一、固定资产管理 …………………… 199
二、无形资产管理 …………………… 202
三、流动资产管理 …………………… 203
四、企业财产保险 …………………… 208

  第三节 成本和费用管理 ················ 209
   一、成本和费用的内容 ················ 209
   二、成本费用开支范围的界定 ········ 210
   三、成本费用预测 ······················ 210
   四、成本费用决策 ······················ 211
   五、成本费用计划 ······················ 211
   六、成本费用控制 ······················ 212
   七、成本费用分析 ······················ 213
   八、降低产品成本费用的途径 ········ 213

  第四节 利润管理 ···························· 214
   一、利润的概念和构成 ················ 214
   二、企业税金及缴纳 ··················· 214
   三、企业利润分配 ······················ 218
   四、增加企业利润的途径 ············· 218
  第五节 财务报告和财务评价 ············· 219
   一、财务报告 ···························· 219
   二、财务评价 ···························· 221
  复习思考题 ······································ 222

第八章 技术经济分析 ·· 224

  第一节 技术经济分析的基本原理 ······· 224
   一、技术与经济的关系 ················ 224
   二、技术经济效果及其评价指标 ···· 225
   三、技术经济分析的可比条件 ······· 225
   四、资金的时间价值 ··················· 227
  第二节 技术经济分析的一般程序和
      方法 ······························· 231

   一、技术经济分析的一般程序 ······· 231
   二、技术经济分析的常用方法 ······· 231
  第三节 项目可行性研究简介 ············· 234
   一、项目可行性研究的任务和作用 ·· 234
   二、项目可行性研究的阶段与功能 ·· 235
   三、项目可行性研究的内容 ·········· 236
  复习思考题 ······································ 237

参考文献 ·· 238

第一章 概 论

现代工业企业要在市场经济条件下求得生存和发展，必须依靠科学有序的企业管理，并在实践中不断提高企业管理水平。改革开放以来，经过三十多年的管理实践，国内愈来愈多的企业管理者认识到，科学技术是生产力，管理也是生产力，技术和管理是现代工业前进的两个车轮，缺一不可。国外许多管理专家则认为，现代工业企业的发展壮大三分靠技术，七分靠管理。即管理比技术更重要，管理出质量，管理出效率，管理出效益。上述观点已经被国内外企业界普遍认可。长期的企业管理实践证明：高水平的企业管理是使工业企业的运行处于良性循环，实现以尽可能少的投入，得到尽可能多的产出的基本保证。

管理活动是人类最基本的社会活动，企业是人类创造财富、从事流通和提供劳务的基础，将管理活动的原理应用于企业是企业管理的宗旨。现代工业企业管理研究的对象是工业企业在市场经济条件下从事管理活动的理论、方法和手段。为此，本章将对工业企业的特征、类型、构成要素以及企业管理概念、职能、内容、基本原理、发展概况等进行阐述。

第一节 工业企业

一、工业企业概述

企业是指从事生产、流通和服务等经济活动，为满足社会需要并获取盈利，实行自主经营、自负盈亏、独立核算，具有法人资格的经济组织。企业是个历史的概念，它是随着社会生产力和商品经济的发展逐步形成的。企业根据不同的分类标准可以有许多的分类形式，如按所属的经济部门进行分类，可以分为工业企业、农业企业、商业企业、建筑企业、运输企业、金融企业、邮电企业等等。

工业企业是指从事工业产品的生产、流通或提供工业性劳务等经济活动，根据市场需求依法自主经营、自负盈亏、独立核算，具有法人资格的经济组织。工业企业是市场上资本、劳动力、技术等生产要素的提供者和购买者，也是独立的商品生产者和经营者。因此，作为工业企业必须具有一定数量的资本金，依法履行登记批准手续，在银行开设账户，并能独立承担民事责任，享受民事权利。由此可见，工业企业的根本任务可以归纳为：根据市场需求，发展商品生产，创造财富，增加积累，不断满足社会日益增长的物质和文化生活的需要。

（一）工业企业的特征

工业企业是一个历史性的经济范畴，是商品生产和社会分工的产物，它的产生经历了简单协作、工场手工业和机器大工业等三大阶段。从其长期的生产经营活动实践分析，工业企业的基本特征主要有以下三个方面。

(1) 工业企业以社会化大生产为基础　具体表现在：①生产社会化程度高，具有广泛密切的外部联系。工业企业根据各自分工分别承担各种初级工业品、中间工业品和最终工业品的生产，彼此之间保持密切联系，各种生产手段要由相关企业提供。尤其是进入知识经济时代，科学技术突飞猛进，社会经济快速发展，产品更新换代周期大大缩短，使工业企业同农业、商业、金融业、运输业等部门之间的联系更为广泛和密切。任何一个工业企业若离开了与社会环境的经济和技术联系，其结果必然会遭到社会的淘汰。②大规模采用了机器和机器体系，系统地应用了最新科学技术成果。每个工业企业都拥有自己生产所需要的技术装备，而且各种技术装备都是相互配合、相互联系并形成机器体系。在大机器体系生产条件下，无论是产品设计、工艺规程制定、操作方法选择以及在生产过程的每一个环节上，都必须系统运用科学技术知识，才能保证生产过程的有序进行。③劳动分工精细，协作关系更加严密。生产过程本身就是社会分工的产物，同时它又可以细分为许多不同的工艺阶段，每个工艺阶段又可细分为许多工序，采用不同的机器和不同工种的工人从事专业化生产劳动，从而使每种工业品的生产都成为整个工业企业全体员工共同劳动和密切协作的成果。④生产过程具有高度的连续性和比例性。工业企业内部严格要求投入各个生产环节的劳动者、劳动对象、劳动手段在时间上和空间上保持协调、相互衔接，使加工对象处于一种连续的运动状态，同时在数量上保持一致和平衡。

(2) 工业企业是以盈利为目标的从事工业性生产经营活动的经济实体　工业企业作为经济实体，必须要拥有一定的资源，享有经营自主权，实行独立核算，有权支配自己的人力、物力和财力，并承担财产保值、增值以及民事责任。工业企业为了自身的生存和发展，要追求最佳的经济效益，争取更多的利润。与此同时，工业企业必须坚持自负盈亏，在资不抵债时实行破产。若工业企业只负盈不负亏，企业就不可能正确地行使自主权，经营者也不可能有真正负责的经营行为。因此，工业企业应从自身的经营目标以及社会、生态和发展目标出发，进行独立的经营决策和市场开拓，根据市场供求状况，能动地组织供产销等经济活动，主动引入市场竞争机制，公平合理地参与竞争，并承担因竞争和市场变化给企业带来的风险。

(3) 工业企业是具有法人资格，依法成立并能独立行使法定权利和义务的社会经济组织　具有法人地位的工业企业，必须正式在政府有关管理部门登记注册，具备合法的经营条件和完善的批准手续。只有这样工业企业才能独立享有法律规定的权力和利益，承担法律规定的义务和责任；才能有权与其他法人签订具有法律效力的合同、协议和契约；才能受到国家法律的保护。

必须提出的是，社会主义市场经济条件下以公有制为主体，多种所有制经济共同发展，是我国的一项基本经济制度。这种特点决定了我国的工业企业必须为社会进步，国家经济发展，人民生活水平提高做出贡献，具体讲还要承担下列义务：努力为国家创造更多的附加价值，积累更多的资金；通过自身的创新和改革推动社会的发展，促进国家的经济繁荣；坚持各尽所能、按劳分配的主要分配原则，即企业和职工的所得要与工业企业的经济效益直接挂钩；企业内部要实行各种形式的民主管理，接受民主监督，企业外部要认真贯彻执行国家的方针、政策以及有关法律法规，接受宏观管理；做到在建设社会主义物质文明的同时建设社会主义精神文明。

(二) 工业企业的构成要素

工业企业是一个完整而复杂的动态系统，它具有明显的整体性、相关性、目的性、动态环境适应性等系统特征。要使工业企业这个动态系统有效地正常运行，就要求按照工业企业具有的机能开展自己的必要活动，如科学地制定经营目标、行动方案和各种技术组织措施，合理地协调各种生产要素，有计划有步骤地开展供、产、销活动，以满足市场需求，并取得良好的经济效益。工业企业的这一系列机能，决定了工业企业系统必须具备如图1-1所示的五大基本要素。

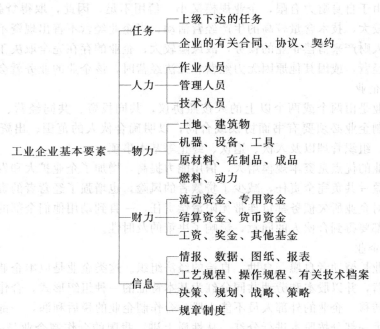

图1-1 工业企业要素构成图

上述五大要素，是在工业企业生产经营活动过程中同时发生作用的，五大要素之间密切相关，不可分割。其中的信息要素属于无形资源，现代工业企业真正的发展潜力和活力恰恰就隐含在信息要素这一无形资源之中。信息要素是工业企业人力、财力、物力和任务诸要素运动状态以及对外适应能力的综合反映。信息也是当今时代整个社会运动存续的原动力。因此，任何一个工业企业在追求其政治的、经济的、或其他业务目标的同时，都必须了解自己在社会中所处的地位和环境，了解自己的形象，了解整个社会的发展趋势，了解用户的意愿、需求和态度。总之，要了解和掌握与工业企业生存和发展有关的信息。否则，工业企业就会处于不清醒的、盲目的运行状态之中，就一定会在竞争中遭到失败。

（三）工业企业的类型

工业企业按照不同的分类方法，可以分为许多不同的类型。如按社会制度不同分为社会主义工业企业与资本主义工业企业；按企业规模不同分为大型工业企业、中型工业企业与小型工业企业；按生产要素所占比重不同分为劳动密集型企业与知识密集型企业；按组织形式不同分为单厂企业、总厂企业与企业集团；按生产资料所有制形式不同分为全民企业、集体企业与私营企业。随着我国社会主义市场经济理论的提出和实践，原来的全民所有制工业企业的经营方式，在经济体制改革不断深入的过程中，得到了调整和完善，正由过去单一的国营制发展到多层次、多形式的经营类型。归纳起来有：个人业主制企业、合伙制企业、合作制企业和公司制企业等四种基本类型。下面对这四种类型的企业作一简要介绍。

1. 个人业主制企业

个人业主制企业又称为个体企业或独资企业，在法律上属自然人企业。这类企业由个人出资兴办，业主自己直接经营，享有企业的全部经营所得。同时，业主对企业的债务负有完全的连带无限清偿责任，若企业出现资不抵债的情况，业主的一切财产在法律上说都可抵偿债务。

个人业主制企业的优点是企业规模小，成立和解散简单；经营方式灵活；决策迅速及时；制约因素较少；产权能够自由转移；利润由业主独享；由于实行集权管理，因而保密性强。其缺点是由于自身财力有限，企业规模又小，信用不足，因此，取得贷款的能力较差；难以从事投资较大，技术含量较高的生产经营活动；当企业经营不善出现资不抵债时，则法律将强制以个人财产来清偿企业的债务，故风险较大；企业的存在完全取决于业主个人，若业主无意继续经营，或因其他原因无力经营和无法经营时，该企业的业务就会立即中断。

2. 合伙制企业

合伙制企业是由两个或两个以上的人按照协议，共同投资、共同经营、共负盈亏的企业。设立合伙制企业必须要有书面协议或合同，以明确合伙人的范围、出资数额、盈余分配、债务承担、组织管理以及入伙、退伙、终止等基本事项。

合伙制企业的优点是资本规模增大，信用能力提高，增加了企业扩大和发展的可能；合伙人对企业的盈亏共负完全责任，减少了贷款者的风险，也增强了经营者的责任感。其缺点是每一合伙人对企业所欠债务都负连带无限清偿责任，一直到动用他们全部的个人财产；企业重要的决策都要得到合伙人的同意，影响了决策的及时性。

3. 合作制企业

合作制企业是劳动者自愿、自助、自治的经济组织。这类企业是以本企业的劳动者平等持股、合作经营，并以股本和劳动共同分红为基本特征的一种组织形式。合作制企业的股本金跟随劳动者转移，企业的外部人员不能入股。合作制企业的税后利润，一部分用于企业内部按劳分配，另一部分按股本进行分红。从性质上讲，我国的合作制企业是一种集体企业。合作制企业最低资本额国家不作规定，其资本可随时变动，其产权分属于本企业的职工，股金可退，但一般不允许转让和抵押。

近年来，我国在合作制企业的基础上，推行了股份制，逐渐形成了一种新型的经济组织——股份合作制企业。这是新形势下国有和其他公有制经济组织实现资产重组、资本结构优化，并以劳动者的劳动联合和资本联合为主要内容的一种良好的经济组织形式。股份合作制企业具有法人资格，贯彻自愿、互助互利、实行民主管理三项基本原则，企业化是这类企业的主要特征。从性质上讲，股份合作制是集股份制与合作制形式的优点为一体的产权多元化组合而成的一种经济形式。这种形式有利于城乡小型企业在改革中实现规模经营，有利于提高小型企业的竞争能力。因此，国家采取大力提倡，积极鼓励，政策适当放宽的措施，努力引导使其逐步完善，走上规范化道路。

4. 公司制企业

公司制企业是依法定程序设立，拥有自己的独立财产，以其全部资本对债务承担责任，并以盈利为目的的具有法人资格的经济组织。这种企业形式是随着市场经济向深层次发展的环境中逐步形成的，是进行大规模资本联合和资本经营的产物。最常见的有股份有限公司和有限责任公司两种形式。

有限责任公司的主要特点是股东人数少，一般为 2 人以上，50 人以下；公司的资本不划分等额股份，不公开发行股票，股东权益凭证不是股票，而是公司出具的股权证书；股金不能撤出，股金转让须经征得半数以上股东同意，并优先转让给公司的原股东；公司的设立和解散比较简单；公司的账目一般不公开。

股份有限公司的主要特点是资本股份化，并将全部资本划分为等额股份，公开向社会公众招股；经国家有关管理部门批准后，可以向社会公开发行股票，股票可以自由转让和交易，但不能退股；公司发起人人数在法律上有最低限额，一般不得少于 5 人；公司的设立和解散程序复杂；财务账目公开，通常在每一财政年度末，公司必须公布年度报告和有关财务报表，以便接受股东和债权人的质询。股份有限公司最突出的优点是股票可获准上市，公开向社会发行，从而能大规模筹资，扩大企业规模，增强市场竞争能力。因此，自19世纪下半叶以来，在西方这类公司发展最快，应用最广，作用最大。在当今世界上所有推行市场经济体制国家中的大中型企业，基本上采用了股份有限公司这种形式。

二、现代企业制度

（一）现代企业制度的内涵

现代企业制度是以完善的企业法人制度为基础，以产权清晰、权责分明、有限责任、政企分开和管理科学为特征，以公司制企业为主要形态的新型企业制度。建立和完善现代企业制度是我国国有大中型企业的改革方向。其主要内容可以概括为下列几点。

1. 产权关系清晰的企业制度

企业的设立必须要有明确的出资者，出资者享有企业的产权。企业中的国有资产所有权属于国家，企业拥有包括国家在内的投资者形成的全部法人财产权，成为独立享有民事权利，承担民事责任的法人实体。企业的法人财产是其行为能力的基础，企业只能在一定权限内占有和使用，企业的财产所有权以及在经营中形成的利润和资产增值都属于出资者。

2. 权责明确的企业制度

企业以其全部法人财产，依法自主经营，自负盈亏，照章纳税，同时对出资者都承担资产保值增值的责任。企业出资者以其投入资本额享有同等份额所有者的权益，即享有资产受益、重大决策和选择管理者等权利。

3. 有限责任的企业制度

当企业发生亏损时，包括国家在内的所有出资者都应按投入资本额的多少承受损失。当企业亏损到资不抵债而破产时，出资者以其全部投入资本额为限对企业债务负有限责任。

4. 政企分开的企业制度

明确企业是独立自主的经济组织，取消企业与政府之间的行政隶属关系，企业按照市场需求，以提高经济效益、劳动生产率和实现资产保值增值为目的，自主组织生产经营。政府通过宏观调控来影响和指导企业的活动，不直接干预企业的生产经营活动。企业在市场竞争中优胜劣汰，对长期亏损、资不抵债的企业实行依法破产。

5. 组织管理科学的企业制度

现代企业制度有一套科学、完整的组织结构，它通过规范的组织制度，使企业的权力机构、监督机构、执行机构之间职责明确，并形成制约关系。公司制企业是现代企业组织中的一种重要形式。从克服现有企业组织管理制的弊端和提高企业经济效益出发，建立科学的企业管理制度，重点是对企业产权关系、机构设置、用工制度、工资制度、财务会计制度等进行改革，建立严格的责任制体系。并注重调节所有者、经营者和职工之间的关系，形成激励和约束相结合的经营机制。

必须指出，建立现代企业制度是一项系统工程，在组织实施过程中，要把改制、改造、改组、强化管理以及解决企业存在的难点、重点问题结合起来。决不能把现代企业制度片面理解为股票上市、内部集资或把企业翻牌为公司。

（二）建立现代企业制度的重要性

自从我国实行改革开放政策以来，企业改革基本沿着所有权与经营权相分离，扩大企业经营自主权，改革经营方式，以市场为导向，搞活国有大中型企业的思路向前推进。通过放宽政策，运用利益刺激手段来提高企业和职工的积极性，增强企业的后劲和活力，为企业进入市场奠定了初步基础。但是,随着经济体制改革的深入发展,国有企业活力不足的深层次原因进一步显露出来,长期困扰企业的政企职责不清,自主权难落实,约束机制不健全,经营观念落后,历史包袱沉重,国有企业财产有人占用而无人负责,任人侵吞的所有权虚置,经济效益低下等问题,主要是由于企业产权关系不明确、组织制度不合理、管理制度不科学造成的。企业改革要进一步深化,解决这一系列深层次矛盾,由放权让利为主要内容的政策调整转为企业制度的创新,把改革经营方式与改革产权制和其他企业制度结合起来。因此,必须要从我国的国情出发,吸收和借鉴世界发达国家的有益经验,建立既符合我国现状又能与国际惯例接轨的现代企业制度,才能真正实现企业改革思路的彻底转变。

(三)现代企业制度的组织形式

公司是现代企业制度的主要组织形式。其中有限责任公司和股份有限公司能较好地体现现代企业制度的内涵。所以,我国颁布的《公司法》只规定了这两种基本形式。

《公司法》规定公司的组织机构包括股东大会、董事会、监事会以及总经理等高级职员。股东大会是公司的最高权力机构,由它选择产生董事会和监事会。董事会是公司常设的最高决策机构,行使决策权。监理会是对董事会及整个公司的经营活动进行监督的机构,行使监督权。总经理由董事会聘任,并受其领导,全面负责公司的日常生产经营活动,行使执行权。公司的组织机构如图1-2所示。

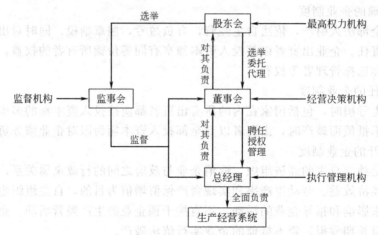

图1-2 公司组织机构示意图

1. 股东大会(股东会)

有限责任公司称其为股东会(由全体股东组成)。依法行使下列职权。

① 决定公司的经营方针的投资计划;
② 选举和更换董事,决定有关董事的报酬事项;
③ 选举和更换由股东代表出任的监事,决定有关监事的报酬事项;
④ 审议批准董事会的报告;
⑤ 审议批准监事会或者监事的报告;
⑥ 审议批准公司的年度财务预算方案、决算方案;
⑦ 审议批准公司的利润分配方案和弥补亏损方案;
⑧ 对公司增加或者减少注册资本作出决议;
⑨ 对发行公司债券作出决议;
⑩ 对公司合并、分立、变更公司形式、解散和清算等事项作出决议;
⑪ 修改公司章程。

股东大会应当每年召开一次年会，一般在每年结算后的一定期限内召开。股东大会由董事会召集，董事长主持，主要内容是向股东宣布公司的经营情况，并对公司的重要事项进行表决。

对有限责任公司的股东会还要对变更公司形式，股东向股东以外的人转让出资等作出决议。

2. 董事会

董事会是股东大会（股东会）的执行机构，对股东大会（股东会）负责。董事会依法行使下列职权。

① 负责召集股东会，并向股东会报告工作；
② 执行股东会的决议；
③ 决定公司的经营计划和投资方案；
④ 制订公司的年度财务预算方案、决算方案；
⑤ 制订公司的利润分配方案和弥补亏损方案；
⑥ 制订公司增加或者养活注册资本的方案；
⑦ 拟订公司合并、分立、变更公司形式、解散的方案；
⑧ 决定公司内部管理机构的设置；
⑨ 聘任或者解聘公司经理，根据经理的提名，聘任或者解聘公司副经理、财务负责人，决定其报酬事项；
⑩ 制定公司的基本管理制度。

董事会设董事长一人，董事长是公司的法定代表人，行使下列法定职权。

① 主持股东大会和召集、主持董事会会议；
② 检查董事会决议的实施情况；
③ 签署公司股票、公司债券。

3. 监事会

监事会由股东代表和适当比例的公司职工代表组成。董事、经理及财务负责人不得兼任监事。监事会依法行使下列职权。

① 检查公司财务；
② 对董事、经理执行公司职务时违反法律、法规或者公司章程的行为进行监督；
③ 当董事和经理的行为影响公司的利益时，要求董事和经理予以纠正；
④ 提议召开临时股东会；
⑤ 公司章程规定的其他职权。

监事列席董事会会议。

4. 经理（总经理）

公司设经理一人，由董事会聘任和解聘。经理是公司日常经营管理的行政首脑，也是公司的高级职员，对董事会负责。经理依法行使下列职权。

① 主持公司的生产经营管理工作，组织实施董事会决议；
② 组织实施公司年度经营计划和投资方案；
③ 拟订公司内部管理机构设置方案；
④ 拟订公司的基本管理制度；
⑤ 制定公司的具体规章；
⑥ 提请聘任或者解聘公司副经理、财务负责人；
⑦ 聘任或者解聘除应由董事会聘任或者解聘以外的负责管理人员；

⑧ 公司章程和董事会授予的其他职权。
经理列席董事会会议。

三、中国企业的主要法律制度

（一）中华人民共和国企业法

中国的《企业法》于1988年4月13日正式颁布。从而真正确立了企业自主经营、自负盈亏、独立核算的社会主义商品生产者和经营者的法定地位。

《企业法》的核心是实行所有权和经营权的分离。其目的是政企分开，理顺国家与企业的关系，确立厂长的中心地位，保障职工的民主权益，使企业摆脱在生产经营活动中的"恋母（国家）"情结，真正成为独立的、充满生机活力的企业法人。

1. 企业的设立、变更和终止

企业的设立必须依照法律、法规建立。这要求要依法履行一定程序，取得法人资格；创建人以一定的人力、财力和物力等进行定向投资，形成能生产某种工业产品或提供工业性劳务的场所和条件，并能创造一定盈利的经济组织。

企业的变更是企业在生产经营活动过程中，经过一定的法律程序，改变部分或全部生产经营内容、形式和组织机构的行为。其形式有合并、分立、停业、转产和迁移等。

企业的终止是企业在不能或不宜继续从事生产经营活动的情况下，履行一定法定程序，终止生产经营活动，解散组织，清理并处理债权、债务，以致最后撤销的行为。企业终止意味着企业作为经济组织和法人的消失。

2. 企业的权利和义务

企业权利是《企业法》赋予企业的行为资格，并以此资格依法行使权力和享受的利益。企业的权利有：生产计划权、产品销售权、物资选购权，产品价格确定权、留用资金使用权、固定资产处置权、工资奖励管理权、劳动用工管理权、组织机构设置权、拒绝摊派权、横向经济联合权、对外贸易和外汇分成权。

企业的义务主要有：全面履行合同、对用户负责、节约原材料、发展技术、依法纳税、遵守财务制度、劳动保护、安全生产、提高职工素质、支持和鼓励职工开展合理化建议和发明创新。

3. 企业的法律责任

法律责任是因违法行为而引起的应该承担的法律义务。企业不履行或不正确履行《企业法》的行为就是违法行为。其特征有：一是具有违法性，即直接违反《企业法》本身的规定和违反相关法律法规的规定；二是具有危害性，任何违法行为必然会造成对某种权利的侵犯，因而产生危害。

《企业法》第七章对违法行为所必须承担的法律责任作了明确规定，任何机关、组织和个人的违法行为都应受到法律制裁。法律责任的形式分为行政责任、民事责任和刑事责任三种。行政责任是行为人违反行政法律规范时，由国家行政机关所给予的行政处分和行政处罚。行政处分分为警告、记过、记大过、降级、降职、撤职、留用、察看和开除。行政处罚分为警告、罚款、没收违法所得、责令停业、吊销执照、拘留当事人等。民事责任是具有独立责任能力的法人或自然人违反民事法律规定而应对其后果负责。任何企业因生产、销售不合格产品，造成产品的质量事故，给用户造成人身、财产侵害时，应承担民事赔偿责任；或企业生产、交付的产品不符合合同约定的条件时，应承担民事违约责任。刑事责任是对严重违反《企业法》的规定，给国家、社会、企业或职工的利益造成重大损失，构成犯罪行为的，应追究刑事责任。

（二）中华人民共和国公司法

为适应中国建立现代企业制度的需要，规范公司制企业的组织和行为，保护公司、股东、债权人的合法权益，维护社会经济秩序，促进社会主义市场经济的有序顺利发展，国家于1993年12月29日正式颁布了《中华人民共和国公司法》。《公司法》明确规定了公司以其全部资产对公司的债务承担责任；公司股东作为出资者按投入公司的资本享有所有者的资产受益、重大决策和选择管理者等权利；公司享有由股东投资形成的全部法人财产权，依法享有民事权利，承担民事责任；公司中的国有资产所有权属于国家；公司以其全部法人财产，在国家宏观调控下，根据市场需求，依法自主经营，自负盈亏；公司实行权责分明、管理科学、激励和约束相结合的内部管理体制。

按照《公司法》设立的公司分为有限责任公司和股份有限公司。《公司法》分别规定了有限责任公司和股份有限公司设立的条件及程序；公司章程应载明的事项；注册资本的限额及有关事项；公司的组织机构以及各级机构的权利、义务和责任；公司的合并、分立、破产、解散和清算的条件、程序以及有关事项；公司的财务、会计制度；公司的法律责任。《公司法》还对股份有限公司的股份发行和转让作了具体规定。

（三）中华人民共和国合同法

随着中国社会主义市场经济不断向深层次发展，原《经济合同法》、《涉外经济合同法》、《技术合同法》上有些规定已不能完全适应。为了进一步维护合同当事人的合法权益和社会经济秩序，并与国际市场顺利接轨，促进社会主义现代化建设。新合同法草案于1999年3月15日经九届全国人大二次会议审议通过。1999年10月1日起正式施行。

合同是平等主体的自然人、法人、其他组织之间设立、变更、终止民事权利义务关系的协议，是一种民事法律行为。《合同法》规定合同当事人必须遵循平等、自愿、公平、诚实信用、守法等基本原则。依法成立的合同，受法律保护。行政法规的强制性规定的合同无效。

1. 合同的订立

合同的订立是双方当事人通过协商而在彼此之间建立合同关系的行为。合同从订立开始，确定相互的权利义务关系。《合同法》规定，合同订立的主体必须具备一定的资格条件，采用法定的方式和形式，内容上必须符合法律法规，遵循一定的程序。合同的内容由当事人约定，一般应包括以下条款：当事人的名称或姓名和住所；标的；数量；质量；价款或者报酬；履行期限、地点和方式；违约责任；解决争议的方法。合同订立的程序通常包括要约和承诺两个阶段。要约是希望和他人订立合同的意思表示，承诺是受要约人同意要约的意思表示。合同签订以后，若有必要需公证和鉴证。依法成立的合同，自成立时生效。

2. 合同的履行

合同的履行是合同当事人按照约定全面履行合同所要求完成的事项。在合同履行过程中，双方当事人必须共同遵循诚实信用、实际履行、全面履行、协作履行等原则，并按照合同履行交付、验收和结算三个步骤，具体实现整个行为过程。

3. 合同的担保

合同的担保是合同双方当事人为保证合同切实履行，经协商一致而采取的具有法律效力的有力措施。设立担保既能增强当事人履约的责任感，促使其按合同规定完成义务，又能保障权利人在未受损失之前确保其权利的实现。合同的担保有保证、抵押、质押、定金和留置等五种形式。

4. 合同的变更和转让

合同的变更是合同有效成立后，履行完结前，由双方当事人依法定的条件和程序，对原合同内容所作的变更。合同内容发生变化包括：标的物品质量规格的改变；标的物品数量的增减；价格或酬金的变化；履行地点的变换；履行期限的变更；履行方式的改变；所附条件的增添或除去；结算方式的改变；违约金的更改；担保的设定或消失等等。合同的变更必须由要求或决定变更合同的一方，以书面形式向对方提出建议或发出通知，其内容应包括变更的内容；变更的理由；善后处理的意见；答复期限。当事人一方接到变更合同的通知后，要在法定或约定的期限内予以答复。逾期不作出答复的，视为默认。合同双方当事人经协商取得一致意见后，制作协议书。

合同的转让是合同主体变更，即合同的当事人一方将合同的全部或部分权利、义务转让给第三人，而合同的内容不变更。合同转让可归纳为权利转让、义务转让、代替履行、合并与分立后的履行等四种类型。合同转让的程序一般包括转让通知、转让同意，需批准和登记的，还须依照规定办理批准和登记手续。

5. 合同的终止和解除

合同终止是指在合同履行过程中，因发生某种特定原因不可能继续进行，或继续履行已没有意义，或不需要全部履行以及合同履行完毕。只要具备下列情形之一的，合同的权利义务即告终止。即：债务已按约定履行；合同解除；债务相互抵消；债务人依法将标的物提存；债权人免除债务；债权债务同归于一人；法律规定或当事人约定终止的其他情形。

合同的解除是指合同有效成立后，履行完结之前，合同当事人依照法律规定的条件和程序，解除合同确立的权利义务关系，终止合同的效力。出现下列情况之一的，当事人可以解除合同：因不可抗力致使不能实现合同目的；在履行期限届满之前，当事人一方明确表示或以自己的行为表明不履行主要债务；当事人一方迟延履行主要债务，经催告在合理期限内仍未履行；当事人一方迟延履行债务或有其他违约行为致使不能实现合同目的；法律规定的其他情形。

6. 违约责任

违约是指合同一方或双方当事人没有依据合同的约定履行其义务，或其履行不符合同要求的行为。合同违约行为多种多样，纷纷复杂，现归纳为不完全履行；不适当履行；迟延履行；拒绝履行；不能履行等五种类型。违约发生后，应当依照法律规定或通常作法，妥善处理。对于受害方来说，这种处理既是行使权利也是履行义务。

违约责任是指合同一方或双方当事人违反合同义务所应承担的法律责任。设立违约责任的目的是为了以法律手段保证和监督合同的全面履行。当事人承担的违约责任主要有强制实际履行；支付违约金；支付赔偿金以及其他解救措施。

7. 合同纠纷的解决

合同纠纷是指双方当事人订立合同后，对合同内容的理解或合同的履行，以及不履行或不完全履行合同的法律后果等所发生的争议。发生合同纠纷后，其解决的方法有当事人自行解决、调解、仲裁、诉讼。普通合同的诉讼时效为两年。

现实生活中的合同多种多样，新颁布实施的《合同法》分别根据经济贸易和审判实践中出现的情况，规定了以下买卖合同；供用电、水、气、热力合同；赠与合同；借款合同；租赁合同；融资租赁合同；承揽合同；建设工程合同；运输合同；技术合同；保管合同；仓储合同；委托合同；经纪合同；居间合同等十五种合同。这些合同都是企事业单位和公民在生产经营活动和生活中普遍发生的，分别为当事人订立和履行合同提供了具体规范，也为人民法院和仲裁机构审理或仲裁案件提供了依据。

第二节 企业管理原理

一、企业管理的职能和方法

企业管理是指企业在一定的经济关系支配下，为了有效实现预期目标，对生产经营活动进行计划、组织、指挥、协调和控制等一系列活动的总称。这一定义包含了几层含义。一是企业管理的目的在于达到企业的预期目标，整个管理过程就是向目标逼近的过程；二是企业管理的对象是企业生产经营活动中的人、财、物、时间、信息等各种资源，企业要实现在激烈的竞争环境中高效有序地运转，就必须正确处理人与人、人与物、物与物的关系，使他们实现有机结合；三是企业管理受一定的经济关系所支配，必然体现生产资料所有者的意志、利益和要求；四是企业管理的职能是计划、组织、指挥、协调和控制，这些职能构成了一项管理活动的全过程。

（一）企业管理的职能

企业管理的职能是指企业管理者为了实行有效管理所必须具有的职责和功能，它表示企业管理者对管理对象影响的能力和程度。在企业管理实践中，管理者具备了这种职责和功能，就能正确协调企业内部人与人、物与物、人与物的各种关系，正确处理企业与国家、企业与市场、企业与消费者的各种关系，取得尽可能好的经济效益。

根据马克思主义关于管理二重性的理论分析，企业管理应当具有两大基本职能，即合理组织生产力和正确维护和完善生产关系的职能。由于工业企业的生产过程是生产力和生产关系相统一的过程，任何企业管理工作都是按照生产力和生产关系的要求来进行的，因此这两种基本职能通常是结合在一起发生作用的。在企业管理实践中，企业管理的基本职能是通过一系列具体职能来体现和实现的，具体职能包括计划职能、组织职能、指挥职能、协调职能和控制职能。这些具体职能是企业管理工作的基本内容，它们的动态形式联接各种管理要素，并形成完整的企业管理活动过程。现分别介绍如下。

1. 计划职能

计划职能是指企业在对内部条件和外部环境分析基础上，通过市场调查和预测，结合企业的经营目标作出决策，制定出实现企业目标的总体规划和具体行动计划。计划职能的核心是确定目标和达到目标的手段，本质是把握未来，重点是正确的预测和科学的决策。可见，计划职能是企业管理的首要职能，也是企业生产经营活动的基本依据。计划职能的主要内容包括预测、决策和计划三个环节。这些环节在具体操作过程中存在着许多不确定因素，而要准确把握这些不确定因素又非常困难，这使计划工作具有很高的风险性和挑战性。因此，要求管理者必须具备科学的决策思想，掌握先进的决策技术，以保证决策的准确性，使企业的计划在最大限度地减少风险的条件下，实现企业的预期目标。

2. 组织职能

组织职能是指将实现企业目标的各种要素和人们在生产经营活动中的相互关系，合理地组织起来，明确权利和职责，从而形成一个有机结合的整体，使企业的人、财、物、信息得到最合理的利用。组织职能包括组织结构和组织行为两个方面。组织结构是从企业的生产经营特点出发，服从于企业的经营方针和决策，围绕企业的计划和目标而建立起来的企业管理体制，如领导制度、管理机构、职责权限、规章制度等；组织行为是指科学地组织企业的生产经营活动，正确合理地挑选和配备人力，合理科学地配备和使用资金、技术设备，做到人尽其才，物尽其用。企业管理的组织职能不仅是企业计划目标实现的根本保证，而且也是其他管理职能发挥作用的前提。

3. 指挥职能

指挥职能是管理者为了使下属部门及其各类人员能按计划有效地工作，而对其进行的领导和指导。现代工业企业的生产技术要求高，分工细致，协作关系密切，各项工作环环相扣、相互联系、相互制约，必须建立高度统一的、高效有效的、强有力的生产经营指挥系统。通过统一的指挥调度，使企业内部各个环节互相配合、协调一致，保证生产经营过程的连续性和均衡性，从而顺利实现企业的计划目标。指挥职能只在上下级关系中发挥作用，反映的是一种纵向的管理关系，它包括领导、指导、监督、教育、鼓励等内容，并利用口头、文件、会议、报告等信息传递手段，通过规定的权限和渠道实现的。在坚持统一指挥的过程中，不能政出多门，不搞多头指挥，要坚持下级只服从一个上级的指挥；坚持一级指挥一级，不搞越级指挥；要讲求指挥艺术，既不搞专制式的指挥，也不搞俱乐部式的指挥，要善于运用法定的影响力和非法定的影响力，恩威并施，从而保证指挥职能的充分发挥。

4. 协调职能

协调职能是管理者为了保证企业的生产经营活动按计划目标正常进行，对企业与外部环境之间以及企业内部各部门和各环节之间的和谐现象进行的平衡和调节。协调职能可以调节管理活动，使之统一起来，共同有效地实现企业的目标。同时，它可以使各部门、各环节互相配备，紧密衔接，以减少和避免人力、物力、财力及时间的浪费。协调职能可区分为纵向协调和横向协调：纵向协调是企业组织机构上下级之间的协调；横向协调是企业内同级各部门、各单位之间的协调。对外协调是企业与外部环境之间的协调，如供、产、销之间，产品与市场之间，企业与其他单位之间的协调，在市场经济条件下对外协调是企业生存和发展的根本保证，任何一个企业切不可加以忽视。企业只有既做好对内协调，又做好对外协调，才能保证企业内部的生产经营活动做到紧张有序，才能保证企业在激烈的竞争环境中立于不败之地，并得到不断发展。

5. 控制职能

控制职能是根据企业的经营目标、计划及标准，对生产经营活动进行监督和检查，发现偏差，及时地采取措施，防止和纠正偏差的重复发生，确保企业目标的最终实现。控制职能是一种保证性职能，它对企业的生产经营活动起保证监督作用。控制和计划不仅是企业管理中最主要的两项职能，而且是一对紧密联系，不可分割的职能。计划为控制提供标准，控制为计划的实现提供保证。控制的内容十分广泛，但就其本质而言，一是控制计划，即密切注意企业内部条件和外部环境的变化，对计划进行及时控制和调整，使其和内外条件保持动态平衡；二是控制行动，即及时控制生产经营活动及其他工作的行动，看其是否与计划标准有偏差，若有偏差则及时分析原因，采取措施，调整行动使其和计划保持一致。控制职能是对整个企业的人机系统进行控制，它不仅是对物质生产流程的控制，而且是对人员行为的控制。为了有效进行控制，必须要有全局观念，从整体利益出发，使各个局部控制目标协调一致；要有长远观念，提高预见性和预防性，不断预测未来的变化，防止重大偏差的出现；要有重点观念，抓住重点事项进行重点控制；要有激励观念，运用物质的和精神的激励手段，不断启发和调动职工的积极性，使职工由被动接受控制变主动接受控制，由接受他人控制变为自觉进行自我控制。

企业管理的五项具体职能是一个有机的统一体，各自在其中发挥不同的作用。计划职能是决策性的首要职能；组织职能、指挥职能和协调职能是使企业计划得以具体落实和付诸实施，是执行性职能；控制职能是为计划顺利实现提供保证监督的，是保证性职能。它们相互联系、相互制约，构成了企业管理的一个完整的职能体系，同时也构成了企业管理的全过程。

（二）企业管理的方法

实行高效有效的企业管理，必须要有一套行之有效的科学的管理方法。所谓管理方法，是指实现管理职能，保证管理过程顺利进行的手段、方式和措施的总称。管理方法是人们对管理客观规律的自觉运用，并在长期的管理实践中形成的经验结晶。现代企业管理的基本方法有以下几种。

1. 经济方法

经济方法是指按照客观经济规律的要求，正确运用经济手段来执行管理职能的方法。如利用经济杠杆、价值规律、经济立法、经济责任制等方法处理各种经济关系；贯彻物质利益原则，调动各方面的积极性；按照社会供需规律，合理确定企业的产品结构、数量和价格；以提高经济效益为目的，实行责、权、利相结合的经济管理制度等。

2. 行政方法

行政方法是指企业各级行政组织机构运用其权力，通过行政手段和措施直接对管理对象产生作用。行政手段包括各种决议、决定、命令、规定、标准、定额等。行政方法的根本特点是依靠权威，对执行者具有强制力，强调下级服从上级是其基本原则。

3. 法律方法

法律方法是指运用国家的有关法规来管理企业的生产经营活动和职工行为的方法。企业是具有独立经济利益的法人实体，国家通过立法，保障企业的合法权益。如果合法权益受到侵犯，可以法人的资格寻求法律保护。同时，企业必须遵守法律的有关规定，规范自己的行为，依法组织企业的生产经营活动，保证企业各项活动的合法性。

4. 教育方法

教育方法是指对职工进行精神文明和业务技术方面的教育和培训，不断提高职工素质，使职工适应在生产经营活动中发挥主导作用的要求和现代科技飞速发展的形势需要。企业管理的教育方法首先是做好人的工作，人是有思想的，必须依靠强有力的思想政治工作，调动人的积极性和创造性，从而促进和保证企业搞好精神文明和物质文明建设。

5. 系统方法

系统方法是指企业是一个开放的人造系统，在分析研究问题时，要把对象放在系统中加以分析研究的方法。企业是一个系统，它由经营管理、生产管理、技术管理、财务管理等子系统所组成。企业管理系统与企业生产系统以及企业经营系统构成企业系统的整体。企业系统又与周围的其他系统组成一个大系统。企业内部的各子系统构成企业的内部环境，企业外部各系统构成企业的外部环境。系统方法就确立了这样一个观点：企业管理必须适应外部环境的变化。企业属于外部环境这一大系统的子系统，是一个开放的系统，它从外部环境不断输入信息以及各种资源。作为企业管理系统就应随时掌握外部环境变化的趋势，及时采取相应的对策和措施，使企业适应外部环境的变化，同时求得生存和发展。

6. 优化方法

优化方法是指为实现企业的预期目的，从多种可行方案中选择最优方案，以求得到解决问题、实现目标最佳效果的方法。优化就是要把企业的有限资源，最有效地转化为社会财富，以最大限度地提高企业的经济效益。优化的方法常见的有：经验判断法和数学模型法两种。经验判断法是根据管理者的实践经验和掌握的信息，对各方案经过比较分析而作出判断的方法；数学模型法是用数学的方法，来描述客观事物的特征及其内在联系的定量分析的方法。优化方法常常与计算机应用相结合，在处理复杂的管理问题中，不仅取得了惊人的经济效益，而且也提高了服务质量，取得了可喜的社会效益。

二、企业管理的基本原理

企业管理原理是指企业管理的根本依据和准则，是所有专业管理的理论基础。企业管理原理来源于实践，同时又是企业管理实践中观察、分析和处理问题的指导思想和行为准绳。随着企业管理实践的不断深入和企业管理理论的日益丰富，人们对企业管理原理作了更加深入的研究和探讨，对其有了更为深刻而全面的认识。本书提出由四个基本原理组成的企业管理原理体系。

（一）系统管理原理

系统管理原理是指企业是一个复杂的社会技术经济系统，企业管理就是为了实现经营目标而设计、运作的系统活动。系统管理原理不仅为认识企业管理的本质和方法提供了新的视角，而且它所提供的观点和方法渗透到其他企业管理原理之中，可以说在整个企业管理原理体系中起到了指导和表率作用。体现系统管理有一系列管理观念。

1. 整分合观念

整就是集权，统一管理；分就是分权、分级、分片、分块管理；合就是综合，把整和分控制在一定的程度，把集中统一管理和分级、分片、分块管理结合起来。整、分、合是矛盾的统一，一定要特别强调整体性，树立全局观点，着眼于企业的整体管理，如整个企业的产品结构、供产销、生产技术的平衡协调。当然，并不是说要不分级、不分层、不分片地进行笼统管理。需要的是经过系统分析建立起来的明确分工，在坚持整体目标的前提下的充分协作。树立整分合观念是合理解决这个问题的前提条件。

2. 能级观念

各种管理岗位有不同的能级，人也有各不相同的才能。因此，必须在企业系统内建立起合理的管理能级，使管理的内容动态地处于相应的能级之中，同时明确各能级的职、权、利，使他们相对应。保证人尽其才，物尽其用。以调动各方面的积极性。一般来说企业的系统结构应该是正三角形，自上而下可以分为战略层、协调层、执行层。战略层的主要任务是为了使企业能够生存和发展，将企业的内部条件和外部环境结合起来，制订适应性和创造性的发展战略。协调层的主要任务是将企业的发展战略和综合计划转化为具体的作业计划以及工作程序，组织、指挥、协调和控制执行层严格按照计划有效地开展工作，保证工作质量和工作效率符合企业的标准和规范。执行层的主要任务是严格按照作业计划完成自己的工作任务，有效地实现既定目标，其环境是相对封闭的，工作过程可以程序化，并能通过定量分析来寻找工作的最佳方案。

由此可见，不同管理层次的任务和职责是不同的，它标志着能级的差异，切不可颠倒或混淆。否则就会导致系统的混乱而最终达不到预期的管理目的。

3. 封闭观念

管理系统是一个目标独立、边界明确的相对独立体系。系统内的各要素之间都存在着相互制约、相互作用、相互依赖的关系，牵一发而动全身，构成了一个连续封闭的回路。因此，在企业管理过程中，对各种管理机构的设立和不同管理职能的确定，都应有明确的界限，明确的输入和输出。同时，必须建立一种相互制衡机制，只有这样才能形成有效的管理运动，获得最大的整体效益。例如著名的戴明环（PDCA循环），就是一个封闭的管理职能环，只有在同一个子系统中才能建立封闭的管理环，也只有建立这样的管理环，才能充分发挥该子系统的功能。这种封闭回路越严密、越完善，管理就越有效、越科学。

企业管理过程要实现封闭还必须要做到：建立灵敏、准确、有力和高效的信息反馈系统；建立并不断完善规章制度，使制约关系规范化、制度化；明确封闭观念是一个相对的概念。

4. 目标管理观念

目标管理是由企业系统内全员参与的，以企业整体目标为中心，制定出在一定时间内各部门、各岗位，直到每个员工必须达到的各项工作目标，明确相应的责任、权力和利益，使之成为一个高度一致的目标体系，每个员工均围绕这些目标，自觉工作，自我控制，并进行定期考核评价的一种管理模式。目标管理（MBO）是当今世界上最受欢迎，应用最为广泛的系统管理模式之一。20世纪80年代初，引入我国，并被逐渐推广应用，对促进我国企业管理水平的提高起到了巨大作用。

目标管理的主要特点是：首先，企业中每一个成员的工作目标都是围绕着企业共同目标展开的，他们的工作互相衔接而形成一个有机的整体，没有摩擦，没有不必要的重复劳动；其次，做到了层层、处处、人人、事事有明确的目标规定；再次，目标是由实现目标的有关人员共同自觉参与制定的，极大激发了员工的工作积极性；最后，以自我控制的管理方式代替了受人控制的管理方式，增强了企业的凝聚力。

目标管理的实施程序可以分为制定目标、实现目标、考核评价等三个阶段。

第一个阶段：制定目标。

具体步骤如下。

第一步　调查研究，信息准备。企业系统的战略层从市场需求出发，进行市场调查和市场预测，收集有关的市场信息；同时，结合企业长远规划和近期计划安排，分析企业的能力条件。在此基础上提出制定企业整体目标的依据。

第二步　确定目标。企业系统的战略层根据上述依据，经过深思熟虑，反复酝酿提出企业的整体目标。为了实现整体目标，企业各部门、各环节要制定出分目标，班组和个人的子目标以及保证实现的对策措施，使企业从上到下和自下而上形成一个完整的目标体系。确定的目标，要说明目标项目和目标值，目标值应是定量的、可检测和可考核的。制定的措施，要说明采取的根本性措施，措施必须有可操作性和可检查性。

第三步　目标的展开。企业目标制定以后，要画出目标展开图，通过目标的展开和层层落实，使各个岗位的每个职工都明确在实现企业的目标中，自己应当干什么，怎么干，干到什么程度，什么时间完成等。目标展开图大致应包括①总目标；②按时间、按部门的目标展开项目；③各层展开目标项目的目标值；④实施对策与措施；⑤完成时间；⑥责任部门责任人；⑦关联部门或人员；⑧检查部门或人员、检查时间、检查内容和检查方法。

第二个阶段：实施目标。

目标展开图公布后，就可以在上级主管的指导和帮助下组织实施。实施过程中鼓励自控，但又不能放弃领导。各部门、各岗位对目标实施情况要定期自检、自评、主动采取措施确保目标实施进度和质量。同时，上级主管应随时了解情况，给予必要的指导和具体帮助，保证下属部门和人员顺利实现目标。必须指出的是，实施过程中内外环境发生意外变化，原定目标已明显不合理时，应按一定程序及时修订目标。

第三个阶段：考核评价。

目标完成之后，必须进行考核评价。考核评价的内容主要包括：目标的达标程度；目标的困难复杂程度；主观努力程度。考核评价的方式可以采用自我评价、民主讨论、协商指导等方式来进行。为使目标管理健康发展，在考核评价中必须做到：坚持标准，严格考评；实事求是，重点总结；奖惩结合，鼓励为主。

（二）人本管理原理

人本管理就是以人为本的管理。人本管理原理是指把人视为管理主体及企业最重要的资源，确立以人为本的指导思想，运用各种激励手段，充分调动和发挥人的积极性和创造性，以不断增强企业活力。这是现代管理思想与传统管理思想的重要区别。是否在管理活动中贯彻人本管理原理，是评价管理落后与先进的分界线。体现人本管理原理有一系列管理观念。

1. 民主观念

民主观念是指在企业管理活动中要保证职工行使当家做主的权利，充分发挥职工的积极性和主动性，自觉参与企业管理工作，依靠职工的力量和智慧办好企业。落实民主观念，首先要强化主人翁意识教育，使职工认识自己的主人地位；其次在管理活动中要广泛发动职工参与企业的目标管理、合理化建议、TQC小组活动；再次要处理好责、权、利关系，做到有责有权有利，从而使企业的每一个职工都能自觉地把个人目标与企业整体目标有机结合起来，全身心地投入企业的生产经营活动。

2. 人才观念

人才观念就是要树立"人的因素第一"的管理思想，形成浓厚的重视人才的风气，做到科学选拔人才，合理使用人才，积极培养人才，准确考核人才的观念。广义地说，企业的职工都是人才，都能在各自的岗位上作出不同的贡献，也都有接受培训和委以重任的权利，即机会上是人人平等的。狭义地说，企业职工只可能是少部分人脱颖而出，做出较大贡献而成为人才，即终点是"不平等"的，这是不以人的主观意志为转移的。这种现象被人称为"二八规律"。因此，企业要特别重视对身心素质高、目标水平高、能开拓进取的职工进行重点培养、严格管理，促使其早日成才。同时，企业要追寻最大限度的人才群体效能，努力使人才群体的能力结构、知识结构、智能结构、专业结构和心理素质结构等合理化和科学化。

3. 激励观念

激励观念就是要运用各种激励手段和方法，充分调动人的主观能动性和创造性，使管理工作持续而高效地运行。目前，激励的方法很多，但重视物质刺激和精神鼓励的结合始终是建立激励机制的根本原则，只有这样才能全方位地激发和调动广大职工的内在潜力。以下激励方法构成了一个较为完善的激励机制：①目标激励，即实行目标导向，激励和引导职工奋发向上；②形象激励，即美化职工的形象，使职工感受到自己的工作岗位具有良好的形象，以激发其工作的自觉性和主动性；③内在激励，即让职工从内心深处认识到本职工作的价值和自身的价值，从而热爱本职工作，激发出更大的工作热情；④荣誉激励，即尽力满足职工对荣誉的正当合理的追求，运用表彰、奖励等方式，使职工焕发出更大的工作干劲；⑤尊重激励，即充分尊重职工的人格；高度信任职工的工作态度，做到"用人不疑、疑人不用"，以增强职工工作的责任感；⑥物质激励，运用工资、奖金等各种物质手段，激发职工的积极性；⑦信息激励，即经常能为职工提供有用的信息，使其明确自身的不足和努力方向，在现代社会中，一个人掌握的信息越多，则积极工作的动力就越大。

（三）动态管理原理

动态管理是指企业处于千变万化的市场环境之中，管理者必须以运动和发展的观点看待管理系统，不断创新，不断吸收和利用新事物，以取得管理过程最佳的整体效应。假如仅仅把管理理解成是若干概念的组合，不明确管理是动态的过程，就不可能为企业提供整个管理过程的完整方案，就会导致阻断相互间的信息交流，导致管理行为的最后失败。体现动态管理原理有一系列管理观念。

1. 权变观念

权变观念是指企业管理无定式，一定要因地、因时、因人制宜，决不能照搬照抄。权变观念就是要解决两个实际问题：一是环境的变化要求企业作出反应，企业能够做出哪些适应性变化？二是企业如何根据不同的内外环境选择企业管理的策略模式？企业管理的权变首先要求思想观念和知识技能的权变，即要求管理者和员工愿意接受变化，并且在知识和技能方面适应这种变化；其次要求管理体制的权变，即要求领导体制、职能机构、决策和控制体制、人事制度的权变；再次，要求领导方式的权变，即要求领导作风、领导行为的权变。

当今世界，科技进步快速，市场竞争激烈，产品更新换代周期大大缩短。因此，企业必须权变，这是很容易理解的道理。但是，并非所有的企业都能适应变化的环境和自身需要，即真正树立权变观念。为此，这里提出树立良好的权变观念必须遵循的几项基本原则：居安思危原则、未雨绸缪原则、信息先行原则、勇于变革原则、不离其宗原则、讲究策略原则等。

2. 弹性观念

弹性观念是指企业管理必须留有一定的余地，保持一定的灵活性。现代企业管理需要树立弹性观念，这是由现代企业所处的外部环境和内部条件所决定的。企业外部环境存在众多变化莫测的因素，致使管理措施不可能百分之百地符合客观实际情况，只能做到掌握主要影响因素，而对很多次要的、偶然的因素采取留有余地的办法，才能适应外部环境的变化。同时，企业内部的人、财、物、技术、信息等因素，既要受到外部客观经济的制约，又要受到竞争对手的挑战，还要受到内部员工对企业各种管理措施不同理解的影响。如果管理者忽视了这些因素，一切工作都从理想状态出发，不留任何余地，就会使工作处于被动，经营效果就会受到影响。管理弹性包括整体弹性和局部弹性。整体弹性是指整个企业的生产经营活动对环境变化的适应性，如企业对市场变化的适应能力大，企业整体弹性好，就能适应各种环境变化的市场形势，就能使企业立于不败之地。局部弹性是指某一管理环节、某一局部工作具有的弹性，如企业编制计划时，常用"滚动式"计划法，采用近细远粗，边执行边修正，逐期往后类推的方法，即采用弹性计划。又如国外一些企业实行的弹性工作时间制度和时差上班制度，就是弹性观念在劳动管理中的具体应用。

3. 博弈观念

博弈观念是指管理过程中，既要树立强烈的竞争意识，更要掌握和运用竞争取胜的各种策略。竞争充满着"博"的含义，策略运用充满着"弈"的含义。在激烈的竞争环境中，企业管理不能以不变应万变，不能被动应付。例如企业在产品竞争中要运用"人无我有，人有我多，人多我优，人优我廉，人廉我转"的策略，取得竞争主动权，使企业管理过程始终充满活力。博弈关系还广泛地存在于上下级关系、平级关系、部门关系、人际关系之间，管理者必须以"博"调动深层次的积极性，以"弈"开拓员工的创新精神，不断在更高水平上建立新的平衡。

（四）效益管理原理

企业管理活动的目的是为了获得最大的效益。即在企业的生产经营活动中管理者和全体员工所做的一切努力，都是为了以一定的活劳动消耗和物化劳动消耗，生产出尽可能多的符合社会需要的优质产品；或以尽可能少的活劳动消耗和物化劳动消耗，生产出一定的符合社会需要的优质产品，最终达到企业的最佳整体效果。而不是某个局部或某个单项指标最优。从这一原理出发，企业管理就不能一味追求最新技术、最优产品、最高利润、最低成本。而是要根据社会需要、企业条件、消费者利益采用最有效的技术，达到最适用的质量，以合理的成本取得令人满意的利润。体现效益管理原理有一系列管理观念。

1. 价值分析观念

价值分析的目的是提高价值，也就是提高经济效果和社会效果。价值分析观念是指力求用最适宜的耗费可靠地实现必要的功能。最适宜的耗费是要求综合考虑制造和使用费用；兼顾生产者和用户的利益，求得社会的耗费在实现使用功能基础上的最适宜。价值分析观念要求把高价值、高效能、低成本作为企业管理活动的出发点和归宿点，统一起来落实到各个部门、各个环节、每个人、每件事。价值分析观念还要求透过产品生产、供用现象，抓主要功能这一本质，实现观念上的突破，为提高企业的经济效益和社会效益开拓新的思维方式。

2. 可行性分析观念

可行性是指某一件事、某一项目、某一任务按既定目标完成的可能性，这种可能性只有通过对比才能作出判断。因此，必须事先拟定相当数目的具有一定质量的可行方案，进行分析对比，最后才能作出选择。如果只搞一个行动方案，没有任何可以替代的可行方案，这是非常危险的。同时，在构思出多个可行方案后，还要进一步确定各方案的细节，预测方案的执行结果：既考虑直接后果，又考虑间接后果；既考虑有形后果，又考虑无形后果；既考虑有利结果，又考虑不利后果。进行可行性分析时，不应带有主观意志，更不应该为了争取上级批准而夸大有利因素，掩盖不利因素，使可行性变成"可批准性"。可行性分析观念还要求尽量应用定量分析方法。这是因为定量分析不仅能使可行性方案更加精确化和深刻化，而且还有利于发现研究对象的实质和规律。由此可见可行性分析可以避免或减少失误，是现代企业管理中必须树立的一种基本观念。

3. 整体优化观念

整体优化是指企业整体效益的最优化。整体效益包括企业效益、社会效益和消费者利益。整体优化观念要求企业管理必须从整体效益的角度出发，正确处理好国家、企业、职工和消费者四者的利益关系，对企业实行全面管理。全面管理不仅要发挥专业管理的职能，更要发挥统筹协调的职能；不仅要搞好专业平衡，更要搞好综合平衡；不仅依靠专管部门，更要依靠网络化的保证体系。在寻求整体最优的过程中，必须重点做好价值与使用价值的统一、生产与流通的统一、技术与经济的统一、当前与长远的统一、局部效益和整体效益的统一等工作。只有这样才能实现全局目标，达到整体效益最优。

上述基本原理是企业管理总的指导思想，只要实施管理，这些原理就会发生作用，认真研究和使用这些原理，对企业管理工作的实践无疑是十分有益的。在上述四大原理中，系统管理原理是核心原理，是深刻理解其他原理的重要基础，对其他原理有统帅作用；效益管理原理是目标原理；人本管理原理是其他原理能够发挥作用的基本保证。总之，在企业管理活动中，只有综合、协调地运用这些原理，才能得到令人满意的结果。

三、企业管理的演进和企业管理现代化

（一）企业管理的演进

企业管理的发展是随着生产力的发展和生产关系的变化而不断发展变化的。有什么样的生产方式就有什么样的管理方式，生产方式决定管理方式，生产力的水平决定管理的水平。工业企业管理是在人类历史上工厂制产生之后才出现的，到现在已有二百多年的历史，其发展过程经历了传统管理、科学管理和现代管理等三个阶段。

1. 传统管理阶段

传统管理也称经验管理或早期管理，产生于18世纪末并一直延续到19世纪末。在这一时期初，英国首先爆发了工业革命，大批工厂涌现，机器得到广泛应用，从而出现了大机器工业，使生产过程组织复杂，分工协作要求提高，生产费用迅速上升。业主为了保证生产能顺利进行，就凭借个人的经验对工人施行严格的管束，采取增加劳动强度，延长劳动时间，以追求最大限度的利润。当时，工业企业管理的主要内容是生产过程组织，成本费用管理和

工资资金管理。其主要特点有：企业所有者就是管理者，采用的管理方式是家长式的，独断独行的；管理者凭个人的经验和感觉进行管理，工人凭个人的经验和技能进行操作，没有标准和规程，没有劳动定额和消耗定额；管理知识和操作技能的学习依靠师傅带徒弟的办法传授个人经验，没有正规的、统一的教育培训方式。这个时期的工业企业管理，还没有摆脱小生产的传统，缺乏一套科学的、健全的制度和方法。因此，必然阻碍生产力的发展，不能适应资本主义生产力发展的需要，客观上要求工业企业管理向更高水平发展。

2. 科学管理阶段

科学管理阶段大约从19世纪末到20世纪40年代，历时近半个世纪。科学管理是随着自由资本主义向垄断资本主义过渡而逐步形成的。在这个过渡时期中，资本主义的生产力发生了巨大变化，如企业规划不断扩大，生产技术水平不断提高，分工协作更加复杂，市场竞争逐渐加剧，企业管理面临许多新情况、新问题。所有这些均要求提高企业的管理水平，科学管理便应运而生。

科学管理的创始人是美国的泰罗，他被西方尊称为"科学管理之父"。他的一生主要从事工厂内部管理，做了大量科学管理的研究试验，经总结归纳提出了一个比较完整的科学管理体系，即影响广泛的泰罗制。主要内容包括劳动定额、工时定额、计件工资制、标准劳动法、管理职能与执行职能分开等。泰罗制的推行大大提高了工业企业管理水平，使工业生产的劳动生产率成倍提高，从而也开创了科学管理新阶段。与泰罗同一时期对企业管理作出重要贡献的还有：法国的法约尔，提出了著名的管理五职能说和十四项管理原则；德国的韦伯，提出了理想的行政组织体系理论；美国的甘特，提出了有名的"甘特图"；美国的福特，创立了生产流水线和标准化等。

科学管理阶段的主要特点有：企业管理者与资本所有者相分离；科学管理的方法和技能取代了经验管理；把管理对象看作为封闭系统，集中研究企业内部的组织管理问题。但是这一阶段存在的问题是把人看成是机器人与经济人，研究的重点是解决管理中的执行问题。

3. 现代管理阶段

现代管理阶段从20世纪40年代开始一直到现在。第二次世界大战以后，特别是50年代中期开始，科学技术突飞猛进，生产力飞速发展，市场竞争异常激烈，产品更新周期大大缩短，企业规模不断扩大，经营国际化已经成为现实，劳资矛盾日益加深。由于上述种种变化，迫切要求企业管理不仅能解决企业内部的运行问题，更重要的是对未来的经济发展要求有预测能力和决策能力。为适应这种要求，各工业发达国家的工业企业相继在科学管理理论和实践基础上广泛地应用了许多新的管理理论、方法和技能，从而使企业管理进入到现代管理阶段。这一阶段影响较大的理论主要有：以梅约为创始人的行为科学理论；以西蒙为创始人的决策管理理论；以巴纳德为创始人的社会系统理论；以伯法为代表的数理管理理论；以伍德沃德为代表的权变理论；以德鲁克为代表的经验管理理论等。

现代管理阶段的主要特点有：突出经营决策，提出管理的中心是经营，经营的重点在决策，60年代后期经营决策进一步集中到经营战略方面；实行以人为中心的管理，企业在改善组织气氛、领导作风，激励人的积极性等方面做了大量工作，近年来人力资源开发的概念已经深入人心；广泛采用现代科技成果和现代管理理论及方法，极大地提高了管理效率和管理水平；积极推行资本经营，随着市场经济的发展，金融资产、无形资产的运作日益受到重视，利用资产建立企业集团成为壮大竞争实力的常用手段；经营国际化，发展多角经营，为了适应迅速变化的市场和规避风险，规模较大的企业在发展专业化生产的同时，充分利用各种资源，向多种行业进军。

(二) 企业管理现代化

中国企业管理的发展过程，自新中国成立到实行改革开放政策前，经历了艰难曲折的三十年。这一时期的企业管理有顺利发展的阶段，也有遭受挫折的阶段。总体上来说，由于国家实行高度统一的计划经济体制，使工业企业处于一种不良的生存和发展环境，致使企业管理存在诸多弊病，如目标失偏、观念陈旧、方法落后、体制僵硬、冗员过多、基础薄弱等问题。整整三十年，企业管理的进步不尽如人意。一直到党的十一届三中全会，提出了以经济建设为中心，及改革开放，搞活经济的方针。同时，在学习外国管理经验的问题上，及时提出了著名的十六字方针：以我为主、博采众长、融合提炼、自成一家。以后又确定了建立社会主义市场经济体制为经济改革的目标模式。这一时期通过对企业的全面整顿，对企业管理实行全面改革，经历了放权让利、经济责任制、利改税、经营承包制、建立现代企业制度和资本经营，直到今天才逐步建立起以消费者为中心，以市场为导向的一套全新的具有中国特色的企业管理体系。

改革开放二十多年的管理实践证明，我国经济在持续、快速、健康发展了多年之后，深层次的矛盾日渐突出，很多企业面对的困难越来越大，而这些困难一半以上是由于管理不善造成的。因此，越来越多的人认识到，加强科学管理，是因本治标的大计；科学管理是兴国之道；实现企业管理现代化确实是企业求生存、求发展、提高市场竞争力的中心任务和当务之急。企业管理现代化是一个世界性的概念，也是一个不断发展和完善的动态概念。因此，在实现企业管理现代化进程中除了应与世界经济发展的总趋势相适应以外，还要结合国情现状，把企业管理现代化的要求确定在一个动态变化中的相对静止的范畴上。

企业管理现代化的具体内容可分为以下五个方面。

1. 管理思想现代化

管理思想现代化是企业管理的根本保证，是管理现代化的灵魂和软件，其中心思想是"以市场为导向，以消费者中心"。管理思想现代化必须树立系统观念、人本观念、权变观念、信息观念和创新观念。

2. 管理组织现代化

管理组织现代化是管理现代化的基本条件和硬件。随着经济体制改革的不断深入，特别是当前，企业多元化产权和法人治理体制的推行，现代企业实现制度创新，企业组织形式多种多样，其中建立现代企业制度已经成为国有企业的改革方向。实现管理组织现代化，特别要保证企业最高管理层搞好战略决策，保证企业各职能部门信息畅通、工作协调和系统运行的高效率。

3. 管理方法现代化

管理方法现代化要求企业管理在继承目标管理、价值工程、决策技术、全面质量管理、网络计划、线性规划等传统的行之有效的管理经验和方法基础上，积极推广应用先进科学的新成果、新方法。如：制造资源计划（MRPⅡ）、计算机集成制造系统（CIMS）、世界级制造系统（WCM）、准时生产制（JIT）、企业重建（BPR）等。做到定性分析与定量分析相结合，并在实践中不断加以总结、提高、完善。

4. 管理手段现代化

管理手段现代化就是要根据需要与可能，在企业管理中逐步采用现代化的管理工具和管理措施，如电脑网络设备和仪表仪器等"硬手段"，以及价值观念、企业文化、咨询服务、智囊团等"软手段"。逐渐实现代替部分人脑的分析思维功能，保证管理有近乎理想的效率。

5. 管理人才现代化

管理人才现代化是管理现代化的核心。随着社会化大生产和科学技术的飞速发展，对管理人才质量的要求越来越高。为此，要创立企业精神，倡导企业文化，培训和造就大批具有现代经济技术知识，并具有创新开拓精神和高尚道德情操的管理人才。使企业的所有管理人员真正做到懂技术、善经营、会管理，并形成一个最佳的知识能力结构。

上述五项内容中，管理思想现代化是灵魂，管理人才现代化是核心，管理组织现代化是保证，管理方法现代化和管理手段现代化是条件，这五项内容密切联系，构成了企业管理现代化的整体概念，企业不能片面地追求某一方面而忽视其他方面，只有各方面协调配合，才能实现企业管理现代化的基本要求。

四、企业管理基础工作

企业管理基础工作，是指为实现企业的经营目标和有效执行各项管理职能，提供资料依据、共同准则、基本手段和先提条件的一系列管理工作。企业管理基础工作与各项专业管理工作之间互为条件、相互依存、相互制约、有机结合，组成了一个完整的科学管理体系。长期的企业管理实践证明，没有准确的数据、可靠的资料、严格的制度、先进的标准，难以实行科学化和现代化管理。可以说，科学的、现代化的企业管理是建立在坚实的基础工作之上的，其工作的完善程度直接关系到企业管理水平的高低，直接影响到企业的经济效益。由此可见，基础工作是企业管理工作的起点和基石；是实现企业管理现代化的必要条件；是企业有效组织生产经营活动的重要手段；是企业进行经济分析、实行按劳分配的科学依据；也是企业在激烈的市场竞争中立于不败之地的重要保证。所以有人比喻，企业管理好像一棵大树，基础工作就是树根，只有根深才能枝壮叶茂。

企业管理基础工作通常是指：标准化工作、定额工作、计量工作、信息工作、规章制度和基础教育等六项工作。

1. 标准化工作

标准化是指对重复性事物及概念所做的统一规定，作为共同必须遵守的准则。标准化工作是指标准的制订、执行和管理工作。通过标准化工作，可以减少品种、扩大批量、提高质量和降低成本，也可以统一操作和协调关系，从而提高效率，其作用已为世界工业界所公认。

标准按其级别可分为：国际标准、国家标准、专业标准和企业标准。国际标准是由国际标准化组织（ISO）和国际电工委员会（IEC）等组织制订颁发的标准，由多国合作协商共同制订，是世界性的通用标准。国家标准是由国家标准局制定颁布的，在全国范围内统一使用的标准，中国国家标准采用 GB 加标准号加年号的方式表示。专业标准是由专业组织制订的，在该专业范围内统一使用的标准，中国专业标准采用 ZB 加专业号加年号的方式表示。要说明的是，中国原有的部颁标准正在逐步过渡为专业标准。企业标准是指企业为了生产和技术上的需要，制订现阶段没有制订的国家标准、专业标准的产品标准和技术标准。中国企业标准采用 QB 加地区号加标准号加年号的方式表示。

标准按其性质可分为技术标准和管理标准。技术标准又可分为基础标准、产品标准、工艺标准、工艺装备标准、安全与环保标准。管理标准又可分为生产经营管理标准和经济管理标准。

标准化工作的管理要点：努力建立完整的标准体系，在体系明确的前提下，制定完善的具体标准；建立科学的标准化工作程序，即标准化工作的标准，使所有标准化工作本身都符合标准工作程序；积极采用国际标准以及国际先进标准，推进企业管理工作的现代化。

2. 定额工作

定额是指企业在一定的生产技术和管理条件下，为合理利用人力、物力、财力、时间、信息，所规定的消耗标准、占用标准。定额工作是指企业各类技术经济定额的制定、执行、修订和管理工作。定额是企业编制计划的基本依据，是科学地组织生产的重要手段，也是进行经济核标、厉行节约、提高经济效益的有效工具。其内容主要有：劳动定额，包括产量定额和工时定额；物资定额，包括消耗定额和储备定额；生产组织定额，又叫期量标准；设备定额，包括利用定额和维修定额；资金定额，包括储备资金定额、生产资金定额和成品定额；管理费用定额，包括车间费用定额和企业管理费用定额。

定额工作的管理要点：完善定额体系，提高定额覆盖率；及时修订不合理的定额，注意各类定额的平衡；严格执行定额，用定额作为考核工作的主要指标，作为按劳分配的主要依据；最关键的要首先制订出符合客观实际的平均先进水平的定额。

3. 计量工作

计量是指单位统一，量值准确可靠的测量。计量工作是指运用检定、测试、化验、分析等科学的方法和手段对企业生产经营活动中量和质的数值加以掌握和管理。其目的是实现量值一致。没有健全的计量工作，就不可能获得准确可靠的原始记录，就不可能提供正确的核算资料，也就无法分清经济责任。计量工作直接关系到企业的产品质量、安全生产、环境保护和经济效益。

计量工作的管理要点：加强法制观念，严格执行国家计量法；加强经营观念，提高计量水平和经济效益息息相关的认识；建立健全计量机构和计量管理网络，充分发挥监督、检查和考核的职能；加强计量器具的管理，严格遵守检定规程。

4. 信息工作

信息是指企业管理信息，包括原始记录、资料、数据和情报等。信息工作是对信息的收集、处理、传递、储存等一系列管理工作。企业信息可以分为内部信息和外部信息两大类。企业内部信息来自于企业的生产经营过程，反映了企业内部拥有经营条件及其利用能力，如生产计划、规章制度、人事情况、库存状况、设备状况、产品质量、产品产量、统计报表、产品图纸、工艺规程等。企业外部信息来自于企业外部，反映了企业的经营环境，如市场供需、上级指示、消费水平、政策法规、科技情报、同行动态、用户意见等。信息是当代企业最宝贵的资源，是企业经营决策的依据，是生产过程中控制和协调的工具，是沟通生产者和消费者的桥梁。因此，要求信息工作必须做到完整、准确、及时、适用和经济。

信息工作的管理要点：建立和完善信息管理系统，应用现代信息工具——电脑，尽可能进入国际互联网；收集的信息必须客观真实，强化"错误的信息比没有信息更糟糕"的意识；信息的传递必须通过特定的通道，依照规定的方向，输送到指定的目标，使其充分发挥应有的效应。

5. 规章制度

规章制度是指用文字形式对企业生产技术经济活动所制定的各种条例、规则、程序和办法的总称。它是企业职工的行为规范和准则，具有一定的强制性。企业的规章制度内容繁多，但从总体上讲可归纳为四种类型：基本制度，如企业领导制度、职代会制度、民主管理制度；工作制度，如计划、生产、技术、劳动、物资、销售、人事、财务管理等方面的制度；责任制度，如岗位责任制和技术责任制；奖惩制度。

规章制度的管理要点：规章制度一定要做到简明扼要、准确易懂、便于执行，切忌繁琐；加强对职工遵守规章制度的养成教育，使职工养成自觉遵守制度的良好习惯；制度的修订，必须坚持先立后破的原则，避免造成管理混乱；注意保持制度的相对稳定，不可多变。

6. 基础教育

基础教育是指企业每个成员具备从事本职工作所必需的道德品质条件和基本的技术业务

素质的教育。基础教育的对象是企业的全体职工，其目的在于使企业的每位职工都懂得本职工作的意义，并能熟练掌握业务、技术和方法，从而自觉地把工作做得更好。基础教育包括：岗前培训教育、适应性教育、学历教育、学历后继续教育、文化知识教育、思想政治教育。

基础教育的管理要点：要切实制定好企业的人力资源开发规划，具体安排好教育计划；科学合理地使用有限的教育经费，不图形式，讲究实效；要不断提高对"市场竞争归根到底是人才的竞争"的认识，并形成企业的共识。

从企业管理基础工作的上述六项内容可以看出，基础工作涉及面广，工作量大，内容丰富、关系复杂，要想切实做好这项工作，必须做到领导重视、依靠群众、专群结合、层层落实，基础工作的整体水平才能不断得到提高和发展。

第三节　企业公共关系与企业形象

企业公共关系是企业对公众进行持续不断的双向信息传播，协调双方利益，树立自身良好形象，使企业与公众共同受益的现代化管理活动。其根本目标是增进公众对企业的认识、理解和支持，树立和维护企业形象。企业形象是公众心目中对企业的全部看法和总体评价。在现代社会中，企业形象已经成为企业一项重要的无形资产，拥有良好形象的企业，就能最大限度地赢得市场。然而，要树立和维护良好的企业形象必然会受到来自各方面的干扰和影响。因此，必须借助于公共关系活动，建立企业与公众之间相互沟通、理解、合作的关系，最终树立良好的企业形象。可以说，树立企业形象是公共关系活动的目标和方向，企业公共关系是企业树立良好形象的基本保证。

一、企业公共关系的职能

企业公共关系的主要职能可归纳为信息情报职能、咨询参谋职能、传播沟通职能三个方面。

1. 信息情报职能

现代社会是一个信息社会，促使企业与各方面的信息交流日益频繁。任何企业的每一项工作都离不开信息，没有及时的正确的信息，企业的生产经营活动就无法正常进行。因此，企业公共关系的首要职能就是要经常搜集并全面掌握企业的形象信息，再通过筛选、分类、排队、计算、比较和综合分析，去粗取精、去伪存真、求同存异，使之系统化、条理化，然后存储起来以备随时将本企业的信息真实、准确、及时、有效地传递给特定的公众对象，开展公关宣传，为企业推销形象，创造良好的舆论气氛。

2. 咨询参谋职能

现代社会是一个环境变化日新月异的社会，作为身临其境的现代企业，迫切需要企业公共关系部门的专业人员为企业管理者的决策提供情况咨询和决策建议。企业公关人员广泛接触内外公众，掌握和积累了大量真实信息，了解员工的愿望和需求，清楚企业存在的差距和问题。同时，企业公关部门的工作受到利润指标和具体业务的影响较小，相比之下比其他部门更关注公众利益和企业整体形象。因此，企业公关部门应更主动地为企业领导和有关部门提供经过分类整理和分析处理的方案及建议。特别要注意为企业决策提供全面而准确的咨询意见。例如站在公众和社会的立场上，客观公正地观察企业的不足，敦促企业领导，依据公众需求和社会价值及时修正可能导致不良社会后果的决策目标，使企业决策目标既反映企业发展的要求，又能反映社会公众的利益需求。

3. 传播沟通职能

公共关系的实质在于信息传播沟通。任何一个企业要想在激烈的市场竞争中求得生存和发展，都必须建立良好的信誉，塑造美好的形象，这一思想是现代企业的灵魂。一个企业要在公众中树立良好形象，就必须努力创造和提高企业的信誉。珍视信誉，就是保护和美化企业的形象。要协调好内外关系，在公众中树立良好的形象，就必须充分发挥公共关系的传播沟通职能的作用。即一方面要迅速、有效地把企业务方面的信息传播给相关公众，争取公众的了解、支持和合作；另一方面要把公众的有关信息及时向企业输入，为企业修正决策目标和采取正确行为提供依据。可见，传播沟通是双向的，通过双方的信息传递、交流、沟通，增进双方的了解，加深双方的感情，以建立起相互信任、相互合作的融洽关系。从而达到建立良好信誉、塑造美好形象的目的。

公共关系的传播方式可分为自身传播、人际传播、组织传播和大众传播四种。其中大众传播是企业公共关系的主要传播方式。可以说，没有现代化的大众传播技术，就没有现代企业的公共关系。大众传播就是职业的传播者使用大众传播媒介将大量的信息传递给公众的过程，大众传播媒介主要有报纸、杂志、广播和电视四大类。

二、企业公共关系活动的程序

企业公共关系作为一种管理活动，种类繁多、形态各异、方式多样。但根据其基本规律，可以将企业公共关系活动的程序归纳为企业形象调查、企业形象设计、企业形象传播、企业形象评估四个阶段。

1. 企业形象调查

企业形象调查是企业公共关系活动的起点，其目的是正确评价企业形象的现状，对自身以及公众对象进行全面了解，寻找企业自我期待形象与社会实际形象的差距，从而确定企业在当前的社会环境中面临的问题，为企业公共关系活动指明方向。企业形象调查包括企业自我期待形象调查和企业社会实际形象调查两部分。企业自我期待形象是企业希望在社会公众心目中具有的对自身的全部看法、评价和标准，其调查对象是企业内部的公众。企业社会实际形象是公众、新闻媒介和社会舆论对企业的真实看法和评价，其调查对象是社会公众。企业形象调查的常用方法主要有访谈法、问卷法、观察法、引证分析法。其基本方式为抽样调查。企业形象调查必须坚持以公众为中心的原则，做到客观、全面、系统、周密，着眼于事物的发展。调查人员与调查对象之间的关系应当是真诚、公开、协作的平等关系。

2. 企业形象设计

找到了企业形象面临的问题之后，就要确定公关目标，制订公关活动规划，进行公关策划，即企业形象设计。企业形象设计是指将企业的经营理念与精神文化，运用统一的整体传达系统，传达给社会公众，以其区别于其他企业的鲜明个性，博取社会公众的好感，并使公众对企业产生一致的认同感和价值感。当今的世界经济已经步入"印象时代"，企业形象已成为企业的一项重要的无形资产。谁能将美好亮丽的企业形象显现在社会公众面前，谁就能在激烈的竞争环境中脱颖而出，并不断发展。企业形象设计的内容包括企业理念设计、企业行为设计和企业视觉设计三部分；企业理念是企业形象的灵魂和核心，它包含着企业的价值观念、精神观念和理想追求，进而包含着企业的经营哲学，任何一个企业只有在正确的企业理念指导下，才能将员工凝聚成一个整体，并自觉地维护企业形象。企业行为设计是确立和制定企业的行为规范和活动准则。即对内要建立完善的组织、管理、培训、教育等制度以及行为规范，使员工对企业理念达成共识；对外要通过市场调查、促销、广告、公益性、文化性等活动向社会公众表达企业理念，从而取得社会公众的认同。企业视觉设计是对企业形象的直观表现。它包含基本要素、应用要素和辅助要素三个部分。基本要素是指标志、标准字、标准色以及它们的写法（或画法）和所代表的意义；应用要素是指广告媒体、交通运输、建筑设计、包装设计、制服设计等；辅助要素是指标准字和标准色特殊的使用规格，样本的使用方法等其他附加使用。在企业行为中应用这些象征标记，既能加深外部公众对企业的印象，又能增进内部员工的责任感和荣誉感，使他们随时能意识到自己是企业整体形象的代表，产生维护企业形象的责任。

上述三个部分相互关联、相互制约，设计的企业形象方案必须做到三位一体，并形成书面材料上报，征得上层管理者的同意和批准。

3. 企业形象传播

企业形象传播是将企业形象设计方案投入实施的全部过程。企业形象传播的方式有人与人之间直接沟通交流的人际传播方式；有通过一定的组织形式进行传播的组织传播方式；还有通过大众传播媒介传播的大众传播方式等三种。实际运作过程中究竟选择何种传播方式要依据活动目标、公众对象等情况来确定。如向内部员工和部门的传播可选择组织传播方式；向个别公众传播可选择人际传播方式；而要向众多的相关公众传播，则宜选择大众传播方式。企业形象的传播还必须选择合适的公共关系模式，从而收到提高企业知名度和美誉度的最佳效果。常用的公关模式有宣传性公共关系、交际性公共关系、服务性公共关系、社会性公共关系、征询性公共关系、建设性公共关系、防御性公共关系、仿效性公共关系、矫正性公共关系、进攻性公共关系十种。

4. 企业形象评估

企业形象评估是企业公关活动的最后一个阶段。这一阶段的工作既是某一特定时期企业公关活动的总结，又是与新的特定时期企业公关活动的承接，同时也是新的特定时期企业形象调查的开始。因此，它具有十分重要的作用。企业形象评估首先要评估当前企业形象的缺陷和不足，为进一步完善企业形象提供依据。再次，要及时准确反馈评估信息，增强全体人员的公关意识，提高其工作信心。最后，要对经费预算进行核算，以分析人力、物力的配备与开展企业公关活动之间的平衡性，从而反映企业公关活动的效果。

综上所述，企业公关活动的四个基本阶段，是一个相互联系、不可分割的有机整体，也是一个周而复始的过程，它充分反映了企业公共关系的系统性、延续性和持久性。

三、企业公关人员

企业公关人员是指专门从事企业公共关系工作的人士，是企业公共关系活动的主体核心。企业公关活动是塑造企业形象的工作，这项工作最终将落实在公关人员身上，由他们去精心设计和组织实施。可见，企业公关活动的得失成败、有效程度和创造活力，在很大程度上取决于公关人员的素质、能力和品德修养。因此，作为专业公关人员要有较高的能力和素质，其工作要有科学的规范和原则。

（一）企业公关人员的基本要求

1. 企业公关人员应具备的职业素质

企业公关人员的职业素质是处理企业内外各种人与人、企业与企业、企业与政府部门之间的关系中，运用各种传播媒介，实现增强企业生存能力，并在公众心目中树立良好形象的过程中，所表现出来的知识、才能、作风、个性、修养等基本品质。国外有人提出，一个理想的企业公关人员应该具有企业家的头脑、预言家的眼光、宣传家的技巧、外交家的风度、雄辩家的口才。根据中国企业公共关系工作的特点和现状，作为一名优秀的企业公关人员应具备良好的心理品质、广博的知识修养、丰富的社会经验、高尚的道德品质、较高的政策水平、健康的体魄。

2. 企业公关人员应具备的基本能力

良好的能力结构是公关人员顺利开展企业公关活动的根本条件。这里的能力主要是指工作能力，它包括以下几个方面：组织领导能力、社会交往能力、宣传鼓动能力、审美装饰能力、沟通协调能力、倾听理解能力、观察预测能力、随机应变能力、书面表达能力、开拓创新能力等。

3. 企业公关人员的品德修养要求

企业公关人员不仅要具备良好的职业素质和基本能力，而且还必须具备遵纪守法、诚实守信、公正公平、实事求是、文明礼貌等品德修养。为了规范我国的公共关系行为，推动公共关系事业的健康发展，于1991年5月23日第四届全国省市公关组织联席会议上一致通过了《中国公共关系职业道德准则》，对公共关系工作者的职业道德和行为准则作出了10条规定。

（二）企业公关人员的工作内容

企业公关人员根据工作的分工不同可分为公共关系管理人员和公共关系专业人员两大类。现将各自的工作内容分述如下。

1. 企业公共关系管理人员的工作内容

① 了解企业的全面情况；
② 与企业领导打交道；
③ 进行企业形象调查；
④ 制定企业公关计划；
⑤ 提出具体意见与建议；
⑥ 坚持与新闻媒介建立往来关系；
⑦ 代表企业演讲；
⑧ 专题活动的组织和筹备；
⑨ 撰写各种公关文章和稿件；
⑩ 从事创造性活动。

2. 企业公关专业人员的工作内容

① 撰写新闻稿件；
② 编辑宣传材料；
③ 采访调查；
④ 设计宣传广告；
⑤ 电子及摄影信息传递；
⑥ 日常接待和礼仪服务。

四、企业公共关系实务

企业公关实务既是一门实用性科学，又是一门艺术，也是一种操作活动。企业公关人员必须掌握一定的操作技能，并能随机应变地组织和展开各项企业公关活动，才能收到事半功倍的成效。企业公关实务的内容多、范围广、灵活性强，有些尚处在探索完善阶段，故下面有选择地对企业公关广告、公关专项活动以及公关谈判中的企业公关实务作一简要介绍。

（一）企业公关广告

企业公关广告是旨在提高和扩大企业知名度，让公众对企业有个整体了解的广告。企业公关广告与一般商业广告的区别在于：一般商业广告的直接目的是推销商品或服务项目，具有明显的商业色彩。而企业公关广告的目的不是直接推销商品或服务项目，而是希望公众接受企业的观点，引起公众对本企业的注意、信任、好感，并最终取得公众的支持和合作。

1. 企业公关广告的类型

企业公关广告在具体表现形式上类型很多，如向公众展示企业技术、设备、人才等方面实力的实力广告；向公众宣传企业经营目标、经营思想、价值观念、企业精神的观念广告；向公众传播对企业好评、赞誉、获奖等情况的形象广告；借企业落成、开业、庆典等大型活动创造声势的声势广告；向用户、顾客及相关公众致谢的谢意广告；利用节日之际向公众贺喜的祝贺广告；通过向公众表示歉意，争取公众理解、支持、合作的歉意广告；响应社会生活中的某一重大主题，表达企业关心和参与公众生活，以扩大企业影响的响应广告，以企业名义率先发起某一具有重大意义和社会影响的公益活动或新观念，显示企业能领导社会新潮流能力的创意广告；通过故事、报告文学、电视特辑等形式，宣传企业的历史、发展状况和对社会的贡献等，让公众了解企业的纪事广告等。

企业公关广告贵在创新，企业公关人员只有抓住有利的社会契机，并充分发挥自己丰富的艺术想象力和创造力，创作出具有独特风格的公关广告，才能触发公众心灵的震颤，才能引起公众的高度关注和浓厚兴趣，以达到扩大影响、创造气氛、树立形象的目的。

2. 企业公关广告的创作技巧

企业公关人员在创作公关广告时，应科学地运用以下技巧。

① 广告主题明确，宣传重点突出。主题是广告的中心思想，它反映了企业公关广告的目标，主题明确能使公众对公关广告所宣传的内容清楚明白。企业公关广告的创作，在明确企业整体特点的基础上，要尽可能突出主题，发掘出企业整体特点中最"特"的部分，并以醒目的形式表现出来。许多公关广告还常用一些简练的口号，能起到画龙点睛的作用。

② 创作手法新颖，引起公众兴趣。企业公关广告在创作手法上要特别注意标新立异，独出心裁。除注意笔法生动活泼，标题口号独特醒目，画面色调和谐外，还要不断创新公关广告的内容、角度和手法，使公众在看、听广告时，既得到感官的享受，又在理性上不断增强对企业的认识和了解，为企业造就一个稳定而忠诚的公众群。

③ 淡化商业色彩，让人乐于接受。企业公关广告可以通过某些社会问题，把企业的有关情况编辑成特辑，在杂志上以多页篇幅刊登或在电台播放。其笔调应采用记事性的，让公关广告与记叙文章结合，以弥补广告主观性强的弱点，使公众在娓娓动听的叙述中，接受企业的观点并产生好感。

（二）企业公关专项活动

企业公关专项活动的类型多种多样，如庆典活动、展览活动、赞助活动等。

1. 庆典活动

庆典活动是企业与内外公众广结善缘、沟通信息的最好机会，其主要形式有开业典礼、周年纪念、聚会庆典等。

① 开业典礼。成功的开业典礼活动，需要公关人员精心地策划与安排，如确定开业典礼的形式；拟定出席典礼的宾客名单；拟定典礼程序和接待事宜；确定剪彩人员；确定致贺词的宾客名单；安排必要的助兴节目；组织参观、征询意见；颁发纪念品等。开业典礼要求气氛热烈、隆重，形式丰富多彩，内容庄重大方，给人留下深刻的印象。

② 周年纪念。企业的周年纪念每年一次，这是企业开展公关活动的良好时机。周年纪念活动的形式要根据企业的特点、当时所处的环境、所具备的条件、主观追求的目标等各种制约因素而定，但无论采取何种形式，下列内容都是必须具备的。如明确周年纪念的主题；

介绍企业自身的成就;感谢同仁及各界朋友的支持;提出未来的发展计划等。在基本程序安排上,除去剪彩仪式外,其他均与开业典礼相似。

2. 展览活动

企业通过举办展览会,运用真实可见的产品、热情周到的服务、全面透彻的资料、图片介绍和技术人员的现场操作,可以吸引更多的到场者,给观众留下深刻的印象。同时,还可以了解市场需求,传递可靠的信息,强化产品的感染力,增强产品及企业的竞争力,从而达到销售产品和树立企业形象的双重目的。因此,在商品展览过程中,需要企业公关人员认真而全面地安排展出期间的各项工作。如制定展览会的主题和目的;确定企业参展项目;明确参观者的类型;选择展览地点;培训工作人员;准备展览会的辅助设备的相关服务;设立专门的新闻发布机构;准备宣传资料;搞好费用预算等。

3. 赞助活动

企业通过赞助活动能培养与公众的良好感情,增强企业自身的社会责任感,树立企业关心社会公益事业的良好形象。企业的赞助对象很多,如体育运动、文化生活、教育事业、社会慈善和福利事业、宣传用品制作、各种竞赛和展览活动、学术和科研活动等。赞助活动的基本步骤如下。

① 赞助研究。赞助研究应该从企业的经营战略入手,并分析企业的公关目标和政策,调查外部需要赞助的公益事业情况,从而制定企业的赞助方向和赞助策略等,以指导企业日后的赞助活动,并据此考核外来要求赞助的项目。企业开展赞助活动要尽量防止出现各种赞助活动互不关联,或离企业的整体赞助主题太远的现象发生。

② 赞助计划。在赞助研究的基础上,企业要根据自己的赞助方向和政策制订一个切实可行的年度计划。其内容包括赞助对象的范围、赞助费用预算、赞助形式和赞助宗旨等。赞助计划是赞助研究的具体化,可以帮助管理者控制赞助范围,防止赞助规模超过企业的承受能力,并节制浪费现象,做到有的放矢。

③ 赞助项目的审核评定。每一个具体项目的赞助,企业均应对其进行详细的分析研究,结合年度赞助计划进行逐项的审核评定,以确定该项目赞助的可行性。并对赞助的具体方式、赞助的款额、赞助的时机等制订出该赞助项目的子计划。

④ 赞助活动的落实。企业在制订出子计划后,应派出专门的公关人员负责落实各项具体赞助的子计划,在实施过程中要充分运用各种有效的公关技巧,使企业能尽量借助赞助活动扩大其对社会的影响。

⑤ 赞助活动的效果测定。企业在每次赞助活动完成后,都应对赞助的效果进行调查测定,并和每个子计划进行对照,看完成了哪些预定的指标,找出完成的和没有完成的原因,以一定的格式写成报告,归档储存,为以后的赞助研究提供参考资料。

(三) 企业公关谈判

企业公关谈判是旨在争取相互合作而与对方进行友好协商的行动过程,其实质是设法沟通企业与公众之间的思想,消除彼此之间的分歧,解决彼此之间的矛盾和冲突,最后达成一致。为了更好开展企业公关活动,企业公关人员必须掌握一定的谈判知识和技巧。

1. 企业公关谈判的一般原则

企业公关谈判的原则可以归纳为下列几项。

① 平等协商原则。公关谈判双方在相互协商中都处于平等的地位,享有同等的权利。公关谈判是一种互相寻求合作的有效行为,若其中一方不能用平等的态度看待对方,则合作就不可能成立,谈判也就不能顺利进行。

② 互惠互利原则。公关谈判应该是在磋商过程中,找到双方利益的交汇点,即双方共

同利益的最佳方案。务必记住"成功的公关谈判是双方都有利可图。",必须纠正"成功的谈判是使自己得到最大利益,而对方却几乎一无所得。"这种错误观念。

③ 把握根本点的原则。企业公关谈判中,无论策略、技巧、方法如何变化,但始终不能离开谈判的目的和根本利益点,离开了谈判的根本点,则企业公关谈判也就失去了意义。

④ 依法办事的原则。企业公关谈判过程中,必须严格遵守国家的法律法规、政策方针,不能为了小团体的暂时利益而损害社会公众利益,甚至违反国家的法律法规、政策方针。只有遵规守法,企业公关谈判各方的利益才有保障。

2. 企业公关谈判准备

公关谈判准备工作的好坏,对谈判成功与否产生直接影响,企业公关人员必须认真对待。公关谈判准备工作大致包括:

① 资料准备。资料准备是公关谈判的基础,是最重要的准备工作。公关谈判资料要求完整、准确、细致、全面,具体有市场信息资料、政策法规资料、谈判对手资料、科技信息资料等。

② 计划准备。公关谈判计划是企业在正式谈判开始之前预选拟定的具体内容和步骤。谈判计划准备包括确定谈判目标、研究谈判条款、安排谈判议程和时间、设计谈判策略。注意谈判计划所包含的内容都是实质性的问题,必须经过认真而充分的研究和讨论。

③ 组织准备。公关谈判必须组织一个好的谈判班子,这是进行成功谈判的基本保证。因此,企业在公关谈判前,必须根据谈判内容、地点、时间以及对方的阵容来选择合适的谈判人员,组成理想的谈判班子。

3. 企业公关谈判程序

一般而言,较为正规的公关谈判大都需经历开局、概说、交锋、僵持、让步、协议六个阶段。

① 开局阶段。谈判开局阶段是指从双方谈判人员进入谈判到谈判正式问题之前的这一段时间。这一阶段费时不多,主要是让双方互相认识,进行初步交谈,以形成良好的开谈气氛。对于任何一场谈判来说,开局是至关重要的,切不可草率从事。

② 概说阶段。这是双方各自将自己的观点和态度向对方阐明,并力图影响对方,即公关谈判进入实质性阶段。

③ 交锋阶段。通过概说,双方在立场、观点、利益等方面的分歧已经表露,双方为了各自的利益据理力争,并对公关谈判的总体方案和各项利益进行磋商。必须明确谈判过程中的交锋,不是要扩大分歧,而是要通过提示分歧所在,明白双方利益的异同,从而达成求同存异的协议。

④ 僵持阶段。交锋之后由于双方存在分歧,谁也不愿让步,谈判就往往进入僵持阶段。若处理不当,容易削弱对方的信心,使谈判无法进行,也就达不成协议;若处理得当,就能使对方作出让步,使双方达成协议。

⑤ 让步阶段。让步是打破僵持,达成协议必不可少的手段。当然,让步是要付出代价的;同时让步也是双方的,不能只要求对方让步,这是难以达成协议的。

⑥ 协议阶段。经过交锋、让步阶段后,双方的目标渐趋一致,最终达成协议并签约,谈判即告结束。

4. 企业公关谈判技巧

公关谈判是智慧和实力的较量,也是技巧性很强的一门艺术。谈判过程中其技巧运用得当适时,就能得到对方的理解、支持与合作,促成谈判的成功。谈判中的技巧很多,下面将常用的技巧作一些介绍。

① 先（后）发制人。先发制人即在谈判时首先提出没有商量余地的条件，意在使对方一开始就陷入被动，运用该技巧必须把握时机并制造必要的声势。后发制人是在谈判开始时不动声色，冷静观察对方的表现，分析寻找对方的薄弱环节，以守为攻，从而使对方改变条件。
　　② 软硬兼施。即事先在谈判人员中安排好强硬派和温和派两种角色，根据谈判桌上的形势，适时安排强硬派或温和派出场，以软硬兼施的手段，达到谈判的目的。
　　③ 哀兵制胜。即在谈判陷于劣势时，便表现出为难的样子，表示再无退路，从而打动对方，引得同情，使对方作出让步或不再提出其他条件。
　　④ 曲线战术。即先不直接说出自己的本意，而是谈一些其他事件启发对方的想象力，以引起对方的联想，加深对己方谈判意图的认同，促使最后达成协议。
　　⑤ 肢解战术。即将公关谈判的核心目标分解成一个一个小目标，然后得寸进尺，层层逼近，逐渐实现最终的核心目标。肢解技巧的运用必须注意分解出来的各个小目标，相互之间要互相关联，环环相扣，是一个有机的整体。
　　⑥ 中间人技巧。当谈判进入僵持状态难以化解时，则可寻找一个双方均能接受的中间人来进行调解、沟通，促使双方达成协议。要注意选择的中间人不但须具备公正的条件，而且要具备善于斡旋的条件。

五、企业形象

1. 企业形象的含义

　　任何一个企业都会有自己独特的管理理念、行为准则、工作作风、精神风貌、工作质量和产品质量等特征，这些特征必定会通过企业具体的组织行为、员工个体行为和产品或服务在生产经营活动中显现出来，社会公众就是通过对企业显现出来的这些具体特征的感受，来认识和评价一个企业的。企业形象就是指企业通过生产经营活动，向社会公众展示自己独特的具体特征，根据社会公众对其感受给予企业的整体感觉、印象和认知。简而言之，企业形象就是企业内在精神和外在行为在社会公众心目中的一种认定。企业形象有好与不好之分，当企业在社会公众中具有良好形象时，消费者就愿意购买该企业的产品或接受其提供的服务；反之，消费者就不会购买该企业的产品，也不会接受其提供的服务。

2. 企业形象的类型

　　企业形象是一个整体性和综合性的概念，它可以根据不同的分类方法分成不同的表现形式，如有形形象与无形形象、内存形象与外在形象、实态形象与虚态形象、正面形象与负面形象等，具体地讲最常见的企业形象有以下几种。
　　（1）企业家形象　企业家形象涉及到企业家自身的思想品质、知识素质、能力水平、经历业绩、工作作风、方式方法及人际关系等，企业家要在管理实践中有意识地维护和培育自己的形象，不断提高自己在社会公众和企业员工中的美誉度和信任度。一定意义上讲企业家形象决定了企业形象。
　　（2）产品形象　产品形象是企业形象的基础，产品是企业与社会公众联系最为直接的桥梁和纽带，一般讲社会公众首先是通过企业的产品来认识和评价企业的，企业也是通过提供优质低价的产品来塑造自己形象的。可见产品形象是成为建立良好企业形象的关键，所以企业必须保证产品质量，不断创新提高产品的功能性能，降低产品成本，提供优质服务，树立品牌意识，创建名牌产品，争取社会公众的满意度和美誉度，不断提高企业的产品形象。
　　（3）服务形象　企业及员工在产品的售前、售中和售后服务中表现出来的服务技术、质量、态度及方式，都必然会对企业的形象和信誉产生直接影响。尤其是信誉，这是企业的

"金字招牌",是需要企业的优质产品和优质服务来维护的,也需要全体企业员工全身心投入来建设的。当今世界,随着科学技术的飞速发展,产品质量之间的差距越来越小,企业之间的竞争更多地表现为服务质量上的竞争。在激烈的市场竞争环境中,企业必须明确一切为用户着想,以可靠的信誉、诚实的态度、优质的服务,来提高企业的竞争能力。

(4) 员工形象 员工形象主要是指员工的精神面貌、工作作风、言行举止、仪态仪表、服务态度等,这是企业形象最活跃的表现形式。一个企业的员工在工作中一丝不苟、精益求精、雷厉风行、规范高效,在服务中热情周到、技术高超、行为规范、服务到位,必将会受到社会公众的肯定和好评,也一定能促进企业竞争能力的增强。

3. 企业形象的主要特性

企业形象的特性通常讲主要表现在以下几个方面。

(1) 社会性 企业的生存发展与社会环境密切相关。一方面社会环境在时刻影响和制约着企业的内外行为,另一方面企业也在不断地根据社会的发展和市场的需求变化,规范和完善自己的企业形象。同时,企业形象是社会公众、消费者和企业内部员工对企业的各种活动及不同侧面的综合评价和认识,也就是说企业良好形象的建立,绝对不是部分社会公众的评价和认同。

(2) 系统性 企业实态形象本身是由企业许多复杂因素构成的统一体,有社会公众容易感知的产品质量、功能、形状、色彩、包装,有企业的标志、商标、服装、厂房、店面;有社会公众不太容易感受到的员工素质、行为习惯、工作作风、精神面貌;还有一些似乎看不见、摸不着的,因而社会公众最不容易感受到的企业目标、价值观念、企业精神、管理理念等。这些复杂的因素之间存在着内在的必然联系,相互依存、互为条件,因此决定了企业实态形象是一个具有很强系统性的整体。这就要求企业在塑造企业形象时要从整体着手,统筹规划,绝对不能只重视其中一点或几点而忽视了其他方面。

(3) 差异性 企业的企业形象建设由于管理者的价值观念、管理理念、经营思想、经营目标上的差异,因此不同的企业在企业形象建设中就会有不同的方向、目标、方法和手段,最终在社会公众心目中就会形成不同的评价和认定结果。同时,社会公众的思维方式、观察角度、价值观念、利益观、审美观等也各不相同,因此对企业形象的评价和认识也会存在很大差异。

(4) 稳定性 企业形象不是凭空想象出来的,其产生、形成、发展是一个连续的过程,必然要经历一定时期的建设。一旦在社会公众心目中形成的形象模式,就会成为比较稳定的,不会轻易改变的一种思维定式。这是我们可以从客观角度认识、了解、分析和把握其基本规律的重要前提。正是因为企业形象有了这种稳定性,企业才能将其划分类别、剖析层次、明确结构以及进行评价,才能成为企业宝贵的无形资产。在一定的意义上讲这种无形资产比企业拥有的有形资产更为重要。

(5) 持续性 社会公众对企业的企业形象的认识需要经历一个较长时期的感受,所以企业形象的建设是一个漫长的过程,不能幻想借助于一时一事的造势和作秀来形成。企业的形象建设要有长期规划,要从多方面持续不断地让社会公众去体验和感受,只有这样企业才能不断强化自己在社会公众中的良好形象。

六、企业形象设计

1. 企业形象设计的含义及构成

企业形象设计(Corporate Identity System)其英文缩写为 CIS。通常也可译为企业识别系统或企业形象战略。企业形象设计(CIS)是一个企业通过统一的视觉设计,运用一定的信息传递系统，将企业的价值观念、经营理念、企业文化传达给社会公众，以提高社会公众对企业的满意度和美誉度，从而展现企业的鲜明个性和建立良好的企业形象。另在介绍企业形象策划的中文书籍中常见的还有企业识别（Corporate Identity，CI）。鉴于两者并无本质区别，故本教材不再区别 CI 与 CIS，都称为企业形象设计。

企业形象设计具体由三大要素构成：即理念识别 MI（Mind Identity）、行为识别 BI（Behavior Identity）、视觉识别 VI（Visual Identity）。

（1）理念识别（MI） 基本内容包括：企业的价值观念、经营理念、经营哲学、经营思想、经营方针等。这是构筑企业文化、塑造企业形象的核心和灵魂，也是实施企业形象战略的第一步。任何企业只有在正确的企业理念指导下，才能将员工凝聚成一个有机整体，使员工在日常的生产经营活动中自觉维护企业形象，顺利实现企业的经营目标。

（2）行为识别（BI） 基本内容包括：对内建立完善的组织管理、教育培训、行为准则、工作环境等规范；对外在企业与社会联系沟通、市场调研、公共关系、市场营销、公益活动时的规范。这是企业理念具体的动态化表现，是企业独特的行为准则，也是实施企业形象战略的主要支柱。

（3）视觉识别（VI） 基本内容包括：企业名称、宣传口号、厂徽造型、企业标准色、品牌标志、标志字体、标志图案、标志颜色，印刷品形式、图案、颜色等用规范的视觉表现。这是企业形象静态的直观表现，其目的是运用现代设计手段将抽象的企业理念形象化、视觉化，以构建一个与其他企业卓然相别的视觉标志系统。这对于实施企业形象战略具有最有效、最直接的具体效果。

以上三大要素共同构成企业识别系统不可分割的完整体系。三者之间相互关联、相互制约、缺一不可。有人将三者关系形象地比喻成一个人的心脏、手和脸；也有人将三者关系比喻成一棵树的根、枝和叶。MI 是人的心脏和树的根，BI 是人的手和树的枝，VI 是人的脸和树的叶。总之，MI 是 CIS 的灵魂，BI 和 VI 分别是 MI 动态和静态的外在表现。

2. 企业形象设计的导入程序

企业形象设计导入必须结合企业自身的具体情况，确定企业形象设计各项基本要素的内容，并按照一定的顺序全面、具体的制定计划。现分述如下。

（1）提出计划

提出企业形象设计计划通常首先要形成书面的企业形象设计导入企划方案，主要内容包括：目的、理由、背景、计划方针、施行细则、导入计划、实施组织、费用预算。针对企划方案企业要组织管理人员、咨询人员、员工代表进行论证，通过后形成正式计划。

（2）调查研究

组织力量调查研究，找出企业问题的关键所在，这是成功实施企业形象设计的基本保证。调查的主要内容包括企业现状和企业形象两方面。企业现状调查研究内容包括产品质量、产品品种、市场占有率、服务水平、利税、财务、广告，也包括企业工作作风、行为习惯、员工满意度、人际关系和信息传递形式，还包括企业的名称、商标、标准字、色彩等。企业形象调查研究内容包括主导形象、辅助形象，还包括企业的认知度、广告接触度、评价度。除此以外还涉及对外部环境，如政府法规、政策、竞争对手等方面的调查研究。

（3）确定企业理念要素

在调查研究基础上，企业要立足现实，着眼未来，确定自己的目标、哲学、宗旨、道德和作风等。以上几个方面尽管角度不同，各有侧重，但其本质是和谐统一的。因此，在设计时应该有所区别，又不可机械分离，既要在内容上力求完整，又不可单纯地追求形式上的统一。企业只有做到历史文化传统与现代管理思想的密切结合，企业现状与未来发展密切结合，才能凝练出具有企业特色、立足时代又超越时代的企业理念。对于具有一定历史的企业，通过企业形象设计重新审视、修改和明确企业理念，同样是一件非常重要的事情。

（4）设计行为和视觉要素

企业理念要素确定后，由专业形象设计单位和设计人员进行行为设计和视觉设计。企业行为设计主要包括对企业制度、企业风俗、员工行为规范的设计和制定，这是实现企业形象设计的根本保证；企业视觉设计主要包括企业名称、标志、标准字、标准色、文化用品、物质环境、产品造型、产品包装、文体活动及传播网络的设计和制作，这是企业形象设计理论的一个亮点。设计工作结束后提出报告初稿。

（5）发表企业形象设计方案

企业内部要组织展示、讨论理念识别、行为识别和视觉识别要素报告初稿，并邀请企业外部有关人员征询意见建议。在此基础上对各种意见建议进行统计分析，对所有设计进行全面审核和认定。最终设计、编制出《企业形象设计实施方案》，并向内部员工、新闻界和社会公众公示。对内公示可以大大激发员工的工作热情和执行的自觉性，公示的内容包括：实施企业形象设计的意义、过程和进度，新的理念识别、行为识别和视觉识别要素，统一对外说明方式等；对外公示的目的是表明企业改变原形象的意图和决心，引导公众关注、争取公众认同。同时，注意在对外新闻公示前，最好提前通报供应商、经销商等重要关系者，这会使重要关系者感到对自己的信任和尊重，从而对企业新的形象给予积极认同。

（6）企业形象设计方案的实施

企业形象设计方案的实施，关键在于企业领导者是否有坚定的信念，是否自觉地从我做起。同时，企业领导者要充分调动广大员工的内在积极性和主动性，努力营造一个同心协力的企业氛围，才能取得预期效果。

复习思考题

1. 什么是工业企业？它具有哪些基本特征？
2. 现代工业企业制度的基本特征是什么？
3. 《公司法》对依法设立公司作了哪些规定？
4. 合同订立应具备什么条件？订立合同一般应包含哪些内容？
5. 学习企业管理的基本原理后，你有什么体会与感想？
6. 什么是企业管理？它具有哪些具体职能？
7. 企业管理的发展经历了哪几个阶段？各具有什么特点？
8. 企业管理现代化的具体内容包括哪些？
9. 企业管理基础工作包括哪些内容？
10. 什么是企业公共关系？其主要职能有哪些？
11. 企业公关活动的基本程序有哪些？
12. 什么是企业形象？为什么要树立企业形象？
13. 简述企业形象的类型与特性。
14. 什么是企业形象设计？通常讲它由哪些要素所构成？
15. 简述企业形象设计的导入程序。

第二章 经营管理

现代市场经济条件下，讲管理离不开经营，抓经营涉及到科学的管理，两者密切联系，相互交织渗透，不可分割。经营管理是对企业整个生产技术经济活动所要实现的总目标进行谋划决策，决定企业的发展方向和经济效益，是战略性、全局性和高层次的管理。经营管理的内容相当丰富，本章着重介绍经营思想、经营战略、经营决策、经营计划以及市场营销等主要内容。

第一节 经营思想

一、经营的概念

经营是企业以市场为对象，以商品生产和商品交换为手段，为了实现企业的总体目标，使企业的生产技术经济活动与外部环境达成动态平衡的一系列有组织的活动。众所周知，社会生产过程是直接生产过程与流通过程的统一。现代企业既要从事直接生产过程的活动，以最经济有效的方法把合格产品生产出来，又要从事流通过程的活动，以最有利的条件把商品销售出去。可见，经营几乎包括企业为实现其目标的各种生产、技术、经济活动。但是，为了使问题的叙述更加清晰明确，更突出经营的特点，通常把企业的直接生产过程排除在外，故经营活动主要是指企业与外部环境协调的经济活动。如企业外部环境和内部条件的分析；经营思想、经营战略的确定；经营决策的制定；经营计划的制订；市场营销活动的展开等。

二、经营思想

企业的经营思想是指正确认识企业外部环境和内部条件，指导经营决策，实现经营目标，求得企业生存和发展的基本思想。即企业从事生产经营活动的指导思想。经营思想反映了企业经营者对待企业外部环境、内部条件以及经营目标的综合态度。正确的经营思想可以引导企业在复杂多变的市场经济环境中坚持正确的方向，从而不断发展壮大。根据国内外许多成功企业的经验总结，良好的经营思想应树立以下几种观念。

1. 市场观念

在商品经济社会里，用户的需要只有通过市场才能及时地得到准确的信息，企业的产品也只有通过市场才能转到用户的手里，才能得到社会的承认。因此，企业必须重视市场，研究市场，摸清市场的变化规律，根据市场需求确定企业的服务方向、服务对象、服务范围，无论什么时候、什么情况下都把"用户第一"、"为用户服务"放在首位。树立市场观念必须立足市场调查，深入了解现实市场对商品的需求状况，分析潜在市场的变化趋势，正确确定目标市场，合理制订市场策略。

2. 竞争观念

竞争是市场经济的显著特征，哪里有商品生产，哪里有市场，哪里就必然地会出现竞争。竞争是一种有效的资源配置手段，每一企业都置身于竞争环境之中，最终使产品质量最好，生产成本最低，服务最优秀的企业保存下来。即把社会资源留给最好的企业。随着改革开放的不断发展，竞争的深度和广度在不断的拓展，企业要谋求生存就要敢于竞争、善于竞争、扬长避短。在激烈的竞争中真正做到品种以新制胜，质量以优制胜，成本以低制胜，服务以诚制胜，经营以信制胜。竞争的结果必然促进经营水平的提高，科学技术的进步，社会生产力的进步，经济效益的增长，同时更好地满足社会的需求。

3. 创新观念

企业在市场经济条件下，要想占领市场，并不断发展壮大，就必须树立创新观念，不断开发利用企业的人力、物力、财力、信息等各种资源，在创新上做文章。如不断改进经营战略和策略，不断采用新的科研成果和技术，不断开辟新的生产领域和新的市场，不断生产出新功能、新用途、新结构的产品。培养和造就一批永不满足现状，勇于探索富于创新精神的人才，不断开创企业的新局面。创新观念要求企业的全体员工，解放思想、勇于开拓、富于想象。安于现状、墨守成规的企业是没有前途的。

4. 战略观念

战略是带有全局性和长远性的谋略。战略观念要求企业具有战略眼光，面向全局，面向未来，不被具体目标所左右，防止急功近利的短期行为。树立战略观念能够帮助企业经营者更深刻地理解企业规划过程各活动之间的相互关系与本质，更有效地确定企业长期发展方向，建立具体明确的绩效目标，顺利完成经营计划，从而确保企业在激烈的竞争环境中立于不败之地。当今世界是一个战略竞争的时代，企业经营者若只顾局部利益和眼前利益，就会造成战略决策的失误。战略决策失误，企业的管理效率越高，则损失就越大。因此，树立战略观念是企业经营管理成功的先决条件，它决定着企业的兴衰成败。

5. 效益观念

效益观念是经营思想的核心，是经营管理的出发点和归宿点。效益包括经济效益和社会效益。经济效益是企业在整个生产经营活动中，投入与产出的比较，就是以一定的投入得到尽可能多的产出，产出越大其经济效益就越高。随着市场经济的不断深入发展，企业的经济效益必须重视企业资本的运作，如筹集资金的方式，合理保持资本结构，解决企业资本的保值和增值，如何回避资本风险（包括汇率风险、利率风险、股市风险等）。社会效益是企业的生产经营活动给社会带来更多的使用价值，为国家提供更多的积累，增加社会就业人员，改善生态环境。由此可见，企业树立效益观念，就是要树立投入产出比较观念，经济效益与社会效益相统一观念，短期效益与长远效益相联系观念。

第二节 经营战略

求生存、求发展是任何企业的本能，能否在开放的市场上求得发展，很大程度上取决于企业的经营活动能否适应外部环境的变化并作出积极正确的反映。而连接企业与环境的纽带是企业的经营战略。经营战略确定企业经营活动的方向、中心、重点、发展模式以及资源的调配。驾驭环境的发展变化，结合企业的资源情况，规划企业长期的发展趋向，制定出一个具有远见又切实可行的发展战略，关系到未来经营活动的成败，关系到企业的前途与命运。

企业经营战略，是指企业为实现预期目标以求自身发展而设计的行动纲领或方案。它涉及到企业发展中带有全局性、长远性和根本性的问题。是企业根据当前和未来市场环境变化所提供的市场机会和出现的限制因素，考虑如何更有效地利用自身现有的以及潜在的资源能力，去满足目标市场的需求，从而实现企业既定的目标。

一、经营环境分析

企业经营环境是指与企业经营有关的外在和内在的各种因素，即企业的外部环境和内部条件。企业外部环境是指企业外部的整个社会环境。企业内部条件是指企业内部所具有的客观物质条件和主观工作情况。企业内外部环境之间有着密切的联系，在社会主义市场经济条件下，企业必须努力改善内部条件，不断适应外部环境的各种要求，以实现企业外部环境和内部条件的最佳组合。因此，对企业外部环境和内部条件进行分析，是设计经营战略非常重要的一项内容。

（一）企业外部环境分析

分析企业外部环境就是要找出外部环境中存在的机会和问题。机会是对企业发展有利的因素，问题是对企业发展不利的因素。通过分析可以找到和利用市场机会，也可以及时采取措施克服存在的问题，使企业在生产经营活动中能更好地适应环境变化。从经营角度看，企业外部环境包括一般环境因素和直接环境因素。

1. 一般环境因素

一般环境因素是指对企业经营发生间接影响的因素，企业对一般环境因素无法控制，而只能加以预测和利用，如政治、经济、技术、社会等因素。

① 政治环境。即国家政治形势的发展，政府制定的方针政策、法律法规制度等。如我国正在进行的经济体制改革；对内搞活经济、对外实行开放；所有权与经营权分离；公有制为主体、多种所有制经济共同发展；国家颁布的《公司法》、《商标法》、《合同法》等。这些方针政策和法律法规的实施，极大地促进了企业的发展。因此，企业必须注重对政治环境的分析，把握政治形势的发展变化趋势。

② 经济环境。即国民经济发展变化的状况。如产业结构比例关系的调整；社会购买力的大小；消费与积累比例的变化；银行利率的升降；信贷资金的松紧政策；价格的升降和货币变化；消费者收入的水平及其变化等因素对企业的经营活动产生重要影响。

③ 技术环境。即技术水平、技术装备、技术知识等因素。技术环境的发展，推动着生产力的大幅度提高，使社会产品极大丰富、产品质量提高、产品功能增加，产品更新换代速度加快。值得注意的是，技术发展给某些企业提供了有利的机会，但也给某些企业带来了危机。因此，企业必须准确预测和及时掌握技术环境变化对企业的影响，以便采取适当的对策。

④ 社会环境。即人口和文化等因素。不同的民族，不同的国家，均有适应于他们生活环境的社会组织结构的方式，有不同的指导社会生活方式的行为准则。主要包括文化背景、风俗习惯、传统礼仪、价值观念、宗教信仰、审美观念、人口总数、人口发展趋势等因素。对社会环境分析，就是要了解消费者和用户所在国或所在地的上述因素，并研究其对本企业的影响。

2. 直接环境因素

直接环境因素是指对企业直接有关的因素，企业对于直接环境因素能施加一定的影响，具有一定的主动权，如股东、顾客、竞争企业、金融机构等因素。

① 股东。股东是企业的出资者或所有者。股东对企业的态度直接影响企业的经营前途，经营者必须随时分析他们的状况，争取得到他们的理解、信任和支持。

② 顾客。顾客是企业产品的消费者和使用者，是企业生存和发展的关键因素。企业必须随时了解和分析顾客的需求，并据此制订切实可行的措施，满足他们的需求。

③ 竞争企业。竞争企业是本企业同一产品市场的争夺者，其发展动向与本企业密切相关。因此，它是企业环境分析的重要内容之一。

④ 金融机构。金融机构是向企业提供融资，并从企业支付利息中获利的部门。它是企业能够获得足够经营资金的重要支柱。金融机构一方面能支持和促进企业经营的发展，同时也能限制企业的经营活动。

（二）企业内部条件分析

分析企业内部条件的目的是掌握企业整体素质的现状，发现影响企业经营成果的关键因素，明确企业的长处和短处，从而了解其对外部环境的适应程度，做到心中有数。在进行决策时，就可采取能集中力量发扬自己长处的策略，使企业在竞争中处于有利地位。企业内部条件包括人际关系、生产技术、市场营销、资金财务等因素。

1. 人际关系因素

企业的一切生产、经营、管理活动均是通过人来实现的，企业之间的竞争最终也归结为人才的竞争。所以人是决定企业生产经营活动成败的一个关键因素，任何企业都必须通过开发、组织和激励来充分发挥人的主动性、积极性和创造性，从而提高经营管理成效。企业人际关系包括企业员工的业务素质、精神面貌、知识能力、组成结构、领导风格和水平等。

2. 生产技术因素

生产技术状况是影响企业产品质量和生存发展的又一个关键因素。企业对生产技术条件进行分析时，特别要重视与同行业竞争者相比较，以明确自己的优势和劣势，从而致力于发挥优势改造劣势，达到增强自身竞争能力的目的。企业生产技术条件主要包括企业规模、生产能力、设备和工具的先进程度、技术开发和技术改造能力、科研条件、资源利用等。

3. 营销环境因素

分析营销环境，就是对企业市场行为进行分析，其目的是为企业确定目标市场、制订新的市场营销策略提供充分的依据。主要包括企业产品情况，企业现行营销策略，营销组织机构，营销人员的知识和能力，营销设备和设施的数量和质量，市场情报网络，营销管理制度的完善程度以及企业进入市场、占有市场和开拓市场的状况和趋势。

4. 资金财务因素

企业的资金财务因素主要是指企业资金的运作和周转情况。企业资金周转状况是反映企业经营效果的晴雨表。企业的任何活动都离不开资金的有效运作，实际上企业生产经营活动过程，就是一个资金运动的过程。资金财务分析可以反映企业资产和负债的变化情况，及时掌握企业生产经营费用和收益情况，给企业决策层提供准确可靠的信息以利正确决策。主要包括资金效益、生产费用、成本与利润、资金与利润、盈亏平衡等。

（三）企业经营环境综合分析

企业的内部条件和外部环境相互联系、相互制约，这就要求把内、外环境结合起来进行综合分析，轻视或偏废任何一方面都可能会与各种有利的机会擦肩而过，或造成威胁与损失。综合分析就是要实现两方面的最佳组合，做到知己知彼，从而引导企业走向兴旺发达之路。综合分析可采取定性分析和定量分析两种方法，若能进行定量分析的应尽量采用定量分析，以便更准确可靠地用量化的因素来预测未来的发展趋势。通过综合分析，确定外部环境因素对内部条件的影响性质和程度，并进一步弄清那些重要的外部环境因素发生变化的背景、特征、发展趋势以及对企业各方面工作所产生的各种可能的具体影响。在此基础上研究在环境变化面前企业能做出怎样的反应，对于各种机会与威胁，企业要解决一些什么样的关键问题？要增加什么资源，投入多少数量？如何取得这些资源？等等。在对上述问题作了深入分析之后，才能确定如何扬长避短修改预定的经营战略，或给自己确定最有发展前途的新战略。

二、明确经营目标

经营目标是企业在分析内外环境的基础上，作出的较长时期内生产经营活动的预期结果。这是经营战略的核心，是企业经营思想的具体化，也是企业进行经营决策的基本依据，在整个企业战略体系中处于承上启下的地位。经营目标分为长期、中期和短期三种。不同时期、不同类型的企业，确定经营目标的重点各有不同。但是，根据其共性在制订经营目标时，必须坚持以下几项原则：关键性原则，即企业的总体目标必须是关系到企业兴衰的关键问题，有关企业全局的重要问题；可行性原则，即企业的总体目标的确定必须保证能够如期实现，不能不顾内外条件而盲目冒进；激励性原则，即企业的总体目标要有激发企业全体员工积极性、主动性和创造性充分发挥的动力。

企业经营目标一般都是把恰当的指标加以量化，以便在计划目标与经营成果之间进行比较。常见的经营目标包括以下基本内容。

1. 贡献目标

满足社会不断增长的物质文化生活的需要，提高整个社会的生产力水平，这是企业的首要目标。具体表现在企业的产品品种、产量、质量、上交税金、生态环境保护、资源消耗等。

2. 市场目标

市场是企业生存的空间，企业经营活力的大小主要看它占有市场的深度和广度。具体表现在市场容量和市场占有率的大小，老市场的渗透、扩展和份额增加，新市场的开拓，国外市场竞争能力的提高等。

3. 发展目标

企业今天的生存是为了明天的发展，即在立足当前的基础上，力求长期的发展。企业也只有不断发展，才能适应形势的发展要求。企业的发展表现为通过联合、兼并和扩建，扩大企业规模，提高生产能力；通过人力资源开发，提高企业员工的业务素质和智能结构，进行技术开发、产品开发和市场开发；通过引进先进技术、工艺和设备，提高产品质量，增强竞争能力等。

4. 利益目标

利益目标是企业生产经营活动的内存动力，不仅是企业扩大再生产的需要，而且直接关系到企业员工的切身利益。具体表现为利润额、利润率、资产报酬率、所有者权益报酬率、每股平均收益、员工报酬和福利等。企业利益目标完成的越好，必然为国家提供越多的税金收入，对企业的进一步发展也更加有利，同时也为企业员工带来更多的切身利益。

企业的经营目标应按照目标管理方法层层分解到各部门，直至每个员工，形成一个目标分解体系。只有每个员工的分目标顺利实现，企业的总体经营目标才能保证完成。

三、选择经营策略

选择经营策略，就是从市场环境机会中寻找适宜自己发展的企业机会，利用不同的市场机会形成不同的增长策略，以实现企业的经营目标。市场机会是指市场尚未被满足市场的需求。企业家们说："哪里有市场需求，哪里就有我们的机会"，但对于企业来说，这种客观存在的市场机会还只是"环境机会"，并不等于企业的经营机会，只有当企业具备了成功利这种机会的条件时，"环境机会"才能成为企业的经营机会。这些条件是：与企业的任务相一致；企业具有利用该机会的资源能力；利用该机会足以实现企业的目标。

企业面对的市场机会可以概括为三种类型：密集型市场机会；一体化市场机会；多样化市场机会。利用不同的市场机会，可以相应采用不同的增长策略。

1. 密集型市场机会——密集型增长策略

密集型市场机会是指一个特定市场的全部潜力尚未达到极限时存在的市场机会。即企业仍可以在现有的生产、经营范围内求得发展。企业可以通过市场渗透、市场开发、产品开发等方式来利用这样的市场机会。

2. 一体化市场机会——一体化增长策略

一体化市场机会是指存在于企业的供、销环节而能使自身得到发展的市场机会。企业可以利用这种市场机会实行不同程度的一体化经营，纵向增强自身生产和销售的整体能力从而提高效率、扩大规模、增加赢利。一体化经营可以有前向（即向供给方向伸展）一体化增长策略和后向（即向销售方向伸展）一体化增长策略两种形式。

3. 多样化市场机会——多样化增长策略

多样化市场机会存在于一家企业例行的经营范围之外。多样化增长是指企业利用经营范围之外的市场机会，新增与现有产品业务有一定联系或毫无联系的产品业务，实行跨行业的多样化经营（也称多角化经营）以实现企业的发展。

企业无论采用何种增长策略，其资源总是有限的，各种产品的增长机会也各不相同。为了实现企业目标，必须对各项产品业务进行分析、评价，确认哪些应当发展，哪些应当维持，哪些应当缩减，哪些应当淘汰，并做出相应的投资安排。这一过程就是制定业务经营组合，其目的是合理有效使用资源，确保效益。制定业务经营组合，首先将企业所有的产品业务分成若干个"战略业务单位"，每个"战略业务单位"都是单独的业务或一组相关的业务单位，能单独计划、考核其经营活动。然后再逐个分析、评价它们的经济效益和战略性赢利潜力，并对各个"战略业务单位"作出或发展、或维持、或缩减、或淘汰的判断。

四、经营战略实施

企业经营战略能否成功实施，首先取决于企业的组织结构是否能适应经营战略实施的要求。不同的经营战略具有不同的关键成功因素，因此要成功地实施战略，必须抓住战略成功的关键因素，选择相匹配的组织结构并配备适当的人员。其次，要重视培养结果导向和追求高实绩的精神。建立各个层次的一系列实绩标准，利用一切机会的手段激励员工积极向上，向高标准不断努力，把奖励同实绩关联起来，做到奖惩分明，把企业的精神、信念落实到各项日常活动中，只有这样企业经营战略才能成功实施，并创造良好的结果。

第三节 经营决策

一、经营决策的概念

决策是指人们为了实现某个特定的目标，运用科学的理论和方法，系统地分析主客观条件，提出多种预选方案，并从中选取最优方案。决策是一种行为选择，用形象的话说：决策就是在一处多岔路口，选择一条正确的道路。

经营决策是企业对未来行动确定目标，并在两个以上的可行方案中选择一个令人满意方案的分析判断过程。其实质是企业为了适应外部环境的变化，主动去发现问题、分析问题、解决问题的系统分析过程。经营决策是经营管理的核心内容。美国著名经济学家西蒙把决策看成是管理的同义词，他提出"决策程序就是全部的管理过程"。在市场经济条件下，决策已成为企业管理的一项基本职能。经营决策的内容非常广泛，对其分类的方法也很多，比较常见的有：按决策性质分为战略决策、管理决策、业务决策；按决策层次分为高层决策、中层决策、基层决策；按决策程序分为程序性决策和非程序性决策；按决策条件分为确定型决策、风险型决策、非确定型决策。

经营决策对企业的管理效率和经营效果有着决定性的作用，倘若决策失误，就会给企业带来灾难性的损失。任何企业、任何个人主观上都希望把经营决策做得科学合理，使其结果令人满意。然而，就其企业内部来说，影响决策合理性的因素很多，归纳起来主要有恰当的决策标准、科学的决策程序、正确的决策原则、优秀的决策者、有效的决策方法五大要素。为了保证决策的正确性和可靠性，为了不断提高决策的水平，就必须了解和掌握上述五大要素。

1. 恰当的决策标准

决策标准就是评价什么样的决策才是好的依据。对于不同性质的决策，好的具体标准是不同的，即使选择的认为是最好的方案，也不过是几个互有利弊方案的折衷。可见，作为决策标准的确定要遵照决策学派的创始人西蒙提出的，应当用"令人满意的准则"代替"最佳的准则"。在这种决策思想指导下，我国的决策专家提出的决策评价标准，可以归纳为从大局出发，技术上先进合理，生产上适用，经济上合算，收益时间快。对待具体的实际问题决策，要根据其性质确定具体的决策标准，尽量做到相对的最优化。

2. 科学的决策程序

为了提高经营决策的合理性和有效性，就应该遵循科学的程序来进行决策。经营决策过程大体上可分为提出决策目标，收集信息阶段；探索和拟定各种可行性方案阶段；判断和选择令人满意方案阶段等三个基本阶段。这三个阶段又可分别称为参谋活动、设计活动和选择活动。任何完整的决策过程必须包括上述三个基本阶段，否则决策不能认为是合理的。

3. 正确的决策原则

为了正确处理决策过程中的各种关系，使经营决策做得更加合理，在决策过程中必须遵循一定的原则。如个人决策与集体决策相结合的原则；企业利益与社会利益相结合的原则；市场引力与企业实力相结合的原则；定性分析与定量分析相结合的原则；可靠性与灵活性相结合的原则；技术经济决策与人事组织调整相结合的原则。

4. 优秀的决策者

经营决策的好坏，最终将取决于决策者的素质、能力和品质，这些因素的差异，将会严重影响决策的过程和效果。因此，优秀的决策者是合理决策的最基本条件。作为一个优秀的决策者，必须具有较为丰富的经验，较高的学识水平，预测未来的能力，自我诊断的能力，及时提出目标的能力，逻辑思维的能力，组织协调的能力，当机立断的能力，随机应变的能力等。除此以外，还必须具有勇于开拓创新，勇于承担风险和责任，善于集思广益等良好的品质。

5. 有效的决策方法

随着现代科技的飞速发展，经营决策将越来越复杂。单靠决策者的思维能力和经验判断，已经不可能做出科学合理的决策，必须借助于一系列科学的现代决策方法和工具对各因素的决策过程进行定性和定量相结合的分析。经营决策的方法很多，问题在于如何根据具体决策项目的性质和特点，灵活地选择运用有效的决策方法，才能提高经营决策的科学合理性。常用的经营决策方法大体上可以分为定性决策法和定量决策法两大类。定性决策法注重于决策者的直觉和经验，如常用的德尔菲法、哥顿法、头脑风暴法等都包含了主观成分。定量决策法注重于决策过程中各因素之间客观存在的数量关系。在实际使用中两者密切配合、相互补充，这已经成为现代决策方法的一种发展趋势。

二、经营决策的程序

经营决策的程序从大的方面分析，可以分为上面介绍的三个阶段，具体的来说，又可以分为以下一些具体步骤。

1. 确定经营决策目标

确定好目标是经营决策的前提，也是经营决策的出发点和归宿点。只有首先明确经营目标，才能根据目标的要求顺利展开下面的工作，直到做出决策。在确定目标时，必须要在需要与可能的基础上，分清主要目标与次要目标，做到明确具体，尽量做到定量化，避免由于目标模糊不清造成不必要的混乱。

2. 调查研究，搜集资料

经营决策是在特定的内外环境下作出的，要使决策做到科学合理，其前提条件是必须要有大量的信息资料。信息资料的来源，一方面来自企业本身的资源信息，另一方面来自实际调查和预测的信息资料。搜集的资料必须全面、系统、准确、及时，这就要求凡是与目标有关的直接的或间接的资料都应尽可能搜集齐全，资料数据要准确，资料传递要迅速，信息反馈要及时，并且必须对搜集得到的信息资料进行科学的分析、加工和整理。为此，企业必须建立与健全信息管理系统。

3. 探索各种可行方案

在调查研究、搜集资料基础上，便可探索各种可行方案，供选择时比较。可行方案的数量和质量对最后作出合理的科学的决策有重大影响。因此，在制定可行方案时，要对每个可行方案进行分析、评价。对不能满足必须达到的目标要求的方案，就应果断及时地淘汰掉，以便将方案数量减少。然后对余下的可行方案，再用希望达到的目标进行全面评价。在探索各种可行方案时，要集思广益，运用"倒着想问题"的思维逻辑，鼓励对立意见的挑战。因为丰富的想象力和创造力往往是在不同意见的刺激和启发下迸发出来的。同时，既要强调创新精神，大胆设想和构思，又要强调严谨和求实精神，对方案的细节和实施结果进行充分的估计。

4. 比较和评价可行方案

对可行方案进行比较和评价，其目的是为选择方案提供依据。为了保证决策的合理性，在比较评价可行方案时，既要定性分析，又要定量分析；既要分析技术上的先进性，又要分析经济上的合理性；既要考虑当前利益，又要考虑长远利益。在此基础上作出综合评价，为下一步选定方案打下基础。

5. 选定方案

这是决策程序中的重要步骤。要选择一个令人满意的方案，实际上并不那么简单，决策者往往会遇到各种难题，如同时有两个或多个看来同样可取的方案，也可能提供选择的可行方案中没有感到特别满意的方案，而使决策者无所适从。这就要求决策者借助自己的知识、能力和经验，用"令人满意"准则代替"最优化"的原则，依据可计量和非计量因素的分析结果，在综合评价的基础上选定一个比较理想的方案。

6. 方案的实施和反馈

方案选定之后,就要认真的贯彻实施。否则,就是纸上谈兵,等于是一句空话。为了确保方案的贯彻实施,必须制定实现目标方案的具体实施计划,以及相应的各项具体措施,要把决策目标层层分解,落实到每个执行单位直至个人,实行责权利三结合。同时,要建立信息反馈系统,以便及时发现差异,查明原因,采取措施予以调整和控制。

整个决策过程的上述步骤不能截然分开,它们之间既有交叉,又有重复,是一个统一的有机整体。其过程是一个科学而系统的提出问题、分析问题、解决问题的过程,而不是一个固定不变的僵化程式。

以上经营决策程序的六个工作步骤及其相互关系如图2-1所示。

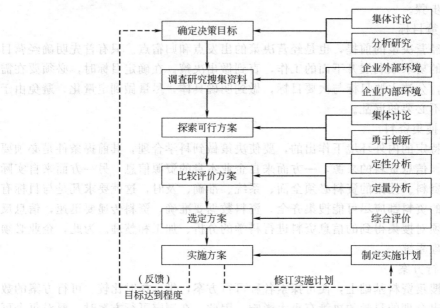

图 2-1 经营决策程序示意图

三、经营决策的定量方法

经营决策的定量方法是建立在数学工具基础上的决策方法,其核心是决策的变量与变量、变量与目标之间的关系用数学方法关联起来,建立数学模型,再根据决策环境和条件,通过计算求得结果。应用决策的定量方法,可以帮助决策者从繁琐的细节中摆脱出来,把精力集中到具有决定意义的本质问题上来。也可以使决策做到更加精确、合理和科学。决策的定量方法很多,下面扼要地介绍最基本的几种方法。

(一)确定型决策方法

确定型决策方法是指未来事件的发生条件为肯定明确的决策,其常用方法如下。

1. 直观法

即可直接明确地选择最优化决策方案的方法。

【例 2-1】 某企业拟生产某种新产品,现有三个可行方案供选择,各自的年收益值如表 2-1 所示。

表 2-1 年收益值 单位:万元

方　　案	新　　建	改　　建	外　　协
年收益值	120	70	20

在其他条件相同的情况下,新建方案的年收益值最高,是最优方案。

2. 盈亏平衡分析法

也称量本利分析法。它是根据产销量、成本和利润三者之间的相互依存关系,通过分析比较,进行决策的方法。其核心是确定盈亏平衡点,即企业不盈不亏时的产销量。盈亏平衡分析法的基本要点是把产品总成本分为固定成本和变动成本两部分。固定成本是指在一定条件下与产量增减无关的成本。变动成本是指随产量的变化而变化的成本。某产品的总成本 C 可用下式表示为:

$$C = F + VX \tag{2-1}$$

式中　C——总成本;
　　　F——固定成本;
　　　V——单位产品变动成本;
　　　X——产品的产销量。

而企业的销售收入 S 为:

$$S = WX \tag{2-2}$$

式中　S——销售收入;
　　　W——单位产品售价。

由此可得:

$$S = WX = C + M = F + VX + M$$

即

$$WX = F + VX + M \tag{2-3}$$

式中　M——利润。

经整理可得:

$$X = \frac{F + M}{W - V} \tag{2-4}$$

当利润 $M = 0$ 时,则企业的销售收入与总成本正好相抵,说明企业不盈不亏,此时的产销量称为保本产销量,也称临界点、保本点。可用下式表示:

$$X_0 = \frac{F}{W - V} \tag{2-5}$$

保本产销量也可作图求得,如图 2-2 所示。

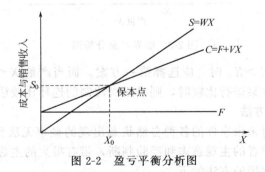

图 2-2　盈亏平衡分析图

当实际产销量 $X > X_0$ 时,可获得盈利。反之,就要发生亏损。

若已知实际产销量和保本产销量,则可以计算企业经营安全率 η。其计算公式为:

$$\eta = \frac{X - X_0}{X} \times 100\% \tag{2-6}$$

经营安全率是反映企业经营状况的一个指标。η 值越大,企业经营安全性越高;η 值越小,企业经营亏损的危险性越大。一般可参照表 2-2 的经验数值来进行判断。

表 2-2 经验数值表

经营安全率/%	30 以上	25~30	15~25	10~15	10 以下
经营状况	安全	较安全	不太好	要警惕	危险

运用盈亏平衡分析法还可以解决以下几个决策问题:如若要盈利达到一定数额时,其销售量应达到多少?若销售量一定,固定成本增加到一定数额时,为不亏损,其售价应定到多少?若售价、固定成本、单位变动成本一定,不同销售量时的利润为多少?

3. 临界产量法

临界产量法是以某产品的产量指标为压缩条件,寻求成本指标小的方案,从而实现方案的评价选优的方法。所谓临界产量,是两个方案的成本相等时的产量。例如,生产某产品,有两个不同生产方案,其总成本分别为:

$$C_1 = F_1 + V_1 X \quad 与 \quad C_2 = F_2 + V_2 X$$

当 $C_1 = C_2$ 时,即:

$$F_1 + V_1 X_0 = F_2 + V_2 X_0$$

整理上式得:

$$X_0 = \frac{F_2 - F_1}{V_1 - V_2} \tag{2-7}$$

X_0 称为临界产量。如图 2-3 所示。

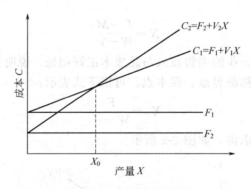

图 2-3 临界产量分析图

由图可知,当产量 $X > X_0$ 时,应选择第一方案,而当产量 $X < X_0$ 时,则应选择第二方案。若有三个以上的方案进行比较时,则采用淘汰制的连环比较法。

(二) 非确定型决策方法

非确定型决策是指对未来事件的各种自然状态出现的概率无法预测条件下所作的决策。这种方法主要取决于决策者的主观意志和经验判断,带有很大的主观随意性,同一组数据可以有完全不同的选择。常用的方法如下。

1. 大中取大法

也称乐观决策法。其基本原理是在各方案的最大收益值中选取最大值为较优方案。

【例 2-2】 某企业拟生产一种新产品,未来的市场状态可能出现高需求、中需求和低需求,但其各自的概率不能确定,此时企业有三个方案可供选择,即新建、改建和外协。三个方案在不同市场状态下的收益值如表 2-3 所示。由表可知,新建方案为最优方案。

表 2-3　收益值表　　　　　　　　　　　　　　　　　　　　　单位：万元

收益值＼市场状态＼方案	市场需求			最大收益值	最大收益值中的最大值
	高需求	中需求	低需求		
新建	100	40	－20	100	100
改建	70	30	10	70	
外协	40	30	15	40	

2. 小中取大法

也称悲观决策法。其基本原理是在各个方案的最小收益值中选取最大值为较优方案。

仍利用表 2-3 中的数据进行分析，三个方案的最小收益值分别为－20、10、15，则外协方案的 15 万元为最小收益值中的最大值，故应选择外协方案。显然，采用这种方法的决策者比较保守，其出发点是稳妥安全，不求收益最佳，只求损失最小。

3. 最小后悔值法

也称机会损失最小值法。其基本原理是在先求出各方案的最大后悔值基础上，选择其最大后悔值中的最小值。后悔是指当某一种自然状态出现时，必有某一方案的收益值最大，若决策者并未采用这一方案，而是采用了其他方案。此时，就会感到后悔，其值是最大收益值与所采用方案的收益值之差，这一差额就是后悔值。

仍以表 2-3 提供的数据为依据进行分析，计算结果见表 2-4。在上面三个方案中，改建方案的最大后悔值最小，故应选择改建方案。这种方法仍然比较保守，因其出发点也是力求损失最小。

表 2-4　后悔值表　　　　　　　　　　　　　　　　　　　　　单位：万元

后悔值＼市场状态＼方案	市场状态						最大后悔值
	高需求		中需求		低需求		
	后悔值	计算	后悔值	计算	后悔值	计算	
新建	0	100～100	0	40～40	35	15～(－20)	35
改建	30	100～70	10	40～30	5	15～10	30
外协	60	100～40	10	40～30	0	15～15	60

（三）风险型决策法

风险型决策法是指对未来事件的各种自然状态能否发生虽然不能肯定，但可以判断和预测出各种自然状态发生的概率情况下的决策。风险型决策常用的方法是决策树法。决策树法是指用图解方式分别计算各方案在不同自然状态下的期望值，然后通过期望值的比较，做出决策。采用决策树法比较直观、形象，不仅可以解决单级决策，也可以解决较为复杂的多级决策。

1. 决策树的结构

决策树由决策结点、方案枝、态结点、概率枝、损益值五个要素构成，见图 2-4。

应用决策树法进行决策的过程是：首先，绘制树形决策图，并在图上标明有关的各种情况；其次，从右向左依次根据算出的收益值（或损失值）和概率，计算出每一方案的期望值；最后，根据不同方案的期望值的大小选择较优的方案，并把舍弃的方案从方案枝上剪

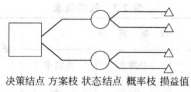

决策结点 方案枝 状态结点 概率枝 损益值

图 2-4 决策树结构图

掉，用符号‖表示，称为修枝，只留下一条树枝，即为决策中的最优方案。

2. 单级决策

【例 2-3】 某企业开发某新产品，现有两个方案可供选择，其使用期均为 5 年，具体资料见表 2-5。

表 2-5 两种方案资料　　　　　　　　　　　　单位：万元

收益值 方案	自然状态	
	任务足 概率0.6	任务不足 概率0.4
A. 自动化程度高	50	−10
B. 自动化程度低	30	−5

其决策过程为：

首先，画出决策树，如图 2-5 所示。

其次，计算各点期望值，并将结果填到状态结点上方。

计算公式为：状态结点期望值＝(∑某自然状态收益值×相对应的概率)×使用年限

点①＝[50×0.6+(−10)×0.4]×5＝130（万元）

点②＝[30×0.6+(−5)×0.4]×5＝80（万元）

比较两个方案的期望值，自动化程度高的方案期望值大，选择该方案为决策方案，并在决策树上将自动化程度低的方案枝剪去。

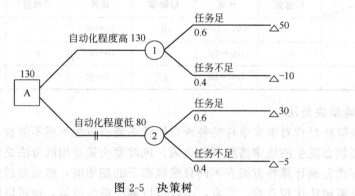

图 2-5 决策树

3. 多级决策

【例 2-4】 某企业为开发一新产品，现有两个方案可供选择：A 方案，新建方案，需投资 300 万元，使用期为 10 年；B 方案，先改建，改建需投资 160 万元，使用期为 10 年，若前三年销路好再扩建，扩建投资为 140 万元。根据市场调查的资料预测，前三年销路差，则后七年销路肯定差。若前三年销路好，后七年销路好的概率可提高到 0.9。问该如何决策。两个方案的年度损益值如表 2-6 所示。

表 2-6

自然状态	概率	新建方案损益值/万元	改建方案损益值/万元	扩建方案损益值/万元
销路好	0.7	100	40	100
销路差	0.3	−20	10	−20
投资		300	160	140

先画出决策树，见图 2-6。

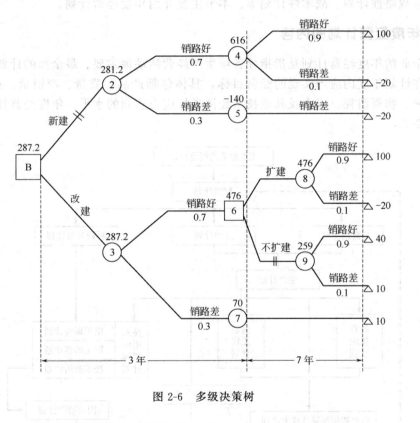

图 2-6　多级决策树

根据图 2-6 上数据，计算各点的期望值如下：

点④ = [100×0.9+(−20)×0.1]×7 = 616(万元)

点⑤ = (−20)×7 = −140(万元)

点② = 100×0.7×3+616×0.7+(−20)×0.3×3+(−140)×0.3−300 = 281.2(万元)

点⑧ = [100×0.9+(−20)×0.1]×7−140 = 476(万元)

点⑨ = (40×0.9+10×0.1)×7 = 259(万元)

比较点⑧与点⑨的期望值，因扩建的期望值大于不扩建的期望值，所以将不扩建方案舍去，并将点⑧的期望值移至点⑥。继续计算点⑦与点③的期望值。

点⑦ = 10×7 = 70 (万元)

点③ = 40×0.7×3+476×0.7+10×0.3×3+70×0.3−160 = 287.2（万元）

由于点③的期望值大于点②的期望值，因此，合理的决策方案应该是先改建后扩建，即选择 B 方案。

第四节 经营计划

经营计划是工业企业为了适应经营环境变化，根据企业经营目标，结合自身拥有的资源条件，对各项生产经营活动进行合理部署和科学安排的综合性计划。经营计划可以按照不同的分类方式分为多种类型。如按期限分，有长远经营规划、年度经营计划、短期计划。按内容分，有综合经营计划、单项经营计划。按范围分，有全厂计划、车间计划、班组计划。按用途分，有战略性计划、战术性计划等。本节主要介绍年度经营计划。

一、年度经营计划的内容

工业企业的年度经营计划是指指导各项生产经营活动最主要、最全面的计划。它规定了工业企业在计划年度内应当实现的经营目标，具体包括产品、质量、产销量、产值、利润、劳动生产率、物资消耗、成本及其他技术经济指标应当达到的水平。年度经营计划的内容和构成见图2-7。

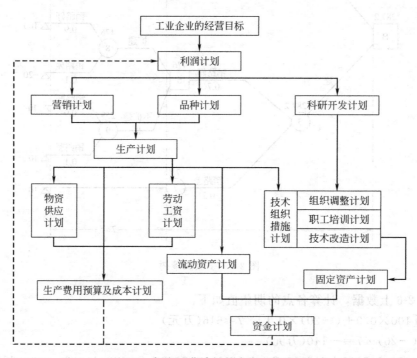

图2-7 年度经营计划的内容和构成图

① 利润计划。利润计划是经营计划的核心，它规定了企业计划期内的利润水平和利润分配，是综合反映企业经济效益的重要指标。

② 营销计划。营销计划根据市场预测和企业订货合同编制，规定了计划期内企业的产品品种、数量、销售收入以及营销方式和策略。它是编制年度生产计划和资金计划的依据。

③ 科研开发计划。包括技术开发、产品开发、设计、试验、鉴定等。

④ 生产计划。生产计划规定了企业应完成的各项生产指标、产品生产进度、产品质量指标等。它是年度经营计划的主体。

⑤ 物资供应计划。物资供应计划是企业在计划期内安排生产经营活动和维修机器设备等

所需各种物资的数量和供应来源计划。

⑥ 技术组织措施计划。企业在计划期内为保证各项计划的顺利完成而制定的改善生产技术、劳动组织、职工技术素质的措施计划。

⑦ 劳动工资计划。企业在计划期内编制的劳动生产率、职工人数、工资总额、平均工资等标准及统计工作。

⑧ 成本计划。成本计划规定了企业为完成年度经营计划所需的全部生产费用及各种产品的计划成本和降低成本的要求。

⑨ 财务计划。财务计划是以货币形式反映的企业固定资产计划、流动资产计划、资金计划、专项资金计划等。它规定了企业全部财务的收入和支出，以及财务往来关系。

以上各种计划之间必须做到口径统一、步调一致，否则就会出现混乱和矛盾。同时必须指出，为了保证企业年度经营计划的最后落实而且能执行，尚需编制作业计划，即按季、月、旬、周、日编制的短期计划，使年度经营计划具体化、定量化，并落实到班组直至每个职工。

二、年度经营计划的编制

1. 编制年度经营计划的依据

编制年度经营计划的主要依据包括工业企业在长期发展规划中规定的年度指标；市场调查和市场预测的资料；订货、供销、协作等合同协议；各类技术标准、技术文件规定、技术经济指标；上期计划完成情况；企业人力、物力、财力等资源的保证程度等。

2. 编制年度经营计划的基本程序

① 统筹安排，确定经营目标。编制计划重点是确定经营目标，这是计划期内企业全体员工奋斗的目标。经营目标应当确定多少、确定什么内容，没有固定、统一模式，主要是根据不同企业的特点自行确定。但是，一般应包括产品品种、产量、质量、消耗、劳动生产率、利润。其中最重要的是利润目标。生产经营目标是企业具体编制年度经营计划和各种专业计划的基本依据，必须确定得先进合理、积极可靠，并留有余地。

② 下达经营指标。即将企业经营目标分解，制定出企业内部各单位的计划指标，然后将计划指标下达，广泛发动职工讨论研究，对企业经营目标和具体计划指标提出建议。

③ 综合平衡。计划部门在收到各单位反馈上来的建议后，进行市场需求与企业生产能力的平衡；生产任务与技术准备工作的平衡；生产任务与物资和能源供应、资金的平衡；年度计划与长期发展规划的平衡等。在综合平衡中，需要反复核算、评价、比较，最后选择出最有价值、最有希望的计划指标。

④ 编制经营计划，审定下达执行。计划指标确定之后，就要编制年度经营计划，编制顺序是营销计划→生产计划→劳动工资计划→物资供应计划→成本计划→财务计划→利润计划。经计划部门汇总、审核、报请企业领导批准下达执行。

三、年度经营计划的执行

计划的执行是计划工作的关键。企业必须要求各单位全面、均衡地完成计划。所谓全面是指要完成各项计划指标，不能片面地只抓某项计划指标。所谓均衡是指要组织好均衡生产，防止前松后紧，期末突击的现象发生。为了保证经营计划的贯彻执行，可以应用目标管理的方法对计划进行科学管理。采用目标管理时应处理好下列问题。

① 目标的分解和计划指标的承包不是对等的概念，必须克服指标承包中的短期行为和以包代管现象。

② 向下级授权时要做到责、权、利三者的匹配，避免有责无权，或有责无利，或有权无责，或有权无利等现象。并注意责、权、利三者为目标服务。

③ 上级应以协商、指导的方式与下级一道解决问题，工作重点放在过程管理，而不是事后的评价和奖惩。

④ 对目标管理成果要及时认定，以利于指导今后的工作展开。认定时要注意从达到程度、复杂程度、工作难度、努力程度等方面进行综合评价。

⑤ 积极开展群众性的劳动竞赛活动，并运用经济的方法，调动职工的积极性和创造性，促使计划的圆满完成。

四、年度经营计划的控制

控制是企业经营计划管理的一个重要环节，其目的是把企业各项生产经营活动维持在容许的范围之内。计划控制过程可以分为下面三个基本步骤。

① 确定标准。判断计划执行结果是否同计划目标一致、计划指标是否实现，必须要有客观的、专门的标准，最理想的标准是可以考核目标，可以定量评价，也可以用货币量来表示的定量指标，如产品数量、工时、销售额、成本、利润等。

② 衡量成效。就是把计划执行情况同规定的标准进行比较，达到标准的为完成计划，没有达到的为没有完成计划，超出标准的要作具体分析。这样做可以及早地发现出现的偏差，以利于及时分析偏差的原因。衡量的要求是实事求是，尽量用数据说话。

③ 纠正偏差。纠正偏差是计划控制的目的。针对偏差的原因，采取适当措施加以纠正。适当措施常用的有修改目标和调整计划指标；重新委派人员或明确职责；改善指导和领导方式；进一步训练下级，提高其业务素质，使其适应计划要求；对因主观因素造成的偏差，要批评教育，甚至追究责任，严肃处理。

第五节 市场营销

市场是商品经济的产物，也是企业市场营销活动的场所、对象和载体。随着社会主义市场经济体制的确立和商品经济的发展，市场与市场营销在企业经营管理中的作用日益重要。任何企业为保持生产经营活动的顺利进行，并在激烈的竞争环境中求得生存和发展，都必须以市场为中心，灵活运用市场营销策略，维持与市场环境的协调和平衡。因此，加强对市场营销活动的研究和管理，具有重要意义。

一、市场及市场营销

（一）市场

市场有多种含义。①市场是商品交换的场所。即买方和卖方发生交换关系的地点或地区。②具有购买欲望、购买能力的需求者。即把顾客、用户作为市场，这是从商品供应者（销售者）的角度提出来的。明确自己的产品市场有多大，由哪些消费者或用户构成，是企业营销战略和各项具体决策的基本出发点，对正确组织企业营销具有极其重要的意义。③市场是商品供需双方力量相互作用的总和。如"买方市场"、"卖方市场"，这一含义反映了供求力的相对强度，反映了交易力量的不同状况。④市场是指商品供需双方交换关系的总和。

市场的上述诸种含义对企业都有实际意义，前三种含义对企业营销具有微观的意义，第四种含义对企业营销具有宏观的意义。不过，从企业营销的角度来研究市场，中心问题是要研究买主的需要、欲望及购买行为等，以便有的放矢地开展市场营销活动。因而，市场营销所指的"市场"，是上述第二种含义上的市场。

现代社会，随着生产力的迅速发展，市场的内涵和外延发生了极其深刻的变化。一方面，随着交换规模的扩大，市场冲破了地域分割，不仅超出了狭小的地区范围，形成了一国的统一市场，而且扩展到国际范围，出现了多国间乃至全球性的国际市场；另一方面，市场体系高度发育，不仅生产资料、生活资料等商品市场趋向成熟，而且生产要素市场，如金融市场、人才市场、信息市场、技术市场等也得到了充分发展。各类市场彼此衔接、相互依存，形成完备的市场体系，成为社会生产、交换、分配、消费等各类经济活动的枢纽。

1. 市场的构成要素

从市场营销的角度分析市场，市场是由需求者、购买力和购买动机三大要素有机组成的总和。即

市场＝需求者＋购买力＋购买动机

① 需求者。需求者是构成市场的最基本要素，凡是有人居住的地方，就有各种各样物质的和精神的需求，如衣、食、住、行、用、玩乐等需求，只要有需求就存在市场。需求有潜在需求和显现需求两种状态，企业营销活动就是要促使潜在需求向显现需求转化。

② 购买力。有支付能力的需求才是具有实际意义的市场。如一个地区人口众多，但收入很低，购买力有限，则很难形成容量很大的市场。所以，购买力是构成现实市场的又一重要因素。

③ 购买动机。如果商品不能适销对路，不能引起人们的购买欲望和购买动机，不管购买力水平再高，人口再多，仍然不可能成为现实的市场。只有企业生产和销售的商品适销对路，才能激起人们的购买欲望和购买动机，对企业才有实际意义。从某种意义上讲，这一要素是决定市场容量的最有威力的要素。

市场的这三大要素是相互制约、相互联系、缺一不可的，只有当这三个要素有机结合时，才能使观念上的市场变成现实的市场。所以，市场是上述三个要素的统一。

2. 市场的基本特征

现代市场经济条件下，市场作为市场经济的运行基础和基本形式，一般具有如下特征。

① 开放性。市场经济体制下的市场是充分开放的。任何性质、规模、形式的企业都可以参与市场活动。随着世界经济环境的变化，国内市场与国际市场的概念将会模糊。商品将会按照价值规律流向最能实现其价值的地方，人为的地区封锁，行政的界域壁垒将被冲垮，最终形成开放统一、有序竞争、体系完整、机制有效的市场。

② 完整性。现代市场是一个多元化的完备体系，不仅可供交换的商品门类齐全，而且参与市场活动的主体、交易方式、交易手段也是多元的，并朝着体系完整的方向发展。

③ 竞争性。平等进入、公平竞争，是市场运行的基本原则。所有市场参与者在进入市场和从事交易上，机会和地位都是平等的，在此基础上凭借自身的经济实力全方位地开展竞争，实现公平竞争、优胜劣汰。

④ 自主性。企业作为独立核算、自负盈亏的市场主体，具有自主经营的法定权力。例如根据市场需求，有权自主决策投资方向，自主调整产品结构，自主设置管理机构，自主组织生产经营活动，自主决定利益分配方式等。由此，决定了市场活动具有高度的自主性。

（二）**市场营销**

市场营销是指企业以消费者需求为中心，以实现企业经营目标为目的，有计划有组织指导生产和流通的一系列与市场有关的经营活动。随着社会经济的发展和人类认识的深化，市场营销的内涵和外延已经极大地丰富和扩展，其过程向前延伸到生产领域以及生产前的各种

活动,向后延伸到流通结束后的消费过程;其内容扩大到市场调研、市场细分、市场定位、产品开发、价格制定、选择分销渠道、促销、售后服务、信息反馈等诸多方面;并以满足消费者需求为出发点和归宿点。

1. 市场营销的作用

市场营销在现代企业发展中的作用日益明显,归纳起来大致有以下几个方面。

① 有助于企业树立市场导向型的现代经营思想。市场营销观念否定了以企业为中心,重生产重产品的传统思想,明确了以消费者为中心,用户是企业的上帝。从而为树立以市场为导向的现代经营思想奠定了基础。

② 有利于发掘市场机会。消费者需求是唯一的市场机会,而市场营销强调的就是消费者需求,因而就促使企业重视需求现状的调查和预测,从中发现未满足的需求,从而把市场机会变为企业机会。

③ 有助于正确选择目标市场。现代市场范围广阔,任何企业都不可能独占全部市场,满足消费者的各种需求,只能是选择部分市场作为目标市场,集中人力、物力、财力在目标市场中求得发展。市场营销中运用市场细分理论,可以帮助企业正确选择目标市场,使自己在整体市场上的劣势转变为局部市场上的优势。

④ 有利于树立企业的良好形象。市场营销的核心问题是需要解决市场与生产的关系,需求与产品的关系,消费者与企业的关系,以良好的经营作风,真诚地为消费者服务,在社会公众中树立良好的企业形象,通过营销活动使企业扎根于广大消费者的厚爱之中,获得企业发展的真正动力。

2. 市场营销的功能

市场营销的功能具体表现在以下三个方面。

① 交换功能。交换功能就是通过等价交换的方式,运用市场营销策略组合,促成商品所有权在各当事人之间的过渡和转移,从而实现商品所有权的交换,这是市场营销最基本的功能。尽管随着市场经济的发展,商品的范围已扩展到各种无形商品及生产要素,但仍然都是通过营销活动来完成其交换过程的。

② 实物分配功能。市场营销通过提供流通渠道,组织商品储存和运输,推动商品实体从生产者手中向消费者手中转移,使大规模生产和地域上的专业化分工成为可能,并保证生产、流通和消费的连续性,从而解决了产销之间存在的时空矛盾。

③ 辅助功能。辅助功能对交换和实物分配功能的完成起帮助促进作用。具体包括标准化与分级、资金融通、承担风险、信息沟通等功能。这就需要由组成市场营销系统的所有企业,包括生产者、中间商以及储运、金融、保险等辅助性企业共同协作来完成。

二、市场调研

任何一个企业在制订市场营销策略时,都需要进行市场调研。即广泛地收集系统而准确的市场信息,进而预测市场发展的前景,把握市场变化的规律,为制订市场营销策略提供科学的依据。市场调研包括市场调查和市场预测两个方面。

(一) 市场调查

市场调查是指企业运用科学方法,对目标市场的用户和市场营销组合各因素进行全面或局部的了解,从而掌握所有的信息资料,为市场预测和营销决策提供依据。

1. 市场调查的主要内容

① 宏观环境调查。宏观环境调查包括政治环境、经济环境、文化环境、自然环境等四个方面。政治环境即国家有关方针、政策、法规及变化,如税收政策、金融政策、外贸政

策、商标法、合同法以及政治形势的变化等；经济环境如经济发展、产业结构、自然资源、人口、生产力水平等状况；文化环境如生活传统、文化水平、思维方式、消费习惯、宗教信仰、风俗习惯等；自然环境如地理因素、气候条件、交通运输等。

② 消费者（或用户）需求调查。消费者（或用户）调查包括爱好、习惯、货币收入、购买条件、购买方式、购买数量、购买时间、购买动机、购买行为以及不同行业的不同需求等。

③ 市场营销活动调查。市场营销活动调查包括产品、分销渠道、价格以及促销等四个方面。产品调查如生产能力、产品质量、产品性能、产品品牌、商标、外观、包装、产品寿命周期、用户评价等；价格调查如价格变化影响因素、新产品定价、老产品调整价格等；分销渠道调查如中间商的实力、条件和要求，零售商所在区域的环境、人口数量以及消费水平，用户对中间商和零售商的印象及评价等；促销调查如广告效果、人员推销效果、促销活动的时机和方式的选择等。

④ 竞争对手调查。竞争对手调查包括竞争对手基本情况、竞争能力、发展趋势等几个方面。基本情况调查如竞争对手的数量、分布、生产规模等；竞争能力调查如生产技术、资金占有、产品质量、品种规格、人力资源、营销策略、市场占有率等；发展趋势调查如新产品开发方向和进程、市场营销战略及规划、潜在竞争对手以及竞争发展动向等。

2. 市场调查的步骤

市场调查是一项非常复杂和艰苦的工作，为了确保其系统性和准确性，必须要有计划、有步骤地进行。一般来说，市场调查包括以下几个主要步骤。

① 制定市场调查计划。市场调查具有很强的目的性。因此，首先要确定市场调查的目标和任务，并在充分分析的基础上编制市场调查计划。市场调查计划的基本内容应包括调查目的，即应明确为什么要调查，调查什么；调查项目，即调查哪些问题，分清主要问题和次要问题；调查对象，即明确向哪些单位或个人进行调查；调查地区，即明确调查的地区或地点；调查方法，即明确采用什么方法进行调查；调查日期，即明确调查的起始和结束时间以及各阶段的进度；调查人员，即明确由谁负责，由谁调查；调查经费，即调查活动所需经费的预算。

② 实施市场调查计划。这是市场调查的实质性的工作阶段。主要内容可以分为两个方面：一是收集现有的文字资料，如企业内部的各种记录、凭证、统计报表、用户来往函电等，以了解企业以往和目前的生产、营销、库存的情况。又如企业外部公开发布有关市场动态、行情和统计资料。二是进行实地调查，现场实地调查可以直接从调查对象处获得第一手信息资料，其方法有访问法、观察法、实验法。

③ 调查结果处理。其工作内容可以分为调查资料的汇总整理，写出调查报告两个部分。首先，是进行调查资料的汇总整理。对收集到的资料必须进行审查，剔除不可靠、不必要的资料，以保证资料的可靠性、完整性和协调性，审查后对调查资料按内容进行分类、编码、列表、计算及使用统计方法对资料进行分析与检验，从中发现有价值的信息供预测和决策之用。其次，是编写调查报告。市场调查报告是对市场调查的结果加以整理分析后，向有关方面和人员提出的书面材料。调查报告的格式一般由导言、正文、结论与附件组成。导言部分主要是对调查目的进行简要说明；正文部分主要说明调查使用的方法，以及对调查结果的详细分析；结论部分可以建议的形式给出，供决策者参考。附件部分是用来论证、说明正文有关情况的资料，如资料汇总统计表、原始资料来源等。

3. 市场调查的方法

① 询问法。询问法是调查人员采用询问的方式向被调查者了解市场情况的一种最为常

用的市场调查方法。这种方法可分为直接询问法和间接询问法两种。直接询问法又可分为两种。一种是调查人员到用户实地进行调查访问，深入了解用户的意见和建议。这种方法具有回收率高，信息真实性强，资料具有一定的深度与广度，但所需费用高，时间长，并且受到调查人员业务水平和态度的影响。另一种是把用户请到企业来座谈、参观，这种方法也费钱费时，只能在必要时采用。间接询问法的方式很多，如电话调查、邮寄调查、问卷调查等等。这些方式适用于大面积调查，省钱省时省力，但调查结果可靠性差，而且复杂问题不易调查。

② 观察法。观察法是由调查人员到实地进行观察和记录，以获取用户意见和要求等信息资料的调查方法。常用的观察法有直接观察法和行为记录法等。直接观察法，即调查人员直接到现场去观察，进行记录和分析，从中获取所需的信息资料；行为记录法，即通过某些设备仪器记录被调查者的行为，这种方法可客观地记录被调查者的现场情况，准确性高，但是无法了解被调查者的类别及内心活动。

③ 实验法。实验法是先在一定的小范围内进行实验，然后再研究是否大规模推广的市场调查方法。这是在消费市场最广泛使用的一种调查方法，包括产品的质量、品种、规格、包装、价格、商标等，都可采用实验法来了解用户的反应，确定其是否合适和有效。这种方法比较科学，结果准确，但调查成本高，时间长，实施困难。

④ 统计分析法。统计分析法是运用数理统计的方法，利用企业内部和外部的资料，来分析市场需求变化规律和趋势的一种方法。一般统计分析法有趋势分析、相关分析、回归分析等。

市场调查是企业了解和掌握市场信息的重要途径之一。除了上述方法以外，还可以从书报杂志、政府公报中去分析了解，从各种学术会议、科研报告中去获取，也可以通过咨询公司协助收集、分析和研究等。

（二）市场预测

市场预测是指企业借助于市场调查获取的信息资料和有关的历史资料，运用科学的方法和手段，做出正确的预计和推测，从而掌握未来市场的发展趋势。科学地进行市场预测能为企业决策提供可靠的依据，从而避免生产经营活动的盲目性，防止人力、物力、财力的浪费。科学地进行市场预测，有利于企业根据市场发展的需要，采用先进的科学技术，开发新产品，增强竞争能力，提高企业的经济效益。

1. 市场预测的内容

① 市场需求预测。市场需求预测是对企业生产的产品在市场上的需求数量、品种、规格以及发展趋势的预测，这是市场预测最重要的内容。市场需求与社会经济发展、企业购买力的变化、生产结构的变化、人口的变化、生活结构的变化关系极大。因此，市场需求预测应包括现实需求量预测、潜在需求量预测、需求变动趋势预测、消费结构变化预测、社会因素变化预测等。

② 市场占有率预测。市场占有率是指在一定市场范围内，本企业某种产品的销售量占同类产品销售总量的百分率。市场占有率的高低，反映企业产品竞争能力的大小，企业在市场上的地位和声誉，也是检验企业营销策略的一个重要方面。因此，预测时应对企业产品的质量、规格、服务以及营销策略等因素全面加以考虑，如预测本企业产品在市场上的质量地位、数量比例、价格差别、营销范围、营销策略差异以及历年的市场占有率等基本情况。

③ 产品寿命周期预测。预测产品寿命周期，可以使企业了解产品寿命周期的变化趋势，及时采取相应的对策措施，为商品开拓新市场，同时抓住时机开发研制新产品以及改进老产品，使企业保持市场占有率。产品寿命周期预测是企业管理的重要课题，也是研究市场需求

预测的基础工作。

④ 技术发展预测。科学技术的飞速发展，给企业不断提出新的要求，为了争取主动，避免发生方向性的错误，企业必须掌握科学技术的发展动向。企业进行技术发展预测则是预测与本企业有关的技术发展动态，以及由此引起的对本企业生产的影响。预测内容主要包括对技术的发展趋势、方向和成果的估计，同行中新工艺、新设备、新产品的研制和应用情况，新产品的竞争能力等。

市场预测的内容还很多，诸如市场价格变动、商品资源、供求动态、竞争态势，以及与企业生存和发展相关的各种环境变化等。

2. 市场预测的步骤

市场预测要遵循客观规律，按照一定的工作步骤有计划地进行，才能保证预测工作的质量。市场预测的主要步骤如下。

① 确定预测目的。即明确为什么要预测，要解决什么问题，要达到什么目的。同时，还要确定预测范围和内容，规定预测的进程与期限。

② 收集和整理资料。信息资料是市场预测的基础，收集资料必须按预测目标的要求，尽可能广泛、全面、准确。市场调查获得的资料是预测的重要信息来源。同时要做好资料的鉴别、整理和加工等工作，为获取准确的预测结果提供充分的依据。

③ 选择预测方法。预测的方法很多，各有其适用范围、条件和对象，选择何种方法应根据预测目标和掌握的资料而定。

④ 实际预测计算。预测方法选定后，要组织人员进行预测计算，即运用系统方法，全面考虑各种影响因素，借助于以往经验判断、统计分析、数学模型等技术手段，做出定性和定量的预测。

⑤ 分析评价。通过计算产生的预测结果，只是初步结果，与实际情况存在着差异，要能最终使用必须通过分析评价。分析评价是综合运用经济学、市场学的理论和知识，采用逻辑推理的方法，分析评价预测结果的可靠性。

⑥ 编写预测报告。预测结果出来后，要及时写成预测报告。预测报告应包括预测目标、预测过程、预测方法、资料来源、预测结果的说明，阐明对市场的认识，最后附有必要的图表、公式，以直观形象地反映预测结果。

3. 市场预测的方法

市场预测的方法很多，按预测方法的不同，大体可以分为定性预测法和定量预测法两种。

(1) 定性预测法

又称经验判断预测法。即以预测者的经验为基础，根据掌握的信息资料来确定未来市场的发展趋势。这类方法简便、灵活、省时省力省钱。常用的有以下几种方法。

① 综合意见法。即由预测组织者召集企业管理者、营销人员、技术人员及其他有关人员，根据已有的信息资料和个人经验，对市场现状和发展趋势进行充分讨论，提出各自的预测意见，然后在集中每个人的预测结果的基础上，做出预测的初步结果。这种方法方便迅速、省时省钱，而且是共同参与预测，相互能受到启发。

② 专家意见法，又称德尔菲法。即邀请一定数量的专家，以匿名反馈的形式，用表格或问卷的方法，就某一市场经营问题，先简要介绍预测目的，再提出各种预测问题征询专家的预测意见，待收集上来后将意见整理汇总再反馈回去，请专家再进行分析判断，经过2～4轮背靠背的反馈、交换、修改各自的意见渐趋一致，再由预测组织者进行综合分析，最后得出初步的预测结果。这种方法避免了专家间的相互影响和迷信权威的弊病，适用面广，科

学性较强,因而被广泛采用。

③ 相关因素分析法。即从影响本企业产品营销因素中,选择其中一个或几个主要因素,分析其相互变化关系,对市场需求变化情况进行预测。如居民收入增加;房地产的兴起,居民住房条件的改善,引起装饰材料需求量的增加等。

(2) 定量预测法

定量预测是利用历史资料或经济现象相关联的变量之间的关系,选择适当的数学模型进行预测,得到预测值,再根据企业内外部的变化情况加以修正,从而获得所需的最终预测结果。常用的方法有以下几种。

① 移动平均法,即把靠近预测期的历史数据的平均值作为预测期的预测值,并随时间的推移而向后移动预测的方法。这种方法常用于长期趋势变动和季节性变动的预测。计算公式为:

$$F_t = \frac{\sum_{i=1}^{n} D_i}{N} \tag{2-8}$$

式中　F_t——某期的预测值;
　　　D_i——第 i 期的实际数据;
　　　N——移动资料期数据。

【例 2-5】　某企业 1998 年 1～6 月份的实际销售量及采用移动平均法计算的各期预测值如表 2-7 所示。

表 2-7　1998 年 1～6 月份实际销售量及各期预测值　　　　　　单位:件

月份	实际销售量	3 个月移动总量	平均预测值	月份	实际销售量	3 个月移动总量	平均预测值
1	1400	—	—	4	1610	4200	1400(5 月份预测值)
2	1100	—	—	5	1430	4530	1510(6 月份预测值)
3	1490	3990	1330(4 月份预测值)	6	1970	5010	1670(7 月份预测值)

表中的平均预测值计算过程如下:

$$F_4 = (1400+1100+1490)/3 = 1330 \text{(件)}$$
$$F_5 = (1100+1490+1610)/3 = 1400 \text{(件)}$$
$$F_6 = (1490+1610+1430)/3 = 1510 \text{(件)}$$
$$F_7 = (1610+1430+1970)/3 = 1670 \text{(件)}$$

② 指数平滑法,这是一种移动平均法的改进形式,即利用紧前期的实际资料与预测资料的差异来确定平滑系数,得出下一期预测值的一种方法。计算公式为:

$$F_t = \alpha \cdot D_{t-1} + (1-\alpha) \cdot F_{t-1} \quad (0 \leq \alpha \leq 1) \tag{2-9}$$

式中　F_t——某期的预测值;
　　　D_{t-1}——紧前期的实际值;
　　　F_{t-1}——紧前期的预测值;
　　　α——平滑系数。

α 值大小应按下列情况选择:
对于上升或下降的历史数据,α 值在 0.6～1 范围内选择;
对于水平型历史数据,α 值在 0～0.3 范围内选择;
对于混合型态的历史数据,α 值在 0.3～0.6 范围内选择。

取表 2-7 数据加以计算。

根据表 2-7 中的数据分析，判断为混合形态，则 α 值为 0.4，预测其 7 月份的销售量为：
$$F_7 = 0.4 \times 1970 + (1-0.4) \times 1510 = 1694 \text{（件）}$$

③ 因果关系法，又称回归分析法，即在分析预测对象与其影响因素的相互关系的基础上，建立数学模型，利用模型预测未来的发展趋势。这类预测法种类形式很多，如一元回归、二元回归、多元回归、线性回归和非线性回归等。这里仅对一元线性因果关系预测法作出介绍。

在一元因果预测中，若预测目标 y 随某种市场因素 x 的变化而变化，且呈线性关系，则其预测模型为：
$$y = a + bx \tag{2-10}$$

式中　y——预测值；
　　　x——自变量；
　　　a，b——回归系数。

根据最小二乘法原理，a、b 值的求解公式为：
$$a = \frac{\sum y - b\sum x}{n} = \bar{y} - b\bar{x} \tag{2-11}$$
$$b = \frac{n\sum xy - \sum x \sum y}{n\sum x^2 - (\sum x)^2} \tag{2-12}$$

求出回归系数 a、b 的值后，即可建立该预测对象的数学模型，并以此来求得预测值。并用相关系数 γ 检验其可靠程度。相关系数 γ 的计算公式为：
$$\gamma = \frac{n\sum xy - \sum x \cdot \sum y}{\sqrt{[n\sum x^2 - (\sum x)^2][n\sum y^2 - (\sum y)^2]}} \tag{2-13}$$

式中　n——数据个数。γ 值的范围为 $|\gamma| \leq 1$，即 $-1 \leq \gamma \leq 1$。

当 γ 值趋近于 ±1 时，相关程度高，表明 x 与 y 之间的线性关系强；

当 γ 值趋近于 0 时，相关程度低，表明 x 与 y 之间的线性关系弱；

一般当 $|\gamma| < 0.6$ 时，说明不能应用线性回归方程进行预测。

三、市场选择

企业面对庞大的市场和激烈的竞争环境，如不加以选择，就难以明确企业在市场上所处的位置，更难以采取有效的对策。因此，企业必须采用一定方法，对庞大的市场进行细分，从中选择目标市场，以便制定有效的营销策略。

（一）市场细分

市场细分是指营销者通过市场调研，根据市场细分变量，把整体市场划分为具有类似性的若干个子市场。市场细分的基础是消费者需求上的差异性。市场细分有利于企业分析和发掘新的市场机会，发展市场营销战略，开拓和占领新的市场，用较少的营销费用取得较大的经济效益。

1. 市场细分的原则

企业进行市场细分，必须讲究细分的实用性和有效性，对于没有任何实际意义的细分只会使企业劳民伤财。有效的市场细分必须遵循以下原则：①可衡量性，即市场细分的标准和细分后的市场必须是明确的，是可以识别和衡量的；②可进入性，即对该细分市场企业可以利用现有的能力，是可能进入并占有一定市场份额的；③稳定性，即进入市场后的一定时期内不需要改变自己的目标市场；④效益性，即要求细分的市场要有一定的市场容量和发展潜力，使企业能集中力量开拓经营，扩大销售增加盈利。必须指出的是，不能认为市场细分越细越好，而应因时因地制宜。与日益增长的物质文化实际需求相适应，可细则细，可粗则粗。

2. 市场细分的标准

采用什么标准对整体市场进行细分，这是市场细分首先遇到的问题，市场营销根据消费者的购买行为和企业市场营销的实际状况，总结出以下细分标准。

消费者市场的细分标准。消费者市场的细分标准可概括为地理标准、人口标准、心理标准、行为标准、受益细分标准等五大类。①地理标准包括国家、地区、城市、乡村、城市规模、自然环境、气候条件、地形地貌、交通运输、通讯联络、城建规划等因素，市场在各个不同的地理位置上表现出差异，企业应根据自身的条件和需求，选择一定的地理因素进行市场细分；②人口标准包括年龄、性别、家庭人数、收入、职业、民族、宗教信仰等因素，人口因素长期以来一直是细分市场的重要标准，是因为人口是构成市场的最主要因素，与市场营销密切相连，企业必须进行认真分析研究；③心理标准包括生活方式、个性、购买动机、态度、意志、价值取向、自主能力等因素，当今许多消费者购买商品不仅是为了满足物质需要，更重要的是为了满足其心理需要，这就要求企业的商品要适合消费者的心理特征，树立品牌个性和品牌形象，这样才能保持和扩大市场占有率；④行为标准包括购买状况、使用习惯、忠诚程度、追求利益等因素，随着商品的不断丰富，生活水平不断提高，行为标准的地位将越来越重要，营销者必须分析和掌握行为标准，正确制定营销策略实现扩大销售的目标；⑤受益细分是根据消费者对产品预期利益来细分市场，即细分市场不是根据消费者的各种特点，而是根据产品能给购买者带来什么利益和效用来划分的。

生产者市场的细分标准。对生产者市场进行细分除了同样可以应用上述标准外，还应增加企业类型、企业规模、产品用途等标准。①企业类型标准，因为不同类型的企业对产品的规格、品质、功能、价格等的要求不尽相同，这样就可以用企业的类型作为细分标准；②企业规模标准，企业规模大小对所需产品的式样、数量、包装规格都有影响，同时在其购买过程上也有区别，因此企业应分别采取不同的营销策略组合；③产品用途标准，有些产品用途很广，用途不同对产品的要求就不同，其购买方式和数量也可能不同，所以可用产品用途标准来细分市场。

3. 市场细分的方法

市场细分的方法很多，最常用的方法有单一标准法、综合标准法和系列因素法三种。①单一标准法，即根据市场主体的某一因素进行细分，如按品种来细分粮食市场，按性别来细分服装市场；②综合标准法，即根据影响消费者需求的两种以上的因素综合进行细分，其核心是并列多因素分析；③系列因素法，即细分市场所涉及的各项因素之间先后有序，由粗到细，由浅到深，由简到繁，由少到多进行系统的细分。

（二）目标市场选择

目标市场是指企业为实现预期目标而要进入并为其服务的市场。目标市场选择是指企业在市场细分基础上，从几个可能的目标市场中选择最有价值的目标市场，作为营销对象的决策过程。作为一个理想的目标市场必须具备下列四个条件：具有相当大的现实需求和潜在需求；具有较强的购买能力；足以发挥企业现有资源的能力满足市场需求；尚未被竞争者所垄断和独占。

1. 选择目标市场策略

企业选择的目标市场不同，提供的商品和劳务就不同，市场营销策略也不一样。一般可以把选择目标市场策略分为无差异性市场策略、差异性市场策略和密集性市场策略三种。无差异性市场策略是指企业对组成整体市场的各个子市场采用同样对待的态度，而不考虑需求中的差异部分，这类策略可以降低生产成本，节省营销费用，问题是应变能力差；差异性市场策略是指企业针对不同子市场上的要求特点，分别提供不同品种、规格和性能的产品，以适应各类购买者的需要，这类策略能扩大销售量，提高企业信誉和竞争能力，但受到企业资源和经济实力的限制；密集性市场策略是指企业选择一个或少数几个细分市场作为目标，实行专业经营，这类策略可以提高企业的市场占有率和知名度，有针对性地采取营销策略，节约营销费用，问题是风险性较大，容易受竞争的冲击。

选择目标市场策略的三种类型各有利弊，一个企业究竟选择何种策略，主要取决于商品特点、企业能力、市场状况等具体情况。

- 商品特点，若经营购买者不重视差异的商品，则宜采用无差异性市场策略，反之适宜采用其他策略；
- 企业能力，若企业能力不足以顾及该行业的整体市场，则合乎实际的选择只能是密集型市场策略；
- 市场状况，若市场上消费者对商品的要求具有明显不同时，则宜采用差异性市场策略或密集性市场策略。

2. 目标市场定位策略

目标市场定位是指企业在选择目标市场的基础上，决定把自己放在目标市场的什么位置上。目标市场定位不能随心所欲，必须对竞争者所处的位置、消费者的实际需求、本企业的商品特点等做出正确的评估，然后确定适合自己的市场位置。目标市场定位实质上是一种竞争策略，显示了一种商品或一个企业与类似商品或企业之间的竞争关系。定位方式不同，竞争态势也不相同。目标市场定位策略主要有下面四种：市场领先者定位策略，即企业选择的目标市场尚未被竞争者所发现，且该市场有强大的市场潜力，企业率先进入市场，抢先占领市场的策略；市场挑战者定位策略，即企业把市场位置定在竞争者的附近，向强劲的竞争对手提出挑战，并最终占领目标市场的策略；市场跟随者定位策略，即企业跟随竞争者挤入市场需求潜力还很大的目标市场，与竞争者平分秋色的策略；市场补缺者定位策略，即企业利用自己的特殊条件和技能，把自己的位置定在目标市场的缝隙和空档上，与竞争者成鼎立之势的策略。值得注意的是，企业的市场定位不是一劳永逸的，而要随着目标市场竞争者状况和企业内部环境的变化，适时调整定位策略，使企业的市场定位策略符合创立企业特色、发挥企业优势的原则，从而取得更好的经济效益。

（三）市场选择程序

选择市场的操作程序一般可以分为以下步骤。

第一步，确定细分中的市场是同质市场还是异质市场，即该市场的需求是否存在差异，不能凭借营销者的主观认识和凭空想象；

第二步，选择恰当的细分标准，一般说选择一个标准的情况很少，而选择过多的标准则会增加工作量和风险，常见的是选择3~4个标准比较合适；

第三步，对市场进行细分，把整体市场分成若干个子市场；

第四步，给各子市场命名，了解各子市场的市场容量、市场潜力以及需求特点。这一步是花费时间和精力最多的步骤，涉及到实地调查、查找统计资料、进行市场预测和成本利润预算等内容；

第五步，分析企业实力和竞争状况，为选择目标市场准备资料；

第六步，选择目标市场；根据企业实力及竞争地位，选择一个或几个子市场作为自己的目标市场；

第七步，选择目标市场的定位策略，确定适合自己的市场位置，适时地进入目标市场。

四、市场营销组合策略

企业在对市场进行调研、分析、选择的基础上，就应当根据目标市场的需求，结合影响市场营销活动的环境因素，综合运用企业各种可控的市场营销手段，形成市场营销组合策略。并予以实施和控制。

市场营销组合是企业针对选定的目标市场综合运用各种可能的市场营销变量或手段，组合成一个系统化的整体策略，以达到企业的经营目标。可供企业运用的市场营销变量很多，最基本的四个变量是产品、价格、通路（地点）、促销，简称4Ps。这些因素之间存在着相互影响和部分的相互替代性，如较高的产品质量可以不成比例地提高售价；削价会使分销系统增加负荷；促销会降低顾客对价格的敏感性等。所以，综合运用这些市场营销手段以形成最佳的市场营销组合是企业的必然选择。

（一）产品策略

产品是联系企业与市场的媒介，因此产品策略是市场营销组合策略的基础。其主要内容分述如下。

1. 产品整体概念

企业对产品概念的认识有一个不断深化的过程，现代产品概念的内涵很广，一般是指能够满足顾客某种欲望或需要的有形物品和无形服务。这一概念由三个基本层次所组成：即核心产品、形式产品、附加产品。

核心产品是产品提供给顾客的实际效用和利益，是产品的实质，它回答"顾客真正要购买的是什么"。如购买化肥实质上是购买作物增产的效用，购买化妆品是购买美和希望。企业应该揭示隐藏在产品中的各种需要，出售给顾客其真正的预期效益。

形式产品是产品的有形物质形态，包括产品的特质属性、质量、款式、商标、包装等。当形式产品与核心产品协调一致时，会给顾客以更多的满足。

附加产品是企业为更好满足顾客需要而提供的各种附加利益的总和，如提供各种使用说明、安装、维修、保证、送货、培训等。在日益激烈的竞争中，附加产品已成为竞争的有力手段。

产品整体概念是对产品认识的一个革命性的新观念，它十分清晰地体现了以顾客为中心的现代营销观念，对促进企业改善经营管理，最大限度地满足市场需求，具有重要的意义。

2. 产品生命周期

产品生命周期是指产品从投放市场开始到被淘汰退出市场为止的全过程。它反映了某种产品在市场上的销售地位和获利能力随时间推移和市场变化的演化过程。通常把产品生命周期分为导入期、成长期、成熟期、衰弱期四个阶段。典型的产品生命周期如图2-8所示。它是以统计规律为基础，进行理论推导的结果。实践中的"产品"其生命周期会有不等的差异，不会完全符合这种理论形态。

产品生命周期理论对企业营销管理具有重要的指导意义：一是按照产品生命周期的规律规划企业的产品发展，适时的开发新产品，进行产品的更新换代，以保证企业的生存与发展；二是根据产品生命周期各阶段不同的市场特征，采取不同的营销策略。

① 导入期。产品刚投放市场，消费者对产品不了解，生产批量小，生产技术、产品性能不完善，生产成本和促销费用高，尚未建立理想的分销渠道，销售增长率低，企业无利甚至亏损。因此，这个阶段企业承担的市场风险最大，但市场竞争者也少，其营销策略的重点是保证产品质量，树立产品形象，加强促销，站稳市场。这一阶段所采用的策略要服从整个

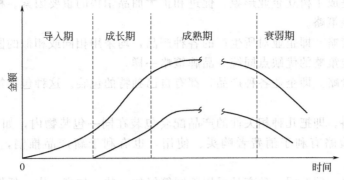

图 2-8 产品市场生命周期图

生命周期总体策略，成为总体策略的成功起点。

② 成长期。消费者已逐渐熟悉和接受产品，生产工艺、设备比较成熟，产品基本定型，生产成本和促销费用下降，有比较理想的分销渠道，销售增长率高，企业开始明显盈利，大批竞争者介入。因此，企业营销策略的重点是努力提高产品质量，积极创立品牌，并建立品牌偏好，适时调整价格，开拓新的市场，扩大产品销售。这个阶段的策略要注意在"高市场占有率"或"高利润率"之间做恰当的权衡抉择。

③ 成熟期。生产量大，成本降至最低，销售增长趋缓以至平稳，利润最丰厚，竞争最激烈。因此，营销的重点是分别对市场、产品、营销组合进行改良。市场改良包括：开发产品新用途，寻求新的细分市场；刺激现有顾客增加使用频率；重新为产品定位寻求新买主。产品改良包括对品质、特性、式样、服务进行改进。营销组合改良是通过调整营销因素组合以延长成熟期。这个阶段需要在激烈的竞争中为"进攻"或"防御"做正确的选择。

④ 衰弱期。产品销售量下降速率由缓慢变为迅速，价格下跌，利润锐减，企业无利可图。因此，营销策略的重点可以是集中企业资源，缩短营销战线；或是大幅度降低销售费用，榨取眼前利润；或是维持在原有市场上，适时再退出。这个阶段要注意正确判断产品是否真正衰退，避免误判而过早退出造成损失。

3. 产品品牌、包装和服务策略

产品品牌、包装、服务都是产品整体概念的重要组成部分。因此，品牌策略、包装策略、服务策略是产品策略中不可忽视的部分。

① 品牌策略。品牌是用于识别产品或服务的名称、标识或它们的组合，通常包括品牌名称和品牌标记两个部分。（品牌若经法定程序注册后称为商标。）品牌在现代市场营销中的作用日益明显。可供企业选择的品牌策略如下。

统一品牌策略。即企业将所生产的全部产品都用同一品牌。其优点是可以显示企业实力，提高企业威望，有助于新产品入市，且能节省品牌设计、宣传费用。缺点是质量较低产品会影响质量较高产品的信誉。

个别品牌策略。即企业的每一类（种）产品分别使用不同的品牌。其优点是可以避免不同产品之间的信誉风险，有利于发展多品种产品线，开拓更广泛的市场。其缺点是增大了产品的促销费用且不利于企业集冲力量创品牌。

此外还有：不用品牌的无品牌策略；同一种产品设立两个或两个以上品牌的多品牌策略；改变品牌在市场上最初定位的品牌再定位策略等。它们各有不同的优缺点和相互适用条件，企业应权衡比较，正确选择。

② 包装策略。包装的基本作用是保护商品，但在现代市场营销中，包装的重要意义已

远不止于此,而是成了树立企业形象、促进和扩大商品销售的重要因素。根据不同情况,企业常采用以下包装策略。

同类型包装策略。即企业对所生产的各种产品,均采用相同或相似的图案、颜色、特征的包装。这种包装策略的优缺点同统一品牌策略一样。

异类型包装策略。即企业各种产品,都有自己独特的包装。这种包装策略的优缺点同个别品牌策略一样。

配套包装策略。即把几种相关性的产品配套包装在同一包装物内,如针线包、化妆盒、工具箱等。这种策略有利于消费者购买、使用,也有利于新产品推销,但使用范围有局限性。

等级包装策略。即对同一种商品采用不同等级的包装,如高、中、低档包装,以适应不同的购买力或不同的购买心理。

利用包装策略。即包装内产品使用完之后,包装物本身可以移作他用。这样可以通过给消费者额外利益而扩大产品销售,但作用有限。

③ 服务策略。服务是产品的组成部分,不同的产品,其服务成分所占的比例有大有小,我们讨论的是在提供有形物品为主的同时伴随的顾客服务。为顾客提供的服务在产品销售的不同阶段有不同的内容和方式:售前服务一般包括产品形象设计、示范表演、展示展销、免费试用、咨询服务等;售中服务一般包括迅速报价、协助选购、良好的态度、信誉、折扣、运送可靠性等;售后服务一般包括:安装调试、维护保养、零件供应、质量跟踪、技术培训和更新保证等。

(二) 价格策略

价格是市场营销组合中最活跃的因素。企业产品价格的确定,一般要以成本费用为基础,以消费需求为前提,以竞争价格为参照。因而,价格策略具有买卖双方双向决策的特征,其全部奥妙在于如何把一定营销组合条件下的产品价格定得既为消费者接受,又能为企业带来尽可能多的收益。

1. 定价原理

正确合理地确定产品的价格,需要对价格的形成基础和影响因素进行分析。在市场经济条件下,价格的形成基础是价值,商品价格是价值的货币表现,价格基本上要符合其价值。但价格也并非总是与价值完全一致,而是围绕价值上下波动,其原因是价格还受诸多因素的影响。从企业角度看,定价时应考虑的主要影响因素如下。

① 需求因素。企业产品的每一种可能价格水平都会相对应一个不同水平的需求,在正常的情况下,需求与价格是反向运动的,即价格越高,需求越低,反之亦然。定时描述需求变动率与价格变动率之比的值称为需求价格弹性,常用 E_p 表示,即

$$E_p = \frac{需求变动的\%}{价格变动的\%}$$

它反映了需求对价格变动的敏感程度。当 $E_p > 1$ 时,定价应以低价多销来增加盈利;当 $E_p < 1$ 时,定价则宜采用较高的价格增加盈利。

② 企业自身因素。企业自身因素主要有成本费用、资金周转两个方面。成本是定价的基础,企业正常经营时,定价必须使总成本费用得到补偿,即单价至少不能低于单位产品平均成本费用;资金周转速度影响企业的年盈利水平。通常是高价高利但资金周转慢,低价低利但周转快,企业必须趋利避害,权衡抉择。

③ 政府干预。现代市场经济是受政府调节和干预的经济,政府可能通过行政的、法律的、经济的手段对企业定价进行调节和影响,因此企业定价时应考虑政府的影响。

此外，企业还应考虑不同的市场竞争条件下企业的定价自由度，要考虑竞争的商品和价格，要考虑产品质量水平以及产品生命周期不同阶段的要求。

2. 定价程序

科学的定价程序是合理定价的保证，企业定价应遵循以下程序。

（1）确定定价目标。定价目标是企业制定或调整价格所要达到的预期目的。常见的有以下几种。

追求最高利润。这是多数企业的定价目标，并且经常是作为长期目标。由于影响收入的因素还有销量，所以，追求最高利润并不意味着定最高单价。

提高市场占有率。市场占有率是指在一定时期内，企业某种产品的销量占该产品市场总销量的比率。提高市场占有率可以增加销量，以此获得较低的单位产品成本并最终获取长期利润。

适应价格竞争。许多定价自由度较小的企业需要根据市场上有主导性影响的竞争者的价格情况定价。

维持经营。当企业处于逆境时，生存比利润更重要。此时，只要所定价格超出可变成本，能够补偿部分固定成本，减少亏损，就有助于维持企业。

（2）搜集定价资料。定价目标确定后，企业就可针对要定价的产品搜集资料作为定价依据。主要资料如下。

成本费用资料。产品成本费用在很大程度上制约着产品价格的底限，要搜集产品的固定成本、变动成本和全部成本资料，了解同行业生产该产品的平均成本，搜集影响产品成本变化的有关资料等。

市场需求资料。需求在很大程度上制约着产品价格的上限，要预计产品的市场需求或搜集相关产品的产销情况，要根据要求的价格弹性分析价格与需求的互动情况。

竞争者的产品和价格资料。竞争者的产品和价格可以为定价提供参照，企业可以直接从市场上获得竞争者的产品和价目表，还可以询问购买者对竞争者产品、价格的态度和认识情况。

其他资料。包括本企业产品的质量水平，相近产品的利润率，国家的价格政策等。

（3）选择定价策略和方法。常见的定价策略有以下三种。

① 低价策略。即把产品价格定得较低，企业取利较薄，但可以吸引消费者购买，提高市场占有率。此策略常用于需求价格弹性较大的产品、市场容量大且技术含量不高的产品、成熟期及衰退期的产品。

② 平价策略。即把产品价格定在中等水平上。可以保证企业的合理利润又能使购买者接受。此策略常用于市场上供求平衡的产品、需求价格弹性不大的产品和要长期稳定占领市场的产品。

③ 高价策略。即把产品价格定在偏高的位置上。这样可以获得较高的利润。这种策略常用于需求弹性较小的产品、技术含量高而消费者不熟悉的产品。

选择定价策略后，必须选择具体确定价格的定价方法。有关方法的详细内容后叙。

（4）确定价格。企业根据适当的定价方法计算出产品价格后，需要再考虑以下有关因素后确定价格：是否符合国家的价格政策？是否与企业的长期定价政策相一致？中间商的态度如何？竞争者会有什么反应等。

3. 定价方法

具体的定价方法较多，通常按定价考虑的主要因素分为三大类。

（1）成本导向定价法。即以产品成本为定价主要依据的一类方法。包括成本加成定价法、损益平衡定价法、边际成本定价法等。最基本的是成本加成定价法。这种方法就是按照单位产品成本的总成本加上若干百分比的加成率来进行定价。加成率为预期利润占产品总成本的百分比。其基本公式如下。

$$W = C_D(1+\eta)（元）\tag{2-14}$$

式中　W——产品销售价格，元；
　　　C_D——单位产品总成本，元；
　　　η——加成率。

成本加成法的优点是计算简便，缺点是只考虑产品本身的成本与预期利润，忽视了产品的需求和竞争状况。

（2）需求导向定价法。即以消费者的需求强度、购买心理和价格接受程度为主要定价依据的一类方法。包括威望定价法、先锋定价法、奇偶数定价法、差别定价法、理解价值定价法等。以理解价值定价法为例：该法以消费者对商品价值（效用）的感受及理解作为定价的主要依据，侧重于买方的价值判断而忽略卖方的成本费用。定价时企业要搞好产品的市场定位，突出产品特征，综合运用各种营销手段，加深消费者对产品利益的理解，从而提高他们接受价格的程度，企业据此拟出一个可销价格，并估算此价格水平下产品的销量、成本、利润情况，最后确定实际价格。

（3）竞争导向定价法。即以市场上相互竞争的同类产品价格为定价的基本依据的一类方法。包括主动竞争定价法、随行就市定价法和密封投标定价法。主动竞争法一般为实力雄厚的企业所用；随行就市定价法一般用于竞争激烈的均质产品；密封投标定价法仅用于投标交易方式。

（三）分销渠道策略

在现代经济中，生产和消费是分离的。企业和产品必须通过一定的途径转移到最终消费者手中才能实现其价值和使用价值。因此需要研究和分析分销渠道。

1. 分销渠道及其重要性

分销渠道是指产品由生产者向最终消费者转移的流通途径。其起点是生产者，终点是消费者，中间环节由专门从事商品流通经营活动的中间商所构成。

中间商是在生产者与消费者之间专职媒介商品交换、解决生产与消费分离矛盾的经济组织或个人。中间商分为两大类，即经销商和代理商。经销商是指购进商品，拥有商品所有权再转卖出去的中间商，包括批发商和零售商；代理商则是仅仅从事媒介商品交换，但不拥有商品所有权的中间商，包括企业代理商、销售代理商、寄卖商、经纪人等。

分销渠道的基本类型详见图 2-9。其中没有经过中间商的分销渠道称为直接渠道，经过中间商媒介的各类分销渠道统称间接渠道。

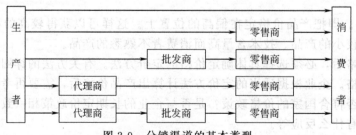

图 2-9　分销渠道的基本类型

分销渠道是企业的一项关键性的外部资源，合理高效的分销渠道有助于企业产品货畅其流，扩大销售，提高销售效率，节约流通成本，增进企业和社会效益。

2. 分销渠道的选择

选择分销渠道，要遵循经济性、适应性、控制性的原则，按照以下步骤进行。

（1）明确渠道选择的目标。目标包括预期要达到的顾客服务水平、中间商应该发挥的功能等。正确确定目标的前提是准确地把握消费者的需求，了解消费者的购买动机、行为、习惯以及对生产商和中间商的服务预期。

（2）分析渠道选择的限制因素。主要的限制因素如下。

产品特性。鲜活易腐的、体积大份量重的、单价高的、技术含量高的产品宜采用尽可能短的分销渠道；销量大、价格低的产品则宜采用间接渠道。

市场特性。市场规模大、顾客人多面广、购买量小次多、就近习惯性购买的宜采用长渠道；购买量大而集中，需要技术服务的宜采用短渠道。

企业特性。企业的声誉高、财务雄厚，具备经营管理销售业务的经验和能力的，可以选择直接销售渠道；反之则宜采用间接渠道。

竞争特性。渠道选择受到竞争者渠道的影响和制约。有些企业希望避开竞争者所使用的渠道；有些品牌差异较大、购买者卷入程度小的产品，企业却希望把自己的产品与竞争对手的产品摆在一起供消费者选择。

影响渠道选择的因素很多，企业应全面考察，具体分析，综合平衡，追求整体最优。

（3）设计分销渠道。包括设计渠道的长度和宽度。

确定渠道长度。企业根据目标要求，遵循渠道原则，综合考虑影响因素，确定采用什么类型的分销渠道：是直接销售还是间接销售？是一级渠道还是几级渠道？是利用经销商还是委托代理商？

确定渠道宽度。渠道宽度是指每一层次的中间商的数目。有三种策略可供选择：第一种是密集分销。即企业尽可能通过更多的中间商分销商品，快速进入市场，扩大市场覆盖面，使众多的消费者能及时方便地买到这些产品，日用消费品和工业品中的通用设备常用此策略；第二种是选择性分销。即企业在特定的市场范围内，有条件地选择中间商。使用这种策略有利于加强双方的合作，可以向消费者提供良好的服务，并提高产品的声誉和企业的效益。这种策略适用于多数产品，更适用于消费品中的选购品、特殊品以及生产资料中的零配件等。第三种是独家分销。即企业在特定的市场范围内，仅选择一家中间商经销特定的产品。实行这种策略双方各有利弊，对生产企业来说，能获经销商的有效协作，容易控制产品价格，有利于带动其他新产品上市。但对经销商的依赖性大。对经销商来说，能获得该产品的市场垄断地位，以及生产者给予的各种优惠条件。但是一旦失去经销特权，则会招致很大损失。这种策略适用于新产品、名牌产品以及某种特殊性能和用途产品。

（4）选择中间商。由于生产企业自身的声誉及产品畅销程度不同，选择合格中间商的难易程度相差很大，但不论是难是易，均应明确它的标准，包括：中间商的服务对象是企业的目标市场；中间商的地理位置客流量大，运输和储存方便；中间商经营的产品与企业的产品有一定的关系性；中间商能与企业密切配合，对用户具有提供服务的能力；中间商具有一定的经济实力、运输储存能力、组织管理能力；中间商应具有良好的信誉和形象；中间商对经营企业产品的态度积极主动等。

3. 分销渠道的管理

分销渠道决策是相对长期的决策，因为渠道系统的运作往往有一种保持现状的惯性，改变或调整的难度很大，加上渠道决策需要中间商的协作配合，渠道运作的效果又不直观，所以，应重视并管理好分销渠道。

分销渠道管理首先应明确规定渠道成员的权利和责任。如生产企业给予中间商的供货保证、产品质量保证、退换货保证、价格折扣、促销协助等；中间商保证实行统一的价格策略，达到服务水准，向生产企业反馈信息等。

其次应进行必要的激励与监督，促使其出色地做好工作。要尊重中间商的独立地位，了解中间商的不同需要和愿望，明确其利益所在，才能提出切实可行的措施和方案。

此外还应定期评价衡量中间商的表现，作为奖励或成员调整的依据。

4. 实体分配策略

实体分配是指产品实体在分销渠道内的转移与管理，具体包括：运输、仓储、存货控制、保护性包装、订单处理等。其中运输和仓储费用占实体分配总成本的三分之二强，是工作重点。实体分配的要求是：既要按时、按量、按质完成全过程的运送转移，又要降低成本费用，促进销售，增加盈利。实体分配的重点工作分述如下。

运输策略。运输包括长距离大量转移的"运输"和区域内短距离小批量的"配送"。合理组织产品运输，能缩短产品在途时间，减少在途产品储存，加速商品流通；能缩短运输里程，有效使用运输设施，节省运输能力；减少运费和途中损耗，增加企业盈利。组织运输要贯彻"安全、及时、准确、经济"的原则，合理选择运输方式和运输路线。运输方式有五种可供选择，即空运、水运、铁路、公路和管道，各种方式有各自优缺点，在组织过程中要权衡利弊，做好选择和组合。运输路线选择关系到运输里程长短和运输环节的多少，对商品流通速度和流通费用有直接影响，可借助线性规划等数学工具确定。

储存策略。商品储存是商品在流通领域的合理停留。其作用是协调生产和消费在时间上的差异。储存策略包括库址选择和仓库类型选择；库址选择要按每位客户的需要量及供货频次计算出最小运输成本来确定。仓库类型从功能上分为储存仓库和配送仓库，从所有权上分自备仓库和租赁仓库，企业可按需选择。

存货控制。是指将存货水平控制在既能保证顾客需要，又使存货成本最低的最佳的状态。其核心是确定何时订货及订货量大小，具体方法在物资管理中介绍。

（四）促销策略

促销是指企业通过各种方式，向目标市场传递商品劳务信息，以刺激、引导、说服顾客，促成潜在交换实现的市场营销活动。在社会、经济飞速发展，竞争日益激烈的环境中，生产者与消费者之间的信息沟通对企业的生存与发展日益显示出关键性作用，企业主动的促销活动已成为企业市场营销活动的重要组成部分。

1. 营销沟通过程

（1）营销沟通模式。企业的促销活动实质上是一种说服性的沟通活动，即企业作为沟通者有意识地把产品及其相关信息传播给目标顾客，试图在特定目标顾客中唤起营销者预期的意念，使之形成对产品的正面反应，其目的在于影响目标市场的行为和态度。营销沟通过程模式如图 2-10 所示。

营销沟通过程包容着九个要素。

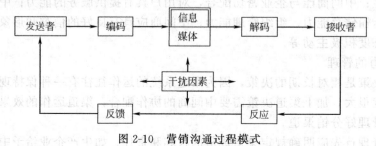

图 2-10 营销沟通过程模式

发送者：即沟通者，通常为营销企业。
编码：把沟通内容转换成信息符号的过程。
信息：即沟通内容。
媒体：承载信息的物质技术手段。
解码：接收者解读沟通内容的过程。
接收者：接收沟通者所发信息的人。通常为目标市场的显现和潜在顾客。
反应：接收者有获取信息后的一系列反应。
反馈：接收者向传送者传送回去的那部分反应。
干扰因素：沟通过程中各种搅扰因素。

这一模式强调了有效的营销沟通过程必须明确沟通对象是谁（确定接收者）；期待的是沟通对象的何种反应（确定反应与解码）；为达到沟通对象的预期反应，应传递何种信息（确定信息与编码）；必须通过何种媒体方能有效触及沟通对象（确定媒体）；必须建立反馈渠道以了解沟通对象的反应（确定反馈）。这一过程中，最重要的是发送者的编码过程必须与接受者的解码过程相吻合。

（2）营销沟通决策。基本步骤如下。

确定目标沟通对象。目标沟通对象是营销沟通者通过市场细分选择的，通常为企业产品的现实和潜在购买者。目标沟通对象的需求、态度、偏好和其他特征是确定营销沟通目标的前提。

确定营销沟通目标。营销沟通的最终目标是促成购买，但消费者在购买之前一般要经过认识（知晓）、情感（兴趣、喜好、偏爱等）、行为三个阶段。确定营销沟通目标就是确定如何把沟通对象从他们目前所处的阶段推向更高的阶段。

设计信息。信息设计是将沟通者的意念用有说服力的方式表现出来的过程。内容包括：表述什么（确定信息内容）；如何合乎逻辑地表述（确定信息结构）；如何转换为信息符号进行表述（确定信息形式）以及由谁表述（确定信息源）。信息设计的最大挑战是设计一种不顾四周干扰而能引起注意的信息。

选择媒体。即企业需要选择有效的信息沟通渠道来传递信息。沟通渠道可分人员沟通和非人员沟通等渠道。人员沟通渠道是指两人以上相互间直接进行信息沟通，属于双向沟通，包括电话、面谈等形式。非人员沟通渠道是指不通过直接接触进行的信息沟通，属于单向沟通，包括大众传播媒介、气氛和事件。

建立信息反馈渠道。通过媒体把信息传播给沟通对象后，沟通过程并未结束，还须通过市场调研，了解沟通对象的反应，并根据反馈的信息，对下一轮沟通或营销策略做出调整。

为了提高沟通效果，应当在沟通过程中防范各种干扰，如竞争者的同类信息等，以减少干扰可能造成的目标顾客的怀疑、困惑甚至反感。

2. 促销组合

可供企业运用的促销沟通方式很多，最常用的有广告、人员推销、公关宣传和销售促进四种。这几种促销方式都可以刺激顾客的购买欲望和购买行为，只是程度上会有所区别。因此各种促销方式之间互相具有部分的替代性。所谓促销组合就是指企业在一定的资源条件（主要是促销费用）下，综合运用各种促销方式，形成合理有效的促销方式结构，以达到最佳的促销沟通效益。

企业在设计促销组合时应考虑的因素如下。

（1）促销方式的特性。每一种促销方式都有其独有的特性，了解其特性方能有针对性地运用。

广告。广告是指广告主有计划地通过付费媒体传递信息,以促进销售,使广告主得利的大众传播手段。广告具有公开性、普及性、增效性及非人格化的特性。公开性和普及性分别指它的高度公开和广而告之的特点;增效性指广告可以借用各种艺术形式、手段与技巧,增强其表现力、吸引力和说服力;非人格化指其沟通效果不能使消费者直接完成行为反应。

人员推销。人员推销具有面对面直接沟通的直接性,能与顾客建立和发展良好人际关系的培植效应性,能促成顾客即时交易的即时反应性,以及其昂贵的人员费用的高成本性。

公关宣传。公关宣传是指关于建立一个组织与其公众之间相互了解的活动。公关宣传的直接目的是树立形象、建立信任,所以具有较高的可信性;公关宣传是组织与公众之间的双向沟通活动,具有双向性;公关宣传不直接触及商业利益,具有消除顾客回避、防卫心理的缓和性。

销售促进。指上述三种方式以外的不规则的非同期性的促销活动,如商品陈列、展览、展示会等。它往往是短期的、临时的、刺激顾客直接、迅速的购买反应,比较灵活但不容易建立长期偏好。

(2) 产品种类。不同的促销方式对不同的产品种类有不同的效果。消费品的促销方式最重要的是广告,然后依次是销售促进、人员推销、公关宣传;工业品的促销方式依次则为人员推销,销售促进,广告,公关宣传。

(3) 促销目标。指的是直接目标,即认知、情感、行为。促销目标对促销方式的选择有直接影响,因为相同的促销方式在实现不同的促销目标上,其成本效益是不同的。如广告、销售促进和公关宣传在建立购买者认知方面,比人员推销的作用显著,而在行为阶段,人员推销的作用十分显著。

(4) 促销策略。促销策略有"拉引"和"推动"两类。推动策略是利用人员推销与中间商促销推动产品,即顺着分销渠道从始点逐级向后一级推动,直至最终消费者;拉引策略则着重于最终消费者,所有的广告等促销活动都面向最终消费者以促其形成需求。企业对拉引和推动策略各有偏好,这种策略的选择必然影响到促销方式的选择。

(5) 产品生命周期。产品处于不同的生命周期阶段,其促销目标必须不同。促销方式也不同。如在产品生命周期的引入期,促销目标是"认知",适宜采用广告及公关宣传,其效果较好。

第六节 WTO 与企业国际化经营

一、WTO 简介

WTO 即世界贸易组织,成立于 1995 年,是规范当今国际经贸规则的多边经济组织,目前拥有 140 多个成员国,与国际货币基金组织、世界银行并称世界经济的"三大支柱"。

(一) WTO 的宗旨

世界贸易组织各成员国的贸易和经济发展,旨在提高生活水平,保证充分就业和稳步提高实际收益和有效需求;扩大货物与服务的生产和贸易,以持续发展为目的,扩大对世界资源的充分利用,保护环境;必须作出积极努力以确保发展中国家,尤其是最不发达国家在国际贸易增长中获得与其经济发展相适应的份额;通过互惠互利的安排,切实降低关税和其他贸易壁垒,在国际贸易关系中消除歧视待遇;建立一个完整的、更有活力的和持久的多边贸易体系。

（二）WTO 的基本职能

① 管理和执行共同构成 WTO 规则的多边贸易协议。

② 作为多边贸易谈判的场所和论坛，并为多边贸易谈判的结果提供框架。

③ 按照争端解决机制，解决成员之间发生的争端，避免和限制贸易摩擦和贸易战，以利于贸易的平衡和公平发展。

④ 监督和审议各成员的贸易政策和规章。

⑤ 协调与国际货币基金组织、世界银行等影响国际贸易政策的国际组织的关系，以保障全球经济决策的一致性。

WTO 作为一个永久性经济组织，具有法人资格，在行使有关职责时享有必要的特权和豁免权，它不是联合国专门机构，其成员不仅包括主权国家，也包括单独关税区。

（三）WTO 的加入和退出程序

加入 WTO 的一般程序。

1. 呈交申请

希望加入 WTO 的国家，应首先向 WTO 部长会议呈交一份书面申请，说明该国想成为 WTO 一员的意向。提出申请的必须是非协定缔约政府和"单独关税领土"的国家。前者是一般主权国家，后者是诸如中国的香港、澳门这类不拥有主权的特定地区。

2. 成立工作区

部长会议接到加入国的申请后须无异议通过，然后成立工作组，商定工作组的职权范围，指定工作组主席，工作组由对申请国加入 WTO 有兴趣的国家的人员组成。

3. 递交备忘录审议

工作组成立后，申请国向各缔约国递交一份对外贸易方面的备忘录，说明本国对外贸易政策、管理措施、工业政策、价格体制、外汇安排等情况。工作组审议备忘录后，请各缔约国提出疑难问题并汇总，由申请国对这些问题作出口头或书面答复，找出差距，作出承诺。

4. 起草和通过报告书、协定书

工作组对申请国答复的问题进行综合考虑汇总后，起草工作组报告书和加入议定书，提交部长会议审议。议定书的内容包括加入条件、关税税率、减让表等，它相当于一个贸易协定，规定了一个新加入国家在承担 WTO 各项义务以及可采取的各种灵活措施。报告书和议定书经部长会议无异议通过后即进入下一个程序。

5. 表决和申请国签字

这是正式接纳 WTO 新成员的决定性步骤。若部长会议交付表决得到缔约国全体的 2/3 多数通过，则申请国在加入议定书上签字。如果该申请国不需要该国的立法部门进一步通过，那么在签署该议定书后的 30 天内确认生效，则该申请国便开始成为 WTO 的正式成员。至此，加入 WTO 的全过程结束。

任何成员均可退出 WTO，自总干事收到退出通知之日起六个月期满时生效。

（四）WTO 的原则、权利和义务

1. 基本原则

WTO 的多边贸易体制的基本原则主要来自于构成关贸总协定基础的原则。其主要原则贯穿于 WTO 所有多边协议和协定之中，构成了多边贸易体制的基础。基本原则主要有：非歧视原则、自由贸易原则、促进公平竞争原则、政策措施可预测原则、鼓励发展与经济改革原则等。

2. 一般成员享有的基本权利

① 享受无条件、多边、永久和稳定的最惠国和国民待遇；

② 享受其他成员开放或扩大贸易、服务市场准入的利益；

③ 利用争端解决机制，公平、客观、合理地解决与其他国家的经济摩擦；

④ 参与集体谈判和多边贸易体制的活动，享有了解其他成员的政策与法律的权利；

⑤ 享有例外、保障措施，以保障本国的经济安全和社会稳定。

3. 一般成员应履行的义务

① 按 WTO 的规定，给予其他成员最惠国待遇、国民待遇；

② 扩大货物、服务的市场准入程度，降低关税和规范非关税措施，逐步扩大服务贸易市场开放；

③ 进一步规范知识产权保护，加快市场化、法制化的改革；

④ 按 WTO 规则参与公平竞争，不搞单边报复，接受仲裁和处理；

⑤ 增加贸易政策法规的透明度；

⑥ 不得滥用例外、保障措施，搞实质性的贸易保护主义；

⑦ 按世界出口贸易中所占比例缴纳会费。

(五) WTO 的主要规则

WTO 是多边贸易体制的组织基础、法律基础。通过其成员签署的各项协议、协定等法律文件，规范各成员的国内贸易立法、贸易规章的制定与实施。WTO 的法律文件体系包括 60 个协议、附件和谅解等文件。主要规则有：市场准入规则、关税减让、非关税措施、农产品贸易规则、纺织品与服装贸易规则、反倾销规则、反补贴规则、保障措施协定、服务贸易规则、知识产权保护规则、与贸易有关的投资规则、贸易政策审议规则、贸易争端解决规则、决策程序规则、进口许可证制度、原产地规则、动植物卫生检疫措施、技术贸易壁垒、专利权保护规则、著作权与商标权保护规则、贸易补救措施通报规则等。

二、加入 WTO 对我国经济的影响和对策

(一) 加入 WTO 对我国经济的影响

1. 对我国贸易政策的影响

① 削减进口关税，如农产品领域，WTO 成员国 100% 的产品为约束关税；

② 逐步取消一些非关税的贸易壁垒，如我国要经过 5 年的过渡期逐步取消产品配额、许可证等非关税措施；

③ 取消出口补贴；

④ 逐步开放服务贸易，如银行、保险、通信和批发零售业等；

⑤ 提高贸易政策的透明度；

⑥ 保护知识产权；

⑦ 放宽对外资的限制。

2. 对我国经济的影响

① 进口冲击，贸易自由化降价了进口门槛，导致进口增加，对国内的生产和消费必然产生冲击；

② 投资冲击，贸易自由化造成跨国公司来华投资增长，势必形成对国内企业的竞争压力；

③ 政策冲击，WTO 成员必须按照 WTO 规则调整国内的相关政策，调整很难一步到位，很可能会造成调整不足、调整过度及调整错位，导致经济秩序和政策环境产生紊乱；

④ 预期冲击，不同经济体对加入WTO有着不同的预期，确定的目标、采取的措施、制定的政策各不相同，对未来影响的不确定性就比较大；

⑤ 人力资源冲击，由于更多的外企进入国内，外企会利用种种优厚待遇和高效的人才管理方式争夺人才，尤其是同行业中的顶尖人才，造成人才争夺的逐步升级；

⑥ 财政收入冲击，关税降低后减少了国家的财政收入，同时加入WTO后还要增加结构调整、资源再配置、社会保障等支出，这样就会对GDP的增长产生负面影响。

（二）加入WTO的对策

加入WTO既是机遇，又是挑战，为了把握机遇，应对挑战，有必要采取以下措施：

① 改革和保护农业的措施；
② 转换制造业的保护手段；
③ 大力发展和完善行业中介组织；
④ 创立和完善政策性金融支持体系；
⑤ 创立和完善政策性生产支持体系；
⑥ 对服务业的三类不同部门采取有差别的政策；
⑦ 服务业对外开放与对内开放同时并举；
⑧ 完善法律体系，利用多边规则维护我国的经济利益；
⑨ 充分利用例外和保障条款；
⑩ 大力培养国际型经贸人才。

三、企业国际化经营

经济全球化是指市场经济运行机制的跨国延伸，资本、货物服务、劳动力和信息等市场扩展到国界之外，形成世界市场，资源在全球范围内自由流动与合理配置。经济全球化于20世纪80年代出现，到90年代被普遍认可，当前企业参与国际化经营的步伐正在加快，导致了企业生存环境更加复杂，这就要求我们的管理者正确认识经济全球化的形势，坚持国际化经营原则，从容应对新出现的机遇和挑战，才能保证我国的企业在激烈的竞争环境中生存并发展。

（一）经济全球化对企业的影响

经济全球化将世界各国和地区统一在世界市场之中，使各国经济的相互联系日益紧密，同时相互之间的利益冲突也日益明显。经济全球化将给企业带来什么样的影响，已成为企业深切关注的大课题。下面作一简要分析。

1. 经济全球化给企业国际化经营提供了机遇

经济全球化加速了生产要素在全球范围内的自由流动，为企业充分利用全球规模的统一市场，优化资源配置提供了机遇，使企业参与市场竞争的机会增多，有利于资源共享。

2. 经济全球化给企业带来挑战

全球规模的世界市场中仍存在垄断，跨国公司在全球化中跨国并购活动越来越盛行，并购的结果使那些实力较弱的发展中国家和中小企业很难与跨国公司相竞争；全球范围内的人才和技术竞争方面，发达国家在吸引人才和技术研发上占有绝对优势，这对我国的企业尤其是中小企业的发展产生巨大压力；有实力的外商大量涌入，会促使我国一些竞争能力不强的企业逐步退出市场。

（二）国际化经营的基本原则

1. 严格遵循经济规律

企业开拓国际市场。首先，应遵循世界经济与世界市场的基本规律。世界经济发展的四大基本规律是：世界经济生活国际化规律、世界经济一体化规律、世界经济不平衡发展规律和世界科技纵深发展规律。我国企业要开拓国际市场、参与国际竞争，既是这四大经济基本规律的作用结果，也是世界经济发展的内在要求。其次，要遵循国际价值规律，国际市场的中心是国际市场价格，无论是国际商品市场，还是金融市场、科技市场、劳务市场、信息市场等都是一个价格问题，都要受到国际价值规律的支配和作用。因此，我国企业要进入国际市场，就必须遵循这些基本规律，努力转变增长方式，寻求国际市场新的增长点，主动去适应经济规律，规避风险，拓宽市场。

2. 充分发挥自身优势

按照国际竞争优势理论分析，竞争优势的关键在于差别。我国企业在国际市场中的比较优势主要有：企业的产品初始定位在技术含量低、附加值低的初级产品和一般工业制成品，这在国际市场细分中占有一席之地；我国企业发展历史不长，具有投资规模小、经营产品单一的特征，符合社会化大生产的要求，存在着拓展国际市场的生存空间；我国企业普遍存在着比较成本低的优势；在产业结构转化规律上，往往存在着技术后进企业的跳跃式发展的可能；我国企业的责权利高度集中，决策机制反应比较快捷，适应能力强的优势比较明显。因此，我国企业在开拓国际市场过程中，必须积极主动地发挥自身的成本优势、机制优势、产业优势。

3. 积极调整经营战略

成功的国际化经营必须以正确的国际化经营战略为前提和基础。首先，企业要突破"国内生产、国外销售"的传统经营观念，推行"各国设计、各国生产、各国销售"的新经营观念；其次，要针对国际化经营的不同阶段设计不同的经营战略。一般讲企业开展国际化经营的过程中要经历四个阶段：一是出口供货阶段、二是自营出口阶段、三是跨国经营阶段、四是国际化经营阶段。因此，企业必须根据目标市场所在国的市场规则和商业惯例，针对国际市场环境的复杂性和动态性，把自身经营优势和目标市场实际相结合，提出并实施与国际接轨的市场经营战略。

4. 大力开展管理创新

随着企业国际化经营的扩大、领域的延伸、组织架构的复杂化，对企业管理模式提出了更加科学、规范的要求，这是塑造企业经营优势、参与国际竞争的必要条件。所以全面提高企业素质，促进企业由粗放经营向集约经营转变的重点是提高管理水平，要积极转变管理理念，采用现代管理方式，建立健全现代企业制度，积极开展管理创新活动，大力引进国外先进的管理理念和方法，通过分析鉴别为我所用，形成生产、营销、财务、信息、质量等管理体系，全面提高企业管理水平。

5. 主动实施技术创新

企业开展国际化经营必须遵循"科技兴贸"和"以质取胜"战略，这就必须依靠技术创新。增强企业的创新能力，健全创新机制，提高企业技术对市场的反应能力，不仅是企业开拓国际市场的需要，更是增强企业竞争能力、促进企业发展的需要。特别是在我国企业技术水平普遍不高的情况下，企业加强技术创新显得尤其重要，这是我国企业走向国际市场的必备条件，也是克服我国企业自身产业劣势的根本途径。因此，企业在国际化经营过程中必须树立科学发展观，与时俱进，以技术创新求生存、求发展，通过多种途径增强企业的技术创新能力和实力。

6. 稳步推进资本经营

现代市场经营的中心问题在于搞活资本，追求资本所带来的利润最大化，重视资本经营，实现经济增长方式向集约型过渡，这是现代企业的基本经营思想。尤其是在我国进入WTO之后，企业面对国际市场和国际竞争对手，就必须从自身的经济条件和外部的经营环境出发，在经营方式上做出重新调整。因此，企业在国际化经营过程中，必须稳步推进资本经营，坚持整体效应，优化资源的有效配置，实现企业之间的优势相互补充，加速企业外部扩张，提高企业的国际竞争力。

（三）企业国际化经营模式

① 国外建厂或买厂模式；
② 国外买店或借店模式；
③ 国内生产、大进大出模式；
④ 国内生产、国际经销采购模式；
⑤ 先易后难、逐步升级模式；
⑥ 由近及远、先熟悉后陌生模式；
⑦ 跨国参股及股权置换模式；
⑧ 跨国兼并、收购模式。

复习思考题

1. 什么叫经营？说明良好的经营思想应包含的基本观念。
2. 工业企业的环境分析包含哪些内容？
3. 简述确定经营目标的意义。
4. 什么叫经营战略？制定经营战略具有什么意义？
5. 什么是经营决策？并说明影响经营决策的因素。
6. 经营决策的程序包括哪些步骤？
7. 说明编制年度经营计划的工作步骤。
8. 什么叫市场？它包含哪几个基本要素？
9. 什么叫市场营销？
10. 什么叫市场细分？市场细分的依据是什么？
11. 说明市场调查的内容及步骤。
12. 说明市场预测的内容及步骤。
13. 简述产品整体概念。
14. 产品组合包括哪些内容？
15. 价格组合包括哪些内容？
16. 分销渠道组合包括哪些内容？
17. 促销组合包括哪些内容？
18. 简述WTO的宗旨与基本职能。
19. 简述WTO的原则、权利和义务。
20. 简述加入WTO对我国的影响以及可以采取的对策。
21. 经济全球化将给我国的企业带来什么样的影响？
22. 推行国际化经营应该遵循哪些基本原则？
23. 某企业开发一新产品；拟有新建、改建和外协三个方案，其产品市场寿命均为5年，假设市场状态出现概率及各方案的年损益值如表 2-8 所示。试用决策树法评选方案。

表 2-8

市场状态		高 需 求	中 需 求	低 需 求
出现概率		0.7	0.2	0.1
方案	新建	60	20	(25)
	改建	40	25	0
	外协	20	10	10

24. 某企业生产一种产品，若固定成本 100 万元，单位变动成本 50 元/吨，产品销售价格为 80 元/吨，求保本点产量以及目标利润为 20 万元时的产销量应为多少吨。

第三章 生产管理

生产管理是企业管理的重要组成部分,也是企业经营的物质基础和前提。强化生产管理,建立完善的生产组织系统,实现稳定正常的生产秩序,生产出适销对路产品,是取得良好的经济效益的重要保证。本章着重介绍生产管理的任务、内容和原则,生产过程组织,生产计划和作业计划的编制,网络计划技术,物资供应,储备管理等内容。

第一节 生产管理概述

一、生产管理的任务和内容

生产是工业企业最基本的业务活动,也是企业一切活动的基础。生产管理就是对企业生产活动的管理,它是按照企业的经营目标,充分利用人、财、物等资源,从产品品种、数量、质量、价格、交货期等要求出发,对生产过程进行组织、计划、控制等一系列管理活动的总称。

随着社会主义市场经济的建立和完善,企业要建立符合市场要求的生产系统,必须将外部资源(市场信息、资金、技术、原材料、能源等)和内部资源(人力、资金设备、技术、时间等)输入生产过程进行转换,输出市场所需的产品或劳务,并不断进行反馈,形成完整的生产循环系统。如图3-1所示。

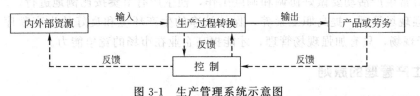

图3-1 生产管理系统示意图

(一)生产管理的基本任务

工业企业生产管理的基本任务是对生产过程实施计划、组织、控制,以投入尽可能少的生产要素,产出尽可能既多又好的产品,不断提高企业的经济效益。具体应做到以下几点。

① 落实以需定产,向市场提供适销对路的产品或劳务,这是企业生产管理的首要任务。每个企业都应树立"质量第一"为用户服务的观念,按用户所需的品种、质量、数量、交货期等组织生产。如果产品销不对路,必然造成大量积压,导致企业的亏损,甚至破产倒闭。

② 全面完成企业经营计划中规定的各项指标,如品种、质量、数量、利润、劳动效率、材料利用率、交货期等生产指标。实现技术创新,开发新产品,出精品创名牌,增强企业在市场上的竞争能力。

③ 合理组织劳动，充分利用人力资源，挖掘企业员工潜力，不断提高劳动生产率。在生产管理中，健全企业生产指挥系统，优化配置人力、物力、财力，按定额组织生产、整顿劳动纪律、加强经济核算。

④ 加强物资能源管理，使之合理使用，降低单位产品的物资消耗和能源消耗，提高资源的利用率，降低产品成本。要建立合理的物资储备，减少资金占用，加速资金周转。

（二）生产管理的内容

工业企业的生产管理目标是对各生产要素（劳动者、劳动手段、劳动对象）进行空间维（空间排列）和时间维（月程进度）的优化组合，使生产活动在最佳时间进行，以尽量少的物化劳动和活劳动消耗，生产出尽可能多的适销产品，并做到安全生产和保护生态环境，实现企业的经营目标。从这一目标出发，工业企业生产管理的工作内容归纳起来有以下三个方面。

1. 生产准备

① 对生产过程的空间、时间安排进行分析研究，确定生产组织形式，安排工艺路线和工序之间的衔接方式。

② 制定各项生产技术标准，对各项技术经济定额进行测定。

③ 安排劳动，组织各种原材料、零配件的供应，设备和工艺装置的安装和调试，安全文明生产准备，环保措施的落实等。

④ 建立能适应市场变化的生产指挥系统和一系列运行规则。

2. 生产组织

① 在市场调查、分析供求的基础上，进行生产预测，并和市场营销紧密衔接。

② 结合企业实际，编制切实可行的生产计划，作为企业的生产纲领，将供应、技术、设备、劳资、成本、财务各部门经过平衡统一起来。

③ 建立生产信息收集、分析和储存系统。

④ 编制生产作业计划，将任务落实到班组和个人。

3. 生产控制

① 在生产计划实施过程中，要严格生产控制，定期与计划对比，找出差距，分析原因，进行调整。生产控制包括进度控制、质量控制、成本控制、库存控制等。

② 对日常生产活动要做好协调和调度工作，使生产有节奏按比例地进行。

③ 加强现场管理，提高职工素养，保持洁净的生产环境和良好的生产秩序。一切优质产品出自于现场，只有加强现场管理，才能提高企业在市场的竞争能力。

二、生产管理的原则

1. 坚持面向市场

这是企业必须遵循的首要原则，企业组织生产经营活动必须立足于市场，服务于市场。企业各级生产管理人员必须树立市场意识、竞争意识，在竞争中求得生存和发展。企业要通过各种渠道了解市场、分析市场、研究市场需求、预测市场潜力，对市场信息要能做出灵敏反应，使自己扬长避短、扩大优势、把握市场、占取主动，不断提高本企业产品的市场占有率。

2. 注重经济效益

企业在生产管理中要高度重视经济效益，要把提高经济效益当成生产管理的出发点和根本目的，经济、合理地利用一切生产资源，以尽可能少的劳动消耗、资金占用，生产出适销产品。要不断提高产品质量，降低产品成本，贯彻重视经济效益原则。要从大处着眼，小处着手，精心安排，处处精打细算，加强核算，杜绝浪费。

3. 实行科学管理

现代化大生产必须提倡科学管理，科学管理就是尊重客观规律。企业要建立有之有效的生产指挥系统，总结和推广各种新型的管理方法。在生产管理上要不断创新，贯彻以人为本的管理原则，发挥各生产要素的作用。要严格规章制度，严明纪律。做好各项基础工作，对有关信息及时准确地加以收集、分析和应用。科学管理的关键是提高人的素质，要加强职工教育和培训工作。

4. 组织均衡生产

均衡生产是指在相对时间内，产品数量应稳定地递增。其基本要求：一是内部各生产环节有节奏按比例地生产，设备能达到满负荷；二是要求品种、质量、数量、成本、期限全面完成生产计划。

组织均衡生产要克服前紧后松、加班加点、突击生产现象。在生产管理中要把作业计划安排好，组织原材料、备品、配件均衡供应，加强日常调度，控制在制品存量，强调各部门的协调配合，为企业均衡生产创造条件。当然在执行中也不能绝对化，为满足用户急需，搞一点加班加点，也是允许的，但事先要权衡利弊，慎重决策。

5. 保障安全生产和保护生态环境

安全生产是社会化大生产的一条重要原则，安全与生产是辩证统一的关系，安全为了生产，生产必须安全，安全生产不仅可以提高工人生产积极性，还可延长设备寿命。企业要加强劳动保护和安全技术措施，建立安全保证体系。

保护生态环境是我国重要国策之一，控制环境污染是实施经济可持续发展的前提。企业在组织生产时，要实现"清洁生产"，减少对人类和环境的风险性，清洁生产包括节约原料和能源，淘汰有毒原材料，要尽量减少排放物和废料的数量和毒性。对产品而言，清洁生产策略旨在减少产品在整个寿命周期中对人类和环境的影响。企业要根据国家环保法做到"三同时"，即主体工程与环保工程同时设计、同时施工、同时运行。

综合所述，企业生产管理要遵循适应性、经济性、科学性、均衡性和安全性的原则。

三、生产管理的发展趋势

随着现代科学技术在生产过程中的广泛应用，相应地在生产管理实践中许多新型的管理模式不断涌现，其中最常见的有准时生产制、柔性制造系统、敏捷制造制、计算机集成制造系统等，现简介如下。

(一) 准时生产制（Just In Time，JIT）

准时生产制简称准时制，也称丰田生产方式。这是日本丰田公司早在20世纪60年代根据看板系统和倒流水线拉动方式创立的追求零库存的生产管理模式。在生产过程中零件投入不停顿、不堆积、不超越、按顺序、按节拍一个一个地生产，整条生产线如同一台设备，实现同步化均衡生产。其主要特点为：

① 能根据订货要求以必要的原材料，在必要的时间和地点生产出必要的产品；
② 排除了生产过程中的各种浪费；
③ 实现了零库存生产；
④ 将质量控制落实到了每一道作业之中，实现了每一道作业对质量进行把关；
⑤ 整个生产过程中体现了追求尽善尽美的管理理念。

(二) 柔性制造系统（Flexible Manufacturing System，FMS）

柔性制造系统是在计算机控制下，为实现某种生产目的而连接起来的一系列自动输送装置、数控加工设备和其他辅助装置形成的一个生产系统。柔性制造系统不但实现了信息流、物料流和加工过程的自动化，而且实现了一定范围内完成由一种零件加工到另一种零件加工的自动转换。

1. 柔性制造系统的类型

根据系统所设置的设备数量、设备结构的不同，可将柔性制造系统分为柔性制造装置、柔性制造单元和柔性制造系统三大类。

① 柔性制造装置是以一台加工中心为主的系统。它装备托盘库、自动托盘交换站或机器人、一个自动化工具交换装置；

② 柔性制造单元有多种配置型式，至少有一台加工中心、托盘库、自动托盘交换站、每台机床的刀具交换装置。所有的操作都以单元方式进行，都有固定的加工过程，零件在各工序之间流动，由单元计算机进行控制和管理；

③ 柔性制造系统至少由两个柔性制造单元组成，通过一个自动化传输系统——自动导向车、计算机控制搬运机等把各个单元连续起来。整个系统处于一个临近计算机的控制下。

柔性制造系统可以 24 小时连续工作，实现第二班、第三班无人加工，可以按生产需要由计算机编制最佳零件加工进度计划，产生最佳的物流和信息流。

2. 柔性制造系统的优点

通常讲柔性制造系统具有以下优点：

① 生产效率比分散的数控机床加工方式提高 5 倍；

② 生产周期比独立的 CNC 机床缩短 75%；

③ 提高机床的利用率；

④ 大幅度减少了操作人员；

⑤ 减少了在制品库存；

⑥ 提高产品质量，降低生产成本。

（三）**敏捷制造**（Agile Manufacturing，AM）

敏捷制造是一种以先进生产制造技术和动态组织结构为特点，以高素质与高协同的工作人员为核心，采用企业间的网络技术，对快速变化的市场需求能做出快速反应的生产管理体系。这是一种基于信息技术和柔性智能技术为主导的先进制造技术，以及柔性化、虚拟化、动态化的组织结构，能全面满足现代生产管理目标要求，具有对市场很强的动态适应能力的生产管理模式，被管理界称为 21 世纪的生产管理模式。其特点有：

① 借助信息技术把企业、顾客及供应商联系起来成为一个有机整体，使之能快速地响应市场需求的变化，有效地实现快速研发、快速设计、快速生产出能满足消费者需求的新产品；

② 应用先进的制造技术使生产系统重新组合，缩短生产周期，降低生产成本，实现生产系统柔性化，并做到完全按订单组织生产，提供个性化的服务，使企业的发展着眼于长期经济效益；

③ 改变了传统的金字塔形的多级管理，采用多变的动态组织结构模式，强强联合，形成了动态战略联盟关系；

④ 最大限度地调动和发挥了人的积极性和创造性，有效地形成了企业的竞争优势。

（四）**计算机集成制造系统**（Computer Integrated Manufacturing System，CIMS）

计算机集成制造系统由美国的约瑟夫·哈林敦博士于 20 世纪 70 年代提出，现已成为现代工业企业进行生产管理的重要发展方向。这是一个从产品设计、工艺制定、生产过程、生产控制全过程一体化的制造系统。它的出现是计算机工程、信息技术、通讯技术、管理科学、自动控制、生产制造自动化、自动检测等多种科学技术的综合发展和应用的结果。其核心在于集成，不仅是设备机器等硬件的集成，更重要的是技术的集成、信息的集成。

计算机集成制造系统运用系统工程整体优化的观点，以信息技术、生产技术、管理技术为基础，通过应用计算机及软件，对生产制造企业从接受订货单到设计、生产、销售、服务的全过程，立足于整体将各子系统有机地集成，进行统一管理和控制，实现企业生产管理的整体优化，从而大大提高了生产效率。计算机集成制造系统的应用和发展将给企业带来巨大的经济效益。

第二节 生产过程组织

一、生产过程与生产类型

（一）生产过程及其分类

1. 生产过程

生产过程有狭义、广义之分。狭义的生产过程是指从原材料投入到生产出成品的全过程；广义的生产过程是指从生产技术准备到生产出成品的全部过程。

生产过程基本上是劳动过程，同时，也包括不同程度的自然过程。劳动过程是劳动者运用劳动工具，对劳动对象进行加工，并按预定要求，改变其物理、化学特征，使之成为产品的过程。自然过程是按预定要求，不消耗劳动，利用自然力完成其物理化学变化的过程。生产过程中投料、升温、搅拌、加工都属于劳动过程。静置过程的氧化、还原、沉淀、冷却、发酵都属于自然过程。

生产过程形式大体可分为两类：一类是流程式，即生产原料经过基本加工步骤，最后形成产品的生产过程；另一类是装配式，即分别加工不同的原材料成为零件、部件，最后组装成产品的生产过程。

2. 生产过程分类

生产过程按其对成品形成的作用可分为四类。

① 生产准备过程。它包括对原料正式加工前的大量工作，如技术准备、工装设备准备、原材料准备、人员及劳动组织准备、能源准备、生产管理制度准备等。

② 基本生产过程。它包括对原料进行加工的所有生产环节，是企业生产过程最主要的组成部分，也是人、财、物主要消耗场所，它还直接影响产品产量、质量、品种、成本、交货期的关键所在。基本生产过程中的工艺过程可划分为相互联系的生产阶段，每个生产阶段又按劳动分工和使用的设备，划分不同的工种与工序。工序是指一个或一组工人在一个工作地对一个或几个劳动对象连续进行加工的过程，按作用可分为工艺工序、检验工序、运输工序等。

③ 辅助生产过程。它包括为保证基本生产过程的正常运行所必需的各种生产辅助环节，如供水、供热、供电等过程，提供包装和设备维修等。

④ 生产服务过程。它包括为上述三个生产过程的正常进行而提供各种服务的活动，如搬运、存储、化验、防腐、保温等。

上述生产过程的四个方面都是不可缺少的，各有特殊功能和任务。企业的生产管理是否取得成效，很大程度上取决于生产过程的整体配套性和协调性。

(二) 合理组织生产过程的基本要求

合理组织生产过程的目的是要对生产过程的各工艺阶段进行合理安排，使产品的生产流程最短、时间最少、消耗最小、质量最好、效益最高，为此生产过程组织必须符合以下要求。

1. 生产过程的连续性

它是指劳动对象在生产过程的各阶段、各工序之间始终处于运动状态，即劳动对象不是处于加工、检验，就是处于运输或自然过程中，在时间上紧密衔接，很少发生或不发生停顿或等待现象。保证生产过程的连续性可以缩短产品的生产周期，减少在制品的占用量，加速流动资金的周转，提高设备和生产面积的利用率，有利于降低成本，提高经济效益。提高生产过程的连续性，最好能按工艺流程布置设备，努力采用新型的生产组织形式和先进科学技术，并做好生产技术准备和服务等工作，使物料不发生停歇。

2. 生产过程的比例性

它是指生产过程的各阶段、各工序之间在生产能力上保持一定的比例关系，以保证生产能顺畅进行。生产过程的比例性还表现在各工序生产能力在时间、空间上的比例性，在组织生产过程中还有原材料搭配比例、设备能力比例、人员分工比例、能源搭配比例、供产销平衡比例等。上述这些比例在工程设计中都应经过严格核算，进行综合平衡，列入相应的技术文件，并要严格执行，才能达到优质、高产、低耗、安全的生产效果。当然这种比例性是相对的，随着科技进步、工艺改进、新产品开发和管理水平的提高，原有的比例关系会不断被新的比例关系所替代。

3. 生产过程的节奏性

它又称均衡性，是指产品的生产过程应按计划要求在相等的时间间隔内，完成相等或递增的产品数量，使人员和设备保持均匀负荷，使生产能力得到充分的发挥。各生产环节没有忙闲不均或时紧时松现象，达到动态均衡。要做到工艺参数有规律的改变，产品产出速度有规律地变化，物资有节奏地循环。在动态前提下，有节奏地保持正常生产秩序，以最适宜的生产速度生产出最优产品，按最适宜的时间交货，取得最大经济效益。任何突击式的管理，拼设备、拼体力都是管理不科学的表现。

4. 生产过程的适应性

它又称柔性。生产过程组织必须考虑到使生产工艺、设备、产品有相对的稳定性，这在较短时间来说是完全正确的，但从长远看，由于科技进步、社会经济发展、市场竞争加剧、消费水平和消费结构的变化加快，这就要求企业在组织生产过程时保持必要的适应性。如考虑销售量增大，厂房设计时要留一定的余地；考虑到老产品的更新换代，乃至淘汰，新产品的开发投产，生产过程能尽快调整等。总之，生产过程组织既要满足短期稳定要求，又要适应长期战略发展的变化，这是经营型企业重视市场、重视发展特点在生产管理中的具体表现。

上述合理组织生产过程的各项要求是相互联系、相互制约的。为了保证生产过程的节奏性，就要求生产过程达到连续性，而生产过程的连续性要求组织好生产过程的比例性，为了使企业产品在激烈的市场竞争中立于不败之地，必须提高企业生产过程的适应性。

(三) 生产类型

1. 常见的几种生产类型

生产类型是影响生产过程组织的主要因素，也是设计企业生产系统首先要确定的重要问题。生产类型是对生产过程的不同组织形式按产品品种、生产规模、生产同一种产品的重复性、设备负荷情况等加以区分，以便于分析研究其管理特征，实行有效管理。常见的生产类型有三种。

① 大量生产型。是指产品和工作地的专业化程度较高的生产类型。这种类型的生产过程，工作地高度重复，长期完成同种产品的少数几道工序甚至一道工序。产品与工作地专业化程度较高，如生产合成氨的化肥厂，各工作地长期担负同样的工作，造气车间长年造气，合成车间长年合成。

② 成批生产型。这种生产过程工作地专业化程度比大量生产型低，产品专业化程度属于中等，有不同系列或不同品种的多个产品。如农药厂，产品品种多，成批轮换生产。橡胶厂也属于成批生产型，在生产过程中，可能经常转换产品品种、规格。成批生产型又可细分为大批、中批、小批生产型。但应当指出，在大量生产型的生产中，产品也按批管理，但这种批号只表明不同的生产时间，并不表明在原料、工艺上与其他批次有明显的不同。

③ 单件生产型。这种生产过程工作地专业化程度低，一个工作地负担很多道加工工序，生产的产品很少重复，即使重复也没有规律。如化工机械厂、试剂厂，它们的产品销售面窄每次订货不同，就形成了类似单件生产的形式。

2. 生产类型的技术经济评价

在组织生产过程中，选择生产类型有着十分重要的意义，因为不同的生产类型对企业各项技术经济指标和满足市场需求有着不同的影响，生产管理工作也各具特点。现用图表进行分析。

（1）生产类型与主要技术指标关系（见表3-1）。

表 3-1 生产类型与主要技术指标关系

序号	指标	大量生产型	成批生产型	单件生产型
1	产品品种	很少或单一	较多	很多
2	产品产量	很大	较大	很少或单个
3	工序劳动量	不大	较大	很大
4	生产负荷程度	满负荷生产	周期性满负荷生产	按订货合同生产
5	生产设备	广泛采用专用设备	专用、通用设备兼备	大多采用通用设备
6	设备利用率	高	较高	低
7	产品质量	稳定而好	稳中有波动	好
8	物资消耗水平	低	较高	高
9	能源消耗水平	低	较高	高
10	生产周期	短	较长	长
11	工人操作技术水平	低	较高	高

（2）生产类型与主要经济指标关系（见表3-2）。

表 3-2 生产类型与主要经济指标的关系

序号	指标	大量生产型	成批生产型	单件生产型
1	劳动生产率	高	较高	低
2	产品成本	低	较高	高
3	资金周转速度	快	较快	慢
4	生产经济效益	最好	较好	差
5	适应品种变化能力	差	较好	好

(3) 生产类型与生产者、市场需求关系（见表3-3）。

表3-3 生产类型与生产者、市场需求的关系

序号	考察项目	大量生产型	成批生产型	单件生产型
1	生产者满足感	低	较高	高
2	与消费者的交流程度	低	较高	高
3	生产者创造性发挥	可能性小	可能性中等	可能性大
4	对市场需求反应灵敏度	低	较高	高

(4) 不同生产类型管理特点（见表3-4）。

表3-4 不同生产类型管理特点

序号	管理项目	大量生产型	成批生产型	单件生产型
1	劳动定额	非常精细	有粗有细	较粗
2	计划管理工作	比较简单	比较复杂	复杂多变
3	生产控制	易	难	很难
4	调度工作	细而全	有粗有细	较粗
5	生产组织形式	流水线生产	轮番生产，成批生产	对象专业化
6	设备布置	按工艺原则	按混合原则	按对象原则

从以上四个方面分析，各种生产类型各具优缺点，企业在组织生产过程中，要根据实际情况，进行认真比较。一般看来，在客观条件允许的情况下，采用大量或成批生产，经济效益较高。但是，由于近年来市场需求变化节奏加快，形势多变，有些企业将传统的大量、成批生产转向多品种、小批量生产，取得良好的经济效益，这已成为目前企业生产方式变化的主流。还有些企业从行为科学的角度出发，把大量生产的流水线改为单件生产小组也取得成功。另外，还有些化工企业挖掘生产潜力，实行综合利用，采用中、小批量的生产形式，将联产品、副产品、三废资源进行深度加工，开发出新产品，为企业创造了财富。所以，选择生产类型要从技术、经济、行为科学、市场需求和管理特点等多方面考虑，才能取得良好的企业效益和社会效益。

二、生产过程的空间组织与时间组织

（一）生产过程的空间组织

生产过程的空间组织是指生产过程的生产工序在空间上的配合与衔接方式。空间组织的任务是合理而充分地利用空间，保证生产过程的连续性，并在保证生产安全和维修方便的前提下，尽量缩短生产对象的流动路线。工业企业常用的生产过程空间组织有三种形式。

1. 工艺专业化生产组织形式

又称工艺原则。它是按照生产过程各工艺阶段性质设置生产单位。在工艺专业化的生产单位中，布置了大致相同类型的设备，配备了大体相同工种的工人，采用基本上相同的工艺操作方法，对不同产品进行加工。

这种组织形式的优点是适应市场需求变化能力较强，易于进行产品的更新换代；生产设备和生产面积可以得到充分利用，如某台设备发生故障，其他设备可以代替，生产不至于中断；专业设备集中，有利于技术革新和技术交流；便于工艺管理；有利于制备维修和工具的供应与管理。缺点是，产品在生产过程中生产周期长，物料输送线路长，热能损失大，占用

流动资金多,各生产单位之间的协调工作较困难。

2. 对象专业化生产组织形式

又称对象原则。它是以产品为对象来设置生产单位,在对象专业化的生产单位中集中了不同类型的生产设备和不同工种的工人,对同类产品进行不同工艺阶段的加工。因为在一个生产单位中包括从原料到产品的全过程,所以,也被称为封闭式组织形式。

这种组织形式的优点是产品集中于一个生产单位完成,加工流程短,可以缩短生产周期,节约流动资金,生产调度比较简单,内部管理比较紧凑。缺点是,由于同类工艺设备、同种技术工人分散在不同的生产单位,故不利于专业化管理;不利于充分利用生产设备和生产面积;对象专业化程度越高,产品调整、转换就越加困难;生产单位内部协调工作量大,管理难度大。

现将工艺专业化与对象专业化两种组织形式的优缺点进行对比,如表3-5所示。

表3-5 工艺专业化与对象专业化的优缺点比较

序号	比较项目	工艺专业化	对象专业化	序号	比较项目	工艺专业化	对象专业化
1	品种变换适应性	强	差	6	流动资金占用和周期速度	占用多,周期慢	占用少,周期快
2	生产能力利用	好	较差	7	产品质量	不够稳定	较稳定
3	在制品运输路线	长	短	8	生产管理	较复杂	较简单
4	生产周期	长	短	9	经济效益	较差	较好
5	在制品占用量	多	少				

通过以上分析、比较,可见它们各有利弊,一般来说,工艺专业化形式适合单件或成批生产;对象专业化形式产品品种较单一,产品结构较稳定,适合大量生产。

3. 混合原则

在实际生产中,不少企业根据市场对产品的需求特点,把两种形式结合起来,采用混合形式的生产组织形式,即关键的、有共性的环节按工艺专业化要求,其他环节按对象专业化进行组织,这样做可以发挥两种专业化形式的综合优势,给企业带来好的效益。

4. 流水线

又称流水生产或流水作业,它是对象专业化组织形式的进一步发展,是劳动分工较细、生产效率较高的一种组织形式。流水线是指劳动对象按一定工艺路线和规定的生产速度,连续不断地经过各个工作地,顺序地进行加工并出产产品(零件)的一种生产组织形式。典型的流水生产线有以下特点。

① 流水线上固定生产一种或几种产品(零件),其生产过程是连续的。

② 流水线上各工作地是按照产品工艺过程顺序排列的,产品按单向运输路线移动。

③ 流水线按规定节拍进行生产。所谓节拍,就是流水线上前后生产两件相同产品之间的时间间隔。

④ 流水线上各工序之间的生产能力是平衡、成比例的。

⑤ 流水线上各工序之间的运输采用传送带、轨道等传送装置,使在制品能在工序间及时传送。

流水线的主要优点是生产过程能较好地满足连续性、平行性、比例性及均衡性要求,生产效率高、生产周期短、在制品少,可以加速资金周转、降低产品成本、并简化管理工作。其缺点是不够灵活,不能及时地适应市场对产品、品种变化的要求,以及技术革新和技术进步要求。此外工人在流水线上工作比较单调、紧张、容易疲劳,也不利于提高工人的生产技术水平。

（二）生产过程的时间组织

生产过程的时间组织是指劳动对象经过各生产单位、工序时，在时间上配合和衔接的组织。时间组织的任务是研究如何加速物流在生产过程中的流动速度，尽量缩短产品的生产周期。生产周期是指产品从原材料投入生产过程开始，到产出最终产品为止，所占用的全部时间。缩短生产周期有利于减少在制品的数量，降低流动资金的占用，提高企业的生产能力，提前交货日期，增加企业在市场上的竞争力。

劳动对象在生产过程中的移动方式对于生产过程的时间长度有着显著影响，一般可采用的移动方式有顺序移动方式、平行移动方式和平行顺序移动方式等三种。这三种移动方式的选择一般要考虑批量大小、零件大小、加工时间长短和产品交货期要求等因素。总的要求是做到：缩短周期、提高效率、按时交货。在具体运用时，应结合企业的实际情况来确定。一般来说，顺序移动方式适用于小批、单件生产；平行或平行顺序移动方式适用于大量成批生产。按对象专业化设置的生产单位，可采用平行或平行顺序移动方式；按工艺专业化设置的生产单位，可采用顺序移动方式。零件重量轻、体积小、又有传送带等运输装置，采用顺序移动方式，有利于节省运输费用；反之，可采用平行移动方式。

三、生产现场管理

生产现场管理是指为实现企业经营目标，对生产过程的要素——人（操作者、管理者）、机（机器设备）、料（原材料、零部件）、能（水、电、气）、法（操作规程、规章制度）、环（环境）、信（信息）进行优化组合，实现优质、高效、均衡、安全、文明生产，满足市场需求的一种综合性管理。加强生产现场管理，不仅能出好产品，而且还能出人才，造就一批高素质的职工队伍，它直接关系到企业在市场上的竞争能力，通过出精品，创名牌提高企业产品的市场占有率。下面介绍生产现场的5S活动和定置管理。

（一）5S活动

5S活动起源于日本，因五项要求的日语词头拼音均为S而得名，开展5S活动是改善现场管理的基础，创造清洁、方便、安全、有效的作业现场，促进文明生产。内容包括整理、整顿、清洁、清扫、素养五项活动。

整理：区分作业现场用与不用的物品，常用的留下，偶然用的入库，不用的即时清理掉，用过的物品及时放回原处。

整顿：对要用的物品；按作业取用时间、运输顺序及难易程度确定排列、码放方式、高度及顺序，所使用物品都要定位、定量，并在现场标明物品堆放品种、数量、场所和责任人。

清扫：打扫作业现场，清理设备，清除灰尘、油污、垃圾，使工作面清洁，道路畅通。

清洁：经过整理、整顿、清扫使设备、工装、器具保持清洁状态，场地无烟尘、粉尘、噪声，劳动条件好，并能持之以恒。

素养：逐步养成良好的作业习惯和文明行为规范，人员着装、仪容整洁大方，训练有素，具有高尚道德品质，改善人际关系，加强集体意识，提高自身素养。

五项活动相互关联，密不可分，它们的关系可见图3-2。

做好以上"五项活动"，必须教育职工树立现代生产意识和工作作风，建立岗位责任制，在全厂定期检查、评比、考核，才能不断提高生产现场五项活动的水平。

（二）定置管理

定置管理是现场管理的一种主要方法，它与5S活动有着紧密联系。它着重研究生产过

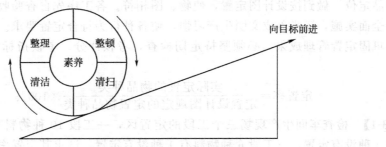

图 3-2 生产现场 5S 活动示意图

程中人、物、场所三要素的相互关系，使人、物、场所三者实现有效结合，以达到生产过程简化、规范化、标准化，提高文明生产水平，高效地完成预定的生产计划。

1. 定置管理的三种状态

（1）A 状态。指人与物能立即结合，并能马上发挥作用。如工具、器材、物料应马上拿到，而且这些工具、器材、物料都是符合要求的。

（2）B 状态。指人与物处在隔离要寻找的状态，不能迅速结合发挥作用，生产工具各种物料乱丢乱放，需要时找不到，找到的又不符合要求，耽误使用，找不到的要花时间找，影响工效，给生产造成损失。

（3）C 状态。指人与物已失去联系，但物仍在现场，如在生产现场存放已失去效用的设备、工装、器具，生产中产生的废品、切屑、垃圾以及与生产现场无关的工人生活用品等。有些还堵塞正常的运输通道或破坏操作环境。

定置管理要求采取一切措施，坚决消除 C 状态，积极分析改进 B 状态，使之转化为 A 状态，并长期保持，这是定置管理的目标。

2. 定置管理原则

实行定置管理可以提高生产现场的工作效率，提高产品质量，降低消耗，使生产现场整洁、明快、达到秩序化、规范化、文明化。定置管理须坚持以下原则。

① 定置管理根据作业要求，使人与物之间紧密结合，人取放物料最省时、最省力。

② 车间运输线路通畅，标志明显，被搬运的物料搬运时十分方便。

③ 对易燃、易爆、有毒、有污染物品，消防器材，要实行特殊定置。

④ 工具箱制作要标准化，放在眼前随手可及的某一固定位置，摆放要规范化。

⑤ 临时滞留物品区域如积压的半成品、待安装设备、建筑材料等都应有明显定置标志。

⑥ 垃圾、废物回收点的定置要有分类、颜色标志，各种箱体上要设置明显标牌。

⑦ 凡需要定置的物品，要按标准设计的现场定置图摆放，标志线、标志牌、文字、颜色等要统一醒目。

3. 定置管理的工作程序

定置管理的工作程序可分以下四个阶段。

① 调查阶段。调查生产现场物品放置 ABC 三种状态，绘制生产现场摆放现状平面图，找出问题，提出改善意见。

② 设计阶段。对厂区、车间、仓库、货架、箱柜、工装器具等进行定置设计，对工厂定置平面图进一步细化，使之科学合理。

③ 准备阶段。搞好各种工装器具的制造与修理，制作各种信息标志牌，组织生产现场人员学习定置管理知识，清除生产现场处于 C 状态的物品。

④ 实施阶段。按定置设计要求，对生产现场各种物料、设备、工装器具等进行整顿，

将所有物品定位,做到按设计图定置,使物、图相符。各工序先自查验收,再组织车间、厂部检查,全面实施,逐步养成文明生产习惯,使各种行为符合定置要求。

为了巩固定置管理成果,必须坚持定期检查,考核评分。考核指标定置率的计算公式如下。

$$定置率 = \frac{实际定置的物品种类}{定置设计图规定的定置物品种类} \times 100\% \tag{3-1}$$

【例 3-1】 检查车间生产现场三个工段的定置区,一工段 10 种物料有 2 种,二工段 20 种物料有 4 种没有定置,三工段 6 种物料有 1 种没有定置,试求其定置率。

$$定置率 = \frac{(10+20+6)-(2+4+1)}{(10+20+6)} \times 100\% = \frac{29}{36} \times 100\% = 80.56\%$$

第三节 生产计划与生产作业计划

企业生产计划是企业管理的依据,是根据市场需求对企业生产任务作出的统筹安排,规定在计划期内产品生产的品种、质量、数量和进度的指标。因此编制生产计划是企业生产管理的一项重要工作。企业生产计划是根据企业销售计划制定的,也是企业经营计划的重要组成部分,同时是企业编制供应、劳资、财务等计划的基础。

一、生产计划

(一) 企业生产计划的指标体系

生产计划是由生产指标体现的,为了有效地全面指导计划期限内的生产活动,生产计划应建立以产品品种、产品质量、产品产量和产值等四类指标为内容的生产指标体系。

1. 产品品种指标

产品品种指标是企业在计划期内规定应当生产的品种,包括品名、品种数和计划期内生产的新产品及更新换代产品。这一指标是衡量企业产品组合的合理性和满足市场需求能力的主要指标,其中有一个品种未完成产品计划,就没有完成品种计划。计算计划品种完成率的公式如下。

$$计划品种完成率 = \frac{报告期完成产量计划的品种数}{计划生产的品种数} \times 100\% \tag{3-2}$$

2. 产品质量指标

产品质量指标是企业在计划期内达到质量标准的各种产品数量与全部产品的比例。企业的产品质量是综合反映企业生产技术水平和管理水平的重要标志,它关系到企业的生存和发展。质量指标一般用合格品率、等级品率来表示。合格品率是指产品中合格品占全部制成品的比例,它在一定程度上表明了企业生产质量的好坏。计算公式如下:

$$合格品率 = \frac{合格品数量}{合格品数量 + 不合格品数量 + 废品数量} \times 100\% \tag{3-3}$$

等级品率是指等级品数量占全部合格品数量的比例,计算公式如下:

$$等级品率 = \frac{等级品的数量}{全部合格产品的数量} \times 100\% \tag{3-4}$$

3. 产品产量指标

产品产量指标是在计划期内完成一定合格产品的数量指标,它反映企业生产发展水平,是企业计算产值、劳动生产率、成本、利润等一系列指标的基础,也是分析企业各种产品之间的比例和进行产品平衡分配的依据。常用的指标有两种形式。

(1) 实物单位。产品单一时,用产品的实际单位来表示,如吨、台、立方米等。

(2) 假定实物单位。生产不同规格产品的企业中,将不同规格的产品折成标准产品来表示,如硫酸折成100%硫酸,氮肥折成相同的合成氨含量等。

4. 产值指标

产值指标是用货币单位计算来表示产值数量的指标。由于企业多种产品的实物计量单位不同,为了计算不同品种产品总量,需要运用综合反映企业生产成果的价值指标,这就是产值指标。企业产值指标有工业商品产值、工业总产值和净产值。

(1) 工业商品产值 是指企业在计划期内生产可以销售的全部合格产品和工业性作业的价值;它体现企业在计划期内完成的生产成果中可以向市场提供的商品价值。具体包括:合格产品价值中扣除原材料费以后的余额,已完成的对外承接工业性作业的价值。

(2) 工业总产值 是指企业在计划期内工业产品和工业性劳务总量的货币表现,它能较客观地反映企业发展规模、水平和速度,有较强的可比性,也是企业计算劳动生产率、产值利润率的依据。具体包括:全部商品产值,来料加工产品的材料价值,期末在制品、半成品、自制工模具的价值减去期初(由上期转来)在制品、半成品、自制工模具的价值。

总产值一般用不变价格或计划价格计算,不变价格是国家规定以某年的物价为准,统计各种经济指标时使用的。计划价格是企业制定计划的实际价格,用它计算的各种指标可与原计划进行对比,检查完成情况。

工业总产值因受产品中特殊价值的影响,不能正确反映企业真实的生产成果,所以国家规定它在企业中已不再考核,但作为企业内部仍是一项重要的计算指标。

(3) 净产值 是指企业在计划期内以货币的形式表现的工业生产活动的最终成果。是企业全部工业生产活动总成果扣除工业生产过程中消耗的物质产品和劳动服务价值后的余额,也是企业工业生产过程中新增加的价值。它克服了工业总产值包括原材料转移价值带来的弊病,比较真实地反映企业工业投入、产出和实际经济利益。净产值由劳动者报酬、固定资产折旧、生产税净额和营业盈余四大要素组成。其计算方法有两种。

① 生产法。   净产值 = 工业总产值 − 工业中间投入   (3-5)

式中,工业中间投入是指直接材料价值、利息、制造费用、管理费用和销售费用。

② 分配法。   净产值 = 劳动者报酬 + 固定资产折旧 + 生产净税额 + 营业盈余   (3-6)

另外,在生产计划中,还应规定表明生产能力发挥程度的生产能力利用指标,主要物资和能源消耗指标,劳动生产率、生产成本降低等指标。

(二) 生产计划编制的原则

生产计划除要遵循经营计划中有关计划工作的要求外,还需贯彻以下原则。

1. 以销定产,以产经销

以销定产就是根据销售的要求来安排生产,企业从事商品生产必须按市场要求、销售形势来确定生产计划,通过优质价廉的产品赢得市场,用销售收入补偿生产支出,获取盈利,组织再生产,为企业创造生存和发展条件。但以销定产并不否认生产对销售的促进作用,特别对一些销售任务不足的企业,在坚持以销定产时,要不断发挥企业优势,利用老产品开发新产品,来满足用户需求,以产经销,用初步安排的生产计划来指导销售订货的方向,把销售计划与生产计划的编制结合起来,才能更好地满足市场需求。

2. 合理发挥和利用企业的生产能力

企业生产计划要与企业生产能力相适应。若确定的生产计划低于生产能力,则造成能力的浪费，反之能力不足使生产计划落空。合理利用生产能力是编制生产计划的一条主要原则，企业首先要搞好市场调查和预测，提高计划的准确水平，改粗放型管理为集约型管理，加强技术创新和技术履行，提高设备精度和现代化水平，改进工艺装置，改善劳动组织，提高工人技术水平，通过生产计划的编制和执行，最合理的发挥企业生产能力。

3. 生产计划要进行综合平衡

综合平衡是编制生产计划又一重要原则。生产计划指标的确定，会受到各方面的制约，既涉及到供、产、销，又涉及到人、财、物，这就必须进行综合平衡。综合平衡是查清企业内部生产资源是否与计划匹配，生产计划与设备能力、技术准备、物资、资金、劳力等进行综合比较，有哪些不足？如何解决？只有解决了这些矛盾，生产计划中的指标才有实现的可能。综合平衡的另一点是弄清生产计划中各项指标如品种、产量、质量、成本、资金、利润等是否相互协调，这样才可以统筹兼顾，合理安排，得到最佳的经济效益。

4. 编制生产计划要依靠群众

生产计划是企业全体职工实现生产目标的行动纲领，计划编制是否符合实际，能否贯彻执行要依靠广大职工参与和主人翁责任感的发挥，当各项指标成为广大职工自觉行动的纲领时，计划完成才有基本保证。因此，生产计划编制过程中要广泛征询职工意见，并在职代会上讨论，同时将职工在生产中积累起来的好的经验与好方法归纳到计划中去，以充实计划，同时也为生产计划的落实打下了群众基础。

（三）生产计划工作的主要内容

1. 生产计划的编制

（1）调查研究。要搜集各种计划资料；企业外部环境的变化情况，如地区经济发展趋势、行业生产动态、销售部门提供的供销合同以及市场预测等数据；企业内部情况，如企业长远规划，上期完成合同情况和产品库存量，各种生产资料的储备量、动力、燃料的供应保证程度，设备运行状态，生产工人思想状态等。还要分析研究国家有关政策，总结上期计划执行的经验教训和研究贯彻企业经营方针的具体措施。

（2）编制计划草案。在调查研究基础上，制订出计划草案，规定产品按季、按月的产量、质量与品种要求，规定计划所需原料、材料、能源需要量，成本降低率和各种技术组织措施。

（3）综合平衡。将计划草案的各项生产指标同各方面的条件进行平衡，使生产任务落到实处。综合平衡包括：生产指标与生产能力之间的平衡；生产指标与劳动力之间的平衡；生产指标与物资供应、能源之间的平衡；生产指标与技术条件之间的平衡，生产指标与资金之间的平衡。它与编制经营计划一样，在平衡时要留有余地，保证在执行中有良好的弹性和应变能力。

（4）审批定案。企业完成年度生产计划的编制后，经职代会讨论通过，由厂长组织实施。

2. 生产计划的进度安排

生产进度安排方式如下。

（1）平均方式 即一年之内各月产量基本一致，这种方式适合于市场需求量较稳定的产品；

（2）递增方式 即一年内逐月增加，这种形式适合于市场需求日益增长，订货量越来越多的情况；

（3）递减方式 即一年内逐月降低产量，这种方式适合于产品决定淘汰，实行产品转移情况；

(4) 变化方式　即一年内各月产量互不相同，由于市场需求有季节性变化，或因技术等原因需要按季节生产，有时因合同订货量分布不均，用户不同意调整，增加库存又不经济，也要采取变动方式安排生产进度。

(四) 企业的生产能力与生产能力的平衡

1. 生产能力

生产能力是指在一定生产技术条件下，在一定时期内（通常以年计算），企业直接参与生产过程的固定资产，产出合格产品的最高数量，或加工处理原料的最大数量。它是反映企业生产可能性的一个重要指标。生产能力不是指企业的历史最高水平。企业生产能力可分三种。

（1）设计能力。即建厂时设计任务书中规定的生产能力，它是根据全部技术设备确定的。

（2）核定能力。因企业产品方向改变或设备老化，技术履行等原因，原设计能力已不符合实际情况而重新核定的生产能力。

（3）计划能力。企业在计划年度内生产性固定资产实际可能达到的生产能力。

以上三种生产能力各有不同用途，前两种可作为确定企业生产规模，制定企业长期计划，安排重大技术改造的依据。后一种可作为编制年度计划和确定生产指标的依据。

2. 车间生产能力的核定

车间生产能力的核定一般从最基层由下而上进行，首先核定单台设备生产能力，然后核定工序、生产系统的生产能力。

$$单台设备生产能力 = 单台设备有效运转时间 \times 单台设备单位时间产量定额 \quad (3-7)$$

$$工序生产能力 = 设备台数 \times 单台设备生产能力 \quad (3-8)$$

一个生产系统的生产能力是以该系统关键工序生产能力为准。一个系统如果交替生产两种以上产品，则按主要产品核算出来的全年产量作为系统的生产能力。单机、工序及系统生产能力均以合格产品数量来表示。

3. 企业生产能力的平衡

企业的生产能力由各车间（各系统）的生产能力综合平衡核定，平衡内容有两个方面。

（1）基本生产车间之间生产能力的平衡。基本生产车间之间生产能力平衡时，首先要抓住产品技术较复杂，劳力较集中，在生产中起主导作用的关键车间，将关键车间的生产能力作为企业的生产能力，其他车间应略高于关键车间的生产能力，以保证充分发挥关键车间的作用，否则就可能出现"瓶颈"现象，影响生产能力的发挥。如其他车间低于关键车间生产能力时，则应采取措施提高其生产能力，与关键车间相匹配。

（2）基本生产与辅助生产环节之间生产能力的平衡。这一平衡以基本生产车间的能力为基础，平衡辅助生产对基本生产的适应保证程度。一般情况下，全厂生产能力中的薄弱环节总是在基本生产车间方面，如出现辅助生产环节薄弱，则必须提高辅助生产环节的能力，使之与基本生产环节相适应。最后经综合平衡后，确定企业生产能力。

企业生产能力核定后，要通过不断提高计划水平来提高生产能力的利用水平。企业的计划年产量与生产能力之比，称为计划生产能力系数，企业的实际年产量与生产能力之比，称为实际生产能力利用系数。其计算公式：

$$计划生产能力利用系数 = \frac{计划年产量}{生产能力} \times 100\% \quad (3-9)$$

$$实际生产能力利用系数 = \frac{实际年产量}{生产能力} \times 100\% \quad (3-10)$$

这两个系数是用来检查企业生产能力的利用程度，看企业生产能力是否留有余力，或还有潜力可挖。充分利用企业生产能力是企业生产计划管理工作的重要目标。

二、生产作业计划

（一）生产作业计划的内容

生产作业计划的内容是企业根据年生产计划的要求，按车间、班组、机台、岗位，制定的以每月、旬、日、轮班的具体生产指标作业安排。它是企业生产计划的执行计划。生产作业计划规定的指标应包括产量、质量、物资消耗、能源消耗设备维修和班组成本等。这些指标应有高度的可行性和精确性。

（二）生产作业计划的作用

（1）生产作业计划是生产计划的具体化，它是把企业生产任务落到实处，细分到车间、班组及个人，并作为组织安排生产活动的依据，检查和考核生产活动的标准，也是企业开展劳动竞赛的具体条件。

（2）生产作业计划是组织协调各车间、各部门实现均衡生产的重要手段。企业在执行计划中，只有各生产环节的生产能力相对平衡，劳力、物资、技术条件相对适应，才能取得良好的生产效果。

（3）生产作业计划是职工生产活动的依据，它具体规定了每年职工在生产活动中的目标，也是企业实行按劳分配的基本依据。

（三）生产作业计划的编制方法

生产作业计划的编制方法主要是进行综合平衡，使计划符合客观比例关系。平衡的主要内容是产量的平衡，平衡的结果是建立一系列生产作业计划的期量标准。期量标准是为制作对象（产品及零部件）在生产期限与数量方面规定的标准数据。它决定了生产过程和环节之间在生产数量和期限之间的衔接，保证生产过程的连续性与均衡性。

不同生产类型和生产组织方式需要不同的期量标准，如大量生产的期量标准有节拍、流水线工作指示图、在制品定额。成批生产的期量标准有批量、生产间隔期、生产周期、生产提前期、在制品定额。单件生产的期量标准有生产周期和提前期。

生产作业计划一般由厂计划部门在每月的中旬下达下月各项生产指标，各部门、各车间制定具体的生产作业计划在下旬报厂部，经综合平衡后，由主管生产副厂长批准后下达执行。

三、生产控制

（一）生产控制的内容

生产控制是按生产作业计划要求，根据实际生产活动中发生的差异采取的必要措施，它用于保证生产活动符合计划要求。生产控制是生产管理的一项重要职能，也是实现生产作业计划的基本手段。生产控制的内容十分广泛，涉及到人、机、物等各个方面，主要包括以下控制。

1. 进度控制

它是指产出数量差异的控制，也包括对生产余力的控制。计划要求在一定时间内达到一定产量，在实际生产中如果出现差异，就要进行控制。这种差异出现的原因常有：生产预测不准，原材料供应不上，装置设备发生故障，质量较差造成返工等。有时劳动情绪和出勤率也会造成进度差异，超过计划要求的规定进度和达不到规定一样，都是异常。为了控制进度异常，通常需要保持一定的生产余力。进度控制按产品产出量控制时，可以利用产品批单、件号进行统计;按劳务量控制时,可以根据工时进行统计。在产量随时间变化的条件下,常用一个简单的坐标图来描述进度的变化趋势,见图3-3所示。

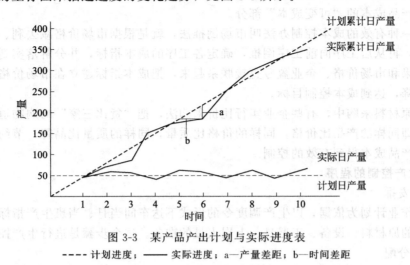

图 3-3 某产品产出计划与实际进度表
---- 计划进度; —— 实际进度;a—产量差距;b—时间差距

2. 实物控制

它是对原料、半成品在制品和成品等实物流动路线发生差别的控制。物流路线应按规定方向和速度运行。对一些流程式的生产过程,当物流方向发生混乱,会破坏生产的比例性;物流速度发生差异,会破坏生产的节奏性。企业应制造物流控制图表,规定严格的物流路线和时间、数量、质量标准,发生误差要及时采取措施加以纠正。对一些装配式的生产过程,物料在工序之间经常会出现暂存现象,这时还要建立各种原材料、在制品、半成品的工序交接制度。

实物控制可以根据记载的投入、产出量,绘制曲线图加以控制。见图3-4所示。

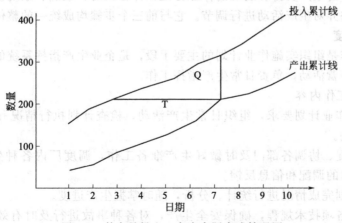

图 3-4 某产品投入、产出实际完成情况图
Q—产量差距;T—时间差距

图中曲线倾斜程度反映生产速度,弯曲程度反映生产波动,两条曲线之间的垂直距离为在制品数量,水平距离为生产周期。通过计算在制品数量和生产周期的平均值,与期量标准比较后,对其差异采取有效措施加以控制。

3. 成本控制

它是指对产品制造过程中的活劳动和物化劳动消耗与计划指标出现的差异进行控制。具体包括产量、质量、原材料、能源消耗、工时等各项费用的指标，对其与定额之间的差距进行控制，从而使生产过程中各项资源消耗和费用开支限制在定额标准范围之内。成本控制的重点应放在产品成本的"可变成本"部分。

近年有一种有效的成本控制办法叫市场倒推法，就是根据市场价格减去利、税确定企业的目标成本，再从后工序向前工序倒推，确定各工序的成本指标，并分解落实到个人，使工序的生产成果和市场价格、企业盈亏直接联系起来，把成本指标建立在市场价格基础上，促进了成本下降，达到成本控制目标。

另外在原材料采购中，有些企业实行比价采购法，把"货比三家"的购物道理应用于物资采购中，即同样的产品比价格，同样的价格比质量，同样的质量比品牌，节约了原材料采购成本，使产品成本得到有效的控制。

(二) 生产控制的程序

1. 作业安排

它是以作业计划为依据，以生产调度令的形式下达车间当日、当班生产指标，并核查完成作业所需的原材料、设备、工器具、上岗人员的准备。这个步骤是进行生产控制的基础。

2. 作业分配

它是以任务单（付票、工票）形式下达到岗位、作业者的工作。任务单要注明作业名称、方法、进度、质量、消耗、设备保养、安全、工序交接等具体要求，并要做好任务单的发放、传递、回收、整理和保管工作。

3. 作业监督

它是对生产作业活动进行检查，生产管理人员要通过专职人员监督、仪表监督和作业人员互相监督，了解生产作业进度、作业方法、人力、物资消耗，安全生产和质量等方面的实际情况。

4. 作业控制

它是在有科学的生产安排和明确的作业分配，并在及时、准确、系统监督的前提下，按生产计划和实际差异对生产活动进行调节。它与前三个步骤均成统一的整体，缺一不可。

(三) 生产调度

生产调度工作是组织实施作业计划的主要手段，是企业生产指挥系统的组成部分，它承担组织日常生产经营活动，负责日常生产指挥工作。

1. 生产调度工作内容

① 按照生产作业计划要求，组织日常生产活动，检查计划执行情况和存在的问题，并及时采取措施解决。

② 检查、督促、协调各部门及时做好生产准备工作，调度厂内各种生产资料的供应、设备检修、劳动力的调配和信息反馈。

③ 对轮班计划完成情况进行统计、分析，随时掌握生产进度。

④ 严格执行各项技术规程，确保安全生产，对各种事故进行及时有效地处理，做好善后工作，保证设备正常运转。

2. 生产调度工作原则

① 计划性。调度工作必须以生产作业计划为依据，以保证计划完成为目标。

② 预见性。调度工作要贯彻预防为主的方针，对生产过程中的各种矛盾和隐患，要采取预防措施。

③ 统一性。调度工作必须保证高度集中统一，统一意志、统一指挥、树立企业一盘棋思想。

④ 及时性。对生产中出现的问题调度人员要迅速查明原因，采取果断措施加以解决，恢复正常生产秩序，使问题造成的损失降到最低水平。

⑤ 群众性。调度人员要依靠群众，并充分发挥群众的生产积极性和主动性来实现调度工作意图。

3. 调度工作制度

① 调度值班制度。为了及时处理生产中的问题，厂部、车间必须建立调度值班制度，每时、每刻都有值班调度，并作好调度日志的记录。

② 调度报告制度。为使主管领导及时掌握生产情况，各级调度部门要将当天生产活动和调度处理结果，以日报形式报告主管领导。

③ 调度会议制度。要定期召开调度会议，由领导、各部门主管人员参加，汇总生产进度，掌握薄弱环节，采取措施，协调解决，保证生产作业计划顺利完成。

④ 现场调度制度。一般性的协调问题由调度员在现场解决，急需解决的重大问题，需领导、技术人员及工人到现场共同研究解决。

4. 生产调度的技术装备

要履行生产调度的职责，应尽快实现调度设备现代化，提高调度工作效率。主要是提高调度通讯水平，如配备专用有线电话和无线电话。设置生产信号装置，设置工业监控电视和传真机，采用微机进行信息处理。

第四节　网络计划技术

网络计划技术是运用网络图的形式来组织生产计划管理的科学方法。它的基本工作原理是通过网络图形式描述出企业生产计划中的各项任务（活动、过程、工序）的先后顺序和相互关系，再经过不断改善和优化网络计划，求得任务、时间、人、财、物等因素的平衡和合理利用，在计划执行中进行有效协调和控制，取得良好的生产效益，多快好省地达到预期目标。

一、网络图

1. 网络图的构成

网络图是一种表示一项工程或一个计划中各项工作的先后衔接关系和所需时间的图解模型，因形状如网络而得名。网络图是由工序、结点、线路和关键线路构成，如图3-5所示。

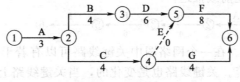

图3-5　网络图

（1）工序（作业项目）指一项具体活动内容，即一项作业或一道工序，需要投入人力、物力经过一段时间后，才能完成生产过程。一道工序用一支箭线"→"来表示，箭尾表示工作开始，箭头表示工作结果，箭线的上方标工序名称或代号，下方标工序时间，箭线的长短与工序的完成时间无关，工序的完成时间称工序长度，用 t 表示，如图3-6所示。

图 3-6 网络图中的工序（作业项目）示意图

有些工序不消耗原材料，不使用设备，但需要一定时间后才能完成，如水泥浇灌后的养生，物料的自然干燥、冷却等，也应看成工序。此外，还有一种既不消耗各种资源，也不消耗时间的虚设工序，叫作虚工序，它用"┄→"来表示。虚工序的作用是表示工序之间的逻辑关系。图 3-5 中的虚工序 E，它仅表示 F 工序必须在 C、D 两道工序完工后才能开工。

（2）结点（事项） 表示一个工序开工和完工的瞬间，即前一道工序完工，后一道工序的开始，它不消耗资源，也不占用时间。结点一般用圆圈"○"来表示。在网络图中，第一个结点为始点事项，表示一项计划的作业开始，最后一个结点为终点事项，表示一项计划作业最终结束。

一道工序一般由前后两个带编号的结点连接，箭头结点和箭尾结点，如图 3-7 所示。

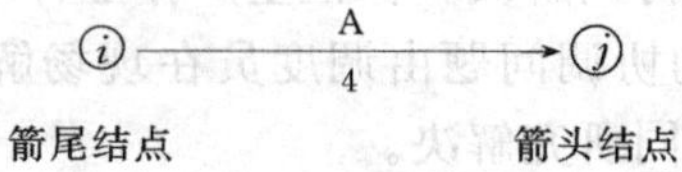

$$ⓘ \xrightarrow[4]{A} ⓙ$$

箭尾结点　　　箭头结点

图 3-7 网络图中结点（事项）示意图

（3）线路 指从网络图的始点事项开始，顺着箭头方向到网络图的终点事项为止，由一系列首尾相连的结点和箭线组成的通道。

如图 3-5 中从起点到终点各条线路有：

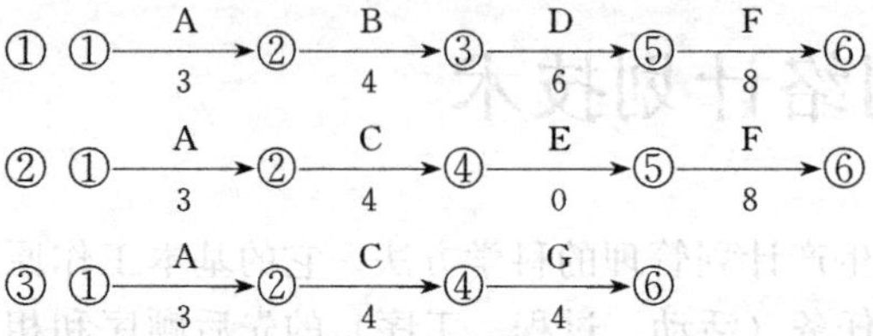

① ① $\xrightarrow[3]{A}$ ② $\xrightarrow[4]{B}$ ③ $\xrightarrow[6]{D}$ ⑤ $\xrightarrow[8]{F}$ ⑥

② ① $\xrightarrow[3]{A}$ ② $\xrightarrow[4]{C}$ ④ $\xrightarrow[0]{E}$ ⑤ $\xrightarrow[8]{F}$ ⑥

③ ① $\xrightarrow[3]{A}$ ② $\xrightarrow[4]{C}$ ④ $\xrightarrow[4]{G}$ ⑥

线路的长度就是一条线路上各工序时间长度之和，上例时间如下。

① 3+4+6+8=21（天）
② 3+4+0+8=15（天）
③ 3+4+4=11（天）

（4）关键线路 经过对所有线路的工序比较后，可找出一条所需时间最长的线路，在网络图中称关键线路。之所以称关键线路是因为它的完工时间决定着整个计划的总工期。从时间因素来说它是整个计划的关键所在，在关键线路上的各工序完工时间提前或推后都直接影响着整个计划完工工期的提前或推迟。

上例中第一条为 ① $\xrightarrow[3]{A}$ ② $\xrightarrow[4]{B}$ ③ $\xrightarrow[6]{D}$ ⑤ $\xrightarrow[8]{F}$ ⑥

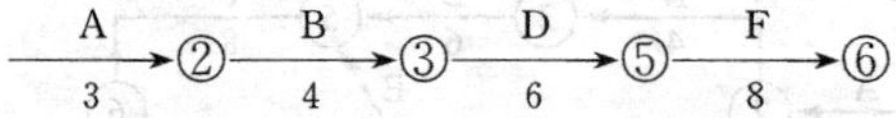

关键线路时间为 21 天。在一个网络图中关键线路可以有若干条，关键线路越多，说明整个计划组织安排得越紧凑。关键线路也是变化的，当关键线路上的工序提前完工时，处于非关键线路上的一些非关键工序就可能变成关键线路了，这时网络图应作相应调整。

2. 绘制网络图的基本规则

（1）网络图的走向是由左向右，不允许出现循环回路，这是因为网络图上的工序是随时

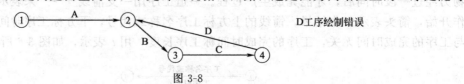

图 3-8

间推移向前推进，不可能是逆时的。如图3-8所示。

（2）两个相邻结点之间只能有一支箭线，只能代表一道工序。图3-9的画法是错的，这样工序不清，难以计算。

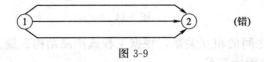

图 3-9

（3）虚工序的应用。虚工序以虚箭线┈┈→表示，它不消耗任何资源，时间长度为零，它只表示工序之间的逻辑关系。如检修一台设备，拆卸后，经检查有一部分零件需要修理，另一部分需重新加工，两部分完成后才能组装，图3-10的画法是错的。

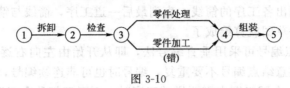

图 3-10

正确的画法如图3-11所示。

图 3-11

又如一项任务由四道工序 A、B、C、D 组成，它们的关系如图3-12所示。

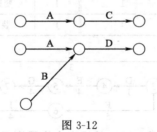

图 3-12

在绘图时，图3-13(a)的画法是错的，因为这样画则变成 C 不仅在 A 后，还必须在 B 后才能开工，这与原要求不符。

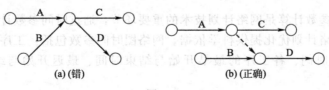

图 3-13

正确的画法应该是图3-13(b)。

（4）网络图只能有一个结点事项，和一个终点事项，图3-14所示是错的。

3. 网络图的绘制步骤

① 划分工序或作业项目。任何一项工程或产品生产都是由若干个工序或作业项目组成，因此首先要分清工序（作业项目）的名称和作业时间。

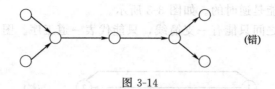

图 3-14

② 分析和确定工序之间的相互关系，根据工程或产品结构、施工程序或工艺技术要求，确定各工序的前后顺序和衔接关系。

③ 排列工序（作业项目）明细表，明细表的项目应包括工序名称、工序代号、紧前（或紧后）工序和作业时间，此表是绘制网络图的依据。

④ 绘制网络草图。从第一道工序开始，根据明细表确定的顺序，按工序之间的逻辑关系，由左向右，逐步画出各工序的箭线，直到最后一道工序，箭线与箭线之间的交接处，画上结点，这样一张网络草图就算绘成了。

⑤ 结点编号。结点编号可采用垂直编号法，即从开始由左向右逐个编号，每列由上而下，直到终点为止。注意结点编号不要重复，编号时也可非连续编号，如 2、4、6……或 5、15、17 跳编，这样当一个网络图中需要增减工序时，不至于打乱全部编号。

例如高压机车床大修工序明细表 3-6 及绘制的网络图 3-15。

表 3-6 高压机车床大修工作明细

工序代号	工序名称及内容	紧前工序	作业时间(天)	工序代号	工序名称及内容	紧前工序	作业时间(天)
A	拆卸	—	2	F	零件加工	D	5
B	清洗	A	3	G	机身与工作台拼合	E	4
C	电器检修与安装	A	3	H	零件组装	G	2
D	检查	B	1	I	变速箱组装	F	4
E	零件修理	D	4	J	装配,试车	C、H、I	3

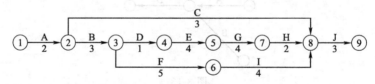

图 3-15 某机床大修网络图

二、网络图的时间参数计算

网络图的时间参数计算是网络计划技术的重要环节，通过时间参数计算，可以确定关键线路，也可以为网络计划优化提供科学依据。网络图时间参数包括：工序作业时间、结点最早开始与最迟结束时间、各工序的最早开始与结束时间、最迟开始与结束时间及工序的时差。

（一）工序作业时间

工序作业时间是完成一个工序所需要的工时定额，其单位可以是时、天、月等。它的符号是 $T(i、j)$。

确定工序作业时间，一般采用经验统计法和估计法。前者根据历史资料来确定工序作业时间，后者在估计时又可分为单一估计法和加权平均法。

(1) 单一估计法。请有关人员根据经验资料确定一个时间值，常以完成该作业的最大可能时间为依据。

(2) 加权平均法。即在缺乏经验资料时，先预计三个可能值，再计算出完成作业的加权平均工序作业时间值。三个可能值是：①可能需要最短时间 a；②可能需要的正常时间 m；③可能需要最长时间 b。依据上述时间用加权平均法计算工序作业时间 $T(i,j)$，计算公式为：

$$T(i,j) = \frac{a+4m+b}{6} \tag{3-11}$$

(二) 结点（事项）的最早开始与最迟结束时间

1. 结点最早开始时间

是指从该结点开始的各个工序最早开始时间，它以 TE 表示，其时间值写在□内，标在结点上方。从网络图的开始结点开始，由左向右，顺箭线方向，逐个结点计算，直到终点为止。

(1) 当只有一个箭头结点的最早开始时间是由它的箭尾结点的最早开始时间加上箭杆的作业时间。

一个箭头的结点的计算公式为：

$$TE(j) = TE(i) + T(i,j) \tag{3-12}$$

式中 $TE(j)$ 结点——j 的最早开始时间；

$TE(i)$ 结点——i 的最早开始时间；

$T(i,j)$ 结点——工序 (i,j) 的作业时间。

(2) 当几支箭线同时指向箭头结点时，如图 3-16 所示。选其中箭尾结点最早开始时间加作业时间最大者。因为只有当作业时间最长的工序结束后，它们的后续工序才能开始。

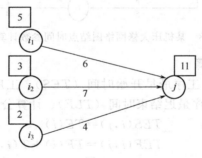

图 3-16

几支箭头的结点计算公式为：

$$TE(j) = \max[TE(i) + T(i,j)] \tag{3-13}$$

其中，$TE(i_1)$ (i_2) (i_3) 分别为进入结点 (j) 的各条箭线的最早开始时间。max 指取括号中的最大值。

2. 结点最迟结束时间

是指该结点最迟结束时间，用 TL 表示，其时间值写在△内，标在结点上方。计算方法是从网络图的终点结点开始，沿箭线反方向，从后向前，从右到左，逐个结点计算，直到始点为止。由于终点结点已无后续工序，故终点结点的最迟结束时间就是终点结点的最早开始时间，即 $TL(n) = TE(n)$。$TL(n) = $ 总完工期。其计算方法如下。

(1) 当结点只有一支箭尾时，结点的最迟结束时间等于箭头结点最迟结束时间减去箭杆的作业时间。

一支箭尾的结点计算公式为：

$$TL(i) = TL(j) - T(i,j) \tag{3-14}$$

(2) 当一个结点有几支箭尾时（图3-17所示），箭尾结点的最迟结束时间等于诸箭头最迟结束时间减去相应箭杆作业时间的最小值。

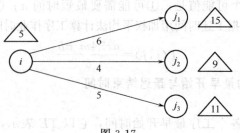

图 3-17

几支箭尾的结点
$$TL(i) = \min[TL(j) - T(i,j)] \qquad (3-15)$$

其中，$TL(j_1)$、(j_2)、(j_3) 分别为从结点发出的几条箭线，min 指取括号中的最小值。

以某机床大修网络为例，按以上两式计算结果见图3-18，□中的数值为最早开工时间，△中的数值为最迟结束时间。

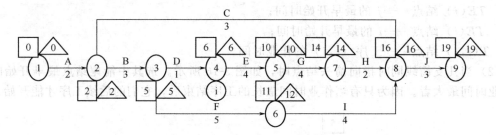

图 3-18 某机床大修网络图结点时间参数计算结果

（三）工序的时间参数计算

工序的时间参数有四个：工序最早开始时间（TES）、工序最迟开始时间（TLS）、工序最早结束时间（TEF）、工序最迟结束时间（TLF）、计算公式分别是：

$$TES(i,j) = TE(i)$$
$$TEF(i,j) = TE(i) + T(i,j) \qquad (3-16)$$
$$TEF(i,j) = TL(i)$$
$$TES(i,j) = TL(i) - T(i,j) \qquad (3-17)$$

所有工序四种时间参数计算完成后，要列表归纳。以表3-6机床大修网络计划为例，归纳成如表3-7所示。

（四）时差（R）

时差是在不影响总工期的前提下，各工序在最早开始与最迟结束两个时间的范围内，可以灵活浮动的时间幅度，又称机动时间或宽裕度。时差 R 的计算公式：

$$R(i,j) = TLS(i,j) - TES(i,j) \qquad (3-18)$$

或
$$R(i,j) = TLF(i,j) = TEF(i,j) \qquad (3-19)$$

计算结果如果 $R(i,j) > 0$，表明该工序有机动时间，如果 $R(i,j) = 0$，表明该工序是关键工序，没有一点机动时间。

（五）关键线路

在网络图中，将所有关键工序和结点连接成的线路称为关键线路。之所以称关键线路是因为其工程周期最长，它关系到能否按期完工的大问题。因此，掌握和控制关键线路是网络

表 3-7 某机床大修网络计划时间参数汇总

工序代号 ①	作业时间(天) ②	TES ③	TEF ④	TLS ⑤	TLF ⑥	R ⑦	关键工序 ⑧
A	2	0	2	0	2	0	√
B	3	2	5	2	5	0	√
C	3	2	5	13	16	11	
D	1	5	6	5	6	0	√
E	4	6	10	6	10	0	√
F	5	6	11	7	12	1	
G	4	10	14	10	14	0	√
H	2	14	16	14	16	0	√
I	4	11	15	12	16	1	
J	3	16	19	16	19	0	√

计划技术的重要内容。关键线路要用彩色线、粗线或双线标出，以便识别。如图 3-15 的某高压机大修网络计划中，关键线路是：

①—A/2—②—B/3—③—D/1—④—E/4—⑤—G/4—⑦—H/2—⑧—J/3—⑨

总工期需 19 天。

三、网络计划的优化

网络计划的优化是通过利用工序时差，不断改善网络计划的最初方案，按某个衡量标准来寻求最优方案的过程。如在人力、材料、设备资金等资源有限条件下，寻求工期最短；在工期限定条件下，投入人力、材料、设备、资金等资源的数量最小；在最短期限内完成计划的条件下，寻求成本最低等。即网络计划的优化可分时间优化、时间-资源优化和时间-成本优化等三种。

1. 时间优化

网络计划的时间优化是在人力、物力、财力等资源有基本保证条件下，设法缩短工期。通常可采取以下措施。

(1) 把串联作业尽可能改为平行或交叉作业。

(2) 压缩关键线路上关键工序的作业时间。通过技术革新，改进工艺，优化工序组合等方法，尽力缩短关键工序的作业时间，以达到缩短总工期的目的。

(3) 充分利用时差。通过推迟非关键工序的开工时间，将非关键工序上暂时多余的人力、物力集中到关键线路上去，来缩短关键线路时间，以缩短总工期。

2. 时间-资源优化

在生产过程中，各种可以利用的资源往往是有限的，因此，如何使有限的资源满足整个有关生产工序的需要，这是在落实生产计划时必须要解决的问题。时间-资源优化是人力、设备等资源在一定限度的条件下，寻找最短生产周期或在工期有一定要求时，通过资源平衡，求得工期需求的最佳结合。

3. 时间-成本优化

时间-成本优化是按规定期限，寻求成本最低，或根据计划成本，寻求最佳工程周期的一种优化过程。它的总要求是寻求工程项目总费用最低的工程周期。

网络计划经过优化后,原来的网络结构及关键线路发生了变化。因此,每次优化调整之后,必须重新绘制网络图,并进行时间参数计算,以确定新的关键线路。

第五节 物资管理

各类物资是企业进行生产的主要物质条件,企业的生产过程也是各种物资的使用和消耗过程,搞好物资管理,对保证和促进生产,加速资金周转,节约物资消耗,降低产品成本,提高经济效益具有重要意义。工业企业物资管理是对企业经营活动中所需各种物资的采购、保管、合理使用等项管理工作的总称。本节重点对物资消耗定额、物资储备定额、物资库存控制及物资节约等内容加以论述。

一、物资消耗定额

1. 物资消耗定额的概念

物资消耗定额是在一定条件下,生产单位产品或工作所必须消耗的物资数量标准。这里讲的"一定条件"是指生产技术条件、工艺方法、企业管理水平、物资的质量、自然条件影响及职工素质等。物资消耗定额通常是以绝对值来表示,如生产一台机床需要消耗多少公斤钢材,就用"千克/台"来表示;生产一吨合成氨投入焦炭多少千克,就用"千克/吨"来表示;每万元建筑安装材料消耗用"吨/万元"来表示等。有些物资消耗定额侧重用相对值来表示,如冶金、石油化工、木材加工等行业用配料比、损耗率、出材率等来表示。

在企业中,物资消耗定额是用以监督物质消耗的度量,也是制定其他物资管理定额的基本依据。制定科学合理的物资消耗定额有利于促进企业技术革新和管理水平的提高。

2. 物资消耗定额的分类

物资消耗定额的分类与物资消耗定额的制定、执行和管理都有直接关系。按照物资的特征或标志不同,物资消耗定额大致可分为以下几种。

(1) 按物资在生产中所起作用不同来划分,可分为主要原材料消耗定额、辅助材料消耗定额、燃料消耗定额、动力消耗定额、工具消耗定额等。

(2) 按物资的自然属性来划分,可分为金属材料消耗定额、木材消耗定额、水泥消耗定额、煤炭消耗定额、石油化工原料消耗定额等。

(3) 按物资的使用方向来划分,可分为生产用物资消耗定额、生产维修用物资消耗定额、基本建设用物资消耗定额等。

(4) 按物资消耗定额的应用范围来划分,可分为物资消耗单项定额、物资消耗综合定额等。

3. 物资消耗定额的制定方法

(1) 技术计算法。是根据构成定额的组成部分和影响定额的各种因素,如产品设计、配方、工艺规程、所用设备、原材料质量及工人技术水平和熟练程度,通过科学分析和计算,制定物资消耗定额的方法。此法要求具有大量技术资料,工作量较大,技术性较强,因而使用范围受到一定限制,大量生产的产品可采用此法。

(2) 实验测定法。它是运用现场称(重量)量(尺寸)和计算等方式,对工人操作时的物资实耗数量进行测定,再通过分析研究制定物资消耗定额的方法。此法应注意生产条件和操作工人的典型性和代表性,测定次数一般不要少于三次,避免偶然性。此法一般用于批量大，周期短，工艺简单，涉及工种、人员较少的生产类型。

（3）统计分析法。是根据技术人员和生产工人的实际经验，并参照有关技术文件和产品实物及企业生产技术条件变化因素制定消耗定额的方法。此法简单易行，工作量小，但受估计人员的主观影响大，准确性较差，它适合新产品试制和小批量生产。计算公式：

$$Q=\frac{a+4m+b}{6} \tag{3-20}$$

式中　Q——物资消耗定额；
　　　a——最少消耗量；
　　　b——最多消耗量；
　　　m——一般消耗量。

二、物资储备定额

企业的物资储备定额是指在一定的生产、技术、管理条件下，为保证生产正常进行所必需的，经济合理的储备物资的数量标准。物资储备定额是正确组织物资供应，经济合理地控制物资储备量的基础，也是核定流动资金的主要依据。企业物资储备定额主要有经常储备定额和保险储备定额两种。有些企业因物资供应受自然条件和季节影响，还需要制定季节储备定额。

1. 经常储备定额

经常储备是企业在前后两批物资运达的间隔期中，为满足日常生产需要而建立的储备。这种储备是动态的，当一批物资进厂时，达到最高储备量（经济储备量加上保险储备量），随着生产的耗用，储量逐渐减少，直到下批物资进厂前，降到保险储备量，这样不断补充，不断消耗，由高到低，由低到高，周而复始，不断循环。

制定经常储备定额有两种方法。

（1）"以期定量"法。是通过确定物资供应的间隔期，然后计算出物资的储备数量。物资供应间隔期是物资两次到货之间的时间间隔。有些物资在投产使用前，还需要一定的准备时间。"以期定量"法的计算公式为：

$$经常储备定额=(供应间隔期+物资使用前准备期)\times 平均日需要量 \tag{3-21}$$

其中

$$平均日需要量=\frac{计划期物资需要量}{计划期天数} \tag{3-22}$$

"以期定量"法中的供应间隔期的长短主要取决于供货和运输等外部条件。供应间隔越大，如需要量不变，则每次采购量越大。

（2）经济批量法。这是侧重企业本身经济效益来确定物资储备的一种方法。企业在订货时要比较两种费用：一种是物资订购费用，它包括采购的差旅费、合同手续费、检验和运输费用等；另一种是库存保管费用，它包括物资占用资金和利息、仓库及设备的折旧费、维修费、保管费、仓储人员工资以及物资存储损耗等。物资订购费用与订购次数成正比，与订购数量关系不大，为节约订购费用，应减少物资订购次数，增加每次订购数量。而库存保管费用与每次订购数量成正比，与订购次数无关，为节约库存保管费用，应增加订购次数，减少每次订购数量。

而经济订购批量是这两种费用之和的最小订购量。如图3-19所示。

从图3-19中可以看出库存保管费用随订购批量增大而增大，而订购费用随订购批量增大而减少，将二者相加后形成的总费用曲线最低点，则是最经济的订购批量。根据其数学模型所形成的经济订购批量的计算公式如下：

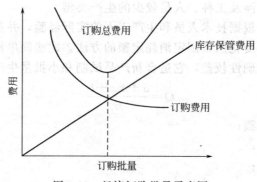

图 3-19 经济订购批量示意图

$$经济订购批量=\sqrt{\frac{2\times每次订购费用\times年需要量}{单位物资年保管费用}} \qquad (3-23)$$

【例 3-2】 某厂年需求某种原料 1000 吨，每次订购费用 500 元，每吨原料年库存保管费 4 元，求经济订购批量 Q。

$$Q=\sqrt{\frac{2\times500\times1000}{4}}=500 \text{ 吨}$$

$$最经济的采购次数=\frac{1000}{500}=2（次）$$

2. 保险储备定额

保险储备是企业为了防备物资运送误期等原因而建立的物资储备。保险储备取决于保险日数，如进口物资日数要多一些，就近供应且资源丰富，不受其他因素限制的物资，保险日数可少一些，甚至可以降低为零。

$$保险储备定额=平均日需要量\times保险日数 \qquad (3-24)$$

3. 季节储备

有些企业由于物资生产有季节性或运输受到季节影响（洪水、封冻等），还需要建立季节储备。季节储备定额要根据历年资料，在科学预测的基础上确定。

$$季节储备定额=平均日需要量\times季节储备日数 \qquad (3-25)$$

上述几种物资储备定额的关系如图 3-20 所示。

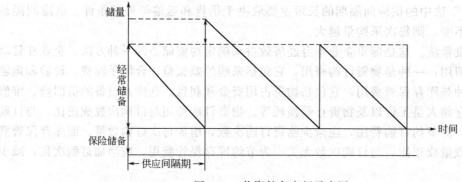

图 3-20 物资储备定额示意图

三、库存控制

库存控制是通过确定科学、合理的订货时间和数量，以尽可能少的库存，来满足生产和经营的需要，以求得最大的经济效益。库存控制主要应解决订购时间、订购数量和存货在库的管理等三个问题，常用的库存控制方法有定量控制法、定期控制法和 ABC 分类控制法。

1. **定量控制法**

又称订货点法，即每次订购的数量是固定的，而每次订购的时间不固定。如图 3-21 所示。

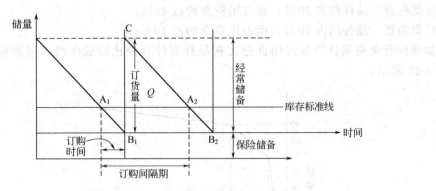

图 3-21 定量控制法示意图

A_1—第一次订货点；A_2—第二次订货点；B_1—第一次到货日；B_2—第二次到货日；
CB_1—订货量 Q；订购时间—提出订购到货物到厂所需时间；
订购间隔—相邻两次订购日之间的时间间隔

当库存量下降到库存标准线相交的 A_1 点时，应立即订购 Q 量的货物（即预先确定的经济订购批量），经过一定的订购时间，货物在 B_1 点到达，从而使库存量从 B_1 点升到 C 点，即库存量达到订货量 Q，库存量经过不断耗用，逐渐减少，降到 A_2 时，又开始第二次订货，图中 A_1、A_2 为订货点。

$$订货点量 = 平均日需要量 \times 订购时间（天）+ 保险储备量 \quad (3-26)$$

【**例 3-3**】某厂某件物资日需要量为 20 吨，订购时间为 20 天，保险储备定额为 200 吨，求订货点量。

$$订货点量 = 20 \times 10 + 200 = 400 \text{ 吨}$$

就是说，当实际库存量超过 400 吨时，则不考虑订购；当降到 400 吨时，就要及时按预先规定的经济批量组织订购。

定量控制法还有一种简单方式，称为"双堆法"，即先将库存物资分为两堆，先用第一堆，当第一堆用完时，立即组织订购，在下批物资进厂前，继续使用第二堆，这样第二堆就是订货点量。

2. **定期控制法**

定期控制法是订货时间固定，而每次订购数量不固定。每次订购量根据库存情况决定。计算公式如下：

$$订购量 =（订购时间 + 订购间隔）\times 日耗量 + 保险储备量 - 实际库存量 \quad (3-27)$$

【**例 3-4**】某厂某年原料订购间隔为 20 天（即每 20 天订购一次），订购时间为 10 天，日需要量为 20 吨，保险储备定额为 200 吨，订购时的实际库存量 350 吨。

$$订购量 =（20 + 10）\times 20 + 200 - 350 = 450 \text{ 吨}$$

采用定期订购时，在规定间隔期时，应与该物资的经济采购批量相适应，以提高物资库存的经济效益。

3. ABC库存控制法

ABC库存控制法的基本原理是对品种繁多的物资按其重要程度、消耗数量、价值大小、资金占用等情况,分别排队,然后采用不同的管理方法,做到抓住重点,照顾一般。

工业企业使用的物资品种繁多,将各品种物资所占资金的大小分类排队,分为A、B、C三大类。

A类物资　品种约占10%,而占用资金约占70%;
B类物资　品种约占20%,而占用资金约占20%;
C类物资　品种约占70%,而占用资金约占10%;

如将库存物资累计资金占用百分比和品种累计百分比绘成曲线,可形成ABC分析图,如图3-22所示。

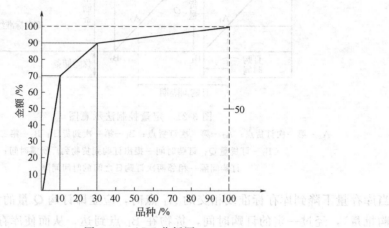

图3-22　ABC分析图

分出三种类型的物资后,需要采取相应的管理方法,一般:

对A类物资:在组织订货时,计算经济批量,尽量按经济批量订货,加强日常盘点,控制资金总量,不要突破,实行专人、专库控制,加强信息分析。

对C类物资:由于资金占用不多,而且品种繁杂,采用简化管理,按最高储备定额订货,并可以适当加大订货批量。

对B类物资:介于A、C类之间的办法加以控制。

ABC库存控制法最大优点是用较少力量重点管好少数关键物资。

四、库存分析

1. 储备定额执行情况分析

在计划期末做好库存物资盘点工作,并采用表3-8进行分析。把期末实际库存量与储备定额加以对比,如实际大于定额则为超储;实际小于定额则为不足。无论超储或不足,都应加以分析,找出原因,并采取措施,加以解决。

表3-8　物资储备定额分析

物资名称	计量单位	储备定额	期末实际库存量	实际比定额增减数	
				绝对值	相对值/%
		(1)	(2)	(3)=(2)−(1)	(4)=$\frac{(2)}{(1)}\times 100\%$

2. 库存储备周转速度分析

物资库存储备周转速度的快慢是通过周转次数和周转天数来反映的，它体现了物资使用的经济效益。其计算公式如下：

$$周转次数 = \frac{计划物资消耗量}{计划期物资平均库存量} = \frac{计划期天数}{周转天数} \tag{3-28}$$

$$周转天数 = \frac{计划期物资平均库存量}{计划期物资平均日耗量} = \frac{计划期天数}{周转次数} \tag{3-29}$$

3. 库存物资超储积压原因的分析

可用表 3-9 进行。

表 3-9 物资超储积压分析

某物资超储总量	生产计划变动		供应提前		盲目采购		其他原因	
	数量	占总量/%	数量	占总量/%	数量	占总量/%	数量	占总量/%

五、物资节约

厉行节约，反对浪费是我国各类工业企业经营管理的基本方针。从宏观来看，地球上的绝大多数物质资源都是有限的，必须实现资源的优化配置，做到科学、合理使用。从微观来说，生产资源的节约就能起到降低成本，增加盈利的效果。所以在物资管理中要坚持"增产与节约并重"原则。

节约物资的途径很多，归纳起来有以下几个方面。

① 改进产品设计，减轻产品自重。在提高产品质量的前提下，在产品设计中贯彻节约原则。例如使产品更新换代，把笨、大、粗的产品改进为精、小、巧的高效能的新型产品。

② 采用先进工艺，减少工艺性的物资损耗。如实行技术创新，加速企业技术改造，采用高新技术和先进工艺装备，以降低原材料的工艺性损耗，起到节约物资作用。

③ 广泛采用新材料和代用材料。在保证质量的条件下，研究采用新材料和代用材料是降低物资消耗的重要措施。如用国产材料代替进口材料，工业原料代替农业原料，一般金属代替贵重金属等。

④ 实行集中套裁等先进下料方法，克服分散下料的局限性，从而可以最大限度地提高材料利用率。

⑤ 修旧利废。充分发挥物质潜力，在工业生产过程中，会产生很多废旧材料，如边角余料、下脚料、报废的零件、工具、仪表、设备以及包装、运输过程中的散落原材料等，及时回收利用是节约物资的一种有效途径，这对降低成本、改善工厂环境均有重要作用。修旧利废要发动群众，建立专门队伍和制度，制定奖励办法。

❈ 复习思考题

1. 何谓生产过程？一般由哪几部分组成？
2. 合理组织生产过程的基本要求是什么？
3. 什么是准时生产制？准时生产制具有哪些特点？
4. 什么是柔性制造系统？柔性制造系统具有什么优点？
5. 什么是灵捷制造，灵捷制造具有哪些特点？

6. 简述计算机集成制造系统的基本观点。
7. 生产过程的空间组织有哪几种形式？各有何特点和不足？
8. 劳动对象在工序之间有哪几种移动方式？
9. 何谓5S活动和定置管理？如何进行定置管理？
10. 何谓生产能力？企业生产能力有哪几种？
11. 简述生产调度工作的内容和工作原则。
12. 什么是物资储备定额？物质经常储备定额是怎样制定的？
13. 什么是ABC分析法？如何具体运用这种方法？
14. 谈谈节约物资的重要性和节约物资的途径。
15. 根据网络图3-23，计算各工序的时间参数，找出关键线路并计算总工期。

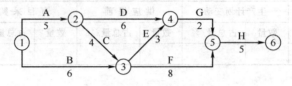

图 3-23　题 15 图

第四章　技术管理

科学技术是第一生产力,对其他生产力要素起着组合、调度、控制的作用。只有坚定地推进技术进步,才能在激烈的市场竞争中取得主动。现代工业企业要想实现这一目标,就必须按照技术特点和规律,科学地组织和管理企业的各项技术活动,重视技术管理工作。因为,只有高水平的技术管理,才可能有企业的技术进步。工业企业的技术包括产品技术、生产技术、管理技术。工业企业的技术管理一般应包括制定技术发展规划、生产技术准备管理、技术开发管理、质量管理、设备管理和安全环保管理等几项内容,以适应基层技术人员参与各项专业管理的需要。

第一节　技术开发管理

技术开发是指运用已有的基础研究和应用研究成果,指导它们与技术知识结合起来的技术活动。技术开发是以获取商业价值为直接目的的技术成果创新活动,其基本特征不是追求新科学知识,而是追求能够用于商业化生产,或直接提高企业劳动生产率,或提供商业化服务的实用技术。技术开发的方式多种多样,归纳起来可分为四大类,即自主开发、联合开发、消化吸收和推广应用。

一、技术开发的内容和原则

(一) 技术开发的基本内容

技术开发的主要内容包括以下三个方面。

1. 资源开发

资源开发是指运用先进的科学技术,对资源进行开发利用的活动。企业对资源开发应当从战略高度来认识,不应认为是与己无关,或可有可无的技术工作,技术愈进步,企业愈发展,这个问题就愈重要。在现实经济生活中,企业对资源的开发利用存在许多问题,首先要解决的问题是资源浪费,相当多的工业企业,单位产品能耗高得惊人,使许多资源被白白浪费。要解决资源的综合利用,变废为宝,降低成本;要积极开发新资源,努力寻求替代资源,为企业生产的不断发展,开辟出新的途径。

2. 产品开发

产品开发指利用科学技术的新成果,开发研制功能、质量、外观等方面都优于原有产品的活动。产品开发在技术开发中占有相当重要的位置。尤其是在市场经济条件下,产品在市场上的竞争能力,直接决定着企业的命运,因此企业的技术开发应该把产品开发放到突出的位置。

3. 工艺开发

工艺开发是指对生产工艺、生产技术的改进和更新。工艺落后严重制约了企业生产的发展和技术的进步，不搞工艺开发，产品质量上不去，劳动生产率提不高，生产成本费用降不下去，企业就会逐步萎缩，最终将被历史淘汰。工艺开发绝不仅仅是工艺加工形式的改变，其实它会带来一系列好处，如生产效率的提高，原材料的节约，产品成本费用的下降，工人劳动强度的降低等。

（二）技术开发的基本原则

① 严格遵守国家及地方的产业政策和技术政策。企业技术开发首先要树立全局观念、长远观念，同时也不能脱离企业实力条件，不顾企业能否提高经济效益，不顾整个社会的效益，单纯追求"技术先进"、"填补空白"；其次要积极开发适宜技术，即技术水平较高，有利于调整企业产品结构，有利于消化吸收的技术；再次要重视技术市场的开发，积极参与技术市场竞争，即要积极引进技术，促进技术市场的繁荣；最后要遵守有关技术管理的法律法规，如专利法、商标法、技术合同法以及有关知识产权的国际法规。

② 坚持"一切经过试验"的开发原则。技术开发中许多方案之间，存在着种种疑问和争论，而最好的解决办法就是试验。不能以推测、估计作为依据。试验时要做到按计划要求组织试验；试验结果要用数据表达，而且数据要有良好的再现性；试验结果必须经过专家鉴定和认证。

③ 既要坚持自主开发，又要积极吸收和引进先进经验、方法及技术，为我所用，取我所需，有些可采取拿来主义以少走弯路。同时不要满足于小修小改、小打小闹，对看准了的要集中企业的人力、财力、物力，搞出实绩。

④ 实行技术开发管理责任制。要实行以责任制为中心，以权力为保证，以利益为动力的技术开发管理责任制。特别要建立以总工程师为首的管理体制，使之承担企业技术开发计划、实施、检查、考核的责任，使总工程师有组织、审查、批准、监督技术开发工作的权利。

⑤ 坚持以产品开发为中心。在激烈的竞争环境中产品的质量、功能、价格等因素，决定了企业的生存和发展。因此，企业的技术开发应该以产品开发为中心，如设备技术开发、质量技术开发、安全技术开发、环保技术开发等都应围绕产品开发来展开。

二、技术开发基本程序

为了保证技术开发的工作质量，获得较为理想的经济和社会效果，通常把技术开发的程序分为下列几个基本步骤。

1. 技术发展预测

技术发展预测是运用科学的方法和手段对技术的未来发展趋势、动向以及技术对社会、经济、生产、环境等的影响作出分析判断。技术发展预测是技术开发决策的主要依据，技术开发项目的选择，资金的投向如果决策失误，后果不堪设想，可见技术发展预测是技术开发首先必须解决的问题。技术预测包括基础研究、应用研究、产品结构、市场需求等预测。技术预测过程中要善于利用各种渠道、各种信息资料，进行认真分析、去伪存真、由表及里，透过各种信息资料看到技术发展的本质。

2. 技术开发决策

技术开发决策是确定性和结论性的，即在技术发展预测基础上选定技术开发项目，这是技术开发能否取得成效的关键性步骤。技术开发决策应该明确的问题是选择什么样的技术开发课题，技术开发选择什么形式，技术开发资金需要量，技术开发时机选择，技术开发效果如何，技术开发应达到实际的目标并分析原有产品、技术、资金等情况，必要时需请技术咨询专家和专业机构论证，最后选定技术开发项目。

3. 技术引进

无论是工业化成熟技术还是应用研究成果，一般都要经过引进过程，即谈判、购买过程。技术引进时要十分重视引进关键技术、关键设备，尽量不要成套引进。要特别注意引进技术的专用权时间和区域范围，避免专用权时间过短，避免多家同时引进同样的技术。引进技术时可以使用较低的卖方银行贷款，也可以同时短期或长期引进人才为引进技术服务，使引进技术早日产生效益。

4. 试验

在引进理论成果时要组织力量进行应用性试验，以确定基本工艺路线和主要工艺条件。这类试验一般在实验室以较小规模进行，故称为小试或实验室试验。小试完成并通过鉴定后要进行中间试验，即模拟生产条件的试验，以确定商品化生产规模的工艺条件和设计参数，并补充小试的不足，故称模拟试验。

5. 设计施工

完成模拟试验并通过鉴定后，即可根据试验结果和企业的实际情况进入设计阶段。较大规模的项目，必须严格按照设计技术规范，从地质勘测开始，经过初步设计、扩大初步设计到施工设计，一步步都应经过技术审查，核准后方可进入下一步。

施工可通过招标承包方式进行，由承包方负责完成施工任务。施工期间试验和设计人员一定要深入工程施工现场，了解监督施工质量，发现设计考虑不周或施工存在问题时，及时按规定程序提出补救和修正措施，直到工程全部竣工并验收合格。

6. 试生产和投产

试生产要先制订试生产计划，按计划先组织参加试生产人员进行培训，并经考核合格取得上岗证。对于化工企业的试生产过程先要组织单体空载试车，惰性介质试车，合格后方可进行投料试车。参加试生产人员必须分工负责对设备、管理、供水、供气、供电、仪器仪表实行负荷试验，严格检查其各自的状况性能。经验收合格后即可移交给企业生产管理部门管理，并进入正式投产阶段。

对规模较小或把握较大的项目，可以简化程序。具体的技术开发程序，对不同行业、不同开发内容，会有所不同，但大体上都要经过预测、决策、引进、试验、设计、施工和投产过程。

三、技术开发评价与鉴定

（一）技术开发评价

技术开发完成以后，要进行全面的技术评价和经济评价。

1. 技术评价

技术评价是指对已完成的技术开发成果，在技术发展方面已经发生或者将要发生的重要意义进行科学分析和估价。其内容包括技术上有无突破或创新；是否引用了新理论、新方法；是否填补了国家或省区的技术空白；对其他行业是否有使用价值；是否完善成熟以及尚存在什么问题等。

2. 经济评价

经济评价是指对已完成的技术开发成果在经济方面已经发生或将要发生的重要意义进行科学分析和估价。其主要内容包括投资报酬率高低；投资回收期长短；资源占用效益是否达到或超过规定要求等。其中的资源占用效益，国家对不同行业有不同的规定，作为投资和成果评价的参照值，引导企业向高效益行业投资和开发。

（二）技术鉴定

技术鉴定是指通过对技术项目的全面审查、测试、对比、讨论，对其技术性能和使用价值作出确切的评价和结论的整个工作过程。

1. 鉴定级别

中国的技术鉴定按技术项目的重要性的涉及面大小分为4级。

① 国家鉴定。由国家科学技术委员会组织鉴定，特别重大的技术项目，鉴定后报请国务院批准。

② 部级鉴定。由国务院主管部门组织鉴定。

③ 地方鉴定。由省、市自治区人民政府组织鉴定，或者委托所属的科委、有关厅（局）、县（市）人民政府组织鉴定。

④ 基层鉴定。由企业、研究设计机构、学校、乡镇等基层单位组织鉴定。

鉴定项目确定后，将有关鉴定资料分送主审人和有关人员预审。如果申报的项目条件不成熟，数据不完整，审批单位不予批准；属于上级下达的任务，鉴定时上级机关应派人参加。鉴定会议要充分发扬学术民主，并将审查资料和检验实物相结合；对于重大的分歧意见，通过讨论、协商仍无法统一的，要将不同意见附于技术鉴定书之后。

2. 技术鉴定的主要工作

① 审查技术文件、资料是否齐全。

② 对技术的主要技术指标和其他指标，由技术鉴定会的测试小组进行反复测试、验证和准确记载。如需与国内外同类技术或产品比较，要注意对比对象的可比性、先进性，并注明国别、年代、型号、指标等。

③ 技术的价值按其在生产使用过程中创造的财富、节约的费用和减少劳动力、提高质量等而定。对于不能用经济价值表示的，如安全措施、"三废治理"、理论研究成果等，应从其实际作用和学术意义上评价。

④ 讨论技术存在的问题、改进办法和处理意见。

⑤ 需要安排投产的科技成果应制订新产品标准草案，报送有关标准管理部门批准执行。

⑥ 技术的推广范围、效果，向有关部门提出建议。

⑦ 起草并通过技术鉴定证书。

3. 鉴定结论

对技术的可靠性、先进性、科学性、实用性、经济效果和存在问题等作出正确的评价。鉴定意见应具体、明确。所有参加技术鉴定会的科技人员应在技术鉴定证书上签字，并对这项技术负责。经过技术鉴定的技术，由组织鉴定的单位发给鉴定证书。

企业内部的技术审核批准职能，实际上是执行一般技术环节上的鉴定职责。

四、新产品开发

新产品开发是企业技术开发中的重要内容。由于科学技术的迅速发展，人民生活水平日益提高，消费者的需求不断变化，使市场上商品更新换代的周期日趋缩短。工业企业要在激烈的市场竞争中立于不败之地，就必须以市场为导向，积极开发新产品，适应市场需求。

新产品是指在一定地区内从未试制生产过的且具有一定新质的产品。国家规定，新产品必须符合下列要求，即在结构、性能、材质、技术特征等某一方面或几方面比老产品有显著改进和提高，或有独创；具有先进性、实用性，能提高经济效益，有推广价值；在一定区域内是第一次试制成功，并经有关部门鉴定确认的产品。产品结构、性能等没有改变，而只是在花色、外形、表面装饰、包装等方面改造提高的，均不能列为新产品。

(一) 新产品的类型

1. 全新产品

主要是指采用新原理、新结构、新技术、新材料等制成的产品。全新产品的开发需要花费大量的人力、财力和物力，并需要具有先进的技术力量。成本高、时间长、难度大。

2. 改造新产品

主要是指采用某些现有技术制成，且性能有一定程度提高的产品。改造新产品较易开发，市场也易于接受。但是企业间的竞争相当激烈。

3. 换代新产品

主要是指基本原理不变，而部分地采用新技术、新材料、新元件制成，性能有显著提高的产品。换代新产品的开发需要以一定企业实力作基础，一般投入市场后比老产品有明显的技术经济优势。

新产品的类型还可以根据不同的分类方法划分：如按地区范围划分有国际新产品、国家新产品、省、市、自治区新产品；按来源划分有企业自主开发新产品、用户订货开发新产品；按开发方式划分有独立研制新产品、技术引进新产品等。

(二) 新产品开发的程序

新产品开发需要经历较多的步骤，尤其是采用企业独立研制的方式时，通常要经历以下几个步骤。

1. 产生创意

创意是产生新产品的开始。创意的依据来自用户、本企业职工、专业科研人员。工业发达国家长期从事新产品开发的人士普遍认为，用户是产生新产品创意的最大源泉，即需要是创意之母，新产品开发必须立足用户的需要，大胆设想和构思。

2. 开发决策

一个创意可能形成多个新产品开发方案，开发决策就是对不同方案进行技术经济论证和比较，从而决定取舍，选择出令人满意的可行方案。开发方案确定后，就要组织力量编制设计任务书，这是指导新产品设计的基础文件，其内容包括产品结构、特征、用途、使用范围、开发条件和目的等。

3. 产品设计

产品设计就是要为新产品的生产、检验、使用提供全套设计图纸和技术文件。通常产品设计包括三个阶段，即初步设计、技术设计和工作图设计。初步设计主要任务是对开发的新产品结构（配方或工艺条件）进行一些必要的试验，并进行初步技术经济论证；技术设计主要任务是确定详细的工艺技术条件，绘制出正式的工艺流程、制定工艺操作规程等，并计算出技术装备的技术参数；工作图设计的主要任务是为新产品试制和生产提供所需图纸以及技术文件。

4. 新产品试制

新产品试制是为新产品的投产提供依据（注：在技术开发程序中已有论述）。

5. 新产品鉴定

鉴定工作对保证产品质量、安全生产、经济效益具有重要意义。其内容包括：产品的一般性能，鉴定其性能参数、规格等是否符合标准；使用性能，鉴定其是否便于使用；安全性能，鉴定其是否保证用户安全运输、储存和使用；环保性能，鉴定其是否符合国家环境保护的规定；经济性，鉴定产品的开发成本是否符合目标成本的要求。对鉴定工作必须做好周密的准备工作，如整理资料、准备场地、建立机构、选定人员、制定标准、选择方法、确定步骤等。

6. 产品的市场开发

新产品试制成功后，便进入市场开发阶段。市场开发是一项十分复杂的工作，也是一项技巧性很强的工作，企业选择什么时机，什么地点，什么价格，什么渠道，采用什么促销手段等，均应在市场开发之前作好周密设计、系统规划，才能取得良好的效果。

（三）新产品的开发策略

新产品开发成功当然能给企业带来巨大的经济效益和社会效益，但必须认识到开发新产品要承担风险，有时甚至还要遭受重大损失。为了尽可能地减少风险，加速产品的更新换代，现介绍以下几种策略以供选择。

（1）开拓性策略　即以强有力的研制举措推动新产品尽快投产，以高技术、低成本、多功能在市场竞争中占据有利地位，迅速扩大销售额，使企业取得满意的经济效益。

（2）紧贴性策略　即绕过产品开发研制环节，对市场上出现的新产品立即进行仿造改进，生产出质量更好的产品，为此要及时掌握同行的研究动向，并拥有特别强的剖析提高能力。

（3）引进消化策略　对企业引进的新技术、新设备进行全面剖析，掌握技术关键，然后从实际出发，组织力量进行再创造，研制出具有自己特点的新产品。

（4）系列化策略　即在某种优质品牌产品的基础上，进行横向或纵向的系列开发，从而生产出不同类型、不同规格、不同档次的系列产品。采用这种策略既可节约开发研制费用，又无需去购建新的生产设备和装置。

（5）缺点法策略　即针对现有产品的缺点，找出解决问题的办法和措施，生产出更完美的产品。

（四）新产品的开发方向

新产品开发可以从以下五个方面入手，组织力量进行研制，常常能收到事半功倍的效果。

（1）多能化　即想方设法增加原产品的功能，促使单一功能的产品发展成为具有多项功能的产品。

（2）小型化　即尽量缩小原产品的体积，减轻其重量，使之便于使用、操作、控制、安装、搬运等。同时也能减少材料消耗，降低成本。

（3）简单化　对产品结构进行改革，去掉某些不必要的功能，相应地减掉不必要的零部件，从而降低产品成本；或者减少或改用产品零部件的种类、型号，使之规格化、通用化、标准化。

（4）多样化　即在基型产品的基础上发展变型产品，发展多品种、多规格、多型号的系列产品，这样可以满足不同消费者的不同需求。

（5）节能化　即新产品在开发时要尽量做到省电、省煤、省油、省水、省气等资源。

五、高新技术开发与现代企业发展

高新技术是新兴、高层次、实在技术群，是当代最具生命力的技术，如微电子、计算机、生物工程、机器人、空间、激光等技术。当代技术开发已经使高新技术进入实用阶段，创造了成批的新兴产业群，同时又不断向传统产业渗透，改造着传统企业。实践证明高新技术开发与企业发展的关系极为密切，一方面企业在高新技术开发中的作用日益显著，企业已经成为高新技术开发的核心力量；另一方面高新技术的出现和迅猛发展，又促进了企业的技术进步，影响着企业的长远发展。

1. 高新技术的基本特征

高新技术的基本特征大体有以下几个方面。

(1) 创新性　高新技术的创新是建立在现代科技的最新成就的基础上，开辟出与原有技术有着本质差别的新的技术途径。因此，高新技术往往是一种独占性的创新技术。

(2) 渗透性　高新技术往往都是多种知识的融合，多种学科的交错，多种人才的共同合作的成果，这些成果对相关领域的适用性大大增强，因而能广泛地向各传统产业部门渗透，对其落后的工艺流程、生产技术、产品性能进行技术改造，从而使原工艺流程更加合理并提高产品质量，促进产品更新换代，节约能源和原材料，降低生产费用，提高生产效率等。

(3) 高投入性　高新技术开发需要大量的高、精、尖设备，需要大量多学科的高级专门人才，需要投入大量的资金。高新技术产品更新换代，为了抢占市场，往往需要快速大量的一次性投入。

(4) 高产出性　高新技术与企业生产相结合，使其迅速转化为生产力，生产出市场所需的高性能、低成本的优质产品，必然产生巨大的经济效益。

(5) 竞争性　高新技术开发本身就是竞争的产物。高新技术领域在"领先者更加领先，落后者不甘落后"的竞争意识和获取高额利润的利益驱动下竞争激烈，过去一个高新技术企业要三年才推出一种新产品，而现在要做到一年推出几个型号的新产品。

2. 高新技术开发的管理模式

当今世界各国都注意从本国的国情实际出发，对高新技术企业的发展采用不同的管理模式，以尽量发挥自己的比较优势，加速高新技术开发的进程。在我国最常见的一种是以知识技术密集为依托，以开发高新技术和高新技术产业为目标，促进科技、教育与生产相结合，推动科技与经济、社会协调发展的综合基地，即高新技术开发区。这是一种高新技术开发与高新技术产业发展共存，使经济与科学技术紧密结合的有效管理模式。高新技术开发区一般选在交通方便、环境优美的市郊，尽量靠近大学或研究机构。开发区的规模较大，基础设施完善。高新技术开发区的发展有利于生产企业与科研机构密切合作，相互支持，使生产企业获得科研机构的技术，科研机构从生产企业得到资金和研究课题，增强了信息的交流和共享，提高了公共设施的利用率，增大了对资本、技术、人才的吸引力。同时，同类产品的高新技术生产企业聚集，还能强化竞争意识，增强企业的创业精神。

目前，世界各国建立的高新技术开发区的数量众多，名称也各不相同，有称为科学城、科学工作园、技术城、开发区的，也有称为硅谷、硅山、硅岛、硅草原、硅走廊的等。

3. 高新技术开发与现代企业发展

当今时代，随着高新技术不断开发和应用，现代企业发展的总体趋势正沿着劳动密集型企业→资本密集型企业→知识密集型企业的方向过渡。知识密集型企业正在不断发展壮大，在经济发展中的地位日益突出。同时，分析高新技术开发和应用对现代企业发展的影响，具体还表现在两个方面。一是促使现代企业的生产规模向集中与分散并存的方向发展。由于高新技术领域的激烈竞争，迫使现代企业集中资本，集中各生产要素，增强实力，提高竞争能力；然而，随着高新技术的不断开发和应用，使市场商品更新周期大大缩短，也使市场需求行情千变万化。为了适应这种转变，又迫使现代企业的"规模经济"观念向"适应经济"观念转变。于是，有的大公司分成了若干小企业。二是促使现代企业的产品向多样化、知识密集化、智能化的方向发展。大工业化生产是通过产品的标准化、系列化和通用化来简化产品品种，组织大批量生产，降低生产费用，提高产品质量的。但是，随着高新技术的迅速发展和人们生活水平的提高，市场需求越来越多样化。因此，现代企业只有不断生产出多样化、知识密集化和智能化的产品，才能满足不同消费者的爱好和需要，才能占领市场扩大销售。

第二节　质量管理

一、质量与质量管理

（一）质量的概念

质量是指产品、过程、服务能够满足规定要求和需要的特征和特征的总和。满足规定需要的程度称为质量水平。其中产品包括成品、半成品；过程包括形成产品质量的所有环节；服务包括企业性服务和社会性服务。质量一般可分为产品质量、工程质量和工作质量。

1. 产品质量

产品质量是指产品满足使用需要所具有的特征，即质量的特性。通常产品的质量特性包括：①适用性，即产品为满足使用目的所具备的技术性能和物理化学特性；②耐用性，即产品能正常使用的期限，也称产品的使用寿命；③可靠性，即产品在规定时间和使用条件下，完成规定工作任务的能力；④安全性，即产品在流通和使用中，保证安全的程度；⑤经济性，即产品从设计、制造、使用到寿命结束所消耗总费用的大小；⑥环保性，即产品在使用中不污染环境；⑦美学性，即产品式样、造型、色彩、装潢、商标、包装等方面的美学要求。

为了满足市场的需求，企业应该把具体应达到的反映质量特性的技术参数或技术经济指标明确规定下来，经一定的行政机构或技术权威机构审批公布，即建立产品的质量标准。它是一个衡量质量的尺度，体现了人们对产品质量特性的基本要求。

目前我国产品质量标准可分为三级：国家标准、专业标准和企业标准。国家标准是由质量主管部门颁布，在全国范围内执行的统一标准；专业标准是由中央各部批准颁布，行业范围内统一使用的标准；企业标准是由地方批准颁布，在一个地区、企业内部执行的标准。有条件的企业还应使产品质量达到或超过国际标准，这样有利于增强产品的竞争能力，打入国际市场。

把工业产品实际质量水平与规定的质量标准进行比较，凡符合质量标准的称合格品，达不到质量标准的称不合格品。合格品还可以按它符合质量标准的程度分等级品，如一级品、二级品等。不合格品亦可分为次品（含等外品、副品）和废品两类。

2. 工程质量

产品在制作过程中，影响产品质量或使质量发生波动有许多因素，概括起来有以下五种：人——生产者要素、机——生产工具要素、料——生产对象要素、法——生产方法要素、环——生产环境要素，简称："人机料法环"，或用英文词头 4MIE 表示。工程质量是指五要素综合作用过程的质量，其中人是最根本的要素，他可以能动地改造和提高其他四个要素的水平，只要能使五种要素处于良好状态，产品质量就能得到保证。

3. 工作质量

工作质量是企业的政治、经济、生产、技术和组织管理等活动对产品质量的保证程度。其基本要求是以主动性、创造性达到程序化、标准化，同样的机器、物料、方法、环境，可能产出不同质量的产品，这是不同工作质量的体现。产品的质量水平、合格率、废品率、返修率等是工作质量的评估指标。

产品质量、工程质量、工作质量三者固然是不同的概念，但它们之间存在十分紧密的关系。工程质量直接影响到产品质量，工程质量和工作质量又是产品质量的保证和基础，产品质量是各项工作质量的综合反映和最终目标。三者之间关系如图 4-1 所示。

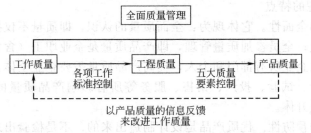

图 4-1　产品质量、工程质量与工作质量关系图

（二）质量管理及其发展

质量管理是指为实现和达到质量要求的所有职能和活动所进行的管理，是企业管理的一项重要内容。它负责质量方针的制定和实施，包括质量控制和质量保证两方面的工作内容。

工业发达国家的质量管理发展大体经历了以下三个阶段。

1. 质量检验阶段（SQI）

从 20 世纪初到 40 年代，最初人们根据生产和使用需要，提出零件互换概念，认为只有通过精度加工，减少尺寸误差，才能保证互换的性能，同时也注意到在保证互换的前提下，其尺寸的加工误差允许一定的波动，这是实行质量检验的基础。到 20 年代，随着泰勒制的推行，工业生产实行设计、操作、检验职能的分离，即专职制定标准、专职负责制造、专职按标准检验产品。质量检验工作的专业化标志着科学管理的进步，有利于提高效率和质量。但也存在以下问题：①检验出来时问题已经形成，不能防患于未然；②容易造成检验者与生产者的矛盾和对立；③已经形成的废品引起成本的增加；④进行全部检验，造成产品的破坏。

2. 统计质量控制阶段（SQC）

从 20 世纪 40 年代到 60 年代，随着现代工业迅速发展，产品数量剧增，不但要求用经济的方法检验产品，而且要求研究防止缺陷和预防废品产生。美国贝乐公司的休哈特提出控制产生不合格品的 6σ 法，发展到用统计方法来控制产品质量。其主要特点是：①通过控制图来控制质量，使生产过程处于稳定状态；②采用抽样检查，减少检验工作量，降低检验成本；③利用数理统计工具，分析工序能力，研究影响质量的原因，提出预防为主的方针。实践证明，统计的质量管理方法是可预防出现废品的有效方法。但是，这个阶段过分强调了数理统计方法，使人们产生了"质量管理是少数人的事"的看法，并感到数理统计方法理论深奥不易掌握，因而阻碍了这种方法的推广。

3. 全面质量管理阶段（TQC）

从 20 世纪 60 年代至今，最先由美国经营管理专家费根堡尔和质量管理专家米兰提出全面质量管理的概念。他们主张从产品设计、制造、销售到使用等各个环节都开展质量管理，以确保使用最经济的方法，生产出能满足用户需要的产品。全面质量管理理论的提出，很快传到世界各国，并得到广泛的应用。日本由于吸收了全面质量管理思想，结合国情推行"全公司质量管理"，收获巨大。我国于 1977 年以后开始引进和推行全面质量管理的理论和方法，取得一定成效。国际标准化组织（ISO）制定的 ISO 9000 系列标准就是对全面质量管理的高度概括和全面总结。

（三）全面质量管理的特点和工作程序

全面质量管理是由企业全体职工及各部门同心协力，把专业技术、管理技术、数理统计方法和思想教育结合起来，建立产品的研究、设计、开发、生产、销售、服务的全过程完整高效的质量管理体系，用最经济的手段提供符合规定要求和用户满意的产品和服务。很显然，这是市场经济高度发展的产物，企业作为市场经济的主体必须实施全面质量管理。

1. 全面质量管理的特点

（1）质量管理的全面性。它体现为：全面质量的认识，即质量不仅指产品质量，还包括工作质量和服务质量；全员参加质量管理，即产品质量是企业职工（含领导）素质、技术水平的综合反映，涉及企业所有部门和个人，提高产品质量需要企业全体人员的努力；全过程质量管理，即从设计、试验、投产、销售、服务等所有影响产品质量的过程，全部启动运转，形成一个螺旋上升体。

（2）质量管理的预防性。优质产品是设计制造出来的，不是检验出来的，全面质量管理应把工作重点从事后把关转向事先预防，贯彻"预防为主"的方针。对影响产品质量、各因素、各环节进行有效控制，发现质量波动，即时查清原因，提出措施加以解决。

（3）质量管理的科学性。全面质量管理要广泛使用各种现代管理成果，尽量用数据说话，对原始数据进行科学分析，应用现代数理统计方法来解决存在的质量问题，如市场调查、系统工程、运筹学、工业工程学、电子计算机等方法和手段。

（4）质量管理的服务性。搞好质量管理一定要强调一切为用户服务的观点，用户不仅仅是产品销售后的直接用户，企业内部下道工序也是上道工序的用户，原材料使用者也是供应者的用户等，每道工序质量都要满足下道工序要求，经得起下道工序的检验。

2. 全面质量管理的工作程序

即美国质量管理专家戴明综合归纳出来的PDCA循环。PDCA是英文Plan（计划）、Do（执行）、Check（检查）、Action（处理）四个单词的词头字母。PDCA循环就是按照计划——执行——检查——处理这四个阶段的顺序开展全面质量管理工作，并且周而复始循环不止。如图4-2(a)所示。

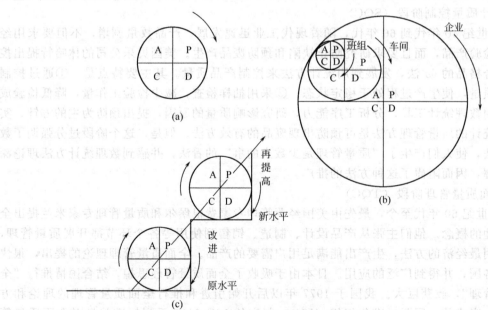

图4-2　PDCA循环示意图

PDCA循环的四个阶段可具体分为八个步骤。

计划阶段

第一步：分析现状，找出存在的质量问题。在分析现状时，要尽量具体化、数量化。

第二步：分析产生质量问题的各种原因。

第三步：找出影响质量问题众多原因中的主要原因。

第四步：针对影响质量的主要原因，制订行动计划和活动措施。制订出来的措施要做到明确具体，因此在制订措施时必须解决下列问题。为什么要制订这一措施（Why）？预计要达到什么目标（What）？在什么地方执行（Where）？什么时间开始执行？什么时间完成（When）？由谁来执行这一措施（Who）？怎么样去执行（How）？这就是系统分析中常用的5W1H法。

执行阶段

第五步：按预定计划、目标、措施及其分工安排，具体组织实施。

检查阶段

第六步：按计划的规定和要求，检查计划的执行情况和措施执行的效果。

处理阶段

第七步：对结果进行总结，把成功的经验和失败的教训都进行标准化，充实到相应的制度、规定和标准中，防止类似问题的再次发生，并巩固已经取得的成绩。

第八步：把本次循环中遗留的问题转到下一轮循环中去解决。

PDCA 循环具有以下三个特点。

（1）大环带小环，小环保大环，全面的循环。整个企业的全面质量管理是一个大循环，各车间、部门都有次一级的循环，班组、个人又有更次一级的循环，如图4-2(b)所示。这样，每个环都在统一目标指引下，形成了大环带小环，小环保大环，一环扣一环，不停地向前转动的良好状态。

（2）不断循环，不断提高。PDCA 循环周而复始地循环，不是停留在原地转动，而是每经过一次循环，企业的质量水平就提高一步，当循环上升到一个新高度后，又出现新的内容和目标。这样不断循环，质量水平就得到不断提高。如图4-2(c)所示。

（3）关键在处理阶段。PDCA 循环能很好地总结经验和教训，进行标准化工作，并把遗留问题放到下一轮循环，作为重点问题加以解决，才能使企业的全面质量管理工作在原有的基础上得到提高。

二、ISO 9000 族质量管理与质量保证国际标准

国际标准化组织（简称 ISO）为适应国际贸易和国际化经营的需要，在总结世界各国，特别是工业发达国家在质量管理和质量保证成功经验基础上，于 1987 年制定出台了 ISO 9000 族质量管理与质量保证国际标准（简称 ISO 族标准），它系统地反映了开展质量管理和质量保证工作的基本要求和基本规律，从而使世界质量管理和质量保证活动有了一个统一的基础，也标志着质量管理和质量保证走向了规范化、系列化和程序化的世界高度。ISO 9000 族国际标准是国际上各认证评审机构唯一承认的质量保证体系。目前已有 100 多个国家等同或等效采用 ISO 9000 族国际标准。我国由全国质量管理和质量保证标准化技术委员会于 1992 年颁布的 GB/T 19000 族国家标准，等同于 ISO 9000 族国际标准（其内容完全相同，只是编号不同），这就为我国企业在对外贸易和转换经营机制，实施质量取胜战略，站稳国内市场，进入国际市场提供了一把金钥匙。

（一）制定和应用 ISO 族标准的意义

首先，是维护消费者合法权益的需要。消费者对产品质量的要求日益提高，这已成为世界性的趋势，加之现代市场上的产品结构日趋复杂，用户在购买时很难凭自己的能力和经验来判断产品的优劣，稍有不慎就容易上当受骗，甚至造成巨大损失。因此，要求生产厂商的质量体系能提供质量保证，以及质量控制能力的证据，并得到权威机构的认证。

其次，是企业适应市场竞争的需要。对企业来说为了自己的生存和发展，必须重视产品质量已成为企业界的共识，生产劣质产品的企业，必然要受到用户的唾弃，被竞争者击败，最终被社会所淘汰。在高度专业化分工协作的今天，企业既是供应者，也是需求者，因此要求提供优质足量和质量保证的产品，这是企业自身生存发展的需要。

再次，是国际贸易与交流的需要。国际化经营正在加速发展，国际贸易量不断增长。为了实现国际合作、交流和贸易的顺利进行，相互信任，互利互赢，各国迫切需要得到共同认可的质量管理和质量保证系列标准。在 ISO 族国际标准发布不久，世贸组织的前身——关贸总协定即宣布自己作为认证质量保证体系的唯一依据。ISC 主席菲得普先生非常形象地评价说"ISO 9000 族标准将变成如同世界贸易国之间的一张护照"。我国企业界流传着这样一句话"取得了 ISO 认证，是走向国际市场的通行证"。

（二）ISO 族标准的主要内容

1. 1987 年颁发的 ISO 族标准，称为 87 版 ISO 9000。

2. 1994 年该标准进行了修订，修订后颁布的 ISO 9000 族标准，称为 94 版 ISO 9000。94 版 ISO 9000 族标准由五项主体标准组成：

① ISO 9000《质量管理和质量标准的选择和使用指南》，这是该标准的选用导则；

② ISO 9001《质量体系——开发设计、生产、安装和服务的质量保证模式》，这是从产品开发设计开始到售后服务的全过程的质量体系要求；

③ ISO 9002《质量体系——生产和安装的质量保证模式》，这是从采购开始到产品交付的生产过程的质量体系要求；

④ ISO 9003《质量体系——最终检验和试验的质量保证模式》，这是从产品最终检验到成品交付的成品检验和试验的质量体系要求；

⑤ ISO 9004《质量管理和质量体系要求——指南》，这是从企业实际出发对建立一个有效的质量体系所含的基本要素作了明确的规定。

3. 2000 年又进行了修订，修订后颁布的 ISO 9000 族标准，称为 2000 版 ISO 9000。

94 版 ISO 9000 族标准的推广使用，对促进企业的质量管理工作和国际贸易的发展发挥了积极作用。但是随着经济的发展和竞争的加剧，这套标准各国在使用过程中反映出许多需要改进的问题。如 94 版 ISO 9000 所采用的过程和语言的表述主要是针对生产硬件产品企业的，而对生产软件、流程材料和提供服务企业采用该标准时存在许多不便；该标准的框架主要是针对规模较大的企业设计的，对规模小、机构简单的小型企业就难以适用等。为解决这些问题，ISO/TC 176 组织了对 94 版 ISO 族标准的修订，形成了 2000 版 ISO 9000 族标准，并于 2000 年 12 月正式发布，新老标准过渡期为三年。

2000 版 ISO 族标准的五项主体标准是：

① ISO 9000《质量管理体系——基本原理和术语》，它阐明了质量管理体系的基础要求，规定了质量管理体系的术语和基本概念；

② ISO 901《质量管理体系——要求》，它规定了质量管理体系的基本要求，适用于企业的质量管理和对外提供质量保证；

③ ISO 9004《质量管理体系——业绩改进指南》，它提供了质量管理体系业绩改进的指南，也可用于评价质量管理体系的完善程度；

④ ISO 1911《质量和环境审核指南》，它为运用质量管理体系或环境管理体系的组织进行内审，提供了指南；

⑤ ISO 10012《测量控制系统》，它规定了供方测量设备所使用的确认体系的主要特征，并对测量设备提出了质量保证要求。

2000版ISO族标准的主要特点是：面向所有组织，通用性强；文字通俗易懂，结构简化；突出改进，提高有效性；兼顾相关利益方；质量管理体系与环境管理体系相互兼容等。

（三）质量认证

1. 质量认证的含义及分类

（1）质量认证的含义。质量认证是指第三方依据程序对产品、过程或服务符合规定的要求给予书面保证（合格证书）。其要点包括：质量认证的对象是产品、过程或服务；标准是认证的基础；鉴定的方法包括对产品质量的抽样检验和对企业质量体系的审核和评定；认证的证明方法有认证证书和认证标志；认证是第三方从事的活动。

（2）质量认证的分类。质量认证可以分为强制性认证和自愿性认证。

强制性认证是指通过法律、行政法规和联合规章予以强制执行的认证。联合规章由国家技术监督局会同国务院有关行政主管部门制定。强制性认证的特点是：企业必须申请认证；产品未经认证不准销售和进口；销售的产品必须带有认证标志。列入强制性认证的产品主要是安全性的产品。例如：电器、玩具、建筑材料、压力容器、防护用品、汽车玻璃等。

自愿性认证是指对非强制性产品由企业自愿认证。其特点是：企业可自愿申请；获得认证的产品和企业应按规定使用认证证书和认证标志；获得认证的企业可以得到由于认证带来的一切利益。

2. 质量认证制度的类型

世界各国实行的质量认证制度主要有八种。

（1）型式检验：按规定的检验方法对产品的样品进行检验，以证明样品符合指定标准或技术规范的要求。

（2）型式检验加认证后监督——市场抽样检验。这是一种带有监督措施的型式检验。监督的办法是从市场上购买样品或从批发商、零售商的仓库中随机抽样进行检验，以证明认证产品的质量符合标准或技术规范的要求。

（3）型式检验加认证后监督——工厂抽样检验。这种质量认证制和第二种相类似，只是监督的方式有所不同，不是从市场上抽样，而是从工厂发货前的产品中随机抽样进行检验。

（4）型式检验加认证后监督——市场和工厂抽样检验。这种认证制是第二、第三种认证制的综合。

（5）型式检验加工厂质量体系评定加认证后监督——质量体系复查加工厂和市场抽样检验。此种制度的显著特点是：在批准认证的条件中增加了对生产厂质量体系的复查。

（6）工厂质量体系评定。这种认证制是对生产厂按所要求的技术规范生产产品的质量体系进行检查评定，批准认证后对该体系的保持性进行监督复查，此种认证制通常称之为质量体系认证。

（7）批验。根据规定的抽样方案，对一批产品进行抽样检验，并据此做出该批产品是否符合标准或技术规范的判断。

（8）百分之百检验。对每一件产品在出厂前都要依据标准经认可的独立的检验机构进行检验。

上述八种类型的质量认证制度所提供的信任程度不同，第五种、第六种是世界各国普遍采用的，也是ISO向各国推荐的产品质量认证和企业质量体系认证制度，ISO和IEC联合发布的所有有关认证工作的国际指南，都是以这两种认证制度为基础的。因此世界各国（包括我国）均将第五种典型的产品认证和第六种质量体系认证，作为本国的认证制度。

（四）质量认证立项原则

1. 选择申请产品质量认证或质量体系认证的原则

(1) 优先考虑申请产品质量认证。这是因为产品质量认证是 ISO 向各国推荐的一种认证制,它包括了质量认证制的全部四项基本要素,无论是取得认证资格的基本条件,还是认证后的监督措施都是完善的。它不仅包括了对质量体系的检查和评定以证明企业的质量体系符合 GB/T 19000 系列标准(一般为符合 GB/T 19002)要求,而且还包括了对工厂和市场产品的抽样检验,以证明产品的质量符合指定的国家标准或行业标准要求,并可在认证产品上使用认证标志,因而能向消费者和用户提供最大的信任。

至于体系认证,由于对象不是产品,而是企业的质量体系,即企业按要求或按既定规范要求生产产品的保证能力,其监督措施也只是定期对质量体系进行复查。因此经质量体系认证的企业,不得在出厂的产品上使用产品质量认证标志,消费者购买产品时无法区分是否经过认证。所以企业寻求质量认证时应优先考虑申请产品质量认证。

(2) 当不适合产品质量认证时可考虑申请质量体系认证。当企业生产的产品没有适用于质量认证的国家标准或行业标准,而用户又希望他所买到的产品是可以信赖的,企业也希望得到第三方机构的证明时,可申请企业质量体系认证。

多品种或昂贵且难以进行破坏性检验的产品宜申请质量体系认证。

产品出口时,外商只要求企业提供获准通过质量体系认证的证明时,可申请质量体系认证。顺便指出,任何国家(包括欧共体)都没有对质量体系实行强制认证的规定,那种认为不取得体系认证的资格,产品就不能进入欧洲市场的说法是毫无根据的。

对一些质量管理基础比较薄弱的企业来讲可先行建立质量体系,开展企业内部质量体系审核,以求建立的质量体系达到自己拟定的质量保证的要求,由此来提高企业管理水平,进而申请质量体系认证。

对于服务行业、专业设计单位等,宜采用体系认证。

2. 选择国内或国外认证的原则

(1) 优先选择国内认证。我国的质量认证水平是国际承认的,目前世界上有两个认证组织:一个是 IEC 电子元器件质量评定体系,简称 IECQ;另一个是 IEC 电工产品按安全标准进行合格测试的系统,简称 IECEE,中国电子元器件质量认证委员会和中国电工产品认证委员会分别是这两个国际认证组织的成员。尤其是 1998 年中国质量体系认证机构国家认证委员会(CNACR)和中国认证人员国家注册委员会(CRBA)相继通过了国际间同行评审,并签署了国际多边互认协议。使我国的质量认证工作达到国际水平。

外商承认我国认证机构颁发的认证证书和认证标志。例如,辽宁省丹东罐头厂的滑子蘑菇取得方圆认证后,日本《粮油新闻》报道了这一消息,经营进口贸易的日本粮油株式会社则指定购买丹东罐头厂带有方圆标志的滑子蘑菇罐头,年订货 4000 吨,大大超过该厂年生产能力 1200 吨。又如,在八十届广交会上,凡经质量认证的厂家,如海尔、荣事达、海信、万宝、小天鹅等,其成交额均创历史最高记录,均超五亿美元。

国内认证收费标准低。申请国外认证机构体系认证至少需要十几万元,而我国认证机构的收费远低于这个数字。

(2) 当外商在订货要求企业提供某个国外认证机构颁发的质量体系认证证书时,企业为了出口产品,则需要向该指定的国外认证机构申请质量体系认证,但应知道这是为适应出口需要而为,并非必须这么做。

(3) 为了保证认证质量,无论是选择国外认证,还是国内认证均应选择经国家认可的认证机构,这是因为实行认证机构的认可制度是国际的通行做法,其目的在于确保认证工作质量能符合 ISO/IEC 颁布的《验收认证机构的基本要求》这个国际指南要求,从而保证机构具有执行第三方认证制度所需的能力的可靠性,使认证结果能被国际和国内所接受和承认。

进而使申请认证企业免受因认证机构不合格而造成的认证结果失误,造成时间和金钱的浪费。

3. 选择质量认证前期咨询机构的原则

企业寻求咨询的目的是为了切合实际地建立起本企业适用的质量体系并使之符合 GB/T 19000——ISO 9000 的要求,同时掌握质量体系文件编制和内部质量审核的方法,从而确保企业生产的产品质量持续稳定达到规定的要求,并获得认证资格。因此如何选择质量认证前期咨询机构是能否达到预期效果的关键,而这个关键又取决于以下几方面。

(1) 咨询机构的权威性。咨询机构的权威性来自于自身的咨询效果,即咨询后企业能否顺利获准通过质量认证资格。为此企业在寻求质量认证咨询时应选择国家正式批准备案的咨询机构,这是因为这些机构具备的条件已经国家认可。人员素质是经考试后注册、聘任的,所以他们的咨询效果较理想且可靠。

(2) 咨询的能力。无论是国外或国内,都存在有合格和不合格的咨询员,因此到企业咨询的人员应当是合格的即具有国家注册审核员或经过国家(含咨询机构)统一安排的考试和考核后注册、聘任的,他们通常都具有较长从事质量管理的经历,能正确理解并熟练掌握 GB/T 19000——ISO 9000 系列标准,具有较丰富的质量体系审核的经验,所以当咨询机构派出的是上述有资格、可胜任的咨询员进行咨询时,才能保证咨询的质量和预期效果。同时还应注意咨询机构、备案批准机构所确认的业务范围,选择在其业务范围内寻求咨询,可以保证咨询的有效性和质量。

(3) 咨询机构应具有与认证机构相接轨的能力。企业寻求认证前期咨询中最重要的目的是能使自己拟定的质量认证项目获准顺利通过并取得认证资格。为此咨询机构是否具有与认证机构相接轨的能力相当重要,与认证机构接轨的含义:一是咨询机构应熟悉拟认证项目的认证程度和规定;二是指产品认证与咨询是两码事,为了认证的公正性,是应分开的程序,由不同的机构分别开展。所以这种接口是两个机构之间的技术业务往来,而不是法定的承接。

4. 企业申请质量认证应当具备的条件

根据我国产品质量认证管理条例的规定,中国企业、外国企业均可提出质量认证申请,提出申请的企业应当具备以下条件。

① 产品质量稳定,能正常批量生产。

② 产品符合国家标准或行业标准,这里所说的标准是指认证机构批准认可的具有国际水平的国家标准或行业标准,而产品是否符合标准要求需经国家认可的认证检验机构进行抽样检验予以证实。

③ 生产企业建立的质量应符合 GB/T 19000——ISO 9000 系列标准及补充要求。一般是按 GB/T 19002——ISO 9002《质量体系——生产和安装的质量保证模式》建立并使之有效运行,认证时认证机构将派国家注册审核员,依据 GB/T 19002 标准去企业进行审核和评定,证明其符合标准的要求。

企业申请质量体系认证,获准认证通过的唯一条件是企业建立的质量体系应符合 GB/T 19002——ISO 9002 系列标准的要求,至于企业申请时是按 ISO 9003 标准进行,还是按 ISO 9002 标准进行,则由企业自行依据企业实际情况决定,而认证机构所派出的国家注册审核员将按企业自行决定"三种模式"之一的标准(即所申请的标准)去进行审核和评定,以证明其符合标准的要求。

三、质量控制

质量控制是为保持某一产品、过程和服务质量满足规定的质量要求所采取的作业技术和活动。其目的是监视过程,并排除质量形成环节中发生缺陷的因素,生产出合格产品。其基本工作内容有以下四个方面。

1. 制定企业质量方针

企业质量方针是企业通过最高管理层正式颁布的总体质量宗旨和目标。建立科学的质量方针是实行质量控制的前提。质量方针的制定依据是企业发展战略对质量水平提高的要求。制定程序应当包括收集职工建议,组织研究讨论、起草,经企业质量管理委员会审批,厂长颁布生效。

质量目标是企业在一定时期内要达到或要保持质量水平方面的定量要求。质量目标应当建立完整的体系,首先是产品目标及子目标的展开,构成目标体系;其次是为保证产品质量目标而必需的工程质量、工作质量子目标展开,构成目标体系。质量目标体系要落实到具体部门,落实时要实行双向协调,充分发挥系统个体的积极性,不应单纯依靠行政命令向下安排。

质量宗旨是企业为实现质量目标而采取的基本策略的总称。质量宗旨应根据对影响质量目标实现因素的分析结果,有针对性地提出宗旨内容。如有的企业以强化质量意识为宗旨,有的以提高新技术水平为宗旨,有的以调整质量成本为宗旨,还有的以提高士气为宗旨等,这些都是对企业实际问题提出最有效的基本策略。质量宗旨也要建立良好的体系,将企业质量宗旨实现目标展开,结合部门的质量职能,加以落实。

2. 工序质量控制

工序是指生产和检验半成品、在制品、成品的基础作业单位,是产品质量形成的基本环节。工序质量控制是企业质量管理的重要内容。

实施工序质量控制,首先要对全部工序进行分析、评价,从关键性、薄弱性的工序中选择一部分,建立工序质量控制点。其次要逐个确定质量控制点的质量控制要素(在化工生产中一般是工艺参数),确定控制要素的目标值(控制中心)、允许波动范围(控制上下限)和工序是否异常的判断标准。对控制点名称、控制要素、参数、控制方法、判断标准、考核标准和控制责任,要以正式技术文件形式加以公布。生产技术管理部门负责对工序质量控制点的工作进行指导、检查和考核。

工序质量控制在多数化工企业是应用"控制图"作为工具,进行质量有效控制。

3. 质量成本控制

质量成本是为将产品质量保持在规定水平之上所需的费用。它包括两部分:①预防鉴定成本——含检验费、工艺控制人员培训费、工资、设备完好费用及改善环境费用等。这种费用随合格产品增加而增加;②内外损失费用——企业内出现废次品的损失费用,企业对外发生的三包费用、索赔费用、售后服务及维修费用或企业信誉损失所支付的费用。这种费用随着合格产品的增加而下降。

质量管理既要保证产品质量达到并保持规定水平,又要使总成本最低,必须实行质量成本控制。从质量成本的构成可以看出,当预防鉴定成本提高时,内外损失成本就可能下降,欲使内外损失成本降低,预防鉴定成本就要适当提高。二者在一定技术管理条件下,质量总成本有一个最低点 Q,见图 4-3 所示。

实施质量成本控制,首先要正确设立会计科目,以便科学地将质量成本从总成本中分离出来,并归集在既定的科目之下;其次要进行动态分析,得出影响质量成本降低的问题;最后采取措施,调整质量成本结构,逐步向理想的质量成本靠近。

4. 质量管理评审

这是对全企业质量管理工作质量的控制,应当定期进行。质量评审的依据是企业质量方

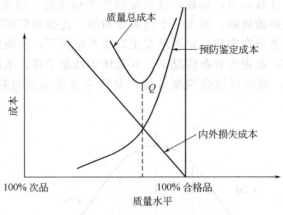

图 4-3 质量成本示意图

针、质量计划、质量控制工作标准。质量评审内容是质量管理组织健全程度，按质量职能划分逐一检查质量方针、计划执行程度和质量控制工作标准完善程度和执行程度。质量评审的目的是找出差距，以便有针对性地采取必要的技术措施或管理措施。质量评审是企业自我质量管理诊断。

四、质量管理统计方法

（一）质量数据与正态分布

1. 质量管理中的数据

数值是反映事物性质的一种量度。数据按本身特性划分，有计量值和计数值两类。计量值数据是指测试工具对母体连续测得的数据。如产品的长度、重量、温度、压力、含量、材料的强度、硬度等；计数值数据是以个数计算的质量特性值。如合格品、次品、废品数量、疵点数、缺陷数等。

数据的收集，一般采用抽样检查，抽样检查的对象称母体，从母体中抽取一定量的样品叫子样，对子样进行测试得到基础数据，通过整理分析，便可判断母体是否符合质量标准。收集数据的对象和方法主要有两种：一种以工序为对象，按产品生产时间顺序取样，如每隔一定时间，连续取几份子样进行检测，主要用于工序质量控制；另一种是以成批产品为对象，按一批产品随机抽样，进行检测，每件产品被抽样的概率完全相等，目的主要用于产品验收。

2. 产品质量差异的原因

产品在加工过程中，即使在相同工艺技术条件下，所生产的产品都不可能绝对相同，产品质量都在一定公差范围内波动。公差是对产品质量所规定的允许偏差。产品质量只要在公差范围内均为合格品。发生产品质量差异的因素很多，可以归纳为两大类。

① 正常原因（偶然原因），如原材料材质微小的差异，机器设备微小的振动，刀具磨损，化学反应的时间、温度压力、电压等微弱的变化，操作上的微小变化等，这些因素引起的质量波动在生产中是不能完全避免的，一般来说，产品在公差范围之内，不会出现废品。

② 异常原因（系统原因），如规格、材质相差很大的原材料混杂在一起，设备发生故障、刀具过度磨损、工人疲劳操作或违反操作规程等，这些原因造成的质量较大波动，使工序处于不稳定或失控状态，可能出现废品。如果及早发现，采取措施是可以排除和避免的。

3. 质量波动的正态分布

在正常情况下，产品质量特性是呈正态分布的，如果将产品按质量特性（含量、重量、尺寸等）分成若干组，计算每组产品数，以质量特性为横坐标，以频数（数量）为纵坐标，以各矩形的高度表示各组的频数，画出一个质量分布图，连接矩形顶端就得到一条呈倒钟形的曲线，这曲线就是正态分布曲线。它表示在正常生产情况下产品质量分布的规律。

根据概率论的原理，在正态分布情况下，从母体中抽出子样，求出两个质量特性质：平均值 $\bar{x}$，偏差 σ。然后，就可以综合判断总体产品质量水平和偏差程度，作出正态分布曲线。见图 4-4 所示。

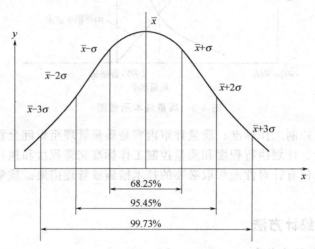

图 4-4　正态分布图

平均值，又称平均数，是用来反映一批产品的质量水平。其计算式是：

$$\bar{x}=\frac{x_1+x_2+x_3+\cdots+x_n}{n}=\frac{\sum x_i}{n} \tag{4-1}$$

式中　$\bar{x}$——质量特性的平均值；
　　　x_i——产品质量特性数据（$i=1,2,3\cdots$）；
　　　n——这批产品的数目。

标准偏差，是每个产品质量和这批产品质量平均值的偏差，用来反映这批产品质量的变异程度。其计算公式是：

$$\sigma=\sqrt{\frac{\sum(x_i-\bar{x})^2}{n}} \tag{4-2}$$

式中　σ——标准偏差。

正态分布曲线具有以下四个特点。

① 当 $x=\bar{x}$ 时，曲线处于最高点，表示频数最高，当 x 向左右偏离时，质量特性与其平均值的差异越来越大，曲线不断下降，整个曲线呈中间高、两边低的形状。

② 曲线以 $x=\bar{x}$ 时的垂直线为对称轴，呈左右对称。说明靠近 $\bar{x}$ 的偏差出现的频数较大，远离 $\bar{x}$ 的偏差出现频数较小。

③ 如曲线与横坐标围成的面积等于100%，表示正常情况下，测得的数值却都落入此面积内，那么，曲线与 $\bar{x}\pm\sigma$ 围成的面积为 68.25%，曲线与 $\bar{x}\pm2\sigma$ 围成的面积为 95.45%，曲线与 $\bar{x}\pm3\sigma$ 围成的面积为 99.73%。

④ 在一定范围以外（如 $\pm3\sigma$）的偏差，出现的频数是非常小的。从图 4-4 中可以看出，抽查产品的数值与平均值相比，超越 $\pm3\sigma$ 以外的数值，1000 件中只有 3 件。即 99.73% 的数值都在控制界限内。因此可以认为，凡是在 $\bar{x}-3\sigma$ 到 $\bar{x}+3\sigma$ 范围内的质量波动都是正常

的，不可避免的，是偶然性因素的结果，如质量波动超出这个界限，则说明生产过程发生了异常现象，因此可以此理论，对生产过程加工产品质量进行控制，预防不合格品发生。

（二）质量管理的统计方法

1. 排列图

排列图又称主次因素图，是找出质量主要问题的一种有效图表方法。它的特点是把影响产品质量的各种因素分清主次，依次排列，以便从中找出主要原因，重点解决。

作图前，首先要整理统计资料，按影响质量的原因分组，计算各种影响因素的数据和各种因素占总数的百分比，然后以数据大小为顺序，列表作图。

【例 4-1】 某厂一个季度聚乙烯醇车间停车原因和停车时间，经统计分析数据如表 4-1 所列，试绘出排列图，并找出主要原因。

表 4-1 聚乙烯醇车间停车时间统计表

停车原因	原料供应中断	计划检修	电器故障	仪器故障	蒸汽供应中断	意外停车检查	其 他
停车时间/小时	35	144	11	7	640	75	14

解：（1）将以上数据整理列表 见表 4-2。

表 4-2 聚乙烯醇车间停车因素排列表

序 号	停车原因	停车时间/小时	比率/%	累计百分比/%
1	蒸汽供应中断	640	69.1	69.1
2	计划检修	144	15.6	84.7
3	意外停车检查	75	8.1	92.8
4	原料供应中断	35	3.8	96.6
5	电气故障	11	1.2	97.8
6	仪器故障	7	0.7	98.5
7	其他	14	1.5	100
	合计	926	100	

（2）根据以上数据表作排列图见图 4-5。

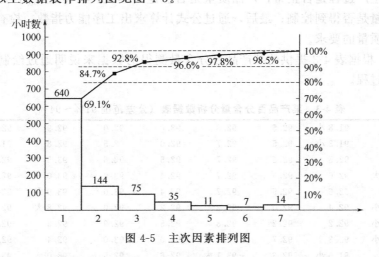

图 4-5 主次因素排列图

由图 4-5 所示，排列图有两个纵坐标，一个横坐标，几个矩形，一条曲线，左边纵坐标表示频数，右边纵坐标表示频率，以百分比表示，横坐标表示影响产品质量的各个因素，按影响因素大小，从左向右排列，曲线表示各影响因素大小的累计百分数。通常把累计百分数分为三类：0～80% 为 A 类因素，为主要因素；80%～90% 为 B 类因素，为次要因素；

90%～100%为C类因素,为一般因素。主要因素找到后,就可集中力量加以解决。在例4-1中,如能集中解决主要因素,即减少蒸汽供应中断和计划检修时间,就可提高设备开工率。

2. 因果分析图

因果分析图又称鱼刺图、树枝图。它是分析影响质量诸因素的有效方法。影响产品质量因素很多,从大的方面分析是人、机、料、法、环等五个方面;从小的方面分析,每个方面又有许多具体影响因素,这些因素又是其他因素的结果。把一系列原因和结果系统化、条理化,层次分明,并直观地表示在图上,好像层层剥皮,把问题的前因后果清晰地暴露出来,可以看到各影响因素之间的关系,再经过分析、选择,采取措施,消除真正的要害因素,然后,对症下药,加以解决。如图4-6所示即为某产品含量偏低的因果分析图。

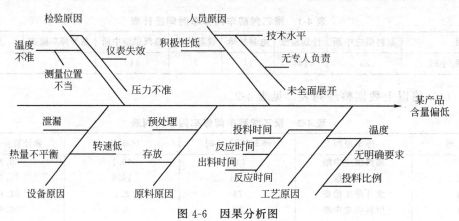

图 4-6　因果分析图

3. 直方图

直方图又称条形分布图,它是将收集到的质量数据,按其分散幅度分成若干组,以组距为底边,以频数为高度绘制成一系列直方形,借以反映产品质量的分布状况。首先,可利用图形观察判断生产过程是否正常,产品质量是否稳定;其次,可将直方图与公差界限比较,来判断工序质量是否得到控制;最后,通过公式计算求出工序能力指数,检查工序能力是否能满足对产品质量的要求。

【例 4-2】　根据表4-3提供的某产品百分含量测得的数据来说明通过绘制直方图如何实现质量控制的过程。

表 4-3　某产品百分含量分析数据表（公差范围91%～94%）

93.8大	93.0	91.8小	92.5	92.3	93.0	92.0	92.9	92.2	92.5
93.0	92.5	91.3小	92.5	92.7	92.0	92.5	92.8	91.8	93.8大
93.8大	93.0	92.5	92.5	92.7	92.5	92.6	93.5	92.5	91.5小
91.4小	93.0大	92.6	92.5	92.7	92.4	93.0	93.0	92.5	92.2
92.4	92.5	92.6	92.5	92.7	92.4	93.0	93.0大	92.2	92.2小
92.9	91.8小	92.4	92.5	92.2	92.2	92.5	93.8大	92.2	92.7
92.8	92.0小	92.2	92.6	92.3	92.5	92.9	92.5	92.7	93.5大
92.0	91.8小	92.3	92.7	92.9	93.0	92.4	92.2	93.1大
91.8		91.5小	92.3	93.1大	92.6	92.9			91.9
92.3	92.8	91.9	92.5	92.2	91.8小	92.2	93.5大	93.0	92.2

(1) 直方图的作图步骤

① 收集数据,数据个数(n)一般在100个以上。按测得的数据先后顺序,依次分行记

录,用符号标出各行内的最大值和最小值,本例收集数据中 $X_{max}=93.8$, $X_{min}=91.3$。

② 求极差 R,求极差公式为 $R=X_{max}-X_{min}$,则 $R=93.8-91.3=2.5$。

③ 分组,在极差范围内,划分成几个等间隔的组,分组数目 k 一般按表 4-4 确定,或按 $k=\sqrt{n}$ 求得,本例题中,$k=\sqrt{100}=10$ 组。

表 4-4 分组数目 k 确定表

n	可选组数	常用组数
50～100	6～10	10
101～250	7～12	10
250 以上	10～20	10

④ 确定组距 h,$h=R/k$,并向上整化,本例题中,$h=2.5/10=0.25$,可向上整化取 0.3。

⑤ 确定组的上、下界限,第一组下限 $X_{1下}=X_{min}-h/2$,加上组距后即为该组上限,即 $X_{1上}=X_{1下}+h$;第二组下限 $X_{2下}=X_{1上}$,$X_{2上}=X_{2下}+h$,依此类推,本例题中,各组上、下限为:

$X_{1下}=91.3-0.3/2=91.15$, $X_{1上}=91.15+0.3=91.45$;

$X_{2下}=X_{1上}=91.45$, $X_{2上}=91.45+0.3=91.75$;

$X_{2下}=X_{2上}=91.75$, $X_{3上}=91.75+0.3=92.05$;

⋮ ⋮

$X_{9下}=X_{8上}=93.55$, $X_{9上}=93.55+0.3=93.85$;

因 $X_{9上}$ 的数值已比数据中的最大值 93.8 大,可不再计算第 10 组的上、下限。

⑥ 列频数分布表,填频数,将所有各数据按其数值大小统计,归入各组,再统计落入各组的数据频数;本例题的频数分布见表 4-5。

表 4-5 频数分布表

组 号	组距(h)	组中值	频数统计	频数
1	91.15～91.45	91.30	‖	2
2	91.45～91.75	91.60	‖	2
3	91.75～92.05	91.90	‖‖‖ ‖‖‖ ‖‖‖ ‖	16
4	92.05～92.35	92.20	‖‖‖ ‖‖‖ ‖‖‖ ‖‖‖	18
5	92.35～92.65	92.50a	‖‖‖ ‖‖‖ ‖‖‖ ‖‖‖ ‖‖‖	23
6	92.65～92.95	92.80	‖‖‖ ‖‖‖ ‖‖‖ ‖‖	17
7	92.95～93.25	93.10	‖‖‖ ‖‖‖ ‖‖‖	15
8	93.25～93.55	93.40	‖‖‖	3
9	93.55～93.85	93.70	‖‖‖‖	4
合 计				100

⑦ 绘制直方图,按频数大小绘出直方图,见图 4-7。

(2) 直方图分析。画直方图的目的是为了观察分析其形状和位置,以判断产品质量是否稳定,生产过程是否正常,观察分析有两个方向。

第四章 技术管理

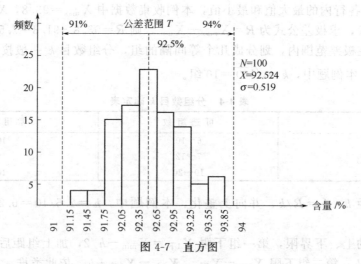

图 4-7 直方图

① 观察质量分布形状是否正常。正常的图形中间高，两侧基本呈对称，大体符合正态分布；异常的图形呈不规则分布，形状和原因见图 4-8。

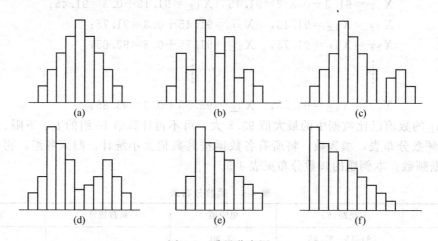

图 4-8 质量分布图

(a) 正常；(b) 锯齿形，一般是由于分组过细所致；(c) 孤岛型，表明有系统因素影响，应查明原因；
(d) 双峰型，一般是由于把两批分布不同的产品混为一批；(e) 偏向型，分布中心偏移，
应采取措施改变分布中心位置；(f) 陡壁型，一般由于数据收集带有主观因素

② 与质量标准（分差范围 T）比较，将直方图实际数据分布范围 B 与质量标准范围比较，观察有无余地或超出，以确定质量保证程度。见图 4-9 绘出的几种不同情况的比较图。

(3) 计算工序能力指数。工序能力是指在工序稳定状态时，保证产品质量或工作质量的能力，用数据分布的 6 倍标准偏差（6σ）表示。工序能力指数是指工序处于稳定状态时，保证产品质量的程度。用 C_p 表示，计算公式是：

$$C_p = \frac{T}{6\sigma} \tag{4-3}$$

式中 C_p——工序能力指数；
T——质量标准范围（公差）；
σ——标准偏差。

当质量标准有上、下限，并且数据分布中心与质量标准中心重合时，见图 4-10。

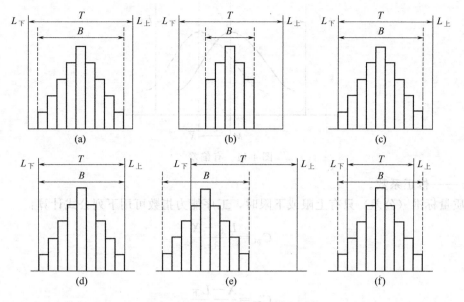

图 4-9 直方图与标准范围比较图

（a）正常，理想，分布合理；（b）T 超过 B 富余太大，说明标准太宽或控制太严；（c）某一侧 T 与 B 一致，实际平均值已偏向下限，操作须十分注意，可能出界；（d）T 与 B 刚好相同，属危险分布，万一操作不慎，立即出界；（e）一侧已出界，实际中心值已偏移，须进行调整；（f）两侧均已出界，已出废品，须立即查明原因，迅速改进

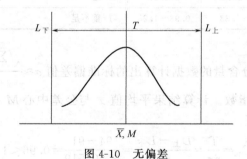

图 4-10 无偏差

$\overline{X}$—平均值；M—公差中心值

C_p 值的计算公式是：

$$C_p = \frac{T}{6\sigma} = \frac{L_上 - L_下}{6\sigma} \tag{4-4}$$

式中　$L_上$——公差上限；

　　　$L_下$——公差下限。

当 $\overline{X}$ 偏离 M 时，如图 4-11 所示。

工序能力指数用 C_{pk} 表示，计算公式是：

$$C_{pk} = \frac{T - 2\varepsilon}{6\sigma} \tag{4-5}$$

若令 $k = \left|\dfrac{2\varepsilon}{T}\right|$，因为 $C_p = \dfrac{T}{6\sigma}$　则 $C_{pk} = C_p(1-k)$

式中　ε——偏移量，$\varepsilon = |M - \overline{X}|$；

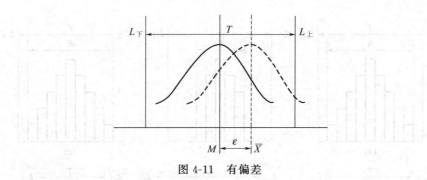

图 4-11 有偏差

k ——修正系数。

当质量标准（公差）只有上限或下限时，工序能力指数可用下列公式计算：

$$C_{pt}=\frac{L_{上}-\overline{X}}{3\sigma} \tag{4-6}$$

或

$$C_{pt}=\frac{\overline{X}-L_{下}}{3\sigma} \tag{4-7}$$

工序能力指数主要用来判断工序能力保证产品质量的程度，判断评价标准如表 4-6。

表 4-6 工序能力评价表

工序能力评价	C_p 或 C_{pk}	C_{pt}	工序能力评价	C_p 或 C_{pk}	C_{pt}
过剩	≥1.33	≥1.28	不足	0.67～1	0.57～0.93
最适宜	1～1.33	0.93～1.28	严重不足	≤0.67	≤0.57

根据例 4-2 某产品百分含量的数据计算出的标准偏差值 $\sigma \approx \sqrt{\frac{\sum(x_i-\overline{x})}{n}}=0.519$，试计算某产品含量的工序能力指数。计算结果平均值 $\overline{x}$ 与公差中心 M 基本重合，则代入 C_p 求值公式。

$$C_p=\frac{T}{6\sigma}=\frac{L_{上}-L_{下}}{6\sigma}=\frac{94-91}{6\times 0.519}=0.96<1$$

评价：该工序能力尚不足。

4. 控制图

控制图又称管理图。控制图的主要任务是控制系统性因素造成质量的波动。控制图取 $\pm 3\sigma$ 作为上、下控制限，一旦数据超出控制界限，则判断生产过程出现异常，需立即查明原因，消除失控现象，进行有效调整，预防废品发生。因此，控制图是对生产过程质量状况进行分析控制的有效方法。

控制图的基本格式如图 4-12 所示，在方格纸上取横坐标和纵坐标，横坐标是子样号或

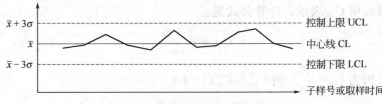

图 4-12 控制图的基本格式

取样时间，纵坐标为某种质量特性数据。子样即抽取测定质量数据的样品。图中上、下控制限之间为安全区。

在生产过程中，定期抽样，测得各样品质量特性值，将数据逐个描在图上，如数据点落在控制界限以内，排列也无缺陷，则表明生产过程正常，不会出现废品；如数据点越出控制界限，或点的排列有缺陷，则表明生产条件发生异常波动，可能出现废次品，应立即设法使其恢复正常。

控制图基本分两大类：计量值控制图和计数值控制图。计量值控制图有单值控制图（x 图）、平均值与极差控制图（$\bar{x}-R$ 图）、中位数与极差控制图（$\tilde{x}-R$ 图）、平均值与标准差控制图（$\bar{x}-S$ 图）等；计数值控制图有不合格品数控制图（P_n 图）、不合格品率控制图（P 图）、缺陷数控制图（C 图）、单位缺陷数控制图（μ 图）等。

（1）作图步骤。以常用的平均值与极差控制图（$\bar{x}-R$ 图）为代表，说明控制图的一般作法。平均值与极差控制图包括两部分：子样平均值控制图（$\bar{x}$ 图）和子样极差控制图（R 图）。$\bar{x}$ 图主要用来分析数据平均值的变化；R 图主要用来分析加工误差的变化。在生产中经常把两图绘制在一起使用。制图前先将测得的数据分成若干组，求出每组的 $\bar{x}$ 和 R（$R=$ 最大值－最小值），然后按以下步骤进行。

步骤1：求出样品组平均值的平均值（$\bar{\bar{x}}$）和极差平均值 $\bar{R}$。计算公式如下：

$$\bar{\bar{x}} = \frac{\bar{x}_1 + \bar{x}_2 + \cdots + \bar{x}_n}{n} = \frac{\sum_{i=1}^{k} \bar{x}_i}{n} \tag{4-8}$$

式中　$\bar{x}$ ——子样组的平均值；
　　　n ——子样组数。

$$\bar{R} = \frac{R_1 + R_2 + \cdots + R_n}{n} = \frac{\sum_{i=1}^{k} R_i}{n} \tag{4-9}$$

式中　R_i ——子样组的极差值。

步骤2：求出 $\bar{x}$ 图的控制界限。计算公式如下：

$$CL = \bar{\bar{x}} \tag{4-10}$$

$$UCL = \bar{\bar{x}} + A_2 \bar{R} \tag{4-11}$$

$$LCL = \bar{\bar{x}} - A_2 \bar{R} \tag{4-12}$$

式中　A_2 ——由子样组数 n 确定的参数，可查表4-7得到。

表 4-7　控制图系数表

参数 n	A_2	M_3A_2	D_3	D_4	E_2	参数 n	A_2	M_3A_2	D_3	D_4	E_2
2	1.880	1.880	—	3.267	2.660	6	0.483	0.549	—	2.004	1.184
3	1.023	1.187	—	2.575	1.772	7	0.419	0.509	0.076	1.924	1.109
4	0.729	0.796	—	2.282	1.457	8	0.373	0.432	0.136	1.864	1.054
5	0.577	0.691	—	2.115	1.209						

步骤3：确定 R 图的控制界限和中心线。计算公式如下：

$$CL = \bar{R} \tag{4-13}$$

$$UCL = D_4 \bar{R} \tag{4-14}$$

$$LCL = D_3 \bar{R} \tag{4-15}$$

式中系数 D_3、D_4 的大小取决于子样组内的样品数 n，参见表 4-7。由于极差 R 是正值，所以控制图主要是上控制界限和中心线，下控制界限可不标出。

步骤 4：将样品组的各平均值和极差值，分别用点描在图上，然后将各点连接成折线。

【例 4-3】 现测得某零件的铸件重量的各子样 x 值如表 4-8 所示。试绘制控制图。

表 4-8 某零件的铸件重量测量数据表

子样号	抽样时间 测量值	6点 x_1	10点 x_2	14点 x_3	18点 x_4	20点 x_5	平均值 $\bar{x}$	极差 R
1		14.0	12.6	13.2	13.1	12.1	13.00	1.9
2		13.2	13.3	12.7	13.4	12.1	12.94	1.3
3		13.5	12.8	13.0	12.8	12.4	12.92	1.1
4		13.9	12.4	12.5	13.1	12.0	13.18	1.5
5		13.0	13.0	12.1	12.2	13.3	12.72	1.2
6		13.7	12.0	12.5	12.4	12.4	12.60	1.7
7		13.9	12.1	12.7	13.4	13.0	13.02	1.8
8		13.4	13.6	13.0	12.5	13.5	13.18	1.2
9		14.4	12.4	12.2	12.4	12.5	12.78	2.2
10		13.3	12.4	12.6	12.9	12.8	12.80	0.9
11		13.3	12.8	13.0	13.1	12.8	13.04	0.5
12		13.6	12.5	13.3	13.5	12.8	13.14	1.1
13		13.4	13.3	12.0	13.0	13.1	12.96	1.4
14		13.9	13.1	13.5	12.6	12.8	13.18	1.3
15		14.2	12.7	12.9	12.9	12.5	13.04	1.7
16		13.6	12.6	12.4	12.5	12.2	12.66	1.4
17		14.0	13.2	12.4	13.0	13.0	13.12	1.6
18		13.1	12.9	13.5	12.9	12.1	12.92	1.2
19		14.6	13.7	13.4	12.2	12.5	13.28	2.4
20		13.9	13.0	13.0	13.2	12.6	13.14	1.3
21		13.3	12.7	12.6	12.8	12.7	12.82	0.7
22		13.9	12.4	12.7	12.4	12.8	12.84	1.5
23		13.2	12.3	13.1	12.7	12.6	12.78	0.9
24		13.2	12.8	12.3	12.6	12.7	12.74	0.9
25		13.3	12.8	12.2	12.3	13.0	13.72	1.1
	合 计						323.5	33.8

解： 步骤 1 先求出各子样组的平均值 $\bar{x}$ 和极差 R。

步骤 2 再求各子样平均值 $(\bar{x}_i)$ 的平均值 $(\bar{\bar{x}})$ 和极差 (R_i) 的平均值 $(\bar{R})$；

$$\bar{\bar{x}} = \frac{\sum \bar{x}_i}{k} = \frac{323.5}{25} = 12.94$$

$$\bar{R} = \frac{\sum R_i}{k} = \frac{33.8}{25} = 1.35$$

步骤 3 确定 $\bar{x}$ 图中心线及上下控制界限：

$$CL = \bar{\bar{x}} = 12.94$$

$$UCL = \bar{\bar{x}} + A_2 \bar{R} = 12.94 + 0.557 \times 1.35 = 13.719$$

$$LCL = \bar{\bar{x}} - A_2 \bar{R} = 12.94 - 0.557 \times 1.35 = 12.161$$

步骤 4 确定 R 图的中心线及上控制界限：

$$CL = \overline{R} = 1.35$$
$$UCL = D_4\overline{R} = 2.11 \times 1.35 = 2.84$$

步骤5 绘制 $\bar{x}$-R 控制图，如图4-13所示。

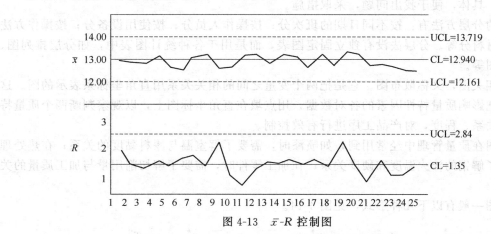

图4-13 $\bar{x}$-R 控制图

（2）控制图的观察和分析。控制图是通过图中各点的分布能迅速判断工艺过程是否处于控制状态。如果各点全部落在控制界内，又无排列缺陷，可以判断生产过程处于稳定状态。如果有测量点出了控制限，或虽未越限，但排列有缺陷，则表明生产过程不稳定或有异常因素干扰，应查明原因，采取措施，使生产过程恢复正常。

异常性判断标准有以下几点。

① 测量点超出控制界限（含在控制界限上）。

② 屡屡接近控制界限，即连接3点中至少有2点；连续7点中至少有3点；连续10点中至少有4点。

③ 点子连续在中心线一侧不少于7点。

④ 11点中至少有10点在中线一侧，14点中至少有12点在中线一侧，17点中至少有14点在中线一侧。

⑤ 连续6点中至少有5点在1σ之外。

⑥ 连续不少于7点上升或下降。

⑦ 连续11点集中在中心线附近$\pm\sigma$之内。

⑧ 出现周期性的变化。

稳定性判断的标准有几点：

① 连续25点在控制界内，无出界点；

② 连续35点最多有1点出界。

5. 调查表、分层法、相关图

（1）调查表法是利用统计表进行数据整理和分析原因的一种工具。其格式多种多样，一般随调查的目的不同，而有所区别，常用有以下几种。

① 调查缺陷位置用的统计表，每当缺陷发生时，将其发生位置标记在产品示意图上，经过若干次统计，可找到产品缺陷位置的出现规律，产生缺陷的具体原因，有针对地加以改进。

② 工序内质量特性分布统计表，可帮助我们大致了解质量分布状况，判断工序内产品质量是否稳定，如直方图中的频数分布统计表。

③ 按不合格项目分类统计表，如排列图法中的不合格产品分类统计表。

④ 其他还有调查效果统计表，出现问题采取措施对策表等。

（2）分层法，又称分类法，是一种把收集来的原始质量数据按照不同目的加以分类整理，以便找到影响产品质量的具体因素。通过分层剥皮，层层深入，使数据反映的事实暴露更加明显、具体，便于找出问题，采取措施。

常用的分层方法有：按不同日期的班次分；按操作人员分；按使用设备分；按操作方法分；按原材料分等。分层法没有独立固定图表，而是用于各种统计图表中，如分层排列图、分层直方图等。

（3）相关图，又称散布图。它是把两个变量之间的相关关系用直角坐标系表示的图。这种方法是把影响质量特性因素的各对数据，用点填在直角坐标图上，以观察判断两个质量特性之间的关系、程度，对产品工序进行有效控制。

相关图在质量管理中经常用到，如喷漆时，需要了解室温与漆料黏度的关系；在热处理时，需要了解钢的淬火温度和硬度关系；在加工零件时，需要了解切削用量与加工质量的关系等。

相关图一般有以下几种形式，见图4-14。

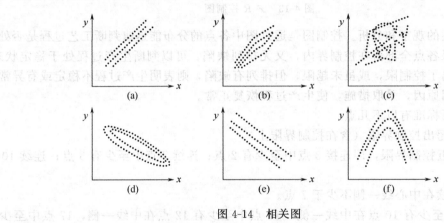

图4-14　相关图

① 强正相关（x变大，y也显著变大）如图（a）。
② 弱正相关（x变大，y也大致变大）如图（b）。
③ 不相关（x与y之间没有关系），如图（c）。
④ 弱负相关（x变大，y大致变小），如图（d）。
⑤ 强负相关（x变大，y显著变小），如图（e）。
⑥ 非线性相关（x与y不成直线关系），如图（f）。

通过观察分析相关图，得知两因素之间的关系和紧密程度。如强正相关，只要把因素x抓紧，结果y也就得到控制；如两者没有关系，分析问题时，要分开加以研究。

第三节　设备管理

设备是在生产和再生产过程中使用的各种装备和机器的总称，它是构成社会生产力的重要因素，是企业重要的物质技术基础。设备管理是对设备运动全过程的管理。设备管理的内容包括正确选择设备，合理使用、维修设备和改造更新设备。加强设备管理对保证企业正常生产秩序、提高效益、促进技术进步都具有十分重要的作用。

一、设备的选择与评价

设备的选择与评价也是对设备进行技术经济分析、选优的过程。选择设备时应遵循的原则是技术上先进、经济上合理、生产上实用。具体应考虑以下因素。

(1) 设备的生产性　是指设备的生产效率。一般以单位时间的产品产量对原材料处理量来表示。

(2) 设备的可靠性　是指设备对产品质量（或工程质量）的保证程度。可靠性就是在规定时间内，在一定使用条件下，无故障实现规定功能的概率。

(3) 设备的维修性　是指设备或零部件具有易于维修的特点，可以迅速拆卸、易于检查、便于修理，零部件的通用化、标准化程度高。

(4) 设备的操作性　是指操作方便、结构简单、组合合理，有适合环境的能力，能提供良好的劳动条件。

(5) 设备的节能性　是指设备节约能源的性能，一般以设备单位开动时间的能源消耗来表示。如小时耗油（电、气）量小，热效率高，能源利用率高。

(6) 设备的耐用性　是指设备的使用寿命，一般以设备的使用年限来表示。它既包括自然寿命期，也包括无形磨损因素。

(7) 设备的成套性　是指设备性能、能力等方面的配套程度要高（包括单机配套、机组配套和项目配套）。

(8) 设备的通用性　是指一种型号的设备适用性要广，即要求设备标准化、通用化、互换化程度高。这有利于设备的检修，备品配件的储备，可以节省设计、制造和维修费用。

(9) 设备的安全性　是指设备的安全保障性能和预防事故的能力。要求设备具有安全防护设施，如配备超压泄放装置、自动停车装置等。

(10) 设备的环保性　是指设备对排污、噪声、振动的控制能力。不发生二次污染，要求配备相应的治理污染的附属设备和配套工程。

上述设备的技术因素，在具体选择时不可能全部满足，企业要结合实际、权衡利弊、妥善决定设备选择方案。

二、设备的使用与维护

1. 设备使用前的管理
新设备在投入使用前必须做好下列工作。
① 设备编号、填写设备台卡，建立台账；
② 编制设备操作规程和技术规程；
③ 对操作人员进行技术培训、严格考核、合格后发上岗证；
④ 准备维修保养工具，绘制润滑图和卡片；
⑤ 全面检查设备性能和安全装置，清点附件，办理交接手续；
⑥ 合理编制设备能源，油、电、气等物资消耗额。

2. 设备使用过程的管理
一是要做好使用设备的基础工作。
① 合理地配置设备、避免粗机细用、精机粗用；
② 恰当地安排生产任务，根据设备的生产能力制定产量定额；
③ 提供良好的工作条件，使设备的可靠性得到保证；
④ 建立完善的岗位责任制，如工艺操作规程、巡回检查制、设备维修保养制、设备润

滑管理制、交接班制等,并要严格执行、定期检查;

⑤ 配备合格的操作人员,操作工应做到四懂,即懂技术、懂原理、懂性能、懂用途,三会即会使用、会维护保养、会排除故障;

⑥ 完善设备原始记录。

二是做好对设备的维护保养。

① 日常保养。这是操作工每日必须进行的例行保养,执行"五字检查法"(听、换、查、看、闻),"十字维护作业法"(清洁、润滑、紧固、调态、防腐);检查设备有无异常,查看温度、压力、流量、液面等控制;计量系统是否正常;班后清洁,做好记录和交接班工作。

② 一级保养。这是以操作工为主,维修工参加的保养,主要对主要零部件拆卸清洗;对间隙、行程范围进行调整;更换易损标准件;消除已发现的缺陷。一般设备累计运行500小时进行一次一级保养。

③ 二级保养。这是以维修工为主、操作工为辅的保养。主要是对设备进行局部解体检查;更换和维修磨损件;对润滑系统换油;对电气系统检修等。一般设备累计运行2500小时进行一次二级保养。

在设备使用和维护中要认真做好设备润滑工作。按照五定(定点,定质,定量,定人,定时)和三级过滤(油桶,油壶,加油点)的要求进行。对设备的岗位环境做到一平(场地平)二净(门窗、桌椅净)三见(沟见底、轴见光、设备见本色)四无(无垃圾、无杂草、无污物、无积水),消除跑、冒、滴、漏,做到设备安全运行、文明生产。

三、设备的修理

(一)设备的磨损与补偿

设备在使用和闲置中都会发生磨损。磨损有两种形式:一是有形磨损,又称实体磨损;二是无形磨损,又称精神磨损。

1. 设备的有形磨损

可分为以下两种。

第一种有形磨损,是指设备在使用中,零部件由于摩擦、振动、疲劳、腐蚀等现象导致设备的实体磨损。这种有形磨损从发展过程看可分三个阶段:第Ⅰ阶段是新设备(或刚大修后的设备)所发生的"初期磨损"期,设备刚使用零件上的毛刺,加工表面不平整,经过啮合运转、摩擦,这段时间很短但磨损很快;第Ⅱ阶段是磨损发生较小的"正常磨损"期,磨损速度缓慢、平稳,设备处于最佳技术状态,设备生产率、产品质量最有保证;第Ⅲ阶段是磨损增长较快的"剧烈磨损"期,由于磨损超过一定限度,零件接触恶化,磨损速度加快,设备性能和精度下降,如不停止使用及时修理,就可能发生设备事故。其规律如图4-15所示。

第二种有形磨损,是指设备在闲置时,由于自然力作用,如空气中的水分、有害气体的腐蚀、零件老化等原因造成的实体磨损,这种磨损与闲置时间成正比。

2. 设备的无形磨损

也可分为以下两种。

第一种无形磨损,是由于设备制造的劳动生产率提高,生产同样机器设备所需的社会必要劳动消耗减少,在成本下降的条件下,出厂价格也不断降低,而使原有设备相对贬值,但这时原设备的技术特征与功能不受影响,只需对原设备进行重新估价。

第二种磨损是由于新发明、新技术、新工艺的应用,出现性能更先进、效率更高的设备,而使原设备价值相对降低,这时旧设备虽然还未达到其使用寿命,还能正常工作,甚至

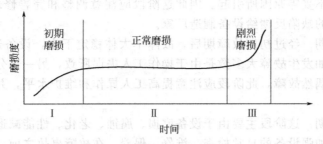

图 4-15　设备磨损规律图

还很"年轻",但它的生产率已大大低于社会平均水平,用新设备来代替旧设备,在经济上是合算的。

3. 设备磨损的补偿

设备磨损的补偿分为实体补偿和价值补偿。实体补偿是从技术上对设备的物质磨损进行修理、改造、更新所作的补偿;价值补偿就是设备的折旧。有形磨损的实体补偿就是修理;无形磨损的实体补偿就是结合修理进行技术改造和更新设备,使设备更加现代化,来提高生产效率。设备的磨损形式及其补偿方式见图 4-16 所示。

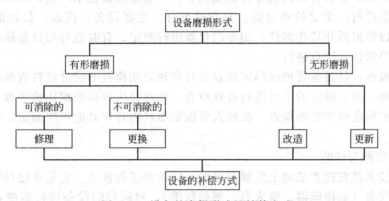

图 4-16　设备的磨损形式及补偿方式

(二) 设备的检查和诊断

1. 设备的故障规律

设备从安装、使用直到报废的整个寿命周期中,故障的发展变化的规律,即为设备的故障规律,其规律的发展变化形状很像一个浴盆的断面,如图 4-17 所示,所以又称浴盆曲线。它主要分为三个阶段。

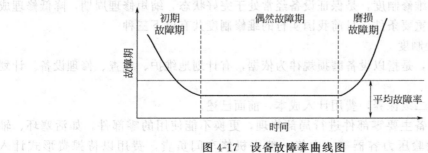

图 4-17　设备故障率曲线图

(1) 初期故障期。这阶段发生的故障大多数由于设备设计、制造与装配的缺陷,操作者不适应，设备安装不妥等原因所引起。因此这阶段应注意调整和完善修理、研究操作方法，并将设计、制造中的缺陷反馈给设备制造厂家。

（2）偶然故障期。经过初期故障期后，故障率大体稳定下来，设备进入正常运转时期，这时故障率最低，如发生故障大多数是由于操作工人失误所致，另一部分是设备本身缺陷或维修不好而引起的偶然故障，此阶段应注意提高工人操作和维护水平，并做好日常维护保养工作。

（3）磨损故障期。这阶段主要由于设备磨损、腐蚀、老化、性能减退、寿命衰竭而引起的故障。这阶段应加强设备的日常检查、维修、保养，在故障事故之前，把损坏的零部件换下来，加强预防检查，执行计划修理和改善修理。

2. 设备检查

设备检查是对设备进行监护的有效手段，是掌握设备性能，及时发现和消除设备隐患，防止突发故障和事故，保证设备正常运行的重要环节。设备检查一般有以下三种方法。

（1）日常检查，又称巡回检查。由操作人员或专职保养人员按规定的巡查频率、检查项目（包括异音、漏油、振动、油压、气压湿度等），用规定的仪器与工具进行检测，并将处理结果作如实记录。

（2）定期检查。按设备运行规律作定期检查，一般由设备技术人员、维修人员与操作人员组成按月或季进行。主要检查易损、易腐蚀部件，主要设备、仪表、仪器的灵敏度和精度，必要时可以停机拆开某些部件，用专门仪器进行测定。有时也可与设备运行考核（如故障率、泄漏率等指标）结合进行。

（3）专项检查，是设备管理部门依据设备日常和定期检查的统计资料或根据本行业同类设备发生的问题，研究确定的项目进行特殊检查。如对高压容器的探伤检查等。当发生重大事故，为查明原因也属于专项检查。参加人员依据项目内容和紧迫程度而定。一般由主管部门或行业主持。

3. 设备的监测与诊断

设备监测技术是在检查基础上发展起来的一门新兴工程技术。它是通过科学方法在设备上安装仪器、仪表（如传感器；放大器、测振仪等），对运行的设备进行监测，全面准确掌握设备的磨损、老化、劣化、腐蚀的部位和程度，获得各种数据，并可早期跟踪和预报。设备诊断是将监测数据进行分析、判断，提供故障预兆，预测故障可能发生的部位、时间和严重程度，以便及早采取措施，防止故障发生。这样做可以将定期维修改变为有针对性的预知维修，并可减少盲目拆卸给设备带来损伤，又可减少停机、停产带来的经济损失。状态监测方法很多，有温度监测、润滑监测、振动监测、腐蚀监测、裂缝壁厚监测等。

（三）设备的维修制度

合理地确定设备维修制度，是保证设备经常处于完好状态，缩短修理周期，降低修理成本和提高修理质量的重要条件。目前我国实行的维修制度共有以下三种。

1. 计划预防修理制度

简称计划预修制，是指以设备磨损规律为依据，有计划地维护、检查、修理设备。计划修理可分以下几种。

（1）小修，类似二级保养，费用计入成本，前面已述。

（2）中修，对设备主要零部件进行局部修理，更换不能使用的零部件，如活塞环、轴承、修理防腐层、检验压力容器等。中修一般由机修车间负责，费用以待摊费形式计入成本。

（3）大修，要求恢复设备精度、性能、生产效率，更换已磨损、腐蚀、老化的零部件，如更换衬里、防腐层、保温层等，设备大修可将设备拆离基础送机修车间修理，经费由预提费用支出。

(4) 全厂停车大检修，是指一年一度全厂停车，进行系统检修，通过对设备管道吹净、清洗、除垢、检测，以达到清除设备、管道、建筑物的缺陷，搞好防腐、保温、消除跑冒滴漏，改善厂容厂貌，结合检修进行设备改造。它关系到企业下一个运转周期产量、质量、成本、安全、环境能否改善，是化工企业的一件大事。

计划修理方法有以下三种。

(1) 检查后修理法，是根据零部件的磨损资料，待检查后再确定修理类别和内容。此法简便易行，修理费用低。缺点是不便于修理前准备，停机时间较长。通常对不重要的设备采用此法。

(2) 定期修理法，是据设备的实际使用情况和磨损资料，大体规定修理日期、类别和内容，在每次修理前再检查作详细规定。此法优点是便于做好修理准备，有利于采用先进修理工艺，缩短修理时间。

(3) 标准修理法，又称强制修理法，是根据设备的实际使用情况、磨损规律和零件使用寿命，明确规定检修日期、类别和内容，到了规定时间，不管设备技术状态好坏，都要严格按计划强制修理，零件也要强制更换。此法优点是能做好修理准备，组织工作较简单。但事先确定零件使用寿命难以切合实际，强制更换零件，加大修理成本，此法一般用于关键设备。

2. 计划保修制度

是一种以预防为主，防修结合的设备维修制度。主要特点是以操作工人承担设备日常维护、保养，并使其制度化。制度内容各行业不尽相同，有三保（例行日保、一保、二保）二修（中修、大修）、三保一修等。

3. 预防维修制度

它是以设备故障理论和规律作为维修基础。维修方法主要如下。

(1) 日常维修，含日常保养、日常检查和定期检查。

(2) 事后维修，是对非重点设备实行故障后修理，或对突发故障进行修理，它属于非计划修理。

(3) 预防维修，是指对重点设备进行预防修理。

(4) 生产维修，是事后维修和预防维修相结合的维修方式，即非重点事后维修，重点设备预防维修。目的是既保证生产需要，又节约修理费用。

(5) 改善维修，即结合修理对设备进行改装、改造，如将单台设备联成生产线，改机动为自动等。

(6) 预知维修，也称预报维修。它是在监测技术基础上针对性强的维修方式。

(7) 维修预防是在设备设计和制造时，就考虑到设备的可靠性、维修性和经济性。

四、设备的改造与更新

(一) 设备的寿命

设备从投入使用到报废止所经历的时间称为设备寿命。设备寿命有如下三种。

(1) 物质寿命又称自然寿命或物理寿命　是指设备从投入使用到报废所经历的全部时间，设备的物质寿命取决于设备的制造质量、使用状况和维修工作。

(2) 技术寿命　是指设备从投入到因技术落后而被淘汰所经历的时间。由于科学技术飞速发展，设备技术寿命趋于缩短，通过用新技术对设备进行改造，可以延长其技术寿命。

(3) 经济寿命　又称价值寿命。是指设备从投入使用到由于有形、无形磨损使其在价值形态上失去使用价值所经历的时间。设备的经济寿命由其使用成本（维持费用）决定，当使用成本过高时，就应当淘汰。

设备的三种寿命周期可能一致，在科技飞速发展的时代，其技术寿命和经济寿命往往大大短于其物质寿命。显然设备的更新取决于设备的经济寿命。

（二）设备的改造

设备改造是工业技术改造的主要内容之一，它是运用最新科技成果和先进经验，改变原有设备的结构，改装或更换新部件、新装置、新附件，以改善和提高设备性能、精度、效率和可靠性，减少消耗和污染。主要目的是补偿设备的无形磨损。在修理与改造相结合时，也补偿设备的有形磨损。

1. 设备改造的意义

由于我国资金尚很缺乏，工业企业不可能投入大量资金满足大量更新的要求，为加速企业的技术进步，较适宜的措施是走技术改造道路，加强设备的改造实际上是实现设备局部更新，而所需的投资一般的比更新少，而且具有很大的针对性和适应性，并可与工艺改造紧密结合，大大提高生产效率和产品质量，降低消耗，节约成本和改善环境。另外由于设备改造周期较短，有利于企业产品更新换代，可以利用设备大修时进行，能节约时间。

2. 设备改造原则

设备改造应遵循以下原则：①针对性，即要从生产实际出发，针对生产中的薄弱环节确定设备改造项目；②先进性，通过设备改造，尽量达到国内外先进技术水平，防止"复制古董"；③可能性，设备改造一定要有充分把握，采用新技术要经过实践证明确定可行；④经济性，通过设备改造要有实实在在的经济效益，力求以较少的投入获得较大的产出。

3. 设备改造管理

设备改造内容有编制设备改造规划，选定改造项目，对项目进行技术经济分析，进行技术物资准备，筹集资金，检查执行情况，投产鉴定等。由于技术改造涉及面广，要求企业在厂长与总工程师主持下，各职能部门能力合作，完成改造任务。

（三）设备的更新

设备更新是彻底消除有形与无形磨损的手段，即采用结构更先进，技术更完善，效率更高，性能更好，耗费更少，寿命周期费用更经济的新型设备来代替落后、低效的老旧设备。

1. 设备更新原则

必须对设备更新方案进行技术经济分析，要根据经济效益确定方案是否可行，不能简单按设备役龄划线；设备更新要以提高性能为主要目的，应以新型、高效、优质、低消耗的先进设备不淘汰落后设备；设备更新的主要依据应是设备的经济寿命。

2. 设备更新周期的确定

设备更新时，首先要确定设备的最佳使用期，设备的最佳使用期应由经济寿命决定，计算经济寿命的方法很多，常用的是低劣化数值法，现介绍如下。

随着设备的无形和有形磨损的日益加剧，设备的维修费、燃料动力费及停工损失等不断增加，这就叫低劣化。

设：设备原始价值为 S_0，使用年限为 n，设备的低劣化以每年 λ 元的增值增加，如使用后的残值为零，则设备的经济寿命 T，即最佳更新年限可按下式计算：

$$T = \sqrt{\frac{2S_0}{\lambda}} \tag{4-16}$$

【例 4-4】 设某设备原值为 30000 元，设备每年增加的维修费（即低劣化数值）为 1000 元，试求该设备的经济寿命。

$$T=\sqrt{\frac{2S_0}{\lambda}}=\sqrt{\frac{2\times 30000}{1000}}=7.74\text{年}\approx 8\text{年}$$

如逐年计算,也可得到同样的结果,如表 4-9 所示。

表 4-9 某设备经济寿命计算表

使用年限	年平均设备原值/元 S_0/n	年平均低劣化数值/元 $(n+1)\lambda/2$	年平均设备总费用/元	使用年限	年平均设备原值/元 S_0/n	年平均低劣化数值/元 $(n+1)\lambda/2$	年平均设备总费用/元
1	30000	1000	31000	6	5000	3500	8500
2	15000	1500	16500	7	4286	4000	8286
3	10000	2000	12000	8	3750	4500	8250
4	7500	2500	10000	9	3333	5000	8333
5	6000	3000	9000	10	3000	5500	8500

从表 4-9 中可见年平均总费用最低是 8 年,与公式计算相符合。此例未考虑利息因素。

五、现代设备管理理论

1. 设备综合工程学

设备综合工程学是一门以设备整个寿命周期为研究对象,以提高设备效率,使其寿命周期费用最经济的综合性科学。

设备综合工程学是在设备维修基础上,继承设备制造技术的成果,吸取企业现代管理的理论,如系统论、控制论、信息论等,自 20 世纪 70 年代发展起来的一门新兴学科,它有以下五个特点。

① 把寿命周期费用作为全面评价设备工作的重要经济指标,并追求最经济的寿命周期费用。

② 是一门把工程技术、财务、管理等各方面的因素结合起来,对设备进行全面研究的边缘科学。

③ 重点研究设备的可靠性、维修性,目标是达到设备的无维修设计,也就是在设备设计阶段要考虑设备的可靠性和维修性,以达到在使用阶段维修费用最少的目标。

④ 把设备的寿命周期作为研究和管理的对象,即对设备实行全过程管理,把系统论的观点应用在设备管理上,努力提高设备全系统的机能,使设备在生产中发挥最大的作用。

⑤ 设备使用部门及时准确地把设备在使用中的情况反馈给设备设计制造部门,以便改进设备的设计制造,进行信息反馈的管理,是设备综合工程学的重要内容。

2. 全员生产维修制度

全员生产维修制度是日本在学习美国预防维修的基础上,又吸取了设备综合工程学的理论,逐步发展起来具有代表性的一种现代设备管理制度。

全员生产维修制度的要点是:①把提高设备的综合效率作为目标;②建立以设备终身为对象的生产维修总系统;③涉及设备的规划研究、使用、维修等部门;④从企业最高领导人到第一线的操作工人都参加设备管理;⑤加强生产维修、保养等思想教育。

全员生产维修制度的基本特点是实现"三全"——全效率、全系统、全员参加。

(1) 全效率 又称设备的综合效率。它是指设备整个寿命周期的输出和输入之比。计算公式是:

$$\text{设备综合效率}=\frac{\text{设备的输出}}{\text{设备的输入}} \tag{4-17}$$

式中的输入是指设备的寿命周期费用;输出是指产量高、质量好、成本低、按时交货、满足安全、改善环境和劳动者有较高的积极性等几个方面。

(2) 全系统 是以设备寿命周期对象,进行系统研究与管理,并采取相应的生产维修方式。它要求:在规划时采取系统研究;设计制造时采用维修预防;使用时按重要性不同对设备的不同类别和设备不同部位分别实行预防维修、改善维修和事后维修。

(3) 全员参加 是指与设备有关的全部人员和部门都参与设备管理活动。从横向看含规划、设计、制造、安装、使用、维修、改造和更新等部门人员;从纵向看含从最高领导人到生产工人。全员发动,最大限度调动所有参与设备管理人员的积极性。

第四节 安全与环境保护管理

一、化工生产的特点

化工生产与其他工业生产相比,客观上存在着较多不安全因素,也是各类安全事故多发易发的行业,化工生产的条件一般处于高温、高压、低温、负压、易燃、易中毒、易腐蚀、放射性物质多、粉尘多的环境中。如电石炉炉温可达 3000℃ 以上;高聚乙烯生产压力达 1.5×10^5 kPa 以上,低温至 -190℃。这些特点决定着化工生产必须高度重视安全管理工作,在关键部位的操作稍有不慎,就可能酿成灾难性的后果。例如 1984 年 12 月美国联合碳化物公司在印度中央邦首府博帕尔市的一家农药厂,泄漏 45 吨甲基异氰酸醋剧毒物,造成震惊世界的惨案,短短几天使 2500 人丧生,4000 多人濒于死亡边缘,近 20 万人受到不同程度的毒害,5 万人可能双目失明。估计有 10 万人终身致残。空气、水都受到严重污染,工厂无限期停产,造成的损失难以估量。在化工日常生产中,如果生产组织不合理,操作失误,设备检修质量不好或材质选用不当,违犯岗位责任制,不按安全规程办事,都可能发生燃烧、爆炸和中毒等人身、设备和操作事故。化工生产一旦发生类似事故,其损失往往是很严重的。如 1979 年某化工厂液氯瓶爆炸死亡 59 人,住院治疗 770 多人;1980 年某化工矿山发生山崩死亡 285 人。

上述事例说明,化工生产必须遵循化工生产过程的客观规律,高度重视安全管理工作。才能保证生产的顺利进行。

二、安全管理

安全为了生产,生产必须安全。这是工业生产多年积累的经验,安全管理是企业管理的重要组成部分。企业安全管理工作的方针是"安全第一,预防为主"。企业安全管理的根本任务是:发现、分析和消除生产中的危险事故因素,防止事故发生和职业病,避免各种损失,不断改善工人的劳动条件和劳动环境,确保劳动者的健康,促使企业生产顺利发展,不断提高经济效益。

(一) 安全事故预防管理

1. 开展安全教育

教育职工提高对安全生产的认识,学习安全知识和安全管理制度,使企业内人人关心安全、人人熟悉安全知识和安全管理制度内容,实现企业的安全生产。教育内容主要有生产技术知识教育和遵守安全生产规章制度教育。教育的方式是三级教育,即厂级、车间级和岗位级教育,包括转岗、上岗前教育;对某些特殊工种的专门训练和安全技术教育等。教育后要考核，考核成绩应记入个人业绩档案，不合格者不准上岗。

2. 建立安全管理制度

安全管理制度包括：①预防性制度，如安全教育制度、安全责任制度及安全规程等；②安全状况及事故分析制度；③安全事故处理、避险和救护制度等三大类。安全管理制度是进行安全管理的依据，是科学管理的体现，具有企业法规作用。所有制度都必须规定责任，包括行政责任、经济责任和法律责任。

3. 建立安全保证体系

安全保证体系包括：①安全责任体系；②安全措施体系；③安全信息体系；④安全监督检查体系。安全体系的运行，应由企业安全管理部门牵头，以定期评审为内容，实行强化管理。安全保证体系如果存在问题并且严重到一定程度，经主管部门确认，对生产运行有否决权。

4. 安全技术开发

这是预防工作的重要内容，只有开发高水平的安全技术，才能确保安全生产有根本的保证。化工企业常见的安全技术有自动报警、自动停车、自动灭火、自动减压防爆、各种不安全因素的自动检测计量技术等。安全技术开发研究的目的是，根据不安全因素产生的原因、危害程度，从根本上予以消除，如改进工艺、改造设备、改变操作技术等。暂时不能消除的不安全因素，要有可靠的检测、报警和人身防护设施等安全技术措施。

（二）化工企业事故分类及其分析处理

1. 化工企业事故分类

（1）按其发生原因可以分为：①生产操作事故，指由于违反操作规程或操作技术水平低造成的事故；②非生产操作事故，指由于设计、设备、工艺技术本身不完善造成的事故。

（2）按事故的结果可以分为：①生产事故，指严重影响产品产量、进度的事故；②设备事故，指引起设备损坏的事故；③质量事故，指造成严重质量降低、废品率提高的事故；④人身事故，指造成人身伤亡的事故。这几种事故可能同时存在。

（3）按事故本身的技术性质可以分为：①燃烧事故，指事故的过程主要是发生火灾；②爆炸事故，指事故的过程主要是爆炸；③中毒事故，指事故的过程主要是人员中毒。

（4）按肇事者主观目的可分为：①责任事故，指肇事者不是出于故意的失职、违章造成的事故；②政治事故，指肇事者是出于故意的、有目的、有计划的破坏造成的事故。

2. 安全事故的分析和处理

发生了事故必须分析原因，吸取教训，做到"三不放过"。即：事故原因分析不清不放过；事故责任没有被追究，群众没有受到教育不放过；没有建立防止再发生的技术管理措施不放过。

事故分析首先要找出其发生的直接原因和间接原因，制定出防范措施，防止类似事故的重复发生；其次要找出发生的主要原因和次要原因，以分清责任，按照法律和制度进行处理，达到教育的目的；再次要提出分析处理报告，按有关规定逐级上报，并归档保存。

事故树分析法，简称FTA（Fault Tree Analysis）法，是安全分析的有效方法。该法不但可以用来分析重大恶性事故的原因关系，还可以用于危险性评价、事故预测、事故调查和沟通事故情报等。事故树是由各种事件符号及与其连接的逻辑关系组成的，表示导致灾害事故的各种因素之间的逻辑关系图。如图4-18所示。

事故树分析是由上面下系统检查分析可能存在的安全问题的真正原甲，也可以由下而上逐一对各种不安全因素采取技术管理措施，阻断导向事故的路线。这种分析法结合建立安全责任制，有利于建立企业完善安全保障体系。

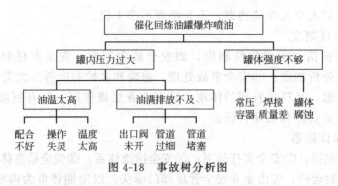

图 4-18 事故树分析图

（三）化工企业的防火、防爆、防毒措施

1. 防火

（1）燃烧本质 燃烧是一种放热发光的化学反应，燃烧必须同时具备以下三个条件：要有可燃物；要有助燃物，除空气中的氧外，还有氯、溴、氯酸钾、高锰酸钾、过氧化钠等；要有火源，如明火、摩擦、冲击、化学能、电火花、静电、聚集的日光等。

（2）防火措施 生产装置区内禁止一切明火出现；生产区、罐区、照明必须安装防爆灯；各种油泥、纸袋、木屑等易燃物品，要放在规定地点；不能在高温设备管线上烘烤衣服；不准用汽油擦洗设备；不准将引火物带入厂内（打火机、火柴等），严禁吸烟；不准穿钉鞋入厂，液化气罐区夏季要淋水冷却。严格遵守用火规定，生产区一般严禁用火，特殊情况用火，必须经过逐级上报批准，采取完善的安全措施，设专人监火，每次用火完毕要清理现场，熄灭一切残火。掌握科学灭火方法，一般有隔离法、窒息法、冷却法（使用灭火剂）和抑制法（即化学灭火）。

2. 防爆

（1）爆炸 凡是发生瞬间的燃烧，同时生成大量热能和气体，并以很大的压力向四周扩散的现象，叫做爆炸。爆炸分物理爆炸和化学爆炸两种：物理爆炸是压力设备、压力容器内介质由于某种原因，压力上升，超过设备、容器所能承受的压力而破损引起的爆炸；化学爆炸是指可燃易燃液体、蒸发出的气体遇火或静电火花，发生急剧燃烧释放出大量的热能而引起爆炸。

（2）爆炸的发生 化工生产的爆炸原因非常复杂，由于操作条件在高温、高压，多种溶剂及介质和各种腐蚀等情况进行，当操作条件突然发生变化，如蒸汽锅炉断水、炉管结焦、炉管破裂、停水、停电、停风引起设备超温超压、引起爆炸；可燃气与空气混合引起爆炸；氧气与油类接触造成爆炸；静电作用爆炸；设备接地不好，以至打出火花，造成起火爆炸等。

（3）防爆措施 安装各种防爆安全预警装置，严格限制和监测可燃物的含量；消除形成爆炸性混合物的条件；消除火源，防止爆炸的发生；防止爆炸发展成爆轰，以减少损失等。

3. 防毒

（1）中毒现象 化工生产的原料、中间物料、产品，一般对人体都有不同程度的毒害作用。当设备密封不好或操作不当，逸散出来则有害于人体健康，这种工业毒物侵入人体后，中毒程度随数量、作用、时间及个人健康程度而异。急性中毒，往往造成人身死亡或造成严重致残。有些较重的易挥发的化工产品的油气，由于比空气重，大部分沉积在地面附近，对人体更加重了毒害作用，油气浓度大时，人呼吸久了会丧失知觉，造成慢性中毒，症状是恶心、呕吐、头痛。含硫原油炼制过程中，逸出硫化氢，危害性较大。有些轻质油晶使人皮肤发炎。苯和甲苯中毒多为慢性中毒，轻者头痛、头晕、全身无力、失眠、记忆衰退，重者损坏造血器官和神经系统。

(2) 防毒措施　上述中毒现象，在采取积极预防措施后是完全可以避免的。如检查设备和管线密封情况，防止泄漏；操作室、泵房保持通风排毒；进入可能散发有害物质和气体的封闭场所（如塔釜、油罐等）一定要用蒸汽彻底吹扫；接触毒性较大的物质，要站在上风，并配戴防毒面具；在室内可以采取隔离操作；掌握中毒急救方法等。此外化学品氰化物（如氰氢酸、氰化钾、氰化钠等）有剧毒，在生产储运操作中，要有极其严密的防护措施。

三、环境保护管理

（一）环境污染及危害

环境保护是运用现代环境科学理论和技术为保护人类赖以生存发展的自然环境而开展的工作。其任务是在合理利用自然资源的前提下，有计划地预防环境质量的恶化，控制环境污染，促进人类与环境平衡、协调地发展。环境污染是指人类在生产和生活过程中将有害物质排入自然环境，当有害物质的数量超过生态系统本身的调节能力，引起环境要素发生变化，破坏生态的机能和平衡，使生物赖以生存的自然环境恶化。

化工行业是主要污染环境源，化工生产过程的排放物，不但三废俱全（废水、废气、废渣），而且数量大，成分复杂，所含有害物质较多。根据化工部1992年环保工作会议资料统计，化工生产排放的三废，分别占全国工业排放"三废"总量的20%，15%，8%，排放的氰、酚、汞、砷等剧毒物质排在各行业之首。例如每生产1吨纯碱，要排放含有少量纯碱和石灰石粉尘的废气50～150kg，含氯化钙和氨的废水10吨及含氯化钙的废渣300kg。每生产1吨乙醛，排放含乙醛和二氧化碳的废气$1m^3$（乙醇脱氢或氧化法），含有机酸、醛及酯类的废水$250m^3$。根据农药、染料、氯碱、铬盐、电石等五个产品的统计，总共生产610种产品，产量349万吨，合计消耗各种原料一千多万吨。也就是说有1/3的原料变成了产品，其余的2/3变成了"三废"。加上我国不少化工企业工艺落后，生产技术、管理水平低，对资源和能源的利用率很低，浪费也是惊人的，如我国化工产品原料消耗一般比国外高10%～20%，能源消耗一般比国外多20%～30%，因此，"三废"排放量大是可想而知的。

污染严重对人类和环境的危害极大。首先，环境污染对人体造成巨大的危害。扩散在大气中的粉尘是人类健康的大敌，这些只有$0.5～5\mu m$的飘尘通过呼吸系统直达人的肺部。据分析有些飘尘的表面有致癌性较强的芳香族碳氢化合物二氧化硫刺激上呼吸道，使人呼吸不畅，气管缩小，血液中球蛋白代谢紊乱，也可使肺细胞壁纤维组织增厚，严重时形成肺气肿。水体污染对人体危害可分两类：其一，人饮用水中的有害物质，引起各种疾病。如甲基汞中毒引起的水俣病等，据统计世界每天有25000人由于水体污染致癌或死亡。其二，因水体污染而产生致病微生物，发生以水为媒介的传染病，如造成伤寒、霍乱、疟疾等。据记载18世纪英国泰晤士河被污染，伦敦发生4次霍乱流行病，仅1894年一次死亡14000多人。其次，环境污染对工农生产和水资源的危害严重。据统计由于水污染造成粮食减产每年达25亿千克，被污染的粮食达50亿千克。大气污染使植物叶面枯萎脱落，使生物生长发育能力减弱，降低对病虫害的抵抗能力。由于水的污染，全国淡水鱼捕捞量以每年20%～25%直线下降，很多江河鱼类已经绝迹。

（二）化工企业防治环境污染的途径和措施

近年来，许多化工企业加大治理"三废"力度，创建了不少无泄漏工厂、清洁文明工厂，明显改变了环境面貌。凡取得治理成果的企业的特点是领导重视，把清除污染看成企业不可推卸的责任，舍得花气力，下工夫，这条经验已成为治理工作能否取得成效的关键和前提。化工企业治理环境污染常采用下列几种主要途径。

1. 结合技术改造治理"三废"

化工企业的污染物主要来源于落后的生产工艺和设备，表现在原材料消耗高或工艺路线选择不合理。如农药行业生产1吨产品，平均消耗4吨原料，据此估算每年有60万吨原料变成"三废"。因此首先要努力提高原料利用率，否则等原料变成"三废"后再治理，就得付出更大代价。所以治理"三废"必须要从头抓起，企业应把消除污染作为技术改造的重要内容，采用新技术、新工艺、新设备，把原料最大限度地转化成产品，使生产过程不出或少出三废。

2. 增强环保意识，做好预防工作

经验告诉我们，污染容易治理难，治理需要较长时间，代价大，而且很难取得良好效果。因此，除根本上消除和减少污染外，必须加强日常环保管理。为此要做好以下工作。

（1）建立健全组织机构和规章制度。不仅大型化工企业，中小型企业也应建立专门环保管理机构，配备具有专业知识的人员负责管理。健全环保规章制度根据国家环保法的精神，结合企业"三废"污染实际，制定环保管理制度，规定治理"三废"目标、期限、效果、措施和责任单位。要制定企业"三废"排放标准和相应的奖惩制度。并设立环保监测日报，建立环保资料档案，定期召开环保工作会议，布置工作、分析事故、采取措施。

（2）加强生产管理。这是减少"三废"，预防污染的重要手段。要不断提高工艺操作水平，杜绝生产事故，精心保养设备，消除跑冒滴漏，并把排废指标纳入工艺规程，指定专人监测。严格控制排放物数量和含量指标。对新建、扩建、改建项目要落实"三同时"方针，即环保项目一定要与主体工程同时设计、同时施工、同时投产。在环保管理中还要贯彻"谁污染，谁治理"原则和征收排污费制度。

3. 综合利用，变废为宝

对排放流失的原材料、中间体和副产品要重视回收和综合利用，在工艺管理上首先要改自由排放为有控制排放，要使"三废"的排放方式、时间、浓度等形态适宜于综合利用。再对含有使用价值的物质，进一步提取或回收作为燃料。这样既可减少污染，又可创造经济价值。如某化肥厂合成氨车间将每天排放的含大量甲烷、氢和少量氨的废气回收利用，供生产生活锅炉作燃料既解决了污染问题，又可每年节约煤炭近万吨。

4. 减少燃料用量，改变能源结构

要采取各种措施减少燃料用量，提高锅炉燃烧效率，停止生产和使用耗能高设备，大量利用工业废热，采用电热联产技术，要制定各类产品在各种工艺设备条件下的能源、水源单耗定额，建立保证定额耗量实现的规定和奖惩制度，要扩大使用煤制气，发展区域供热，尽量减少烟尘对空气的污染。另外要发展和开发使用清洁能源，如太阳能、风能、地热等。

5. 绿化造林

绿化造林不仅美化环境，调节空气温、湿度，调节城市小气候，保持水土，防风治沙，而且在保护环境和净化空气方面有显著作用。

6. 安装净化装置

在采取上述治理措施后，若污染物的排放仍达不到国家规定的环境质量标准，则必须安装各种净化污染物的装置。如治理废气的除尘装置，烟气脱硫装置，废水净化装置，废渣处理综合利用装置等。

最后还应指出，治理污染、保护环境，除技术措施外，应加强环保宣传和思想教育，加大立法、执法力度，奖罚严明。要像培养人们社会公德一样，使人们从小懂得保护环境就是保护人类自己，树立保护环境和改造环境人人有责的社会风尚。

(三) 环境保护管理的指标体系和质量评价

建立指标体系是环境保护走上正规化、系统化的前提。环境保护指标体系主要包括以下指标。

(1) 主要污染物的控制指标　指主要污染物名称、性质、日排放量、流失量等。

(2) 主要污染物处理指标 N　N 值的计算公式是：

$$N=\frac{P-Q}{P} \tag{4-18}$$

式中　P——主要污染物排放量；
　　　Q——主要污染物排入环境量。

(3) 主要污染物排放合格率指标 S　S 的计算公式是：

$$S=\frac{Q-C_b}{Q} \tag{4-19}$$

式中　C_b——合格排放量。

(4) 文明生产、改善环境指标　环境指标包括绿化指标，每个职工占有活动空间指标，噪声指标等。

(5) 综合指标　环境保护的综合指标用"等标污染负荷/万元产值"表示。等标污染负荷用 F 表示，F 的计算公式是：

$$F=\frac{C}{C_0}\times Q \tag{4-20}$$

式中　C——实测污染物浓度；
　　　C_0——排放标准。

可将废液、废气、废渣三者单独计算 F 值，加权平衡计算全企业的 F 值。与产值比，可以反映每万元产值给环境带来的总危害。

环境管理水平高低和效果的好坏，要通过定量的环境质量评价来加以说明。进行环境评价的基本程序是：首先，进行基础性调查，包括对污染源情况、环境监测结果、人体健康状况等；其次，对污染物的运动规律作出定量的描述，如流动扩散路线、方式、存在形态、自然净化所需要时间等；第三要确定环境污染物的极限容量，由此确定环境质量的具体指标；第四要针对污染源的控制原则和途径，分析污染治理方法的合理性；最后对环境质量水平作出综合评价。环境质量评价，可分回顾评价、现状评价和预断评价三部分，包括对环境的历史、现状和未来作出肯定的评价和预断，最后写出评价报告书。环境质量评价是环境保护管理的重要工作之一，它可以给环保工作指出差距，明确努力方向，对建立健全环境保护指标体系都是不可少的。企业在进行这项工作时应当与专职环保机关共同进行。

第五节　价值工程和正交试验法

一、价值工程

在产品设计过程中，必须同时提出几种设计方案，通过技术经济分析，从中选择一个最佳方案。价值工程（VE）是一种新的技术经济分析方法，它既研究技术，又考虑所需的成本，即如何用最低的费用来满足用户对产品的要求，它把技术与经济结合起来，是分析和选择产品设计方案的一种方法。

(一)价值工程的基本概念

价值工程在20世纪40年代起源于美国,美国通用电器公司工程师L.D.迈乐斯等设计产品时,提出一套在保证同样功能的前提下,降低成本的科学方法,先由材料代用开始(用不燃烧纸板代替价格较高的石棉板),而后不断完善成为行之有效的技术,这种技术是一种在确保产品功能的要求下,将不合理的设计、工艺、加工方法和用料等加以改善,使成本得以降低的综合技术分析法。这种技术分为价值工程和价值分析(VA)两个概念,前者是用于新产品开发,后者是用于老产品的改造。

价值工程的提出和应用基于下述的前提。

① 在一定的时间前提下,产品的必要功能应与获得这种功能的必要耗费相一致;

② 在现实生产中的产品功能不一定都是必要的,获得这一功能的耗费也不一定必要,功能与获得它的费用并不经常一致。

③ 通过应用科学方法和有组织的活动,对功能和耗费进行定量分析,找出问题,提出改善措施,可以使功能与获得这种功能的耗费接近一致。

这样,价值工程的定义是:通过功能分析,以最低的成本获得必要功能,使产品的价值得到提高的有组织有计划的活动。其核心是功能分析。

可以看出价值工程涉及了价值、功能和成本三个因素。这里讲的价值并非政治经济学中的价值,它是指功能与成本的关系,是从消费者的角度来考虑某种产品的实用价值。即用最小成本,来实现用户最满意的功能,这时其产品的价值也就越高。凡是成本高、费用大,而取得的功能小,则价值就低。因此价值是功能与成本的比值。

功能,是一种物品的具体用途或功用。如灯的功能是照明,手表的功能是计时等。用户购买产品是为了得到产品的功能。功能可分为基本功能和辅助功能,如手表的基本功能是计时,而夜光、报时是手表的辅助功能。我们不是无限地提高产品功能或提高不必要的功能,否则成本太高,而是要求通过较小的成本投入来较大地提高产品的功能,如采用新工艺、新材料等。不仅产品有功能,零部件也有自己的功能。

成本也不同于一般的概念。这里的成本是包括产品开发、制造、销售和使用全部费用在内的总成本,即产品寿命周期费用,它是生产费用和使用费用之和。见图4-19所示。

产品寿命周期费用也与产品的功能有一定的内在关系,一般讲产品功能提高,生产费用上升,使用费用下降。而产品寿命周期费用有一个最低点,如图4-20所示。

产品寿命周期费用 C	
调研、设计、制造	使用、维修
生产费用 C_1	使用费用 C_2

图4-19 寿命周期费用构成图

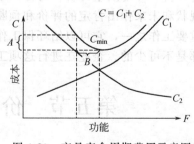

图4-20 产品寿命周期费用示意图

图中 C_1——生产费用曲线;
C_2——使用费用曲线;
C——产品寿命周期费用曲线;
C_{min}——产品寿命周期费用最低点;
A——成本可能下降的幅度;
B——功能可能提高的幅度。

也就是说要以最低的寿命周期费用实现用户所需要的功能,以赋予产品的最高价值。价值工程中产品的价值 V、功能 F、成本 C 三者的关系可用以下公式表示。

$$V=\frac{F}{C} \tag{4-21}$$

从式中可见,价值与功能成正比,与成本成反比,式中的价值 V 是产品开发方案的价值。在评价几个产品设计方案时,以价值高者为优。

提高产品价值的途径有五种基型:

基型Ⅰ,功能不变,成本降低,价值提高。($F\rightarrow$、$C\downarrow=V\uparrow$)。
基型Ⅱ,成本不变,功能提高,价值提高。($C\rightarrow$、$F\uparrow=V\uparrow$)。
基型Ⅲ,成本略有提高,功能大幅度提高,价值提高。($C\uparrow$、$F\Uparrow=V\uparrow$)。
基型Ⅳ,功能略有下降,成本大幅度下降,价值提高。($F\downarrow$、$C\Downarrow=V\uparrow$)。
基型Ⅴ,功能提高,成本降低,价值提高。($F\uparrow$、$C\downarrow=V\Uparrow$)。

(其中箭头 $\uparrow$ 表示提高;$\Uparrow$ 表示大幅度提高;$\rightarrow$ 表示不变;$\downarrow$ 表示下降;$\Downarrow$ 表示大幅度下降。)

(二) 应用价值工程的步骤

1. 选择价值工程对象

首先选择产品对象:①预计销售量较大的产品;②成本较高的产品和高价值的产品;③构造复杂的产品;④调查研究不充分,匆忙投入市场的产品;⑤投入市场的新产品或市场竞争力下降的产品。

选择对象的第二步是选择产品关键零件,其方法有二:一是成本比重法,如一种产品中,少数关键零件占整个产品成本的 50% 以上者。如热水瓶的瓶胆,手表的机芯,照相机的镜头等。如这部分零件的功能提高,成本下降,其价值就大。此法就是把在成本中占有较大比重的零件选出来,作为价值工程的分析对象。二是功能重要程度比重法,具体做法可用 01 评分法。①将产品中的各个零件顺序排列出来;②按零件功能的重要程度对它们打分,重要得 1 分,次要得 0 分;③将每个零件得分相加,并用其和去除每个零件的得分,获得每个零件的功能评价系数,零件的系数值越高,重要程度越大;④用求功能系数的方法求出成本系数;⑤用成本系数除功能系数得价值系数;⑥选择价值系数大于 1 或小于 1 的零件作为价值工程对象。

各零件计算价值系数 V 的结果有以下三种情况。

$V\approx1$,说明功能与成本大体平衡,比较合理,可不作价值工程对象;
$V>1$,说明相对于功能来说,成本分配偏少,可考虑作为价值工程对象;
$V<1$,说明功能不太重要的零件,成本偏高,也可考虑作为价值工程对象。

【例 4-5】 用 01 评分法(见表 4-10)计算功能评价系数,为求得准确,可采用多人评分,再汇总。

表 4-10 01 评分表

零件名称	A	B	C	D	E	F	G	H	零件得分	功能评价系数
A	×	1	1	0	1	1	1	1	6	0.214
B	0	×	1	0	1	1	1	1	5	0.179
C	0	0	×	0	1	1	1	0	3	0.107
D	1	1	1	×	1	1	1	1	7	0.250
E	0	0	0	0	×	0	1	0	1	0.036
F	0	0	0	0	1	×	1	0	2	0.071
G	0	0	0	0	0	0	×	0	0	0
H	0	0	1	0	1	1	1	×	4	0.143
合计									28	1.000

然后根据这些零件的实际成本求出成本系数和价值系数，再将目标成本与实际成本比较，得到成本降低额。

从表 4-11 中可以看出，零件 B 价值系数比 1 小得多，降低成本潜力也最大；零件 D 价值系数最大，原来成本过少，不能满足功能要求，应增加成本，这两种零件均可作为价值工程对象。

表 4-11　零件成本分配表

零件名称	功能评价系数	实际成本	成本系数 $(3)=\dfrac{(2)}{7208}$	价值系数 $(4)=\dfrac{(1)}{(3)}$	按功能评价系数分配的		可降低的成本 $(7)=(2)-(6)$
					实际成本 $(5)=7208×(1)$	目标成本[①] $(6)=4050×(1)$	
	（1）	（2）	（3）	（4）	（5）	（6）	（7）
A	0.214	1818	0.252	0.85	1543	867	915
B	0.179	3000	0.416	0.043	1290	725	2275
C	0.107	285	0.040	2.68	771	433	－148
D	0.250	284	0.039	6.41	1802	1012	－728
E	0.036	612	0.085	0.42	259	146	466
F	0.071	407	0.056	1.27	512	288	119
G	0	82	0.011	0	0	0	82
H	0.143	720	0.100	1.43	1031	579	141
合计	1.000	7208	1.000	—	7208	4050	3158

① 总目标成本须根据实际经验和历史数据，经综合分析后预先确定。本例定为 4050 元。

2. 搜集情报

①产品设计情报，如同类产品、零件设计数据与资料，产品、零件制造的新工艺、新材料等；②产品工艺情报，如加工工艺流程、加工质量、成本等；③产品销售情报，如产品需求量，用户对产品的品种、质量、价格、包装的反馈意见等。

3. 功能分析

它是价值工程的核心，功能分析包括以下四方面的内容。①功能定义。是用简明确切的语言表述价值工程对象的各种功能，以确定其必要功能，一般用一个动词和一个名词组成的动宾词组来表达。②功能分类。一种产品往往是多功能的，功能可分为基本功能和辅助功能，使用功能与美观功能，必要功能和不必要功能等。对价值工程对象进行功能分类的目的是在产品设计时，按使用范围不同对它们有所侧重。③是在功能定义和分类基础上，按照产品内在逻辑关系（目的-手段关系、并列关系）把产品和零部件的功能相互连接起来，从局部功能与整体功能的相互关系上分析研究，达到把握住必要功能，找出和排除不必要功能的目的。一般的作法是，明确功能构成，搞清楚有哪些基本功能，是通过什么功能来实现的，明确功能之间的目的与手段关系，整理排列功能结构系统图。如图 4-21 所示。然后从系统整体出发，主要检查功能定义的确切性，必要时给予修改、补充。④评价，即计算出各产品及零部件功能的价值系数，确定价值高低，选择改造对象，并求出成本可望降低的幅度。其数值是实际成本与目标成本之差，见表 4-11 中（7）=（2）-（6）。

4. 提出和评价产品设计方案。价值工程的基本目的是在分析功能的基础上，提出更合理、经济的产品设计方案，提高其价值。因此，不论设计新产品，还是改造旧产品，要对以下四点进行评价：①此方案是否多余或不具备功能？②除此方案外，是否还有其他方案可以实现这种功能？③实现功能的各种方案的成本是多少？④新方案是否能实现规定的功能？

在对方案分析时，要充分运用提高价值的五种基型，做到集思广益，充分发挥设计人员的思维能力，开展讨论，不断完善，最后形成理想的价值高的产品设计方案。

总目标——手段1
　　目标1——手段2
　　　　目标3——手段3

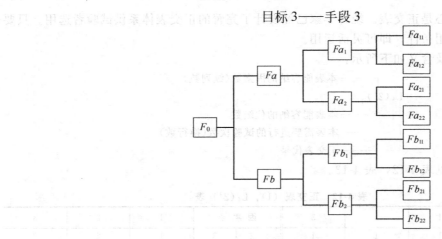

图 4-21　功能系统图

5. 组织方案实施和评价成果。(1) 方案审批；(2) 方案实施，制定实施计划，明确分工，提出进度与质量要求，详细核算，落实到各部门，统一协调，达到预期目标。最好使用矩阵式组织结构，对供、设、试、审、鉴、投实行统一管理；(3) 成果评价，先看功能效果，查看试验使用数据，评定质量等级，观察市场反映；再计算全年净节约额。

$$全年净节约额 = (改进前成本 - 改进后成本) \times 年产量 - 价值工程费用 \tag{4-22}$$

$$节约倍数 = \frac{全年净节约额}{价值工程费用} \tag{4-23}$$

节约倍数大于1的方案才是合理的方案，价值工程才算获得成功。

二、正交试验法

(一) 正交试验设计的概念

在化学试验、化工生产中，经常遇到优选相应条件及配方来开发新产品、新技术或改造旧产品。试验设计的目的就是以最少的试验次数，优选出最好的反应条件或配方。试验设计有多种理论和方案，其中，正交试验设计（简称正交设计）是最常用、最有效的方法。

正交试验是1920年美国统计学家费歇尔（R. A. Fisher）所创立，日本管理学家田口宏一完善而成。正交的意思是"平衡的"，"可分离的"，即所考察因素（反应条件、配方组分等）是相互独立的，试验中各因素之间的关系（相遇的次数）是均等的。正交设计的成果是设计出一系列可以适应于各种试验的正交表，这些正交表均具有均衡分散性和整齐可比性，即纵列看试验各因素的位级数的出现次数相同，任意两纵列间横向组成的代表试验因素位级数的有序数对出现次数相等。按照试验需要，选择适合的正交表，可以保证以最少的试验次数获得较好的（不一定是最好的）结果，同时可以确定关键因素。

例如某化工厂2,4-二硝基苯肼工艺改进，采用正交试验设计方法，只进行了8次试验就找到了多年来搞不清的最佳生产工艺条件，并且在6个因素中确定了水合肼用量是最关键因素，结果产率由45%提高到了80%，质量由十分不稳定提高到100%合格，达到出口标准。

再如有一产品合成条件研究，有13个因素，每个因素分为三挡（三个位级），按逐个条件试验需要进行 $3^{13} = 1594323$ 次，例如每次试验需要3小时，约共需要546年才能完成。

采用正交试验设计法，只用81次试验就确定了各因素配合良好的工艺条件，使寻找最优条件的目的顺利实现。

（二）正交表

正交设计的核心是正交表。统计学家已经设计了完善的正交表体系供试验者选用。只要熟悉表的结构和适用条件，即可灵活运用。

正交表的代号及含义如下所示：

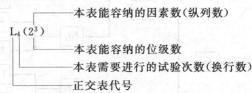

常用正交表可见表4-12，表4-13。

表4-12 正交表（1），$L_4(2^3)$ 表

因素号	1	2	3	因素号	1	2	3
试验号 1	1	1	1	试验号 3	1	2	2
2	2	1	2	4	2	2	1

表4-13 正交表（2），$L_8(4^1 \times 2^4)$ 表

因素号	1	2	3	4	5	因素号	1	2	3	4	5
试验号 1	1	1	2	2	1	试验号 5	3	1	2	2	1
2	3	1	1	1	2	6	3	2	1	1	2
3	2	2	2	1	1	7	4	1	1	2	2
4	4	1	1	2	2	8	4	2	2	1	1

表4-12中 $L_4(2^3)$ 为单水平正交表，表示可安排3个试验因素，每个因素取2个试验位级，试验次数为4次。

表4-13中 $L_8(4^1 \times 2^4)$ 叫做混合位级正交表，表示可安排5个试验因素，其中有1个因素取4个位级，有4个因素取2个位组，试验次数为8次。

（三）正交试验设计的实施步骤

1. 明确试验目的，确定评价指标

试验目的是指试验要解决的问题，达到什么结果，评价指标指根据试验目的来选定的，用于衡量试验结果的特征值。例如：为了降低某化工产品的成本进行试验，提高收率是试验目的，收率就是评价试验结果好坏的特性值的评价指标。

2. 挑因素，选位级制因素位级表

要从众多可能影响指标的因素中，挑选可能对指标影响较大的因素，然后确定各因素的位级。位级的确定要依靠专业知识，同时允许确定稍宽的范围。例如，影响某化工产品收率的因素很多，经分析挑选三个因素：反应温度A，用碱量B，催化剂种类C。根据专业知识确定三个因素均取三个位级。将挑选的因素、位级列表，即因素位级表，见表4-14所示。

表4-14 因素位级表

因素		A（温度）	B（用碱量）	C（催化剂）
位级	1	1（80℃）	1（35kg）	1（甲）
	2	2（85℃）	2（45kg）	2（乙）
	3	3（90℃）	3（55kg）	3（丙）

3. 选正交表

选正交表的原则是所选正交表的因素、位级数要等于或大于要进行试验的因素数和位级数，并使试验次数最少。一般先根据位级选取该位级正交表，再根据因素数选合适的正交表。如 3 个位级的正交表有 $L_9(3^4)$、$L_{18}(3^7)$、$L_{27}(3^{19})$……，当中没有 3 因素的可选 4 因素的 $L_9(3^4)$。最后一列可空着，不影响试验结果。

4. 安排试验

选好正交表后，要填写正交表，安排试验。填写原则是：因素顺序排列，位级对号入座，见表 4-15 所示。各试验结果列于表右结果栏中。试验可以不按表列顺序进行。每个试验应做重复试验，直到结果一致（相对误差在允许范围）以后，方可记入表内。

表 4-15 试验方案及结果分析表

		试 验 方 案			试验结果
因 素		温度 A	用碱量 B	催化剂 C	收率(%)
列 号		1	2	3	
试验号	1	1(80℃)	1(35kg)	1(甲)	51
	2	1	2(45kg)	2(乙)	62
	3	1	3(55kg)	3(丙)	58
	4	2	1	2	82
	5	2(85℃)	2	3	69
	6	2	3	1	59
	7	3(90℃)	1	3	77
	8	3	2	1	85
	9	3	3	2	81
	Ⅰ	171	210	195	
	Ⅱ	210	216	225	
	Ⅲ	243	198	204	
	R（极差）	24	6	10	

5. 计算评价值，分析试验结果

（1）计算位级和、极差。

① 计算位级和。位级和指某一因素的同一位级所对应的所有方案结果之和，用Ⅰ、Ⅱ、Ⅲ……分别表示各因素第一、二、三……位级和，填入表中；

② 计算极差。极差指某一因素的各位级和的最大值与最小值之差，填入相应因素的下方。极差的大小用来衡量试验中相应因素作用的大小。极差大的因素，意味着它的 3 个位级对收率所造成的差别比较大，通常是重要因素，而极差小的因素往往是不重要的因素。见表 4-14。

（2）分析试验结果。

① 观察分析。直观地考察各号试验结果，选择较好方案。例如表 4-15 中第 8 号试验的收率 85% 最高，位级组合是 $A_3B_2C_1$。这种从直接看到的最好结果所对应的位级组合不一定是最优组合，通常被称为较好方案。

② 计算分析。比较各因素位级和，选定最佳位级，确定最佳方案。本例中各因素的最佳位级（位级和最大者）分别为 A_3（反应温度 90℃）、B_2（用碱量 45kg）、C_2（催化剂各类为乙）。

比较各因素的极差，确定影响试验结果的主要因素。极差大说明因素对试验结果影响大，故要坚持最佳位级；其余因素则可按生产的可行性和经济性选择，本例中按极差大小确定各因素的重要性，依次为 A（反应温度）、C（催化剂）、B（用碱量）。

附正交表选用参考表，见表 4-16。

表 4-16　正交表选用参考表

因素的个数	有重点因素		无重点因素	
	一批要求少做试验	一批允许多做试验	一批要求少做试验	一批允许多做试验
3 个	$L_8(4^1 \times 2^4)$	$L_{15}(6^1 \times 3^6)$	$L_4(2^3)$	$L_9(3^4)$ 或 $L_{16}(4^5)$
4 个	$L_8(4^1 \times 2^4)$	$L_{18}(6^1 \times 3^6)$	$L_9(3^4)$	$L_9(3^4)$ 或 $L_{16}(4^5)$
5 个	$L_8(4^1 \times 2^4)$	$L_{18}(6^1 \times 3^6)$ 或 $L_{16}(4^4 \times 2^3)$	$L_8(2^7)$	$L_{16}(4^5)$
6 个	$L_{18}(6^1 \times 3^6)$	$L_{18}(6^1 \times 3^6)$ 或 $L_{16}(4^4 \times 2^3)$	$L_8(2^7)$	$L_{18}(6^1 \times 3^6)$ 或 $L_{16}(4^4 \times 2^3)$
7 个	$L_{18}(6^1 \times 3^6)$	$L_{18}(6^1 \times 3^6)$ 或 $L_{16}(4^4 \times 2^3)$	$L_8(2^7)$	$L_{18}(6^1 \times 3^6)$ 或 $L_{16}(4^4 \times 2^3)$

6. 画趋势图，展望进一步试验

趋势图是分别按各因素原位级（不是位级号码的大小，而是实际位级数值）作横坐标，以不同位级试验结果之和（评价值）作纵坐标作用。从趋势图上可以清楚看出各因素的位级变化与评价指标之间的关系。从这些关系中提示出各因素的位级应向什么方向调整，才能达到更好的效果。利用上述数据作趋势图，见图 4-22 所示。

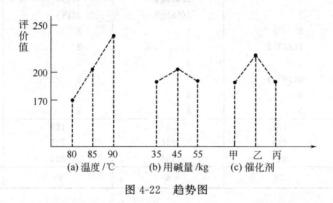

图 4-22　趋势图

图 4-22(a) 中，温度因素的三个高度逐渐上升，合乎理想的猜想是，若温度因素的位级继续提高，则效率将还能提高，这意味着温度因素为重要因素，若技术上可能的话，应重新设定位级，进行试验；图 4-22(b)、(c)，即用碱量和催化剂两因素，如果原定位级距离较大时，也可以在最高点左右重新设定适当的位级，进行试验。一般情况下，为准确得到试验结果，常采用固定其他两个因素在最佳位级的条件下，只调整最重要因素的位级，再进行第二轮试验以观察效果。

❁ 复习思考题

1. 什么叫技术开发？并说明技术开发应遵循的基本原则。
2. 说明技术开发的基本工作程序。
3. 简述高新技术的基本特征。
4. 什么叫产品质量？质量特性包括哪些内容？
5. 什么叫全面质量管理？其特点有哪些？
6. 说明全面质量管理的工作程序及其特点。
7. 什么叫质量认证？质量认证应遵循哪些原则？
8. 说明设备选择应遵循的基本原则，具体应考虑哪些因素？

9. 设备磨损规律分为哪几个阶段？各具有什么特点？
10. 试述工业企业加强安全管理的意义。
11. 说明化工企业防治环境污染的途径和措施。
12. 什么叫价值工程？提高产品价值的途径有哪些？
13. 说明价值工程的基本工作步骤。
14. 什么叫功能定义？为什么要进行功能定义？
15. 说明正交试验设计的实施步骤。
16. 某化工企业正常生产时，全月磺化总酸百分含量数据如下表，工艺标准规定合格范围为 24.5%～27.0%，作直方图并进行图形分析。

磺化总酸百分含量/%；规格范围 24.5%～27%

24.99	25.24	24.87	24.62	25.36	24.99	25.48	25.11	25.11	25.11
24.87	25.24	24.99	24.50	25.24	25.27	25.73	25.11	25.60	25.24
24.99	24.99	24.99	24.87	25.11	24.87	25.62	25.36	25.11	25.36
25.48	25.24	25.48	25.24	25.36	25.24	25.11	25.24	25.11	25.11
24.87	25.36	25.24	24.75	25.11	25.24	25.11	25.11	25.11	25.48
25.36	24.75	25.24	25.24	25.36	25.24	25.11	25.11	25.36	25.11
24.87	24.99	25.36	25.36	25.73	24.87	25.24	25.08	25.11	25.60
25.48	24.75	25.24	24.50	25.24	24.87	25.11	25.11	25.73	25.11
25.48	25.24	24.75	25.24	25.24	24.99	25.36	25.11	25.24	25.48
24.99	24.99	24.99	24.99	25.60	25.24	25.11	25.24	25.11	25.11

第五章 物流管理

物流是企业赖以生存发展的物质基础和前提,物流管理是企业管理的重要内容之一。尤其是在国内外竞争日趋激烈的新环境中,越来越多的企业已将物流管理视为提高企业竞争能力的重要途径和手段。本章着重介绍企业物流、企业物流系统、企业物流管理、现代物流与电子商务等基础知识。

第一节 企业物流

一、物流的定义

物流的含义有传统物流与现代物流两种不同的解释。传统物流就是指物质实体的运输、储存、搬运、包装、加工等多个环节在内的活动。现代物流的定义,我国六部委(经贸委、铁道部、交通部、信息产业部、外经贸部、民航总局)于 2001 年 3 月在"加快物流发展若干意见"的通知中,对现代物流的定义是这样表述的:现代物流是指原材料、产成品从起点至终点及相关信息有效流动的全过程。它将运输、仓储、装卸、加工、整理、配送、信息等方面有机结合,形成完整的供应链,为用户提供多功能、一体化的综合性服务。由此可见,传统物流采用的是分散的、人工的管理;而现代物流包含了产品寿命周期的整个物理位移的全过程,使传统物流向生产、流通及消费全过程延伸,并丰富了新的物流内涵。

企业物流是指企业内部的物品流动(摘自《中华人民共和国国家标准物流术语》)。即企业的采购部门根据需要购置原材料;生产部门根据要求经过加工,制成产成品;销售部门将其销售出去;储运部门在合适的时间将其送至合适的地点;服务部门为客户提供合适的服务。这种在企业生产经营范围内,由生产、销售、储运及服务等形成的所有物流活动统称为企业物流。

二、企业物流的类型

企业物流按物资实体移动的阶段和功能可分为以下五大类型。

1. 供应物流

供应物流是指为生产企业提供原材料、零部件或其他物品时,物品在提供者与需求者之间的社会移动。对生产企业来说,是指生产活动所需要的原材料、零部件、辅助材料等物资的采购与供应活动中所产生的物流;对于流通企业来说,是指交易过程中从买方角度出发所形成的物流。企业供应物流的目标不仅要保证供应,而且要降低成本、减少消耗。

2. 生产物流

生产物流是指生产过程中原材料、零部件、半成品、产成品等在企业内部的实体流动,以及流通过程中生产性劳务所产生的物流。加强对企业生产物流的管理，有助于缩短生产周期，提高企业的经济效益。

3. 销售物流

销售物流是指企业出售商品时，物品在供方与需方之间的实体流动。销售物流关系到企业的存在价值是否被社会承认、涉及到销售成本及资金回收等问题，因此普遍受到企业的高度关注。

4. 回收物流

回收物流是指生产、供应、销售活动中产生的退货、返修及周转使用物品等从需方返回到供方所形成的物流。如企业生产过程中产生的边角料、包装容器、返修物品等都属于回收物流的范畴。

5. 废弃物流

废弃物流是指将企业的无用的、废旧的物品进行收集、分类、加工、搬运、储存时所形成的物品实体流动。对废弃物品不妥善处理，不但会影响企业的生产经营活动，还会造成环境污染，企业必须加以高度重视。

三、企业物流的特征

企业物流是一种微观物流，其具体特征可归纳如下。

1. 系统性

企业物流是一项复杂而巨大的系统工程，要求整体布局，系统设计。如企业的供应流、生产物流、销售物流、回收物流及废弃物流构成了企业的完整统一的物流运作系统，这个系统中的任何一个环节出现问题，不但要影响物流系统的正常运行，而且还会影响整个企业生产经营过程的有序运行。如供应物流运作不畅，生产物流和销售物流就会中断，企业的生产经营活动就无法进行等。这就要求物流系统中的各个环节相互之间必须配合好、协调好，保证其整体性和一致性。

2. 波动性

物流系统与生产系统、质量监控系统等不同，物流系统与外部环境的关系更加紧密，完全要随市场供求关系、营销渠道、市场价格的变化而变化。尤其在当前国内外竞争日益激烈的环境条件下，其稳定性差，波动性大的特征更加明显。

3. 精确性

现代企业合理组织生产过程的基本要求是连续性、均衡性、比例性和平行性，这就严格要求前道工序在规定时间生产出规定数量、规定质量的产品，并在规定时间送到规定地点。要实现这一目标，生产物流就必须保证物品能按质按量地、准确地出现在需要的工序上，从而保证生产过程高效有序进行。

4. 服务性

物流是通过创造物品的时间效应和空间效应来创造价值的，这种效应的创造是建立在物流本身能否及时、准确、保质、保量、安全、可靠地满足用户的需求。如生产物流服务于生产过程的需要，销售物流服务于生产消费与生活消费。因此，物流活动的目的就是要满足生产和生活的需要，为生产建议服务，为消费者服务。

四、企业物流的作用

1. 物流是实现使用价值的前提条件

无论生产资料或生活资料在进入生产性消费和生活性消费前，其使用价值始终是潜在的。为了能将这种潜在变为现实，所有生产资料或生活资料都必须要借助于运输、保管、包装、装卸、搬运等多环节、多次数的物流活动，才能最终得以实现。同时，物流还要保证生产资料或生活资料在转移过程中安全，防止淋雨受潮、破损丢失，顺利实现商品价值和使用价值等。

2. 物流是保证生产过程实现连续性的基本保证

生产过程的连续性是现代化生产的基本要求，要保证生产过程的连续性，一方面必须根据生产需要，按质、按量、按时地供给所需原材料。另一方面要及时将产成品销售出去。在生产经营过程中，物流贯穿于从生产计划至送到用户手中的整个过程。可见，企业生产经营活动的全部职能都要通过物流得以实现，企业生产经营管理工作都与物流密切相关。

3. 物流信息是企业经营决策的重要依据

众所周知，商品经济越发达，经济信息的作用就越重要。在当今知识经济时代，物流信息在整个经济信息系统中占有越来越重要的作用，许多企业都建立了设备先进的物流信息中心，以及时掌握企业内外的物流信息，为企业经营决策提供重要依据。如利用计算机网络，将超市、配送中心、供应商、生产企业连接，组合成一个以配送中心为枢纽的商业、物流业和生产企业的集合，形成一个高效率、高能量的商品流通网络。

4. 物流是增强企业核心竞争能力的有效途径

搞好物流可以实现零库存、零距离和零流动资金占用，可以实现在适合的时间、适合的地点交付商品，从而降低了物流成本。在新经济时代国内外很多企业现在都认识到，当今企业相互之间的竞争，在产品质量、功能、性能、款式等方面已经很难做出自己的特色，因此企业纷纷将竞争的重心放在了产品的价格竞争上，价格竞争的关键是企业总成本，而物流成本的降低就是企业总成本降低的重要组成部分。可见，企业只有建立现代物流系统，才能在激烈的竞争环境中求得生存和发展。

五、企业物流系统

1. 企业物流系统的概念

企业物流系统是指由企业内外相互作用和相互依赖的物流要素所构成的具有特定功能的有机整体。企业物流系统和一般系统一样都必须秉承系统论的一个主要观点，即局部的最佳不是整体的最佳。所以只有将企业物流系统内部各要素统筹谋划，整体考虑，才能使作为整体的物流系统达到最佳。

2. 企业物流系统的目标

企业物流系统的总目标是实现物资的空间和时间效益，在保证生产经营活动顺利进行的前提下，实现各种物流环节的合理衔接，并取得最佳经济效益。具体分析有下面五大目标：服务目标、快速与及时目标、节约目标、规模化目标和库存调节目标。面对竞争竞争激烈的市场环境，企业物流系统的目标也会随着市场环境的变化而变化。

3. 企业物流系统的要素

企业物流系统的要素是指物流系统所具有的基本能力、支持手段和技术装备手段等，以确保物流系统的目标得以实现。具体分析其要素有下面三大要素：功能要素，通常包括运输、存储保管、包装、装卸搬运、流通加工、配送和物流信息等具体功能；支撑要素，通常包括体制、制度、法律、规章、行政、命令和标准化系统等具体功能；物质基础要素，通常包括物流设备、物流装备、物流工具、信息技术及网络和组织及管理等具体功能。

4. 企业物流系统的作用

从企业生产经营活动分析，无论是产品的开发、设计、生产，还是商品的采购、供应，都是通过物流得以实现的；从企业管理活动分析，无论是管理理念、经营战略、经营目标的确定，还是企业管理的计划、组织、指挥、协调、控制等职能的发挥，也无一不伴随着物流开发的运行。同时，企业物流作业本身既是生产过程不可缺少的组成部分，又能将企业的各生产作业点、作业区域及生产阶段之间有机联系起来，使生产过程形成一个完整的整体。若没有物流系统，整个企业的生产就不可能有序地运行。所以，物流系统的建立是否科学，时间组织是否合理，都将影响到企业生产过程的合理组织和科学管理。

六、现代物流技术

1. 现代物流技术的概念

现代物流技术是指物流活动中所采用的自然科学与社会科学方面的理论与方法，以及设施、设备、装备与工艺的总称。不仅包括各种物流设备设施、操作方法、管理技能，还包括物流规划、物流评价、物流设计、物流策略等。目前，物流技术的研究和发展在国内尚处于刚刚兴起的初始阶段，而国际上的物流技术已经在向更为成熟的集成化、自动化、高效化、智能化、拟人化、虚拟化、绿色化和标准化方向发展。

2. 现代物流技术的类型

物流技术的类型可以按照不同的分类方法分成许多不同的类型。如按形态分：物流硬技术和物流软技术；按科学原理分：物流机械技术、物流电子技术、物流自控技术、物流计算机技术等；按应用范围分：运输技术、仓储技术、装卸搬运技术和包装技术等。下面仅对按应用范围划分的几种类型作一简单介绍。

（1）运输技术　运输是将商品的使用价值进行空间移动，以创造商品的空间效益，这是物流系统的核心。商品运输有铁路运输、公路运输、水路运输、航空运输和管道运输等五种基本方式。为了提高运输效益，在五种基本方式基础上，还形成了联合运输、散装运输、集装箱运输等具有特殊功能的运输方式。

（2）装卸搬运技术　装卸搬运是运输、保管活动的辅助活动。物流活动中装卸搬运的频率高于其他各种物流活动，主要包括装卸搬运设备以及装卸搬运设备的运行组织。装卸搬运在整个物流过程中要占用很多时间，也要消耗很多劳动力。

（3）仓储技术　仓储是以保管为中心，从仓库接收商品入库开始，到按需要将商品全部发送出去的全过程。仓储技术是在仓储作业过程中所采用的作业方法和操作技术，以及应用到的各类设备。

（4）包装技术　包装技术涉及技术、艺术、经济、贸易等各个方面，属于跨行业的综合应用技术。在选择包装技术时除了应遵循科学、经济、牢固、美观和适用等原则外，还要综合考虑商品性质、流通环境条件、包装材料、包装机械、经济效果以及法规等因素。

第二节　企业物流管理

随着计算机、信息技术、网络技术等现代科技的高速发展，为现代物流管理提供了新的技术支持，使传统物流跨入了现代物流的崭新阶段，从而也产生了现代物流管理。

一、企业物流管理的概念

物流管理是指为了以最低的物流成本达到用户所满意的服务水平，对物流活动进行的计划、组织、协调与控制。从物流属性和形态上分析，现代物流管理表现为企业物流管理和社会物流管理两大类型。

企业物流管理是以企业为对象，以研究围绕服务于产品的生产制造和以为客户提供物流服务为中心的物流战略、物流计划、物流作业、物流组织、物流服务方式等内容的管理。社会物流管理是对企业外部物流活动的管理，如对城市物流、区域物流的管理，其管理的重点在于物流产业政策的制定、物流基础设施的建设、物流设施的空间布局、物流社会效益等内容的管理。本章仅仅局限于企业物流管理的分析。企业实施物流管理的目的，就是要求在尽可能低的总成本条件下，实现既定的客户服务水平。即寻求服务优势和成本优势的一种平衡，并由此创造企业在竞争中的战略优势。

（一）物流管理的特点

与传统物流管理相比较，现代物流管理具有以下特点。

1. 以实现客户满意为第一目标

现代物流管理是基于企业经营战略，从客户服务目标的设定开始，进而追求客户服务的差异化。它通过物流中心、信息系统、作业系统和组织构成等综合运作，提供客户所期望的服务，在追求客户满意最大化的同时，求得自身的不断发展。

2. 以企业整体最佳为根本

企业物流管理既不能单纯追求单个物流功能的最佳，也不能片面追求各局部物流的最佳，而应以实现企业的整体最佳为根本。

3. 以信息为中心

信息技术的发展带来了物流管理的重大变革，无论是 Bar code、EDI、EOS、POS 等物流信息技术的运用，还是 QR、ECR 等供应链物流管理方法的实践，都是建立在信息基础上的，可见信息已成为现代物流管理的中心。

4. 重效率更重效果

传统物流以提高效率降低成本为重点，而现代物流不仅重视效率方面的因素，更重视整个物流过程的效果，即若从成果角度分析，有的物流活动虽然使成本上升，但它有利于整个企业战略目标的实现，可见这种活动是可取的。

（二）物流管理的基本要求

1. 快速反应

快速反应是一个企业能否及时满足客户服务需求的物流管理能力。信息技术的提高为企业创造了在最短时间内完成物流并尽快交付的条件。快速反应能力就是把企业作业的重点从预测转移到能以最快的方式和手段实施生产、装运，及时满足客户需求的能力上来。

2. 最小变异

变异是指破坏物流系统出现任何想象不到的事件，它可能产生在任何一个领域的物流环节，可见物流系统有所有作业领域都可能遭到潜在的变异，因此减少变异的可能性是所有物流作业的追求。在充分发挥信息作用的前提下，采取积极的物流控制措施，可以把这种变异减少到最低限度。

3. 最低库存

库存涉及到物资周转速度和资金占用，在企业物流系统中存货所占用的资金对实现物流管理目标产生极大影响。在保证商品供应前提下减少库存和提高周转率是物流管理的一个重要课题，保持最低库存与提高周转率是企业物流管理追求的目标。因此，物流设计时必须把资金占用和库存周转速度作为重点来控制和管理。

4. 物流质量

物流质量分为两个方面，一是物流本身必须履行其质量标准，包括流转质量和业务质量标准，如物流的数量、质量、时间、地点等都有其评价的质量标准，随着物流信息技术化、全球化、自动化水平的不断提高，物流管理实现"零缺陷"的要求越来越高；二是全面质量管理要求企业物流无论是对产品质量，还是物流服务质量都提出了更高的要求，如果企业的某个产品对物流服务的承诺没有履行，那么物流费用就会增加。而且物流费用一旦支出便无法收回，甚至还需要重新支出，从而大大增加了企业的经营成本。

5. 产品生命周期中不同阶段的物流管理要求

产品生命周期可分为引入期、成长期、成熟期和衰退期四个阶段。面对四个不同的阶段物流管理有其不同的具体要求。

(1) 新产品引入期 设计物流计划时，必须充分保证企业应有快速而准确的供货能力，以保证客户能随时可获取所需产品。因为此时若配送不稳定，存货短缺，则就可能抵消营销战略所取得的成果。所以这个阶段要求企业充分做好提供优质的物流服务与回避过多支持和费用负担之间的平衡工作。

(2) 产品成长期 此时物流管理的重点要从不惜代价提供所需服务转向平衡的服务与成本绩效。因成长期销售渠道是按不断增长的销量来组织物流活动的，只要客户愿意照价付款，几乎任何水准的物流服务都是可能实现的。

(3) 产品成熟期 此时的产品在市场上具有激烈竞争的特点，因此物流活动就会变得具有高度的选择性，所以企业要适时地调整自己的基本服务承诺，以提供独特的、优质高效的服务争取客户的青睐。

(4) 产品衰退期 此时产品在市场上的销售量及利润不断降低，企业往往是为了榨取产品最后的价值，而低价出售产品或进行有限配送。所以企业对进入衰退期的产品组织物流活动时，尤其要最大限度地降低物流风险。

二、物流管理的类型和程序

(一) 物流管理类型

企业物流管理既涉及生产领域又涉及流通领域；既包括经济问题、管理问题，又包括技术问题；可见物流管理的范围相当广泛。下面重点介绍从物流管理职能与物流活动要素两个角度来划分的两大物流管理类型。

1. 按物流管理具体职能划分

(1) 物流计划管理 物流计划管理是对物质生产、分配、交换、流通等整个过程的计划管理。即在企业大系统的计划管理约束下，对物流过程中的每个环节都要进行科学的计划管理，具体体现在物流系统内各种计划的编制、执行、修正、协调、检查、控制的全过程。物流计划具体可分为长远计划，年度计划与季、月、旬计划。

(2) 物流质量管理 物流质量管理是物流管理工作的中心问题，物流质量的提高就意味着物流管理水平的提高，意味着企业竞争力的提高。物流质量管理主要包括物流服务质量、物流工作质量、物流工程质量等。

(3) 物流技术管理 包括物流硬技术和软技术的管理。物流硬技术管理是对物流基础设施和物流设备的管理，如物流设施的规划、购置、安装、运行、维修、更新，以及日常工具管理工作；物流软技术管理是对物流各种专业技术的开发、推广、引进、技术文件管理、物流作业制定、物流技术人员培训等。

(4) 物流经济管理 包括物流成本管理和物流费用分析，物流劳务价格的确定和管理，物流活动的经济核算和分析等。

(5) 物流绩效管理 包括物流绩效评估、评估指标的确定以及研究降低物流成本、提高物流效率的办法。

(6) 物流战略管理　包括物流的战略定位、战略实施、战略控制、物流服务标准确定以及物流服务内容等方面的整体规划。

2. 按物流活动要素划分

(1) 运输管理　主要包括运输方式选择、服务方式选择、运输路线选择、车辆调度与组织。

(2) 储存管理　主要包括原料、半成品、成品的储存策略，储存统计、库存控制和养护等。

(3) 装卸搬运管理　主要包括装卸搬运系统的设计、设备规划与配置、作业组织等。

(4) 包装管理　主要包括包装容器和包装材料的选择与设计，包装技术和方法的改进，包装系列化、标准化、自动化等。

(5) 流通加工管理　主要包括加工场所的选定，加工机械的配置，加工技术与方法的研究和改进，加工作业流程的制定与优化等。

(6) 配送管理　主要包括配送中心选址及优化布局，配送机械的合理配置与调度，配送作业流程的制定与优化等。

(7) 物流信息管理　主要包括对反映物流活动内容的信息、物流要求的信息、物流作用的信息和物流特点的信息进行的收集、加工、处理、存储和传输等。

(8) 客户服务管理　主要包括与物流活动有关服务的组织和监督，收集与分析客户反馈的各种信息，决定客户所需要的服务项目、规定、规范，提高服务水平的措施和方法等。

(二) 企业物流管理的程序

企业物流管理按管理工作进行的程序划分，大致可以分为物流计划、物流实施、物流评价等三个阶段。

1. 物流计划阶段的管理

物流计划是为了实现物流管理的目标所做的准备性工作。它可分解为三个主要步骤：首先，要确定目标以及为实现这个目标所要做的各项工作的先后顺序；其次，要分析影响目标实现的各种内外因素以及相应的对策；最后，要作出实现目标所需人、财、物各种资源的具体谋划。

2. 物流实施阶段的管理

物流计划付诸实施后就要对各项物流活动进行管理。具体可分为对物流活动的组织与指挥；对物流活动的协调与监督；对物流活动的检查与控制。从而使物流各个部门、各个环节、各项活动协调一致，运行有序，保证物流计划的顺利展开。

3. 物流评价阶段的管理　物流计划实施后的结果与原计划提出的目标和要求进行对照、分析，以确认物流实施阶段的成果和不足，从而为今后制订新的物流计划提供宝贵的经验和资料。物流评价可分为专门性评价与综合性评价。专门性评价是对物流活动中某一方面或具体活动作出分析；综合性评价是对某一管理部门的物流计划实施和完成情况进行全面评价。

三、物流管理的内容

(一) 物流标准化管理

1. 物流标准化管理的概念

(1) 物流标准化管理的概念　物流标准化是以物流系统为对象，围绕运输、储存、装卸、包装以及物流信息处理等活动，制定、发布和实施有关技术和工作方面的标准，并按照技术标准和工程标准的配合性要求，统一整个物流系统的标准的过程。物流标准化是物流管理的重要内容，也是实现物流现代化的有效手段。

物流标准化管理是对物流设施和工程、物流机械和器具、物流工作和服务等物流活动规定统一的标准，并对这些标准加以实施和管理的整个过程。物流标准化管理对于提高物流作业效率，加快商品流通速度，保证物流质量，减少物流环节和物流成本，加快物流系统建设与整合步伐，实现与国际市场接轨具有巨大的促进作用。

(2) 物流标准类型　物流标准可分类如下。

① 物流系统的统一标准。包括专业计量单位标准，物流基础模数尺寸标准，物流建筑基础模数尺寸标准，集装模数尺寸标准，物流专业名词标准，物流核算、统计标准化，标志、图示和识别标准等。

② 分系统技术标准。包括运输车船标准，行业车辆标准，传输机具标准，仓库技术标准，站台技术标准，包装、托盘、集装箱标准，货架、储罐标准等。

③ 工作标准及作业规范。岗位责任和权限范围，交接程序和执行程序，检查验收规范，运行速度限制，司机顶岗时间，日配送数量和次数，吊钩、索具使用和放置规定，信息资料收集、处理、使用、更新规定等。

2. 物流标准化实施程序

物流标准化的贯彻和实施是物流标准化管理中最基本的工作，它贯穿于物流管理的全过程。制定的物流标准只有通过贯彻和实施，才能发挥应有的作用。

(1) 计划准备

在贯彻和实施之前，有关部门要拟定标准实施方案，对实施标准的各项工作做出科学安排。准备工作包括：思想准备、组织人员准备、技术准备和物资准备。

(2) 贯彻和实施

实施标准就是把标准规定的内容应用于物流活动的具体实践中，贯彻和实施标准的方式主要包括如下。

① 完全贯彻：即对标准的条文不做任何压缩和补充，原原本本地执行；

② 压缩贯彻：即对标准的内容做压缩和部分选用；

③ 补充贯彻：即当标准不够全面、完整时，在不违背标准的基本原则下，对标准内容做一些必要的补充后贯彻；

④ 配套贯彻：制定一些配套标准以及标准使用方法后一并贯彻。

(3) 检查验收

检查验收是要找出标准实施中存在的问题，并对其进行分析研究，采取措施加以纠正，以保证标准正确、全面的贯彻实施。

(4) 总结

对标准贯彻和实施过程进行全面总结，内容包括：技术、方法上的总结，文件、资料的归纳、整理和归档，对发现的问题做整理、分析和归类工作，提出下次工作的意见建议，为修订、完善标准做好准备。

(二) 物流质量管理

物流质量管理是依据物流系统运动的客观规律，为满足物流客户的服务需要，通过制定科学合理的基本标准，运用适当的方法实施计划、组织、协调、控制的活动过程。物流质量管理必须满足两个方面的要求，即一方面是按生产者的要求保证其产品能按质按量按时地转移到客户手上；另一方面是按客户要求将所需求的商品或服务提供给客户。

1. 物流质量指标体系

(1) 物流目标质量指标

① 服务水平指标

满足服务比率＝（满足客户要求次数/客户要求次数）×100％

缺货率＝（缺货次数/客户要求次数）×100％

② 交货水平指标

交货率＝（按期交货次数/总交货次数）×100％

货物满足率＝（满足要求数量级/客户要求数量）×100％

③ 交货期质量指标

交货期误差＝规定交货期－实际交货期

④ 物流商品完好指标

商品完好率＝（交货时完好的商品量/交货时的商品总量）×100％

缺损率＝（缺损商品量/物流商品总量）×100％

⑤ 物流单位费用指标

物流费用率（元/吨）＝物流费用/物流商品总量

（2）仓库质量指标

① 仓库吞吐能力实现率＝（期内实际吞吐量度/仓库设计吞吐量）×100％

② 库存商品缺损率＝（某批商品缺损量/该批商品总量）×100％

③ 仓库面积利用率＝（∑库房或货场面积/仓库总面积）×100％

④ 仓库利用率＝（仓储商品实际数量或容积/设计库存数量或容积）×100％

⑤ 仓储吨成本（元/吨）＝仓储费用/库存量

（3）运输环节指标

① 正点运输率＝（正点运输次数/运输总次数）×100％

② 满载率＝（车辆实际装载量波/车辆装载能力）×100％

③ 运力利用率＝（实际吨公里数/运力往返运输总能力）×100％

2. 物流质量管理的特点

物流质量管理的特点归纳起来具有以下几个方面。

（1）全员参与 物流质量管理涉及到参与物流活动的所有部门和所有人员，必须依靠各个环节和各个部门中的全体成员的共同努力。要实行全员管理最重要的是充分发动广大员工积极参与质量管理，自觉树立"质量第一"、"用户至上"、"预防为主"等观念，将人人把好质量关的行为落到实处。

（2）全面管理 物流质量管理涉及到影响物流质量的各种因素，不仅管理物流对象本身，而且还要管理物流工作质量和物流工程质量。可见物流质量管理具有综合性、多元性、复杂性和全面性。

（3）全程控制 物流质量管理是对流通对象的加工、包装、储存、配送、运输等全过程的控制。在整个过程中必须一环不漏地全程进行严格管理，才能保证最终的物流质量，实现企业整体效益的不断提高。

3. 物流质量管理的主要内容

（1）商品的质量保证 物流实体的质量如等级、尺寸、规格、性质、外观等是在生产过程中形成的，物流过程是在于转移和保护这些质量，最后实现对客户的质量保证。因此，对客户的质量保证既依赖于生产过程，又依赖于流通过程。作为物流管理不仅仅是消极地保护和转移物流实体，还应该积极地采取流通加工等手段来保证商品的质量。

（2）物流服务质量 物流活动具有服务的本质特征，既要为现代企业生产经营过程服务，也要为现代企业产品和客户提供全面的物流服务。甚至可以说，整个物流的质量目标就是现代企业物流的服务质量。服务质量因不同的客户而要求各异，因此确定物流服务质量必须要了解和掌握客户要求，如商品狭义质量的保持程度；流通加工对商品质量的提高程度；批量及数量的满足程度；配送额度、间隔期及交货期的保证程度；成本水平及物流费用的满足程度；信息提供、索赔及纠纷处理的满意程度等。

（3）物流工作质量　物流工作质量是物流各环节、各工种、各岗位的具体工作质量。物流工作质量与服务质量是两个既有联系又有区别的概念，物流服务质量水平取决于各种工作质量的总和。所以，工作质量是物流服务质量的某种保证和基础。

（4）物流工程质量　物流质量不但取决于工作质量，而且取决于工程质量。在物流过程中，将对产品质量产生影响的各种因素，如人的因素、体制因素、设备因素、工艺方法因素、计量测试因素、环境因素等统称为工程。可见提高工程质量是物流质量管理的基础工作，做好工程质量管理工作，就能做好"预防为主"的质量管理。

4. 物流质量管理体系文件

（1）物流质量管理手册　物流质量管理手册是一个描述物流质量管理体系的纲领性文件。其内容包括：物流质量方针和目标；物流管理人员职责、权限和相互关系；物流质量管理体系要素等。

（2）物流质量管理规范　物流质量管理规范是物流质量管理手册的支持性文件。其内容包括：目的和范围；做什么和谁来做；何时、何地、如何做；应使用什么设施；如何对物流服务进行控制等。

（3）物流服务规范　物流服务规范是规范企业的物流服务行为，阐明其物流服务内容与物流服务质量的操作性文件。其内容包括：岗位职责、任务、上岗条件、服务程序、服务内容与要求等。

（4）质量记录　质量记录是为已完成的质量活动或达到的结果提供证据，即"建立在通过观察、测量、试验或其他手段所得到的事实基础上，证明是真实的信息"文件，又称之为见证性文件。

5. 提高物流质量管理水平的有效途径

提高物流质量管理水平，不仅要充分利用外部环境提供的有利因素，更要积极主动地采取切实可行的管理措施，促进内部条件的改善和建设。

（1）为企业物流质量管理创造必需的价值观和文化基础。主要包括：重点明确物流质量管理的指导思想、管理理念、战略方针、行为准则等；鼓励员工自觉树立"用户至上，质量第一"的物流质量管理意识；强调物流质量管理贯穿于从供方到用户的全过程。

（2）科学合理地确定物流质量管理战略。企业要高度重视物流质量管理战略规划的制定，研究提高物流质量的多种途径，客观地分析和理解物流过程中客户的需求，加强对员工的教育与培训，把供应商、零售商、渠道伙伴当作"客户"，周期性地监视市场重点和变化趋势，科学地评价物流质量管理绩效。

（3）建立物流质量管理体系。以全面质量管理理论为指导，不断完善企业物流质量管理的服务体系和控制、评估体系，切实消除物流过程中可能出现的各种隐患，保证物流质量管理水平不断提高。

（4）引进现代物流质量管理理论和技术。企业要积极引进现代质量管理理论和技术，促进质量管理水平持续提高。科学技术就是生产力，企业必须借助现代高新技术，大力开展技术创新活动，强化物流质量管理。

（5）实行全面质量管理。企业应运用有效的激励措施，积极推行全面质量管理。企业应根据市场需求环境的相对不确定性，运用有效的奖励和激励措施，激励员工提高学习能力和创新能力，教育员工树立风险意识，在物流活动实践中努力探索减少差错的新办法，不断完善物流质量管理工作，提高企业物流质量管理水平。

(三) 物流成本管理

企业的全部物流费用中，由企业财务直接支付的直接费用只是其中的小部分，而绝大部分的物流费用是混杂在生产费用、销售费用和一般经费中难以明确掌握的。对于这一现象，日本物流成本计算的权威、早稻田大学教授—西泽修将其形象地比喻为"物流冰山说"。其用意是要告诫管理者不能只关注其露出水面的冰山一角，而更应关注冰山潜在水中的绝大部分，即管理者不要只看到向外支付的物流费用，而是更要掌握全部物流费用。可见，物流成本管理不仅是物流经济管理亟待解决的重要问题，而且是现代物流管理，乃至现代企业管理必须解决的重要课题。

1. 物流成本概述

(1) 物流成本的定义　物流成本是物流活动中所消耗的物化劳动和活劳动的货币表现（摘自 GB/T 18354—2001）。即是物品在运动过程中如包装、装卸、搬运、储存、流通加工、信息处理等各个环节中所支出的人力、物力和财力的总和。也就是从原材料开始，一直到将商品送到消费者手中所发生的全部费用。

(2) 物流成本的构成　物流成本的构成由于企业类型、成本分析角度的不同，其构成内容存在一定差异。但是归纳起来讲一般应包括以下内容：

① 从事物流工作的员工的工资、奖金及各种补贴等；

② 物流过程中的各种物资消耗，如包装材料、电力、燃烧及固定资产磨损等；

③ 物资运输、保管、装卸、搬运过程中的各种合理消耗；

④ 属于再分配过程中的支出，如银行贷款利息等；

⑤ 物流活动中发生的其他费用，如办公费用、管理费用、旅差费用等。

(3) 物流成本的分类

① 按物流成本支出形式划分：物流成本可分为本企业支付的物流成本与其他企业支付的物流成本两大类。分述如下：

本企业支付的物流成本，包括企业在供应、生产、销售、退货等阶段因运输、包装、搬运、整理等作业发生支付的费用；

其他企业支付的物流成本：包括由于企业采购原材料、销售产品等业务发生的由有关供应者和购买者支付的各种包装、发送、运输、验收等物流成本。

② 按物流活动的构成划分：物流成本可分为物流环节费、信息流通费和物流管理费三大类。分述如下：

物流环节费是企业产品实体在空间位置转移所流经环节而发生的成本，主要包括包装费、运输费、保管费及流通加工费等；

信息流通费是为实现产品价值交换及处理多种物流信息而发生的成本，包括与库存管理、订货管理、客户服务等有关的信息费用；

物流管理费是为了组织、计划、控制、调配物资及有关活动而发生的各项管理费，包括现场物流管理费和机构物流管理费。

③ 按物流过程划分：物流成本可分为供应物流费、生产物流费、销售物流费、退货物流费等。分述如下：

供应物流费是为生产产品而购买各种原材料、燃料、外购件时所发生的运输、装卸、搬运等物流成本；

生产物流费是在生产过程中由于原材料、半成品、成品的位置转移而发生的搬运、配送、发料、收料等方面的物流成本；

销售物流费是在产品销售过程中发生的运输、存储、包装及服务等物流成本；

退货物流费是产品销售后因发生运货、换货所引起的物流成本。

2. 物流成本管理

物流成本管理是通过成本去管理物流，即管理的对象是物流而不是成本。因此，物流成本管理的含义可以理解为以成本为手段的物流管理方法。究其原因：一是成本能真实地反映物流活动的实际状态；二是成本可以成为评价物流活动的共同尺度。由此可见，把物流活动转换为物流成本管理，是一种有效管理物流的新思路。

（1）物流成本管理方法。物流成本管理方法综合起来由三部分组成，即物流成本横向管理法、物流成本纵向管理法和计算机管理系统。

① 物流成本横向管理法，物流成本预测是在编制物流计划以前进行的，主要是对本年度物流成本进行分析，充分挖掘降低物流成本的潜力，寻求降低物流成本技术经济措施，以保证物流成本计划的先进性和可靠性。物流成本计划有月度计划、季度计划、年度计划及短期计划、中期计划、长期计划等计划体系。

② 物流成本纵向管理法，物流过程是一个创造时间性和空间性价值的经济活动过程，为使其能提供最佳的价值效能，就必须保证物流各个环节的合理化和物流过程的快捷、通畅、准确。物流系统是一个庞大而复杂的系统，对其进行优化就要借助于科学的管理方法和先进的管理手段。通常是先在其单项活动范围内进行，再发展到对整个物流系统进行模拟，实现物流系统的科学化、合理化。具体内容如：运用线性规划、非线性规划制定最佳运输计划，实现物资运输优化；运用系统分析技术选择货物最佳的配比和配送路线，实现物资配送优化；运用存储论确定经济合理的库存量，实现物资储存优化；运用模拟技术对整个系统进行研究，实现物流系统的最优化。

③ 计算机管理系统，计算机管理系统将物流成本的横向、纵向有效连接起来，形成一个不断优化的物流系统的循环。通过一次次循环、计算、评价，整个物流系统在不断地优化，最终找出其总成本最低的最佳方案。

（2）影响物流成本的因素

① 竞争性　企业所处的市场环境充满了竞争，企业之间的竞争除了产品价格、质量、性能等因素以外，优质的客户服务也是竞争成败的关键。高效完善的物流运作系统正是提高客户服务水平的重要手段之一。为此，需要注意的主要因素有：

运输　企业若采取快捷的运输方式，则可缩短运输时间，提高企业快速反应能力，减少客户产品储备，从而降低相应成本，但相应增加了企业自身的运输成本。

订货周期　高效的物流系统必然能缩短订货周期，降低产品库存，提高客户服务水平和企业竞争能力。

② 产品因素

产品自身价值　产品价值高对运输工具、装卸、包装、储存等方面的要求就高，同时其物流风险也大，因此付出的物流成本必然就会增加。

产品特性　由于产品本身的其他特殊因素，如危险性、强度、密度、超长超重性、耐温性等特殊要求，在物流过程中会加大物流成本的增加。

③ 空间因素　物流空间主要指制造企业、物流中心、仓库等距离目的地的远近。距离越远，其运输、包装、储存等支出就会越多，而且其设施、设备的投资费用也会加大。

（3）降低物流成本的基本原则

一般讲降低物流成本应遵循以下四条基本原则。

第五章　物流管理　167

① 加快物流速度，降低物流成本。企业物流成本可以分为两大部分，即可变成本与固定成本，当物流速度加快时，可变成本增加幅度小，而固定成本降低幅度大，从而使总物流成本得到下降。同时，物流速度越快而所需流动资金越少，从而减少资金占用，减少利息支出，使物流成本得到降低。

② 减少物流周转环节，降低物流成本。物资在从生产领域进入消费领域，最终送达消费者手中之前，需要经过许多相互区别又相互联系的周转环节。期间环节越多，物流流通时间越长，当然其物流成本就越高。因此，尽可能地减少流通环节和物流时间，尽可能地减少物资的集中和分散，尽可能地直达供货，就能减少物流成本。

③ 借助现代物流技术，降低物流成本。借助现代物流技术不仅可不断提高物流速度，增加物流量，而且可以大大减少物流损失，从而降低物流成本。例如，通过计算机网络可快速地将企业订货意向、数量、价格等信息同时传输到联网的各个企业，并保证各种物流作业或业务处理能准确、快速地进行。又例如现代的运输机械、运输路线、集装箱、托盘技术等都对降低物流成本具有十分重要的影响。

④ 采用效率化的配送，降低物流成本。对应于用户的订货而建立短时期、正确的进货体制是企业物流发展的趋势。特别是最近高频率、小单位配送的发展更要求企业采用效率化的配送方法。同时，采用效率化的配送必须进行退货成本的控制，因为高频率、小单位的配送会产生一系列的物流费、退货商品损坏或滞销而带来的费用增加。特别是零售商品，由于商品品种多、规模小、地域分散、处理账单复杂等，导致处理费用及人工费用增加。可见，降低配送过程中的各种成本是物流成本控制活动中必须特别关注的重要环节。

3. 物流成本控制

物流成本控制有狭义和广义两种理解。狭义的物流成本控制是在企业的物流活动中，对日常的物流成本支出，采取各种方法进行严格的控制，使物流成本减少到最低限度，以达到预期的物流成本目标；广义的物流成本控制是包括事前、事中、事后对物流成本进行预测、计划、计算、分析的全过程。物流成本控制的主要内容包括以下几个方面。

（1）运输费用控制　物流运输费用是承运单位向提供运输劳务所耗费的费用，是影响物流费用的重要因素。控制方式主要有：加强运输的经济核算、防止运输过程中的差错事故、提高安全运输率等。

（2）储存费用控制　储存费用是物资在储存过程中所需要的费用。控制方式主要有：加强仓储各种费用的核算和管理。

（3）装卸搬运费用控制　装卸搬运活动渗透在物流的各个领域，其费用是物资在装卸搬运过程中所支出费用的总和。控制方式主要有：对装卸搬运设备的选择、合理规划装卸方式、合理规划装卸作业过程等。

（4）包装费用控制　包装起到保护产品、方便运输、促进销售的作用。包装费用要占全部物流费用的10%以上。控制方式主要有：合理选择包装材料、包装成本核算、实现包装尺寸标准化与包装作业机械化等。

（5）流通加工费用控制　流通加工费用是物资进入流通领域后，按照客户要求进行的加工活动而支出的费用。控制方式主要有：合理确定流通加工方式、合理确定加工能力、加强流通加工管理、合理控制流通渠道、科学制定流通加工特征的经济指标。

4. 物流成本合理化管理

按照一定的程序对物流成本进行分析、控制，大力推进物流成本决策科学化，促进物流成本管理合理化，是物流管理的重要任务。物流管理合理化管理主要包括以下内容。

（1）物流成本的预测和计划　成本预测是对成本指标、计划指标事先做预算平衡，寻求降低物流成本的有关技术经济指标,以指导成本计划的制订。而物流成本计划是成本控制的主要依据。

(2) 物流成本计算　计划执行过程中要对产生的物流耗费进行及时归纳,并以适当方法进行计算。

(3) 物流成本控制　对日常的物流成本支出,采取各种方法进行严格的控制和管理,使物流成本减到最低限度,以达到预期的物流成本目标。

(4) 物流成本分析　对计算结果进行及时分析,检查和考核成本计划的完成情况,找出影响成本升降的主客观因素,总结经验及教训。

(5) 物流成本信息反馈　收集有关信息并提供给决策部门,使其掌握情况加强成本控制,保证规定目标的实现。

(6) 物流成本决策　根据信息反馈的结果,决定采取能以最少耗费,获得最大效果的最优方案,以指导今后的管理工作,更好地进入物流成本管理的下一个循环过程。

第三节　现代物流与电子商务

电子商务完备的双向信息沟通、灵活的交易手段和快速的交货方式大大加速了整个社会的商品流通,降低了企业成本,提高了企业的竞争能力,尤其是使中小企业实现了以更低的成本进入国际市场参与竞争。从20世纪90年代初开始,我国政府就相继实施了"金桥"、"金卡"、"金关"等一系列"金"字工程,为我国电子商务的发展作了良好的铺垫。

一、电子商务概述

(一) 电子商务的概念

电子商务是指通过互联网实现企业、经销商及消费者的网上购物、网上交易及在线电子支付的一种新型商业运营模式。一般来讲,电子商务还有狭义和广义之分。狭义的电子商务(也称电子交易或电子贸易)是指利用Web提供的通信手段在网上进行的交易活动,包括通过Internet买卖产品和提供服务。广义的电子商务是指包括电子交易在内的利用Web进行的全部商业活动。它不仅是硬件和软件的结合,还将买家、卖家、厂家和合作伙伴,在Internet、Intranet和Extranet上利用Internet技术与现有的系统结合,进行商贸业务活动的综合系统。

与传统商务相比,电子商务具有无可比拟的优势,如电子商务使传统的商务流程转化为电子流、信息流,使交易双方突破了时间、空间的局限,提高了商业运作的效率;电子商务简化了流通环节,降低了运作成本,有效地提高了企业的竞争能力;电子商务可为企业提供丰富的信息资源和销售渠道,为企业创造了更多的商业机会。

(二) 电子商务的主要特征

1. 以客户为中心

电子商务的广泛应用,一方面使用户的主动性增强,由于网络空间聚集着无数的企业站点,使用户有了绝对充裕的选择自由,再加上从网上获取信息或服务的便捷性,首次出现了在用户和企业的天平上向用户倾斜,从而促进了整个社会生产将由用户来驱动的发展趋势;另一方面电子商务赋予了企业获取用户需求的便捷渠道,使企业能快速获得用户的反馈信息,更加方便、快速地对用户进行跟踪,从而为不同的用户提供恰当的商品和服务,同时使企业对用户的服务质量大大提高。

2. 低成本运行

电子商务不需要建造豪华的营业场所,也不需要大量员工,大大降低了企业的建设投资;同时,企业订单生产的直销模式大大缩减了销售环节,降低了库存量,避免了生产与经营的盲目性。从而使企业的生产经营成本大幅降低。

3. 市场扩大,交易机会增加

电子商务利用因特网能使企业的客户遍及国内外的每一个角落,不管是大企业还是小企业,电子商务提供了不受地域限制的最直接、最广泛的市场环境。由于网上的交易几乎是无限的,因此可以说电子商务使每家企业都蕴含着无限商机。

(三) 电子商务的功能

电子商务的功能主要包括内容管理、协同处理和交易服务三大项。

1. 内容管理

内容管理就是管理需要在网上发布的各种信息,通过充分利用信息来提高商品知名度,扩大企业影响,建立企业和商品形象。具体包括:

① 对企业的信息进行分类管理;
② 提供 Web 上的信息发布,经常刷新 Web 站点上的主页;
③ 提供与产品和服务有关的信息;
④ 提供企业内部信息,及时将企业的内部信息传递给员工、用户、供方、需方和其他商业伙伴。

2. 协同处理

协同处理就是通过提供自动处理业务流程来减少企业的运营成本,并缩短产品生产周期。具体包括:

① 企业内部网和外部网。企业内部网上联接的主要是企业的各部门;企业的外部网上联接的主要是企业的供应商、经常性的客户和企业的商业伙伴;
② 通信系统。包括电子邮件、和信息系统;
③ 企业内部资源管理。包括人力资源、资金、设备和材料等。

3. 交易服务

交易服务完成网上交易,并提供交易前、交易中、交易后的各种服务,具体包括:

① 提供可供交易的商品或服务的目录;
② 订单处理,接受客户订货,签订交易合同、进行网上支付;
③ 提供售后服务。

(四) 电子商务的基本框架

1. 电子商务框架的三层结构

一个完善的电子商务系统应该包括哪些部分,目前还没有权威的定论,但从总体上来说,应该包括:

① 底层是网络平台,是信息传送的载体和用户接入的手段,它包括各种各样的物理传送平台和传送方式;
② 中间是电子商务基础平台,包括 CA 认证、支付网关和客户服务中心三个部分;
③ 第三层是各种各样的电子商务应用系统,其基础是电子商务基础平台。

2. 电子商务系统的构成

从技术角度分析,电子商务的应用系统由企业内部网、企业内部网与因特网的连接、电子商务应用系统三部分所构成。

(1) 企业内部网　企业内部网由 Web 服务器、数据库服务器、电子商务服务器和客户端的 PC 机组成。

(2) 企业内部网与因特网的连接 为了实现企业与企业、企业与用户之间的连接，企业内部网必须与因特网连接，但是连接后往往会产生安全问题，所以连接时必须采取安全措施，通常是安装防火墙。

(3) 缓冲功能 在此基础上安装电子商务应用软件，使其运行在企业内部网之上。

(五) 电子商务的主要模式

企业的电子商务模式主要有以下四种。

1. 在线商店模式

在线商店模式是企业在网上开设虚拟商店，以此网址宣传和展示所经营的产品和服务，进而提供网上交易。

2. 内联网模式

内联网模式企业将内联网络有限地对商业伙伴开放，允许已有的或潜在的商业伙伴有条件地通过因特网进入自己的内部电脑网络，从而最大限度地实现商业信息的传输和处理的自动化。

3. 中介模式

中介模式是一家中介机构在网上将销售商或采购商汇集在一起，企业的采购代表从中介机构的网站上就可以查询销售商或其销售的产品。多数中介机构通过向客户提供会员资格收取费用，也有中介机构向销售商收取月租费或按每笔交易收费。

4. 专业服务模式

专业服务模式是网上机构通过标准化的网上服务，为企业内部管理提供专业的解决方案，使企业能够减少不必要的开支，降低运营成本或提高客户对企业的信任度。

二、电子商务与现代物流

电子商务将导致一场深刻的物流革命，它一方面把商店、产品、订货、购买、支付、认证等实物和事务处理虚拟化、信息化，使之转换成脱离实体而能在计算机上处理的信息；另一方面又将信息处理电子化，将所有信息都通过计算机网络用计算机、电子邮件、文件传输、数据通信等电子手段来处理，强化了信息处理、弱化了实体处理。从一定的意义上讲，在一个完全的电子商务环境下，随着绝大多数的商店银行虚拟化，商务事务处理信息化以后，整个市场剩下的就只有物流处理工作了。可见电子商务将物流业提升到了前所未有的高度，电子商务为物流业提供了一个空前发展的机遇。

同时，当今的电子商务之所以能成为 21 世纪的商务工具，现代物流是其实现的基础条件和根本保证。如果说电子是虚拟的，商务是现实的，那么现代物流就是虚拟转变成现实必须经过的"独木桥"。在电子商务环境里，用户通过上网点击购物，完成了商品所有权的转移，但是电子商务的活动并没有结束，只有商品和服务真正转移到用户手中，商务活动才能得以终结。也就是说没有现代物流的支撑，电子商务活动也只能是一纸空文。实践证明，没有现代物流的巨大支持，电子商务将在最后的物流配送环节搁浅。所以，电子商务网站如何快速地构建一个可以将必要的商品，按必要的方式，在必要的时间，供应到必要的地点的高效率的物流体系，是电子商务发展中不可回避的一个重大课题。

可见，电子商务与现代物流是相互联系、相互依存、相互制约、密不可分的两个方面。将这两个方面科学组合，就引出了一个新的物流概念——电子商务物流。

(一) 电子商务物流的概念

电子商务物流是信息流、商流、资金流网络化的商品或服务的配送活动，包括软体商品的网络传送和实体商品的物理传送。其中信息流是指有关交易的各种信息交流，包括商品介绍、技术支持、售后服务、促销行销等，也包括询价单、报价单等有关交易单据，还包括支付能力、支付信誉等；商流是指商品在交易各方之间进行交易和所有权转移的一系列活动，交易各方包括供应商、制造商、批发商、代理商、零售商和物流公司等；资金流是指资金的转移过程，包括信用证、汇票、现金通过银行在各方之间的流动，还包括银行和外汇管理部门等。

（二）电子商务物流的特点

1. 信息化

信息化不仅体现在选择商品及电子支付上，而且充分体现在物流的整个过程中，如物流信息的商品化、物流信息收集的数据库化和代码化、物流信息处理的电子化和计算机化、物流信息传递的标准化和实时化、物流信息存储的数字化等。信息化是电子商务物流的核心。

2. 网络化

物流信息化的高层次应用首先表现为网络化，这是电子商务物流活动的主要特征之一。网络化包含两层含义：一是物流信息网络化，即物流信息传送、存储的网络化，由企业内部网、因特网及企业外部网等组成，将企业与上下游厂商及用户联系在一起，是实现物流信息化以及物流过程网络化的基础；二是物流过程网络化，即订货、生产、运输等整个商务过程物资流动的网络化，使商务活动中的物资、材料、商品的流通高度集约化和系统化。

3. 自动化

电子商务物流的自动化只有在实现信息化的基础上才能得以实现，其目的是实现无人化作业，增强物流活动能力，减少物流作业差错，提高劳动生产率和经济效益。电子商务物流自动化技术包括：信息引导系统、自动分拣系统、条形码自动识别系统、语音自动识别系统、射频自动识别系统、自动存取系统和货物自动跟踪系统等。

4. 智能化

为了提高现代物流的现代化水平，许多企业在物流过程中的各种活动如库存水平的确定、运输路径的选择、自动导向车的运行轨迹、自动分拣机的运行物流配送中心管理等，纷纷应用了物流专家系统、物流预测系统、库存水平系统、运输路径选择系统、自动导向系统、作业控制系统、自动分拣机运行系统等先进技术。使电子商务物流的智能化成为众多企业努力的方向和追求的目标，这已经成为电子商务物流的发展趋势。

5. 柔性化

柔性化本来是为实现"以顾客为中心"理念而在生产领域提出的，但要真正做到柔性化，即真正地能根据消费者需求的变化来灵活调节生产工艺，没有配套的物流系统是不可能达到目的的。20世纪90年代，国际生产领域纷纷推出计算机集成制造系统、弹性制造系统、制造资源系统、企业资源计划和供应链管理的概念和技术，这些概念和技术的实质是要将生产、流通进行集成，根据需求端的需求组织生产以及安排物流活动。因此，柔性化的物流正是为适应生产、流通与消费的需求而发展起来的一种新型物流模式。这就要求物流活动根据消费需求"多品种、多批量、多批次、短周期"的特色，灵活组织物流作业。

（三）电子商务物流技术

随着电子技术、信息技术、计算机技术的普及，为物流技术的形成和发展打下了坚实的基础，物流技术综合了许多现代技术，如条码技术、电子数据交换、地理信息系统、全球卫星定位系统、射频技术等。

1. 条码技术（Bar Code）

也称条形码系统，条码技术是在计算机的应用中产生和发展起来的一种自动识别技术，它是为实现对信息的自动扫描而设计的。条码是由一组黑白相间、粗细不同的条状符号所组成，其中黑色的条对光的反射率低，而白色的空对光的反射率高，再加上条与空的宽度不同，就能使扫描光线产生不同的反射接收效果，在光电转换设备上转换成不同的电脉冲，形成了可以传输的电子信息。由于光的运动速度极快，所以可以准确无误地对运动中的条码予以识别。条码隐含着数字信息、字母信息、标志信息、符号信息，主要用以表示商品的名称、产地、价格、种类等，是全世界通用的商品代码的表示方法。

条码技术是迄今为止最经济、实用、快速、准确的一种自动识别技术。它的应用有效地解决了数据录入和数据采集的"瓶径"问题，为供应链管理提供了有力的技术支持，大大促进了生产线、仓储、运输、零售等环节的商品管理现代化，对提高企业的经济效益和服务质量具有非常重要的作用。

2. 电子数据交换（EDI）

电子数据交换俗称"无纸贸易"，它是按照统一规定的一套标准格式，将经济信息通过通信网络传输，在贸易伙伴的计算机系统之间进行数据交换和自动处理的一个系统。构成电子数据交换系统的三个要素是 EDI 软件和硬件、通信网络以及数据标准化。企业要实现电子数据交换。首先，要有一套计算机数据处理系统；其次，要采用 EDI 标准，将企业内部数据转换成 EDI 标准格式；再次，要提供一个良好的通信环境。

EDI 标准是整个系统最关键的组成部分。因为 EDI 是以事先商定的标准格式进行数据传输和信息交换的，所以制定统一的 EDI 标准至关重要。EDI 标准主要包括：基础标准、代码标准、报文标准、单证标准、管理标准、应用标准、通信标准和安全保密标准等。其中，最重要的是实现单证标准化，目前我国制定的单证标准主要有：进出口许可证、原产地证书、装箱单和装运声明等。

3. 地理信息系统（GIS）

地理信息系统以地理空间数据为基础，采用地理分析方法，适时地提供多种空间的和动态的地理信息，是一种为地理研究和地理决策服务的计算机技术系统。其基本功能是将表格型数据转换为地理图形显示，然后对显示结果浏览、操作和分析。其显示范围可以从洲际地图到非常详细的街区地图。

目前，国际上已经利用 GIS 开发出为物流分析的专用分析工具软件，主要包括：车辆路线模型、最短路线模型、网络物流模型、分配集合模型和设施定位模型等。

4. 全球定位系统（GPS）

全球定位系统也称全球卫星定位系统，它是美国经历 20 多年的研制，耗资 300 多亿美元，于 1994 年完成的由 24 颗卫星组成的一个空间卫星系统，并于 2000 年宣布向全世界用户免费开放。全球定位系统能准确地判断地面上或接近地面的物体位置及其移动速度和方向等，现在已成功地应用于物流管理领域，如运输导航、车辆监控、动态调度、铁路运输管理、双向通讯、数据存储等。全球定位系统的成功应用实现了物流运输工具的优化配置和调度，极大地提高了运输作业的效率，节约了物流成本。全球定位系统具有全天候、高精度、自动化、高效益等特点。

5. 射频技术（RFID）

射频技术是通过对远距离移动、静止目标进行非接触式信息采集和交换，实现对各类物体、设备、车辆和人员在不同状态下的自动识别系统。它是集计算机技术、信息采集处理技术、无线数据传输技术、网络数据通讯技术和自动控制技术等多项技术为一体的自动化控制技术。其优点是信息密度高；可靠性、安全性强；环境适应性强；作用远距离；感应无"盲区"。可同时感应多个目标；对人体无伤害；便于网络连接；具有读写能力；可携带大量数据；具有良好的智能性。

射频技术目前已被广泛应用于：铁路车号自动识别管理、车辆道路交通自动收费管理、旅客航空行包自动识别、车辆出入控制、校园卡（会员卡、健康卡、驾照卡等）、物流与仓储管理、生产线产品加工过程自动控制等。

三、电子商务物流管理模式——供应链管理

供应链管理是指利用计算机网络技术全面规划供应链中的商流、物流、信息流、资金流等，并进行计划、组织、协调与控制（摘自 GB/T18354—2001）。供应链管理是一种全新的管理思想，对指导 21 世纪企业提高整体竞争力，有着十分重要的意义。国内外许多成功企业的事例证明，实施供应链管理有助于供应链上的企业将非核心业务剥离出来交给其他企业去完成，从而将有限的人力、物力、财力集中于核心业务的经营；供应链中的企业可根据下游企业对本企业产品的需求量和供货时间来组织和调整自己的生产，待产品一生产出来便可直接送至下游企业所指定的场所，这就大大降低了经营成本和资金占用；供应链中的企业关系比较密切，这就可避免企业重复对不同上下游企业的选择、谈判、协商，从而减少费用支出，节约时间，提高效率。

1. 供应链管理的特点

供应链管理不同于传统的企业管理，它更强调供应链整体的集成与协调，要求各链节的企业都围绕物流、信息流、资金流及工作流进行信息共享与经营协调，实现柔性的与稳定的供需关系。其本质特点如下。

① 供应链管理是一种基于流程的集成化管理模式。供应链管理是以流程为基础，物流、信息流、价值流、资金流、工作流贯穿于供应链的全过程。通过业务流程重构，消除各职能部门以及供应链成员企业的自我保护主义，实现供应链组织的集成；通过现代信息技术手段的运用，信息共享，实现供应链管理手段的集成；通过资源整体优化配置，有效运用价值链激励机制，寻求非增值活动最小化，实现供应链管理效益的集成。

② 供应链管理是全过程的战略管理。供应链是由供应商、分销商、零售商、客户组成的网链结构，链中各个环节是环环相扣的一个有机整体。若只重视部分环节的信息，则就可能导致决策失误、计划失控、管理失效。只有运用战略管理思想才能有效实现供应链的管理目标。

③ 供应链管理提出了全新的库存观。供应链的形成使链上各个成员建立了战略伙伴关系，通过快速反应致力于总体库存的大幅度降低。

④ 供应链管理以最终客户为中心。供应链都是由客户需求驱动的，才使得供应链得以存在，也就是说只有客户取得成功，供应链才能得到延续和发展。所以供应链管理必须以最终客户为中心，将客户服务、客户满意、客户成功为出发点，并贯穿于供应链管理的全过程。

2. 供应链管理的目标

（1）合适的客户。合适的客户不仅是指企业的直接客户，而且包括客户的客户，从而使供应链绩效的评价建立更广泛的基础。

（2）合适的产品。合适的产品是要求企业既要按照客户提出的产品的品质标准、规格型号，又要使客户的订货数量得到完全满足。

（3）合适的地点。为了进一步提高对客户服务的满意水平，促进客户的成功，企业必须特别重视完成客户期望的配送增值活动，包括直接将产品作为客户的库存、按客户特定要求堆放产品等。

（4）合适的时间。合适的时间是完全按客户提出的时间条件，将产品准时送到指定的地点。时间过早会增加客户的重复劳动或占用存储空间等；时间过迟则势必会影响客户的正常生产经营活动，甚至导致客户停工停产等。

（5）合适的成本费用。客户总是希望以最低的成本得到最多的价值。通过供应链管理有效消除了各种浪费与重复，从而使得以最低的成本为客户提供最大的价值成为可能。

3. 供应链管理内容

供应链管理是实现电子商务的关键，它要求广泛收集顾客需求信息，根据信息作出能保持良好利润的采购预测，及时与生产商的信息沟通，有效实行物流的跟踪与库存控制，降低流通过程中每个环节的库存量。其主要内容是对供应链中的商流、物流、资金流、信息流进行统一的规划、组织、协调、控制，并达到高服务水平和低库存投资之间的平衡。具体讲其内容主要包括如下。

（1）物流管理　即材料和产品的移动和存储策略的管理，材料和产品是从供应商通过公司的分配系统向零售和客户运动的。

（2）实物分配管理　即通过计划和调整，控制货物的实际流动。

（3）分配需求计划　涉及关于仓库、码头、运输的容量和发货的物流或配送主管制定计划的过程。

（4）仓库管理　主要包括：存货地点、产品存放、挑选、接收、分配的管理，以及上述过程的质量监督。

（5）实物库存管理　决定库存水平和重新进货的频率。

（6）劳务管理　主要包括：劳务、工作量计划、劳务质量监督、时间和出勤率，个人信息和员工薪金总额信息。

（7）商品的运输管理　主要包括：选择运输方式、运输计划、船队管理、装载量计划、运输工具时刻表、路径计划和时刻表、交付时刻表、运输工具的跟踪和监督等。

（8）单元化　即决定在分配渠道的每个阶段产品的最合适的数量管理。

（9）沟通　即需要在供应链中向上和向下传递的所有信息。

（10）资金流管理　即对企业之间的成本、汇率等问题进行分析。

4. 供应链管理的竞争优势

供应链管理之所以受到越来越多的企业所关注，并被广泛运用于物流管理实践之中，主要是因其自身具有显著的本质竞争优势。

① 有效消除重复、浪费与不确定性，减少库存总量，创造竞争的成本优势。通过实施供应链管理，可以有效剔除流程中的多余步骤，减少供应链成员企业之间的重复工作，实现了全流程的无缝作业，从而使供应链流程简单化、高效化、低成本。同时，通过建立共享的电子数据交换系统，又可减少因信息交换不充分带来的重复、浪费和失误，有效消除"需求放大"效应，大大提高工作效率。通过供应链管理可实现信息共享，物流畅通，能有效消除不确定性，并有效减少各环节上的库存量。因此，创造了供应链竞争的成本优势。

② 优化链上成员组合，加快客户反应，创造竞争的时间和空间优势。供应链通过在全球范围内优化选择链上成员企业，既可实现相互间的优势互补，更重要的是能最大限度地减少产品销售、服务提供的空间距离和时间距离，实现对客户需求的快速有效反应，大幅度减少从订货到完成交货的周期时间。

③ 充分发挥链上企业的核心能力，创造竞争的整体优势。企业要想在当今激烈的竞争中谋生存、求发展，就必须采取相互合作竞争策略，这样就可以充分运用链上企业的专业优势和核心能力，并使不同成员的核心能力优势相互融合，共生出更强的整体核心能力与竞争优势。

复习思考题

1. 什么是企业物流？它有哪些基本类型？
2. 企业物流具有哪些特征？
3. 企业物流对企业的生存发展产生哪些作用？
4. 现代物流技术通常有哪些类型？
5. 什么是企业物流管理？它具有哪些特点？
6. 按物流活动要素分物流管理有哪些类型？
7. 什么是物流标准化管理？并简述物流标准化实施程序。
8. 什么是物流质量管理？
9. 物流质量管理应包括哪些主要内容？
10. 什么是物流成本管理？并简述物流成本的影响因素。
11. 物流成本控制应包括哪些主要内容？
12. 什么是电子商务？其主要特征有哪些？
13. 什么是电子商务物流？具有哪些特点？
14. 电子商务物流技术应用了哪些现代技术？
15. 什么是供应链管理？其主要目标是什么？
16. 供应链管理应包括哪些主要内容？

第六章 人力资源管理

人力资源管理是继劳动人事管理之后的一种新型的对人的管理理论和管理制度。它产生于知识经济初露端倪的历史时期,又吸收了经济学、管理学、社会学、现代科学技术的研究成果,从而把人事管理制度推向一个崭新的阶段,并在此基础上形成一门综合性、应用性的新学科——人力资源管理。人力资源管理涵盖面广,内容丰富。本章主要介绍:人力资源概述、人力资源规划、人力资源激励以及人力资源管理等内容。

第一节 人力资源概述

综观全球,人力资源已经成为推动社会发展的第一资源。无论是国际综合国力的竞争,还是企业的市场竞争,归根到底都是人力资源的竞争。人力资源是人力资源管理的研究对象,了解人力资源概念、内容、范围、特点是人力资源管理的研究起点。

一、人力资源的概念

企业人力资源是由企业支配并加以开发的、依附于企业员工个体的、对企业生存发展产生重大作用的劳动能力的总和。为了准确把握这一概念,特作如下分析:一是企业人力资源是针对特定企业而言的,其状况和使用方式必须能为特定企业所影响和支配,企业能对其进行有效的管理;二是企业人力资源以智力、技能、经验、体力等形式存在于员工个体之中;三是企业人力资源必须具有一定的结构,即企业员工必须在数量和质量上以一定方式配置起来,才能为企业创造效益;四是企业员工的劳动能力不是无限的,它在质和量两方面具有特殊的规定性,只能在一定的条件下加以利用和开发。总之,对于企业来说,一方面必须科学合理地利用人力资源,尽可能地提高利用率;另一方面必须大力开发人力资源,充分挖掘其内在潜力。只有这样,才能充分发挥企业人力资源在复杂多变的环境条件下,增强企业竞争能力的重大作用。

二、人力资源是第一资源

人力资源是第一资源的观点,是在科学技术是第一生产力的理论基础上提出的一种新的资源观,是现代科技高度发展的产物。在现代社会,特别是高科技产业迅速发展的21世纪,从创造社会财富、促进经济增长、提升竞争优势等方面来分析,人力资源已逐渐起到了主要的、决定性的作用,而自然资源则逐渐退居到次要的地位。实践证明,人所拥有的知识、技能等体力和脑力资源是物质界高度发展的产物,所以说物质是第一性的,精神是第二性的。我们提出的人力资源是第一资源并不否认物质第一性的基本原理,恰恰相反,人力资源是第一资源的观点就是在承认物质世界是第一性的理论基础上建立起来的。同时,人类的生产经营活动都是为了增加社会财富，生产更多、更好的物质和精神产品以满足人类的需要，促进社会的发展，而人力资源是第一资源的观点也正是为了促进社会进步，增加社会财富，巩固和发展经济基础。可见，人力资源是第一资源的观点又是在经济是基础的理论上提出的。

三、人力资源的特点

人力资源是企业生产经营活动中最基本、最重要的资源，它与其他资源相比较具有以下几个方面的特点。

1. 能动性

人类不仅能适应环境，而且能有意识地改造环境；不仅能适应历史，而且能创造历史。正是这一点，才使人力资源具有与自然资源相区别的能动性。企业人力资源的能动性主要表现在：一是自我强化，企业员工通过学习和实践能不断提高自身的素质和能力；二是功利性投向，企业员工通常都是有目的、有意识地选择自己的投向，而且总带有一定的功利性目的来决定或指导自己，对于专业、职业、单位、场所等问题的选择和变动；三是积极劳动，企业员工从事企业的生产经营活动受其意志的支配，这是人力资源发挥潜能的决定性因素。这些方面表现出来的能动性，使企业人力资源成为企业众多要素资源中最活跃、最关键的要素，同时也成为最难管理的要素。

2. 时效性

任何个人或群体的人力资源都是具有阶段性的，企业人力资源的开发和利用当然也不例外，也存在着明显的、不同的最佳时期。一般讲人的青少年时期是人力资源开发的最佳时期，而青壮年时期则是人力资源发挥效用的最佳时期，也可以说是人力资源时效性的高峰期。同时，作为人力资源重要组成部分的知识和技术，在一定的时间内运用就能发挥其最佳的效用，若闲置不用超过一定期限，这些知识和技术就会陈旧、老化、过时，失去其应有的效用。尤其是在现代社会科学技术日新月异，知识更新周期大为缩短的环境条件下，管理者要更加注意人力资源的时效性。

3. 组合性

组合性是人力资源的一个重要特性。两个人在一起工作发挥的作用，不一定等于两个人单独工作发挥的作用简单相加。即可能出现1+1＞2的情况，这种情况的出现可能是由于员工之间的知识、能力或品性等方面具有互补性，因而相得益彰，从而使各自的能力得到充分的发挥。也可能出现1+1＜2的情况，这种情况的出现可能是由于员工配置不当，产生摩擦或内耗；或者是由于工作环境不好，劳动条件较差；或者是工作本身过于单调乏味，无法满足员工的高层次需求等原因，从而影响员工的技能正常发挥，降低了工作效率。所以管理者必须高度关注人力资源的合理配置，科学组合，形成合力。

4. 社会性

人力资源只有在一定的社会环境和社会实践中才能形成、发展并产生作用。人离开社会群体而被完全孤立，是不可能生存的。作为人力资源的人的劳动能力，是一种只有在劳动过程中才能得以形成和提高的能力。实践证明，劳动是人与人结成社会关系从事改造自然的活动和过程，是社会的实践活动。通过社会实践活动人们逐渐了解自然现象、自然性质和自然规律，认识人和自然的关系、人与人之间的关系等。这一过程就是人的劳动能力逐渐形成和提高的过程。离开社会实践活动，人力资源就无法形成。

四、人力资源供求状况预测

人力资源供求状况预测一般讲要做好以下三方面的工作。

1. 人力资源需求预测

人力资源需求预测是指以企业发展战略目标和规划为依据,综合考虑各种因素,对企业未来计划期内人力资源需要的数量、质量等进行分析的活动。这一种动态预测,应根据客观环境条件的变化而不断调整。人力资源需求的影响因素主要包括企业外部环境因素和企业内部条件因素两个方面。企业外部环境因素包括:政治、经济、科技、文化等环境因素;企业内部条件因素包括:经营战略、工作设计、预算、销售状况及自身人力资源状况等。

2. 人力资源供给预测

人力资源供给预测是指为了满足企业对人力资源的需求,而对企业计划期内能得到的人力资源的数量和质量所进行的预测。企业人力资源的供给来自企业内部的人力资源供给和企业外部人员的补充两个方面。当企业面临人力资源需求时,应优先考虑企业内部人力资源供给情况,只有在内部人力资源供给不能满足企业需求时,才考虑从外部获取人力资源。

3. 人力资源供求平衡

企业人力资源供求关系可能出现供求平衡、供不应求、供大于求等三种情况。企业人力资源管理部门就要根据企业未来供求关系的预测结果,来制定相应的计划措施,以取得企业人力资源的供求平衡。人力资源供求平衡一方面要密切关注数量的平衡,另一方面要关注人力资源素质、类别、年龄等结构上的平衡。

五、人力资源开发

1. 人力资源开发的含义

人力资源开发是指以发掘、培养、发展和利用人力资源为主要内容的一系列的活动和过程。具体包括人力资源的教育、培训、使用、调剂等诸多环节,通过政策、制度和科学方法的运用,提高员工的素质和能力,挖掘员工的内在潜力,力求人尽其才、才尽所能,促进企业工作效率和经济效益的提高。

2. 人力资源开发的环境

人力资源开发的环境主要是指企业的人际环境,即人际关系。良好的人际关系是企业生存发展的重要条件,也是人力资源实现有效开发的关键性环境因素。企业生产经营活动实践证明:处于和谐、融洽的良好人际关系中,员工心情舒畅、精神振奋、同心同德,工作就会顺利圆满;相反,员工心情不好、猜疑嫉妒、关系紧张,必然影响工作的效果。管理者必须要从文化氛围、群体感知、个性锻炼、领导者的素质和能力等方面去努力,营造一个和谐的人际关系环境。

3. 人力资源开发的内容

企业人力资源开发的目标是最大限度地提高劳动生产力,其基本内容主要有以下几种。

(1) 精神动力开发 人力资源开发的关键是增强员工的主观能动性,调动员工的自觉性、积极性、主动性,给人力资源以巨大的精神推动力,从而形成强烈的使命感、责任感、荣誉感和自豪感,创造性地开展工作,发挥人力资源的实际效用。

(2) 技能开发 技能开发的主要目的是提高员工的文化、技术、业务水平,使企业员工能适应各种职业所需要的熟练的专门人才。技能开发具有丰富的内涵,就开发类型而言,包括培养职业能力、提高职业能力和转换职业能力三种,其中前一种为就业前的职业技能开发,后两种为就业后的职业技能开发;就开发层次而言,包括了初、中、高各个不同等级的专门化职业技能训练;就开发内容而言,包括了文化、政治、道德、专业知识和操作技能等。

(3) 创造力开发 创造是指想出新方法、建立新观点、做出新业绩。开展创造性的工作,是把现代科技成果运用到企业的生产经营活动中,不断创出新的适应现代生活节奏的新产品,才能在激烈的市场竞争中处于主导地位。然而,每个人自身的素质和所面对的条件不同,使各个员工体现出来的创造能力各不相同。有些人创造力强,创造成果丰富;有些人创造力就比较弱;有些人甚至根本没有创造力。所以,进行创造力开发是非常必要的。

(4) 知识开发　知识是一个人的技能、动力、创造力的基础,没有一定的知识水平,能力就会受到很大限制。而教育是知识传授、增长的重要途径,在提高人力资源的基础知识技能存量方面,教育有着举足轻重的作用。可见,知识开发主要是指通过教育来提高员工的知识水平。

第二节　人力资源规划

一、人力资源规划的概念

人力资源规划是指企业在人力资源开发过程中,预测企业未来的人才需求情况,并通过相应计划的制订和实施使供求关系平衡的过程。人力资源规划可以为人力资源管理部门在进行人力资源管理工作中做到有章可循、有法可依,从而保证企业未来人力资源的数量和质量;人力资源规划有助于提高企业员工对人力资源重要性的认识,从而充分调动员工的工作积极性和创造性;人力资源规划可以帮助企业及时发现人力资源短缺或冗余,从而及时采取措施避免造成不必要的损失。

二、人力资源规划的任务

① 确定各级各类人力资源的需求程度;
② 预测未来人力资源需求的变化情况;
③ 决定企业生产经营活动中所需的各种类别、等级的人员;
④ 确定需要培训的各种类别和等级的人员;
⑤ 实现企业人力资源规划与整体发展规划相互衔接,保持平衡。

三、人力资源规划的主要内容

人力资源规划的主要内容可以分解为以下几个方面。

(1) 人员补充计划　人员补充计划是企业根据生产经营情况,对企业可能产生的空缺职位加以弥补的计划,旨在促进人力资源数量、质量的改善,也是企业吸收新员工的依据。

(2) 培训开发计划　培训开发计划是企业通过内部的努力为企业发展准备所需人才,使企业员工更好地胜任企业的工作岗位。

(3) 人员配备计划　企业员工在未来职位上的安排和使用,是通过企业内部人员有计划的流动来实现的,这种人员流动计划称为配备计划。企业要尽可能地使人和事达到最大程度的匹配,这对于调动员工的积极性和提高人力资源利用率是非常重要的。

(4) 薪资激励计划　薪资激励计划一方面是为了确保人工成本与企业经营状况保持恰当比例关系,另一方面也是为了充分发挥薪酬的激励作用,维持和激励员工的工作热情。企业通过薪资激励计划可以在预测企业发展的基础上,对未来的薪资总额进行测算,并确定未来时期内的激励政策。

(5) 人员晋升计划　人员晋升计划是根据企业的需要和人员分布状况,制定员工的提升方案。晋升不仅是员工个人利益的实现，也意味着责任和挑战的增加，二者有机结合会使员工产生一种能动性，从而使企业获得更大利益。

(6) 员工职业计划　员工职业计划是企业对员工在企业内的职业发展做出的系统安排。通过职业计划能够把员工个人的职业发展和组织需要有机结合起来。这对于员工个人和组织都是非常重要的一项工作，特别是对有发展前途的员工的发展成长尤其重要。

四、制定人力资源规划的基本原则

(1) 充分考虑内外环境的变化　人力资源规划是面向未来的规划，而未来总是存在着许多不确定的因素，如内部变化涉及到企业销售的变化、产品的更新换代、发展战略的变化、员工的变化等；外部变化涉及市场的变化、人力供需矛盾的变化、竞争对手的变化、人力资源政策的变化等。为了能适应这些变化，在人力资源规划中就应该对可能出现的情况做出预测和分析，以确定应对各种风险的策略与措施。

(2) 保证企业战略与人力资源规划的有机衔接　人力资源规划涉及的范围很广，可以是针对整个企业，也可以局限于企业中的某个部门或某个工作集体。然而不管哪种规划，都必须与企业战略相衔接，才能保证企业目标与人力资源的协调匹配，保证企业人力资源规划的准确性和有效性。

(3) 实现企业和员工共同发展　人力资源规划不仅为企业服务，而且要促进员工发展。在知识经济时代，随着人力资源素质的提高，企业员工越来越重视自身的职业前途。工作不仅是谋生手段，而且是员工实现自我价值的方式。企业的发展离不开员工的发展，二者是相互依托、相互促进的。因此，一个好的人力资源规划，必须是能使企业和员工都得到长期利益的规划，应该使企业和员工得到共同发展。

五、制定人力资源规划的基本程序

人力资源规划涉及到的部门多，时间跨度大，政策性强，所需信息资料复杂。这是非常复杂的一项系统工程，要做好这项工作，必须遵循一定的程序进行统筹规划。

1. 确定规划的指导思想

树立正确的指导思想是做好人力资源规划的重要保证。人力资源规划除了要明确为社会经济发展总体目标服务的基本指导思想外，还应结合规划所明确的具体服务对象的特点、要求，有针对性的确立具体的指导思想，以保证规划工作有明确的方向，使制定出来的规划能更好地指导实际工作，从而推动企业人力资源管理水平的提高。在人力资源规划中一定要提出十分明确、简洁、明了的总体指导思想，并以此作为自始至终贯穿整个规划的思想路线。

2. 确定规划的总体目标

人力资源规划总体目标的确定与相应的人力资源预测结果密切相关。人力资源预测反映了特定时期内企业发展对不同层次人力资源的总体要求，为人力资源规划构画出其目标蓝图，也为制订规划的总体目标打下了基础，使规划在确定总体目标时能够做到有的放矢。总的来说，人力资源发展的总体目标是在对人力资源预测的总体需求进一步深化认识的基础上提出来的。同时，必须认识到人力资源预测所得出的对未来人力资源的需求目标，是根据历史的及当前的状况资料做出的。因此，在确定人力资源总体目标时，要留出一定的弹性空间，以便日后进行必要的修改调整。

3. 确定规划总体框架结构

人力资源规划的总体框架主要包括以下几个部分。

(1) 人力资源的基本现状　主要内容有：一是对人力资源目前的实际状况（如总量、分布、年龄、学历、职称等）进行分类统计；二是通过对人力资源现状的分析，找出存在的主要问题。

（2）人力资源未来发展的指导方针和主要目标　主要内容有：一是确立指导人力资源未来发展的总方针，总方针要求既有现实性，又有超前性；二是确立人力资源未来发展的主要目标，包括总量目标、分布目标、结构目标。

4. 人力资源未来发展的有关对策措施

设计人力资源未来发展的对策措施，要突出两个方面的问题，一是要有针对性地对人力资源现状中所存在的问题，提出解决的办法；二是要提出有利于人力资源未来发展具有超前性的战略和措施。这是人力资源规划的重点内容，因此要在十分清楚目前发展所存在的问题和制约因素基础上，要求在规划对策措施时多下工夫。

第三节　人力资源激励

人力资源激励是指管理者根据员工的需要，通过一定的手段使员工的需要得到满足，从而激发员工的动机，诱导员工的行为，促使其充分发挥出内在潜力，为实现所追求的目标而努力的过程。从心理学的角度分析，人的行为是由动机支配的，动机是由未满足的需要引发的，行为的方向是寻求目标、满足需要。因此，要想实现有效的激励，必须符合人的心理和行为活动的客观规律，必须了解与员工工作有关的需要、动机、目标和利益等要求。管理实践也证明，激励过程就是人的需要、动机、行为和目标相互联系、相互作用、相互制约的过程。

一、人力资源激励的主要功能

人力资源激励作为企业激发员工积极性、创造性的一种手段，其主要功能可以归纳为以下几个方面。

1. 发掘员工的潜能

企业员工的潜能，不仅表现为其在行为活动中尚未显现出来，甚至对潜能拥有者本人来说也未必能意识到。但是这种潜能确定是客观存在的，而且一经发掘便能释放出其巨大的能量。许多专家研究发现，人的内在潜力在缺乏激励的环境中只发挥出20%～30%，若得到充分的激励，则人的能力可发挥到80%～90%。有人形象地比喻，人的潜能是一个储量巨大的"人力资源库"。可见，发掘员工的潜能是管理者极为重要的一项工作，而人力资源激励正是发掘人的潜能的有效途径。

2. 提高工作效率

工作效率的高低，工作绩效的大小，通常取决于两个基本因素：一是能不能，即是否胜任某项工作，是否具有承担某项工作的资格和能力；二是干不干，即从事某项工作的积极性、态度、干劲的大小。人力资源激励过程中大量的、经常性的，也是艰巨的工作就是要解决干不干的问题，就是要充分调动人的积极性、主动性、创造性，去提高工作的效率和效果。管理实践中另外确实还存在着一个较为突出的问题，即不是不会做的问题，而是不愿做，或是不积极做，或对工作不负责的问题。所以，强化激励手段对人力资源开发、提高工作效率具有非常重要的意义。

3. 提高人力资源的质量

提高人力资源质量的途径主要是教育和培训。而保证教育和培训取得积极效果的关键条件和重要前提是提高员工的学习积极性和刻苦钻研精神。这就需要不断提高激励水平，巧妙运用激励手段，如对才能优异、成绩突出的员工给予优裕的物质待遇、精神奖励、职务职位，并大力的进行表彰和宣传。这样，不仅会激励受奖者更大的积极性继续努力，使自身的才能提高到新的高度，而且能产生巨大的激励效应，使其他员工受到榜样的鼓舞，促进其学习的积极性，从而提高企业整体素质。

4. 增强企业的凝聚力

为保证企业整体能高速而有序的运行，除了用严密的组织结构和严格的规章制度加以规范外，还必须要用激励的方法，满足员工安全、尊重、社交、成就等方面的心理需要，鼓舞员工士气，协调人际关系，进而增强企业的凝聚力，促进各部门、群体、人员之间的密切协作，达到同心协力地围绕企业目标开展工作，最终实现企业目标。

二、人力资源激励的基本原则

1. 尊重

邓小平同志于1977年提出的"尊重知识、尊重人才"，既是新的历史时期现代企业管理的指导思想，也为人力资源激励确定了基本原则。知识是人力资源的重要内容，人才是人力资源的活载体。尊重知识、尊重人才，实际上就是对人力资源价值的尊重。而人力资源的价值最集中的就体现于"人力资源是第一资源"的基本观点上。对人力资源的尊重主要表现在：一是尊重人的生命价值；二是尊重人的兴趣和生活方式；三是尊重人的劳动方式；四是尊重人的劳动成果；五是尊重人是个人目标。

2. 奖惩

奖惩是见于古今、行之中外的激励手段，从奖惩的实际效果来分析，奖与惩必须兼用，不可偏废这是实践经验的总结。只奖不惩就降低了奖励的价值，影响了奖励的效果；只惩不奖，就会使员工只知道不应该做什么，而不知道应该做什么，甚至还可能触发员工产生逆反心理。所以，企业人力资源激励必须坚持奖惩结合，恩威并用。同时又要注意以奖励为主，惩罚为辅，有机结合，才能收到满意的效果。实践中运用奖惩激励时通常要注意以下几方面的问题：一是坚持公平合理原则；二是根据不同员工的需求特点进行奖惩；三是适当拉开实际效价的档次；四是注意掌握奖惩时机和频率；五是尽可能用量奖而不要用评奖；六是实施惩罚时要做到合理合法，惩罚与教育相结合，使受罚者口服心服等。

3. 竞争

人力资源管理是以知识创新和技术创新为主旨的，因而必须强调管理过程的竞争性。而且，实践证明只有竞争才能激发人的进取心、主动性和创造性。因此，人力资源激励自然的就把竞争作为提高激励效应的一种重要驱动力。把竞争作为激励手段时要注意以下几方面的问题：一是注意工作任务的挑战性；二是注意工作任务的整体性；三是注意工作任务的独立性；四是注意开展各种竞赛活动的原则和方法。

4. 参与

现代企业的人力资源往往具有较高的文化知识和管理能力，民主意识和参与欲望相对较为强烈，不仅有参政的意愿，而且有参与的能力。因此，对人力资源的管理应该采取民主的、参与式的管理。这是适应管理对象的新变化而必须实行的管理措施和激励手段。做好参与激励应注意以下几方面的问题：一是让员工参与有关组织目标、计划及同其有切身利益相关问题的决策；二是要信赖员工，注意听取员工的建议和意见；三是利用各种形式发挥员工对管理者的民主监督作用；四是保持与员工经常的意见沟通和相互交往。

三、激励理论简介

激励理论是西方管理理论的重要组成部分,是研究如何提高管理者的激励水平和激励艺术,使企业员工更好地为实现企业战略目标而努力的理论。许多西方心理学家和管理学家从不同角度研究人的激励问题,提出了各种各样的激励理论。根据这些理论的不同特征,通常可以把它们分为内容型激励理论、过程型激励理论、状态型激励理论等三大类型。

(一) 内容型激励理论

内容型激励理论着重对引发人的动机的因素及激励内容进行研究。该理论通常认为人的动机是由需要引起的,了解人的需要特别是优势需要是激励的出发点,这类理论是从静态角度来探讨人的激励问题的。属于此类理论的主要有:马斯洛的需要层次理论、赫茨伯格的双因素理论、麦克利兰的成就需要理论等。

1. 需要层次理论

需要层次理论是由美国心理学家马斯洛于1943年在所著的《人的行为动机》一书中提出,并得到广为流传,是目前管理界应用最为普遍的激励理论之一。马斯洛的需要层次理论分为五个层次。

(1) 生理需要　生理需要是人类为了维持其生命最基本的需要,包括衣、食、住、行、性等需要。这是人类赖以生存和发展的基本条件,也是人类的本能的需要、最低级的需要。然而也是推动人的行为最强大的动力。

(2) 安全需要　个体的生理需要得到相对满足后,就要求在生理和心理上获得安全、受到保护、得到保障,包括劳动安全、环境完全、职业安定、经济保障、医疗保障、心理安全等需要。安全需要是人类安居乐业的基本保证。

(3) 社交需要　社交需要也称社会需要或归属需要。当生理与安全需要得到满足后,便会产生社交的需要,即希望从社交活动中得到群体的支持和温暖,达成人与人之间的相互信任和帮助,建立和谐的人际关系。并归属于一个或多个群体以得到关心、友谊、爱护、安慰等,从而消除孤独感,在心理上产生满意的归属感。

(4) 尊重需要　当社交需要满足后,人通常就会产生尊重的需要,即人总是希望自己的人格、人品、能力、才干能得到社会的承认与赞赏,别人对于自己的能力、水平给予较高的评价,希望自己在同事中具有一定的声誉和威望,从而受到大家的尊重及尊敬,并发挥自己的影响力,甚至希望自己成为群体中的核心式或领袖式的人物。

(5) 成就需要　成就需要也称自我实现需要。这是人的需要层次中境界最高的精神需要,即人在以上需要都满足后,就会要求充分发挥自我的内在潜力,最大限度地发挥自己的个人能力和水平,去实现自己的理想和抱负,使自己成为一个理想的人。

马斯洛的需要层次理论第一次系统地阐述了人的需要与行为之间的相对关系,这对人力资源激励具有很大的应用价值。马斯洛同时指出两点:一是人的需要层次呈阶梯式逐级上升,人在不同的发展阶段其需要结构不尽相同,人的需要强度和显露程度也不相同,通常人的行为是由优势需要决定的(优势需要是指在人的全部需要结构中最重要的、最强烈的需要);二是真正具有激励作用的是未被满足的需要,已经满足的需要也就失去了激励的作用。

2. 双因素理论

双因素理论是美国心理学家赫茨伯格于20世纪50年代后期提出的著名理论——激励因素与保健因素理论。激励因素与保健因素理论简称双因素理论。这一理论认为激发人的动机的因素有两类。

(1) 保健因素　是指工作环境、工作条件等因素,如企业政策、行政管理、工资待遇、人际关系、安全保障、工作条件、劳动环境等。这类因素一旦得不到满足，就会引起不满和消极情绪；若给予满足则能消除员工的不满，但不能使人满意，不能直接起到激励作用，只能使人维持工作现状。就如保健品对人的身体健康所起到的保健作用一样，因而这些因素被称为保健因素。

（2）激励因素　是指与工作内容、工作本身有关的因素，如工作成就、工作成绩、工作的挑战性与责任感、个人成长和发展、提升晋级等。这类因素对员工积极性及创造性的调动能起到直接的激励作用。

双因素理论认为，激励因素的作用是内在的，保健因素的作用是外在的。作为管理者，一是先要保证员工在保健因素方面的满足，要给员工提供适当的工资和安全，改善其工作环境和条件，对员工的监督管理要能为员工所接受，尽可能避免引起员工的不满和消极情绪；二是必须充分重视利用激励方面的因素，为员工提供富有挑战性的工作，扩大其工作责任范围和独立自主性，工作内容要丰富化，为其出成绩、作贡献创造机会和条件，不断地激励员工进步和发展。

（二）过程型激励理论

过程型激励理论是在内容型激励理论的基础上发展起来的。它主要研究如何由需要引起动机，由动机推动行为，并由行为导向目标的理论，从激励过程的各个环节去探索对行为起决定作用的某些关键因素，即有哪些因素能激励员工积极性的问题。这类理论是从动态分析的角度来研究激励问题的。属于此类理论的主要有：弗鲁姆的期望理论、斯金纳的强化理论、洛克的目标理论等。

1. 期望理论

期望理论是美国心理学家于1964年在《工作与激励》一书中提出来的。该理论认为：要调动一个人的积极性，应该从其所追求目标的价值或吸引力与实现的可能性来分析。也就是说只有当人们认为实现预定目标的可能性很大，而且实现这种目标又具有很重要的价值时，这个目标对人的激励作用才会最大。弗鲁姆为了更好地说明问题，提出了下面的期望理论模型：

$$激励程度 = 期望概率 \times 效价$$

激励程度：表示一个人的工作积极性高低和持久性程度，或表示人为达到目标而努力的程度。

期望概率：表示一个人根据经验判断自己能否实现这一目标的可能性大小的主观估计。

效价：表示一个人对所从事这项工作或要达到的目标的重视程度与评价高低，即对实现目标后获得报酬的价值大小的主观评价。

期望理论给我们的启示是：要实现有效的管理，管理者可以通过调整行动结果的效价和实现的可能性，来增强激励程度，从而激发员工的动机。即设置目标时既要充分考虑目标的效价，又要具体分析实现目标的期望概率，而且两者都要大，才能有效激发员工的工作积极性和创造性。

2. 目标理论

目标理论更确切地讲，应称为目标设置理论。这一理论是由美国马里兰大学的心理学教授洛克于1968年提出的。洛克等人通过研究发现，大多数激励因素都是通过目标进而影响人的工作动机的。而且与人的需要密切相关的目标是引起行为的最直接的动机，因而对人具有激励作用。目标理论认为：目标是否合适可以从三个角度加以分析，即目标的具体性、目标的难易性和目标的可接受性。合适的目标就是具体的、难度较大的，但又能被人接受的目标，所以它就具有最大的激励作用。

目标理论给管理者的启示：利用目标来调整和控制人的行为时要注意下面三个方面的问题。

① 让全体员工了解企业和个人的具体目标。在设置企业目标时，要对企业整体目标进行层层分解，制定出部门目标、个人目标，形成目标体系；同时，做到目标明确具体、富有挑战性、适当的难度、现实性和可接受性。

② 有一套方法控制目标的实施，能有效激励员工发挥各自的积极性去实现个人目标。同时，注意目标实施过程中的信息反馈，不断修订和完善目标体系。

③ 目标效果与奖惩相联系。要对照目标定期评定已获得的结果，分析未达到目标的原因，为下一步目标管理周期创造更好的条件。同时，根据实际的目标效果进行奖惩，激发员工的工作动机，提高实现目标的积极性、责任感。

3. 强化理论

强化理论是由美国哈佛大学心理学教授斯金纳在《有机体的行为》一书中提出的。斯金纳通过研究发现，人的行为只是对外部环境刺激所做出的反应，是受外部环境刺激所调节和控制的，改变环境刺激就能改变人的行为。

强化是心理学的术语，指通过不断改变外部环境的刺激因素来达到增强、减弱或消除某种行为的过程。在管理实践中常用的强化方式有以下三种。

(1) 正强化　正强化是对员工的某些有利于组织目标实现的行为给予肯定和奖励，促使这些有利于组织目标实现的行为重复发生并得到进一步加强。正强化的形式多种多样，如表扬、赞赏、晋升、提级、加薪、授予荣誉、授予权力、给予机会、安排挑战性工作等。

(2) 负强化　负强化是对员工的某些不利于组织目标实现的行为给予否定或惩罚，促使这些不利于组织目标实现的行为得到抑制与消退，以防止类似行为不再发生。负强化的形式有批评和惩罚两种。批评可分为公开批评、直接批评、间接批评；惩罚有降职、减薪、罚款、警告、记过、开除等。

(3) 自然消退　消退是对员工的某些不良行为不施以任何刺激，让行为者感到自己的行为得不到承认，而慢慢终止该行为。自然消退的形式通常有视而不见、不予理睬、轻视或否定等。虽然消退可以有效地减少员工的不良行为，但不能保证使企业希望的积极行为替代消极行为。因此，应用该强化方式时，应结合其他强化方式，以达到积极行为替代消极行为的目的。

运用强化理论时，还须注意：针对具体的强化对象的具体情况，实事求是、形式多样地使用强化因素；坚持奖惩结合，以奖为主，以惩为辅；做到及时强化，让员工尽快知道其行为结果的好坏或进展情况，并及时给予相应的奖惩。

(三) 状态型激励理论

状态型激励理论是从需要的满足与否或状态来探讨激励问题的。需要的满足方式有公平不公平之分，需要的不满足将给人带来挫折。而不公平和挫折都会降低人的激励水平。状态激励理论研究的重点就是要探索公平或不公平和挫折对人的行为产生的影响，以找到有效的手段和措施消除它们对人行为造成的消极影响，最大限度地发挥人的积极性。属于此类理论的主要有：亚当斯的公平理论、挫折理论和海德的归因理论等。

1. 公平理论

公平理论又称为社会比较理论，是由美国心理学家亚当斯于1965年提出的。该理论侧重于研究利益分配的合理性、公平性对人的工作积极性和工作态度的影响。公平理论认为，人是社会人，人的工作积极性不仅受到所得报酬绝对值的影响，而且还要受到相对报酬的影响。亚当斯通过研究建立了下面的比较模型。

① 纵向比较：自己现在所得/自己现在付出＝（或＞，或＜）自己过去所得/自己过去付出；

② 横向比较：自己所得/自己付出＝（或＞，或＜）他人所得/他人付出。

也就是说，人一方面把自己现在付出的劳动与所得的报酬的比值进行历史的比较（纵向比较），另一方面还要把自己付出劳动与所得报酬的比值与他人付出劳动与所得报酬的比值进行社会比较（横向比较）。只有当比例相当（即＝）时，才会感到公平，心理才会平衡，心情就会舒畅。若发现比例不当（即＞或＜）时，就会感到不公平，心理就会不平衡，内心就会产生不满情绪。不公平感对于个人来说是最不愉快的心理体验，若得不到及时解决，一般人是不可能长期承受这种心理压力的，因而他就会采取措施以减轻不公平感，达到心理的重新平衡。通常，人在不公平感驱使下，可能会采取下列行动：

通过自我解释或自我安慰，达到心理平衡；

采取行动，改变自己的状况，达到心理平衡；

采取行动，改变他人的状况，达到心理平衡；

变换比较对象，或另选比较方式，达到心理平衡；

消极怠工、发牢骚、讲怪话、泄私愤，达到心理平衡；

造谣中伤、制造矛盾、引发冲突，达到心理平衡；

辞职离开、另找工作，寻求新的分配关系，达到心理平衡。

实践证明，公平理论所描述的关于公平的感受是一种普遍的心理现象，广泛地存在于企业生产经营活动的全过程中，并直接作用于员工的行为过程，影响员工的工作积极性。为了实现有效激励，管理者必须重视公平问题，分析不公平产生的原因，针对不同原因，采取不同的方法和措施及时地加以解决，以增加员工的满足感，实现激发员工积极性的目的。

另外，要正确引导员工树立科学的公平观，使员工认识到绝对的公平是不存在的，不能仅凭自己的主观意志进行纯主观的盲目攀比，不断纠正认知偏差，破除平均主义旧观念。

2. 挫折理论

挫折理论是研究人为什么会遭受挫折，遭受挫折后又会产生什么反应，如何有效地战胜挫折，克服挫折所带来的消极影响的理论。挫折是指个体从事有目的的活动中，由于受到干扰或障碍而使其需要和动机得不到满足时的情绪状态。挫折是社会生活和工作中普遍存在的一种社会心理现象，几乎所有的人都有发生挫折的可能性，但是受到挫折后的心理和行为反应却存在很大的差异。

(1) 产生挫折的原因　产生挫折的原因很多，但归纳起来主要有主观原因和客观原因两个方面。

① 主观原因：如个人目标定得过高，超出了自身能力的限制，结果事与愿违；个人同时追求的目标过多，由于自己的精力、能力有限，结果可能一事无成；凭"想当然"的态度办事，往往因脱离实际导致失败等。

② 客观原因：如因宏观环境因素制约，使预期目标无法实现；因物质条件缺乏，使正常活动受到影响；因社会发展形成了新的行为规范和价值观念，导致新旧观念的冲突而遭受挫折等。

(2) 挫折心理与行为表现　人在遭受挫折后，不管是客观因素还是主观因素造成的，都会对人的心理和行为产生重大影响。其反应主要表现在以下两个方面。

① 情绪反应：主要有，一是愤怒；二是焦虑；三是沮丧。

② 行为反应：主要有，一是攻击性行为，如直接攻击或转向攻击；二是防卫性攻击，如自我解释、逃避现实、压抑欲望、转移替代等。

(3) 克服挫折的方法 为了帮助遭受挫折者战胜挫折，避免挫折可能导致的严重后果，在管理实践中可采用以下几种方法。

① 增强员工克服挫折的信心。管理者要倾听员工的意见，了解员工的情绪和需要，信任和鼓励员工，鼓励员工勇敢面对挫折，帮助员工克服困难、解决问题，满足需要；

② 帮助员工分析挫折的原因。管理者要善于深入群众，了解情况，查找原因，及时采取针对性的措施，尽快消除消极影响；

③ 采取宽容的态度理解和关心受挫折的员工，让他们感到集体的温暖，无形中给予了力量，有利于受挫折的员工克服挫折感，以尽快重新振作起来，投身到新的工作中去。

④ 采取心理咨询和心理疗法，让受挫者将积郁于心中的烦恼倾诉出来，帮助他们树立正确的挫折观，更加全面地认识自己，勇敢地面对未来，继续努力不断前进。

第四节 人力资源管理

从强调对物的管理转向对人的管理，这是现代企业管理的一个明显变化，也使管理方法更加符合人性的要求。当前，将人作为企业始终充满生机和活力的特殊资源，已经成为当代管理思想的一个重要组成部分。人力资源管理正是在这种情况下产生的，并在管理实践中不断地发展、丰富、完善和成熟。

一、人力资源管理的内涵

人力资源管理是指对人力资源进行有效开发、合理配置、充分利用和科学管理的制度、程序和方法的总和。它的形成和发展一方面是由于不断发展的企业实践要求人力资源管理自成体系，来指导日趋重要的人力资源管理实践；另一方面是在管理实践基础上产生的管理学、经济学、社会学等理论，为人力资源管理的形成和发展提供了理论上的支持。

人力资源管理贯穿于企业生产经营活动的全过程，无论哪个层次或哪个部门的管理人员，他们的工作都会涉及到员工的选拔、训练、使用、配置、评价、奖惩等活动。因此，人力资源管理是企业中全体管理者的共同职责，人力资源管理工作覆盖了企业中所有管理层次和管理环节。当然，不同的管理者对人力资源管理的内容有所不同，一般讲可以将企业的人力资源管理工作分为三个层次。

1. 高层管理者

高层管理者主要是对处理企业与员工之间的关系做出根本性的决策。具体包括：

① 根据企业战略规划，协调各方利益关系，确定整体的人力资源管理政策方针。

② 直接对企业中的高、中层员工进行管理。

③ 做出影响企业工作方式的重要决策，为企业员工营造期望前景。

2. 人力资源职能管理者

人力资源管理的职能管理者是企业人力资源管理职能的专门承担者，通常要执行三种不同的职能。

(1) 直线职能 人力资源管理者对其他管理者可以行使特殊的直线职能，这是因为人力资源管理者是在执行高层管理者的意图和指示，会受到直线主管的高度重视。另外，在人力资源管理部门内部，部门负责人需要直接对下属行使直接指挥权，指导下属开展工作。

(2) 协调职能 人力资源管理者是高层管理者的左膀右臂，负责对重大人事政策和人事调整提出方案和建议，确保企业的人事目标、人事政策及人事程序被各级管理者认真执行，并对其中出现的问题进行协调处理。

（3）服务职能　人力资源管理者要为企业中的直线管理者及所有员工提供相关的业务服务。如协助直线主管处理员工的选拔、培训、评估、奖惩、辞退等事项；指导直线经理人员遵守国家有关人事方面的法律规定；帮助处理员工的不满和劳动纠纷等问题。

3. 直线经理人员

直线经理们是负责贯彻人力资源管理实践活动的主要人员，在日常的生产经营活动中要执行许多人力资源管理程序与方法，如面试求职者、为员工提供培训、实施员工绩效评估、提级晋升建议、执行奖励惩罚、调查事故等。直线经理需要参与人力资源管理部门的人力资源管理程序与方法的制定。同时，人力资源管理部门在进行工作分析时，通常必须寻求直线经理们的意见建议。

二、人力资源管理的职能

人力资源管理就是要通过对企业中的人和事的最优配置，来提高企业的经济效益，并实现企业的战略目标。为了实现人与事的最优配置，使企业中人力资源做到事得其人、人尽其才、才有其用，就需要进行一系列特定的管理活动，这些活动就是人力资源管理的基本职能。具体讲这些职能可以概括为以下六个方面。

1. 规划

规划的主要内容包括：确认企业中各部门的工作职责；决定履行这些工作职责所需员工的数量和质量；明确各个工作岗位的特点、性质和要求；进行人力资源供求的预测与规划；

2. 甄选

甄选是根据工作需要，运用相关方法和技术，吸引并选择最合适的人选过程，以保证企业有充足的职位候选人供企业选拔。

3. 考评

考评是企业对员工的工作表现、所取业绩等比较和评价，以分出优劣高低，为薪资分配和员工发展提供依据。主要包括设计考评体制、考评指标、考评方法及考评程序等。

4. 激励

激励是指为提高员工的工作积极性，根据企业实际选用激励理论，采取切实可行的激励措施，提高人力资源效益的一系列工作，主要包括合理确定员工的工资和薪金、进行收入分配、奖勤罚懒、晋级提职、表彰嘉奖等。

5. 开发

开发是指提高员工的知识、技能和素质，增强员工的工作能力，引导员工的个性发展。主要包括对新员工的上岗指导、对老员工的业务培训，训练和培养各级管理者等。

6. 调配

调配是为使员工达到职务所要求的技能和素质而进行的动态人事安排配置活动。主要包括不同类型职务之间的调动，同类职务之间的晋升等。

人力资源管理这六种职能存在着内在的联系，它们以共同的价值观和管理政策为基础，构成了相互关联、不可分割的人力资源管理体系，其中每一项职能的作用，都依赖于彼此之间的衔接和配合。

三、人力资源管理的作用

人力资源的性质及特点决定了人力资源管理在企业中的重要作用。人是企业生产经营活动的主体，是企业最宝贵、最重要的资源，人力资源管理始终是企业管理的重要组成部分。

其具体作用主要表现在以下几个方面。

1. 人力资源是企业最重要的资源

生产力发展的全部历史证明，经济的发展，科技的飞跃，竞争中生存归根到底取决于人力资源的充分利用。在激烈的市场竞争中受过良好教育和培训的、具有职业技能的、具有主动工作精神和创新意识的、能与企业环境相互适应的人力资源，是企业促进企业生存和发展的根本，是企业最宝贵的财富。

2. 人力资源是创造利润的主要来源

商品价值从本质上来讲是由劳动创造的。企业中的有形资源在商品的价值构成中是不会增值的，只能将其原值转移到商品的价值中。只有人力资源才能形成商品中的附加价值，得到不断利用，不断增值，这才是商品利润的真正来源。IBM公司总裁华生说过："你可以搬走我的机器，烧毁我的厂房，但只要留下我的员工，我就可以有再生的机会。"可见，人力资源具有低投入高产出的特征，已经被企业界广泛认识。

3. 人力资源是一种战略性资源

随着经济时代的到来，社会经济的发展已经减弱了工业时代对财力、物力等资源的依赖，而增强了对人力资源的依赖，尤其是对人力资源中的知识、技能的依赖。因此，员工的价值在于其知识、技能的开发空间，并将其知识、技能在工作中得到充分发挥，为企业带来经济效益。所以，企业员工的知识和技能被视为企业的核心竞争力，特别是拥有高科技产业发展相关的知识和技能的人才，被视为企业进入21世纪最重要的、具有战略意义的资源。

四、人力资源管理的内容

人力资源管理应该包括哪些内容到目前尚未统一认识。本章从企业管理角度考虑，将它归纳为以下几个方面。

1. 管理政策

企业人力资源管理政策的内容涉及到如何根据企业的战略规划、管理理念、经营方式、组织结构、企业文化、价值观念等，确定企业人力资源管理的基本政策，编制出企业人力资源管理的各种规章制度，并以正式文件的形式下达。

2. 制定人力资源规划

根据企业的战略发展规划，在充分评估企业的人力资源现状及发展需要，分析人力资源供求信息，预测人力资源供求的发展趋势的基础上，制定出企业的人力资源规划。具体内容包括：人力规划、工作分析、招聘甄选、组织使用等。

3. 培训与开发

企业要经常组织对员工进行思想教育、业务培训、技能训练和文化学习，全面提高员工的综合素质，以适应现代企业生产经营活动的需要。具体包括：上岗培训、在职培训、技能竞赛、能力开发、职业计划等。

4. 薪酬管理

企业要根据有关法规和企业实际，制定薪酬制度，并编制与工作绩效相联系的薪酬计划。这是人力资源投资的主要领域，也是人力资源管理最敏感的工作内容，企业要改变传统的、简单的人工成本观念，将员工视为企业的长期投资对象，要从员工的资历、职级、岗位、实际表现及工作绩效等综合分析，制定出相应的、具有吸引力的工资报酬标准，不断提高员工价值，促进员工的积极性和创造性得以充分发挥。

5. 绩效评价

绩效评价是对照工作说明书，对员工的工作做出客观评价。这种评价涉及到员工的工作表现和工作成果，企业应持之以恒、定期进行，并与奖惩挂钩，其目的是为了调动员工的积极性，检查和改进人力资源管理工作。

6. 指导员工制定职业计划

人力资源管理部门有责任鼓励和关心员工的个人发展，指导员工制定个人的职业计划，使员工的个人发展计划与企业的发展规划相协调，并及时进行监督和考察。其目的是使员工产生作为企业一员的良好感觉，激发其工作积极性和创造性，从而促进企业效益的提高和个人自身的发展。

7. 员工的劳动保护、劳动保险和福利制度

人力资源管理一方面要通过改善劳动条件，建立和健全劳动保护规章制度，进行安全生产和案件技术教育，保护员工的安全和健康；另一方面要制定合理的福利制度，安排养老金、医疗保险、失业保险、工伤事故、节假日等福利项目。

8. 员工档案保管

人力资源管理部门应保管员工进入企业时的简历、表格以及进入企业后有关的工作表现、工作成绩、工资报酬、职务升降、奖惩项目、接受培训和教育等方面的材料。

9. 人力资源会计工作

人力资源管理部门应与财务部门密切合作，建立人力资源会计体系，开展人力资源投入与产出效益的核算工作。这不仅可以改进人力资源管理工作本身，更重要的是为决策部门提供确实的、量化的、客观的决策依据。

复习思考题

1. 什么是人力资源、人力资源管理？
2. 人力资源具有哪些特点？
3. 制定人力资源规划应遵循哪些基本原则？
4. 人力资源激励的主要功能有哪些？
5. 人力资源激励应遵循哪些基本原则？
6. 马斯洛的需要层次理论提出了哪些需要？
7. 什么叫保健因素和激励因素？
8. 期望理论是哪位心理学家提出的？并写出其基本模型。
9. 强化理论包含了哪几种强化方式？
10. 请列出公平理论的纵向比较模型与横向比较模型。
11. 试分析产生挫折的主要原因。
12. 试简述人力资源管理的基本功能。
13. 人力资源管理通常应包括哪些主要内容？

第七章 财务管理

财务是指与钱物有关的事务。工业企业财务是企业在生产经营过程中的财务活动及其与有关各方发生的财务关系。企业财务活动就是企业的资金运动,企业资金从货币资金形态开始,顺序通过供应、生产、流通三个阶段,分别表现为固定资金、储备资金、生产资金、产成品资金等不同形态,然后又回到货币资金。在企业财务活动中,必然与有关各方面发生一定的经济关系,如企业与投资者、企业与债权人、企业与债务人、企业与税务部门、企业内部各部门之间以及企业与职工之间的经济关系一般称为财务关系。

财务管理是指企业根据国家财经法规制度,结合企业实际,运用预测、决策、计划、控制、考核等手段,合理组织财务活动,正确处理财务关系的一项经济管理工作。搞好财务管理对于保证经营决策的科学合理性,改善企业生产经营管理,提高企业经济效益具有极其重要的作用。其内容主要包括资金筹集、资产管理、成本和费用管理、利润管理、财务报告和财务评价等。

第一节 资金筹集

企业组织生产经营活动,首先面临的问题就是资金筹集问题。如企业为维护正常生产经营活动而筹集周转资金,为扩大生产规模而筹集资金,为调整债务结构而筹集资金。资金筹集是指企业从外部和内部筹集为了保证自身的生存和发展所必需资金的财务活动。

一、资金筹集的原则

为了能筹集到代价合理、风险适度的资金,企业在筹集资金过程中必须遵循以下几方面的基本原则。

1. 统筹规划资金需要量原则

企业的资金需要量往往是波动的,筹集资金时必须认真分析企业的生产经营任务和实际情况,采用一定的方法,预测资金的需要量。做到既保证合理供应,又不超过正常需要,防止发生浪费或多占用资金。既要精打细算,又要留有余地。既要确定全年的平均资金需要量,又要确定每个月份的资金需要量,并合理安排资金的投放时间,提高资金的利用效果。

2. 筹资成本最低原则

资金成本是指企业使用资金所付出的所有代价。如果资金从企业外部筹集,资金成本即筹集所发生的费用;如果资金是企业的积累,则企业本身就是投资者,资金成本即按企业内部实际投资利润率计算,即这部分资金可能获得的利润,作为资金筹集成本。筹集资金的形式不同,资金成本也不同。如以贷款形式筹集资金,贷款利息构成资金成本,由于贷款利息可列入产品成本,不付所得税,所以计算时应扣除;如以发行债券形式筹集资金,除利息外,还要考虑债券的推销费用;如以发行股票形式筹集资金,要考虑红利额和股票市值变化可能付出的代价;如以融资形式筹集资金,要考虑投资者利润提成额等。保证筹资成本最低是筹集资金的一个重要原则。

3. 最迟占用最小量资金原则

首先,投资项目确定后,要详细核算各时间阶段的资金需要量,做到分阶段投入。其次,要积极调动内部资金,用于初期建设的需要,减少初期外部资金的占用。再次,要尽量分期投产,力争尽早开工,以回收资金用于下一期的工程项目。总之,要在保证项目需要的基础上,做到尽量晚、尽量少地占用资金,这是筹集资金的又一重要原则。

4. 建立资本金制度原则

企业的生产经营活动是一个连续不断的过程,为了保证生产经营活动的持续运行,并减少因资金短缺带来的经营风险,企业必段具有一定数额供其长期支配使用前不需要偿还的自有资金。为此,企业应按规定建立资本金制度。资本金是企业在工商行政管理部门登记的注册资金,其数额在企业章程或协议中应作出明确规定,并由投资者在企业设立初期一次或分次投入。企业筹集的资本金是企业法定的自有资金,企业依法享有经营权,投资者在企业经营期内不得以任何方式抽回。

5. 效益最佳原则

要取得满意的投资效益,首先要研究投资方向,对投资项目进行可行性分析,即对投资项目在技术上的先进性和适用性,经济上的合理性和效益性,投资环境上的可靠性、配套性和协调性进行反复调查、研究和论证。只有这样,评选出来的投资方案才是效果最佳方案。同时,只有明确了有利的投资方向以后,才能选择最有利、最合理的筹资方式。

二、资金筹集的渠道和方式

筹集资金的渠道是指企业取得资金的来源与通道,体现着资金的源泉和流量。包括国家资金、银行资金、非银行金融机构资金、其他企业资金、居民个人资金及企业内部积累资金等。

筹集资金的方式是指企业筹集资金所采取的具体形式,包括银行借款、发行股票、发行债券、租赁、商业信用、内部积累等。

筹资渠道与筹资方式既有区别又有联系,一定的筹资方式,可能只适用于某一特定的筹资渠道,但同一渠道的资金,往往可采用不同的方式取得。所以,企业在筹资过程中,必须将两者合理配合。下面重点介绍几种常用的筹资方式。

(一) 银行借款

银行借款可以分为长期借款和短期借款。

1. 银行长期借款

银行长期借款是指企业根据借款合同从银行借入的时间超过一年以上需要还本付息的款项。主要种类有基建项目借款及其他专项借款。基建项目包括新建、改建和扩建;其他专项包括更新改造、大修理、科研开发、小型技术措施、出口专项、引进技术转让费、周转金、进口设备外汇、国内配套设备等。

(1) 银行长期借款的程序如下

企业提出申请。内容包括借款单位、借款用途、分期借(还)款计划、抵押贷款的抵押品、担保单位、信贷人员的审查意见和银行审批意见。

银行审查申请。审查内容主要包括借款企业的基本情况,投资项目的宏观效益,投资项目的微观效益。

签订借款合同和协议书。借款合同的内容有借款单位、借款用途、借款金额、借款日期、还款日期、还款计划。借贷双方单位须写明分期借款和还款计划、违约责任、利息计算方式、办理延期的手续、借款单位及抵押品情况、补充条款、借贷双方和担保方及公证单位的公章、各方主要负责人的签章。

借款的支取使用。借款单位支用借款实行指标管理，在核定的贷款指标内，按合同规定的用途和时间支取使用。

借款归还。借款企业应按合同的规定还本付息，若暂时不能归还，应在贷款到期前的3~5天，提出延期申请，确有正当理由，银行可以同意延期，但只能延期一次，逾期不能归还，银行则可没收抵押品或由担保单位归还。

(2) 银行长期借款的优缺点如下。

银行长期借款的优点：借款所需时间短，可以迅速地获取资金；借款成本低，无需支付其他费用；借款弹性好，若企业情况有变，可通过直接接触，协商解决。

银行长期借款的缺点：风险大，到期必须还本付息，若经营不利则可能会导致破产；限制条款多，有些条款可能会限制企业的经营活动；借款数额有限。

2. 银行短期借款

银行短期借款又称银行流动资金借款，是指企业为解决短期资金需求而向银行申请借入的款项。主要种类有流动基金借款、生产周转借款、临时借款、结算借款和卖方信贷等。

(1) 银行短期借款的程序如下。

企业提出申请。内容包括借款种类、借款数额、借款用途、借款原因、还款日期以及有关指标。

银行审查申请。审查内容主要有借款的用途和原因，产品销售和物资保证情况，资金周转和物资耗用状况。

鉴定借款合同。主要包括基本条款、保证条款、违约条款和其他附属条款等。

企业取得借款。若无特殊原因银行应按时向企业提供贷款。

企业归还借款。流动基金贷款可以允许长期占用，生产周转借款最长不能超过一年，临时借款最长不能超过六个月。如期不能归还，企业可向银行申请延期一次。

(2) 银行短期借款的优缺点如下。

银行短期借款的优点：银行资金充足，能随时提供足量的短期贷款；弹性好，使企业可在需要量增加时借入，在需要量减少时归还。

银行短期借款的缺点：资金成本较高，限制条件多，有些银行对企业有一定的控制权。

(二) 发行股票

发行股票是股份公司筹集资金的基本方式。股票是股份公司为筹集自有资金而发行的有价证券，是投资人投资入股并取得股息、红利的凭证，它代表了对股份公司的所有权。股份公司的股票持有人是股份公司的股东，股东投入的认购资本是股本。

1. 股票的基本要素

股票的基本要素包括面值、市值、股息、分红和股权。面值是股份公司在发行股票票面上所标明的金额，即票面金额，股票面值通常以每股为单位。市值是股票的市场价格，股票市值主要取决于预期股息的多少，银行利率的高低及股票市场的供求关系。股息是股份公司按股票份额的一定比例支付给持股人的收入，即每股投资的应得收入。分红是股份公司在盈利中每年按股票份额的一定比例支付给持股人的过程，分红的形式主要有现金分红和股票分红两种。股权是持股人所具有的与其拥有的股票比例相应的权益及承担一定责任的权利，如投票权、利润分配权、股息收入和分红、剩余财产的索偿权等。

2. 股票的种类

股票按照不同的分类标准，可分为不同的类别，现介绍几种主要分类方式。

(1) 按股东承担风险和享有权益的大小，分为普通股票和优先股票。普通股票是股份公司依法发行的具有管理权的股利不固定的股票，普通股票具有股票最一般的特征，是股份公司资本结构中最基本部分；优先股票是股份公司依法发行的具有一定优先权的股票，如不承担法定的还本义务，是企业自有资金的一部分。

(2) 按股票票面上有无记名为标准，分为记名股票和无记名股票。记名股票是在股票上载有股东姓名，并记入公司股东名册的一种股票，同时附有股权手册；无记名股票是股票上不记载股东姓名的股票。

(3) 按股票票面上有无金额为标准，分为面值股票和无面值股票。面值股票是股票票面上记载每股金额的股票；无面值股票是股票票面上不记载每股金额的股票，其价值随公司财产价值的增减而变化。

(4) 按持股主体为标准，分为国家股、法人股、个人股、外资股。国家股是以国有资产投入股份公司所购买的股票，股金形成国家资本金；法人股是法人单位以其依法可支配的资产投入公司所购买的股票，股金形成法人资本金；个人股是以个人合法财产投入公司所购买的股票，股金形成个人资本金。

3. 股票的发行

股票的发行是股票市场运行的开始，也是投资者进入股票市场应了解的一项重要内容。股票的发行分为设立发行和增资扩股发行两种。

(1) 设立发行。设立发行是公司新成立时发行股票，其方式有两种：一种是由发起人全部认购发行的股份，称为发起设立；另一种是在社会上公开募集，称为募集设立。采用募集设立的方式发行，发起只需认购一部分股份，一般不少于股本总额的35%，其余向社会募集。在公开募集前，发起人必须制定招股说明书，说明书除附有公司章程外，还应阐明发起人认购股份数，每股面值和发行价格，认股人的权利和义务，募集的起止期限等。

(2) 增资扩股发行。公司成立后为了扩大生产经营规模，需要增加资本金，再次发行股票，称为增资扩股发行。其方式也有两种：一种是投资者必须支付相应的资金才能取得股票，称为有偿发行。另一种是投资者无需支付资金就可取得股票，其发行对象只能是原股东，称为无偿发行。

4. 股票的交易

股票交易市场是进行股票交易的场所。正是由于股票交易市场的存在，才使持股者可随时出售其持有的股票，获得货币资金；也使拥有资金的人可随时购入股票，实现货币资金的充分利用。

(1) 股票的上市。股票上市是股票发行公司在股票发行后，申请将股票在股票交易所公开挂牌买卖。申请上市的股票符合下列条件，才能被批准在股票交易所挂牌交易。①经国务院证券管理部门批准向社会公开发行。②公司股本总额不少于人民币5000万元。③开业时间在3年以上，且最近3年连续盈利。④持有股票面值达人民币1000元以上的股东人数不少于1000人，向社会公开发行的股份达公司股份总数的25%以上；公司股本总额超过4亿元的，其向社会公开发行股份的比例为15%以上。⑤公司在最近3年内无重大违法行为，财务会计报告无虚假记录。⑥国务院规定的其他规定。

(2) 股票交易的成交原则。成交是指卖方同意卖出股票，买方同意买入股票，这是股票交易的核心环节。成交是以竞争为原则进行的，主要有下列三项原则。价格领先原则，即买进时较高价格的申报优先满足，卖出时较低价格的申报优先满足；时间领先原则，即当存在多个相同价格申报时，申报时间在前者优先满足；数量优先原则，即当存在多个相同价格同时申报时，申报交易数量较大者优先满足。

(3) 股票交易的竞价方式。股票交易中申报买进价和卖出价是成交的重要环节，现代社会主要以电脑竞价进行撮合配对。电脑竞价又可分为集合竞价和连续竞价两种：集合竞价是在某一规定的时间内，由投资者自由进行买卖申报后，由电脑交易系统按照"三优先"原则进行排序，在此基础上寻找一个基准价格，这个基准价格被确定为成交价格，市场上每天的开盘价就是采用集合竞价方式产生的。连续竞价是对申请的每笔买卖委托，由电脑交易系统按照"三优先"原则进行排序，然后按照下面两种情况分别产生不同的成交价格：第一种情况，买入申报价格≥市场即时揭示的最低卖出申报价格时，成交价格为即时揭示的最低卖出申报价格；第二种情况，卖出申报价格≤市场即时揭示的最高买入申报价格时，成交价格为即时揭示的最高买入申报价格。

(4) 股票交易的单位。股票交易有具体的规模要求，常把最低成交数量叫做交易单位，只有达到交易单位或其整数倍才能进行交易，目前我国均以 100 股为一个交易单位，称为"一手"。

(5) 股票交易的费用。股票交易的费用一般由四部分构成：异地费是指异地买卖股票须缴纳的长途专线费用，一般规定为 5 元；佣金是指交易所在交易过程中提供各种劳务而收的手续费，按照股票成交额的一定比例缴纳；印花税是指股票成交后，按成交额的一定比例缴纳，目前基金交易不征收印花税；过户费是指投资者在交易中办理股票过户手续应缴纳的费用，按成交股票票面金额的一定比例缴纳。

5. 股票交易的基本程序

股票交易过程有一套严密的交易程序，一般可分为下列步骤。

(1) 股票账户和资金账户的开立。股票账户是投资者为买卖股票交易所的股票而在证券登记公司开立的户头，这本账户的下面标名为股票账户或证券账户，这个账户又可分为个人和法人账户两种。投资者要开立股票账户，首先要持本人身份证到当地证券登记公司填写"证券投资人登记表"，并交纳一定手续费，经核实无误后，证券登记公司便予以开户，投资者到次日即可取卡。

资金账户是投资者为进行股票交易在证券商处开立的存有一定数额资金的专用账户，它是投资者与证券商进行资金清算往来的工具和凭证，其实质就是投资者与证券商之间签订了委托买卖股票的合同。

(2) 委托买卖。账户开立后，投资者即可委托证券商买卖股票。目前，我国股票交易的委托方式有当面委托、磁卡委托、电话委托等三种。

(3) 清算交割。清算交割是投资者买卖股票成交后，买者付出现金取得股票，卖者出让股票取得现金的手续。清算交割时投资者要携带身份证、股东卡和委托单第二联，到营业柜台领取清算交割凭单，上面注明了投资者应支付或收入的现金或股票、交易费用以及资金和股票的余额。

(4) 股票过户。股票过户是指投资者买入股票后，办理股权变更的一种手段。在股票交易市场上，股票的过户是由交易所自动完成股权转换的过程，并交给投资者成交过户交割单予以确认。

(5) 股票分红。股票分红是指股份公司把股息和红利折成股票派发给投资者，主要采用的形式有两种：一种是送股，即股份公司将所送红股通过证券交易所自动计入投资者的账户，不需办理任何手续；另一种是配股，即股份公司的有偿增资。配售价格一般比市场价格低得多，投资者必须在规定期限内完成缴款配股，超过期限即被视为自动放弃配股权，并不再补发。

6. 股票价格指数

股票价格指数是指通过计算全部上市公司的股票在某一段时间内成交市价的平均值而编制的一种价格指数。通常以某一个具体日期为基期，基期股价指数定为100或1000，以后各期股价平均值与基期股价平均值相比，即为各期的股价指数。它反映了股票市场涨跌幅度及变动情况，被称为股票市场的"晴雨表"。股票价格指数的计算方法有算术平均法、加权平均法和几何平均法三种。这里介绍一种最简单易行的算术平均法，其基本计算公式如下。

$$I_t = I_0 \cdot A_t / A_0 \tag{7-1}$$

式中　I_t——报告期指数；

　　　I_0——基期指数；

　　　A_t——报告期股价平均值；

　　　A_0——基期股价平均值。

国外的股票市场发展得早，相对较为完善，都有自己的股票价格指数，较为著名的有：道·琼斯股票价格指数、伦敦《金融时报》指数、日经指数、香港恒生指数等。

（三）发行债券

债券是债务人为筹集资金而向债权人出具的，承诺按一定利率定期支付利息，并到期偿还本金的一种有价证券。企业发行的债券称为企业债券。发行企业债券是企业筹集资金的又一种重要方式。企业债券代表着持券人同企业之间的债权债务关系，持券人从企业取得固定的利息收入，债券到期时企业应偿还本金，赎回债券。持券人对企业的盈亏不承担责任，无权参与公司的经营管理，也不参加分红。

1. 企业债券的种类

企业债券按不同的分类标准可分为以下几类。

（1）按有无抵押品担保分为抵押债券和信用债券。抵押债券是企业以债券发行总额相应的财产物资作债券还本付息的实物保证；信用债券是企业不提供抵押品，而是以自身的信用或第三者的担保发行的债券。

（2）按偿还方式不同分为定期偿还债券和随时偿还债券。定期偿还债券可分为期满偿还和分期偿还两种，期满偿还是指到期全额偿还本金，分期偿还债券可采用抽签确定的债券号码偿还本金。随时偿还是指发行债券的企业根据资金余缺情况通知持券人还本。

（3）按债券发行方式不同分为记名债券和不记名债券。记名债券是指在债券正面记有持券人姓名，一般只在内部发行，并给予一定的优惠条件，这类债券转让要办理过户手续；不记名债券是指债券上不记载姓名，债券上附有息票，企业见票付息，这类债券流通方便，转让时不必办理过户手续，不记名债券是债券最常见的形式。

2. 企业债券的发行条件

根据我国公司法的规定，发行公司债券必须符合下列条件。

① 股份有限公司的净资产额不低于人民币3000万元，有限责任公司净资产额不低于人民币6000万元。

② 累计债券总额不超过公司净资产的40%。

③ 最近三年平均可分配利润足以支付公司债券一年的利息。

④ 筹集的资金投向符合国家产业政策的产业。

⑤ 债券的利率不得超过国务院规定的利率水平。

⑥ 国务院规定的其他条件。

此外，发行公司债券所筹集资金，必须按审批机关批准的用途使用，不得用于弥补亏损和非生产性支出。

3. 企业债券的发行方式

企业债券的发行方式通常分为下列四种。

(1) 面值发行。面值发行是指债券在发行时，认购者按债券的票面金额购买，于到期时领取全部本金和利息。

(2) 时价发行。时价发行是指按当时的市场价格发行债券，包括溢价发行和折价发行。溢价发行是债券名义利率高于实际利率的情况下，债券以高于面值的价格出售；折价发行是债券名义利率低于实际利率的情况下，债券以低于面值的价格出售。

(3) 中间发行。中间发行是指在时价与面值之间取一个中间价格出售的债券。

(4) 贴水发行。贴水发行是指债券发行时，以低于面值出售，实际上是发行者先贴付一定利息给认购者，债券到期时购买者可按票面价格兑付本金。

4. 企业发行债券的优缺点

(1) 企业发行债券的优点主要表现在资金成本率较低，债券的发行费用较低，同时债券的票面利率比股票的红利率低，而且债券利息在税前支付，即有一部分利息由政府承担了；保证了企业自身的控制权，持券人无权干涉企业的管理事务，使企业不会损失对自身的控制权；财务杠杆作用不受影响，不论企业盈利多少，持券人只能收回固定的、有限的收入，而更多的盈利可用于分配给股东，或留归企业扩大再生产。

(2) 企业发行债券的缺点主要表现在风险大，债券有固定的到期日，要承担还本付息的义务，企业一旦发生财务风险，债券的还本付息会使企业财务更加恶化，甚至造成企业的破产；限制条件严格，发行债券的契约书中的限制条件比优先股、短期借贷债务要严得多，这对企业的正常发展和以后筹资能力的扩展产生影响；筹资的有限性，企业利用债券筹资受一定额度的限制，影响了企业筹资的数量。

(四) 租赁筹资

租赁是一种属于信用范畴的经济行为。它是指出租人在承租人给予一定报酬的条件下，在契约或合同规定的期限内，将资产使用权让交承租人的一种租借行为。其基本特征是所有权与使用权分离。采用租赁形式使企业可以筹集生产经营所需的资金，解决资金短缺的矛盾，以发展生产提高效益。

1. 租赁的形式

租赁的形式主要有下列三种。

(1) 售后回租。售后回租是指拥有固定资产的企业，把固定资产出售给另一企业，然后以一定条件再租回使用。在这一过程中，出售人获得出租人所支付的购置款，同时出售人又作为承租人仍保留固定资产的使用权；出租人作为固定资产的购买者获得所有权，然后每年从承租人那里取得租金。

(2) 经营租赁。经营租赁是指由租赁公司向承租方在短期内提供一些临时急需的设备，并同时提供维修、保养和人员培训等的一种服务性业务。其实质是把商品的使用价值分期让渡给承租方，并与此相适应分若干次收回商品的价值。承租方支付的租赁费按照规定可在成本中列支。租赁期满后，在一般情况下租赁方将机器设备归还给租方，但也可以留购。

(3) 融资租赁。融资租赁是指由租赁公司按承租方要求融通资金购买设备，在较长的时期内提供给承租方使用的信用业务。这是现代租赁的主要形式。其实质是分期付款购买固定资产。承租方按合同规定分期向租赁公司缴纳租金，租赞公司用收入的租金偿还融通的资金。

2. 租赁筹资的优缺点

（1）租赁筹资的优点主要表现在可以迅速获得所需资产，解决企业资金不足或筹资困难的矛盾；融资租入的资产不列入资产负债表，不影响企业的财务结构，保存了企业的举债能力；租金在整个租期内分摊，可适当降低不能偿付的财务风险；租金列为费用支出在所得税前扣除，能享受到免税利益；租赁协议一般对租赁对象的价格、租金、租期等内容的商定都相对固定，使承租方在金融市场动荡，汇率、利率和价格波动中减少了风险。此外，租赁筹资限制条件少，还可免遭设备陈旧过时的损失等。

（2）租赁筹资的缺点主要表现在租赁筹资的租金包括各种成本、各种风险和出租人的利润，故筹资成本高；承租方在财务困难时，固定的租金支付会构成一项沉重的负担；承租方不能享受租用资产的残值，可视为承租方的机会损失。

（五）商业信用

商业信用是指商品交易中延期付款或延期交货所形成的借贷关系，是企业之间的一种直接信用行为。其形式多样，范围广阔，将逐渐成为企业筹集短期资金的重要方式。

1. 商业信用的形式

商业信用的表现形式主要有下列几种。

（1）赊购商品。赊购商品是一种最典型、最常用的商业信用形式。即买卖双方发生商品交易，买方收到商品后不立即支付现金，可延迟一定期限后付款。

（2）预收货款。预收货款是卖方先向买方收取货款，但要延迟一定时期后交货。对于紧俏商品买方乐意采用这一方式。另外对一些生产周期长、销售价格高的商品，卖方也常向买方分次预收货款，以缓解资金占用过多的矛盾。

（3）商业汇票。商业汇票是单位之间根据购销合同进行延期付款的商品交易时，开出的反映债权债务关系的票据。商业汇票可分为商业承兑汇票和银行承兑汇票。商业承兑汇票是由收款人开出，由付款人承兑，或由付款人开出并承兑的汇票；银行承兑汇票是由收款人或承兑申请人开出，由银行审查同意承兑的汇票。商业汇票是一种期票，是反映应付账款和应收账款的书面证明。对于卖方来说这是一种短期融资方式。

2. 商业信用的优缺点

利用商业信用筹集资金的优点是：使用方便，限制较少；资金成本率低；如果信用条件中无现金折扣或现金折扣被放弃，实际上没有资金成本。其缺点是：一般期限较短，容易出现资金供应不稳定的现象；由于资金成本低，使企业过分依赖商业信用筹资，使企业陷入债务危机；过分拖欠又会影响企业信誉，造成以后筹资和购货的困难。

第二节 资产管理

资产是指企业拥有或者控制的，能以货币计量的、能带来经济利益的经济资源，包括各种财产、债权和其他权利。工业企业的资产可以分为固定资产、流动资产、长期投资、无形资产及其他资产。为了使企业的资产发挥最大的效用，应针对不同资产的特点实施有效管理。

一、固定资产管理

固定资产是指使用期限较长，单位价值较高，并且在使用过程中保持原有实物形态的资产。它属于物质资料生产过程中用来改变或影响劳动对象的劳动资料。根据现行行业制度规定,作为固定资产一般应同时具备两个条件:第一,使用期限在一年以上;第二,单位价值在规定标准(大型企业1000元,中型企业800元,小型企业500元)以上。不属于生产经营主要设备的物品,单位价值在2000元以上,并且使用年限超过两年的,也应作为固定资产。不符合上述条件的劳动资料,企业应作为低值易耗品管理。构成固定资产的主要内容包括房屋、建筑物、机器、设备、运输工具等资产。对固定资产进行综合分类,一般可分为生产经营用固定资产、非生产经营用固定资产、租出固定资产、不需用固定资产、未使用固定资产、土地、融资租入固定资产等七大类。

(一) 固定资产的特点

固定资产在实物形态的更新和价值形态的补偿方面有着特殊的规律性,因此它具有以下几个显著的特点。

(1) 循环周期长。固定资产的循环周期取决于其使用寿命,与生产周期不一致,往往要经过反复多次的生产周期才能完成一次循环。

(2) 投资是一次性的,而补偿是分期的。固定资产的初始投资较大,而作用是在多次的生产周期中发挥的,故其价值只能在使用过程中逐渐转移和补偿,即初始投资只有在使用过程中通过折旧分次收回,由于期限长具有一定的风险性。

(3) 价值补偿和实物更新是分离的。固定资产的价值是随着在使用过程中的磨损程度,以折旧的方式逐渐地转移到产品成本中,再从销售收入中收回与折旧额等值的货币资金。这样,逐年积累作为固定资产的更新和改造资金。

(4) 生产过程中其本身的实物形态不变。固定资产在生产过程中只是以其技术性能作用于产品的生产,而不以其实体加入产品使用价值的形成。

(二) 固定资产的计价

固定资产计价就是对其价值的确认。只有对固定资产合理计价,才能正确计算固定资产的转移和补偿价值。计算方法有下面三种。

1. 按原始价值计价

原始价值是指企业购建的某项固定资产达到可使用前所发生的一切合理的、必要的支出。企业新购建固定资产的计价,确定计、提折旧的依据等均采用这种计价方法。其主要优点是具有客观性和可验证性,按照这种方法确定的价值,均是实际发生并有凭据的支出,它是固定资产的基本计价标准。

2. 按重置价值计价

重置价值是指在现时的生产技术条件下,重新购置同样的固定资产所需要的支出。这种计价方法能比较真实地反映固定资产的现实价值,能综合反映各个时期企业的物质技术装备水平。问题是要确定固定资产重置价值比较复杂。因此,它的使用受到限制,一般情况下,仅在盘盈和接受捐赠固定资产的价值时使用。

3. 按折余价值计价

折余价值是指固定资产原始价值或重置价值减去已提折旧后的净值。它可以反映企业实际占用固定资产的金额和固定资产的新旧程度。这种方法主要用于计算盘亏、盘盈、毁损固定资产的损益等。

(三) 固定资产的折旧

固定资产折旧是指企业的固定资产随着其损耗而逐渐转移的价值。这部分转移的价值以折旧费的形式计入成本费用,并从企业的营业收入中得到补偿,转化为货币资金。

1. 影响折旧的因素

影响折旧的因素主要有以下三个方面。

(1) 固定资产原价。企业在具体计提折旧时，应以月初应计折旧的固定资产账面原价为依据，当月增加的固定资产，当月不提折旧；当月减少的固定资产，当月照提折旧。

(2) 固定资产的净残值。它是指预计固定资产报废时可以收回的残余价值扣除预计清理费用后的数额。由于在计算折旧时，对固定资产的残余价值和清理费用只能人为估计，所以净残值的确定具有一定的主观性。为了避免人为因素的影响，财务制度规定，净残值率取值在3‰～5‰，净残值率为净残值与固定资产原值的比率。

(3) 固定资产的使用年限。使用年限的长短直接影响各期应提的折旧额。因此，在确定使用年限时，不仅要考虑固定资产的有形损耗，而且还要考虑固定资产的无形损耗。有形损耗是固定资产由于使用和自然力的作用而引起的使用价值和价值的损失；无形损耗是由于科学技术进步等引起的固定资产价值的损失。由于固定资产的有形损耗和无形损耗很难准确估计，使固定资产的使用年限也只能预计，同样具有主观随意性。根据财务制度规定，工业企业机械设备折旧年限为10～14年，运输设备折旧年限为6～12年，生产用房折旧年限为30～40年。

2. 折旧方法

固定资产折旧方法的选用直接影响到企业成本和费用的计算，进而影响到企业当期的损益。因此，折旧方法的选用应当遵循一致性原则，即折旧方法一经确定，不得随意变更。根据财务制度规定，企业可以采用的折旧方法很多，常见的有以下几种。

(1) 平均年限法又称直线折旧法，是将固定资产的折旧均衡地分摊到各期的一种方法。其计算公式如下。

$$年折旧率 = \frac{1-预计净残值率}{规定的折旧年限} \times 100\% \quad (7-2)$$

$$月折旧率 = 年折旧率 \div 12 \quad (7-3)$$

$$月折旧额 = 固定资产原值 \times 月折旧率 \quad (7-4)$$

【例7-1】 某工业企业有一厂房，原值为500000元，预计可使用20年，按照有关规定，该厂房报废时的净残值率为2%。利用平均年限法求该厂房的年折旧率和月折旧额。

年折旧率 = (1-2%)/20×100% = 4.9%；

月折旧率 = 4.9%/12 = 0.41%；

月折旧额 = 500000×0.41% = 2050（元）

(2) 双倍余额递减法。双倍余额递减法是在不考虑固定资产残值的情况下，根据每期期初固定资产账面余额和双倍的直线法折旧率计算固定资产折旧的一种方法。计算公式如下。

$$年折旧率 = 2/预计的折旧年限 \times 100\% \quad (7-5)$$

$$月折旧率 = 年折旧率/12 \quad (7-6)$$

$$月折旧额 = 固定资产账面净值 \times 月折旧率 \quad (7-7)$$

按照现行财务制度规定，实行双倍余额递减法计提折旧的固定资产，应在其固定资产折旧年限到期以前两年内，将固定资产净值平均摊销。

【例7-2】 某工业企业有一设备的原值为100000元，预计使用年限为5年，预计净残值收入为4000元。利用双倍余额递减法计算设备的折旧率和折旧额。

双倍直线折旧率 = (2/5)×100% = 40%；

第一年应计提的折旧额 = (100000)×40% = 40000（元）；

第二年应计提的折旧额 = (100000−40000)×40% = 24000（元）；

第三年应计提的折旧额 = (60000−24000)×40% = 14400（元）；

第四、五年计提的折旧额＝(36000－14400－4000)/2＝8800（元）；
每年各月折旧额根据各年的年折旧额除以12来计提。

(3) 年数总和法，又称年限合计法。该法是将固定资产的原值减去残值后的净值乘以一个逐年递减的年变动折旧率来计提每年折旧额的一种方法。计算公式如下：

年变动折旧率＝尚可使用年限/预计使用年限的年数总和×100％   (7-8)

月折旧率＝年折旧率/12   (7-9)

月折旧额＝(固定资产原值－预计残值)×月折旧率   (7-10)

【例7-3】 仍采用上例数据计算的各年折旧额如表7-1所示。

表 7-1 折旧额

年份	尚可使用年限	原值-预计残值	年变动折旧率	年折旧额	累计折旧
1	5	96000	5/15	32000	32000
2	4	96000	4/15	25600	57600
3	3	96000	3/15	19200	76800
4	2	96000	2/15	12800	89600
5	1	96000	1/15	6400	96000

上述几种固定资产折旧方法中，直线折旧法是一种较为陈旧落后的方法，正在被逐渐淘汰；双倍余额递减法与年数总和法属于加速折旧法。其实质是在固定资产使用早期多提折旧，后期少提折旧，以加快折旧速度，使固定资产投资在预计使用年限内尽快收回，符合谨慎原则、配比原则和客观经济规律。因此，在现代工业企业中得到较快的推广和应用。

二、无形资产管理

无形资产是指企业长期使用而没有实物形态，但有肯定价值的资产，包括专利权、商标权、著作权、土地使用权、专有技术和商誉等。无形资产是企业资产的重要组成部分，它的占有状况直接影响着企业的生产经营活动。现代工业企业中，无形资产占企业资产的比重呈上升趋势，正越来越受到人们的关注。首先，无形资产作为劳动资料，在企业的生产经营活动中起着影响和改变劳动对象的作用；其次，无形资产可以每次参与生产经营活动，在若干个生产周期中发挥作用，并使多个生产周期获利；再次，无形资产可以通过摊提费用的方式，使其价值得到转移和补偿。因此，无形资产被人们称之为无形固定资产。

(一) 无形资产的特点

无形资产看起来与固定资产具有相似的地方，但分析其本质特征，它的独有特点又非常明显，归纳起来有下面几点：

1. 无形资产的非流动性

无形资产一般都是与特定的企业结合在一起的，即固定地属于某一企业，若企业因某种原因不复存在，则其无形资产也随之消失。除非出售或转让给其他企业，则成为另一个企业的无形资产。

2. 无形资产的无实体性

即不存在有形的物质实体，它产生的影响和作用是凭借各种优越的条件，如凭法律合同所取得的垄断优势，或凭借技术优势、人才优势、地理优势、环境优势等形成的超越同行的收益能力资本化价值而有偿取得的资产。

(二) 无形资产的分类

无形资产的种类很多，为了便于管理，必须对其进行合理的分类。

(1) 按无形资产的来源分为：自创无形资产和外购无形资产。自创无形资产如自创的专利、专有技术、商誉等；外购无形资产如外购专利权、商标权等。

（2）按无形资产有无法律保护分为：法定无形资产和收益性无形资产。法定无形资产如专利权、土地使用权、商标权等；收益性无形资产如非专利技术、配方等。

（3）按无形资产是否可确指分为：可确指无形资产和不可确指无形资产。凡具有专门名称独立取得、转让或出售的无形资产称为可确指无形资产，如专利权、专用技术、著作权等；凡不能特别辨认、不可独立取得、离开企业就不复存在的无形资产称为不可确指的无形资产，如商誉。

（4）按无形资产有无有效期分为：可折销无形资产和不可折销无形资产。对规定有效期的无形资产，企业必须在有效期内，将资产价值分期摊入各期费用的无形资产，称为可折销无形资产，如专利权、专营权、租赁权等。对没规定有效期，而只能根据估计的期限将资产价值分期摊入费用的无形资产，称为不可折销无形资产，如商标权、商誉等。

（三）无形资产成本的确定

1. 专利权和非专利技术成本的确定

非专利技术的成本主要包括各种科研费用、实验费用、图式和模型费用、成功前的失败研究费用等。专利权成本除了上述费用外，还应包括申请专利的费用，促进和维护专利而发生的费用等。

2. 商标权成本的确定

自创商标成本包括为创立商标所发生的各项支出，为申请和保护商标权所发生的各项支出。外购商标的成本通常按实际支付的购买价款计价。

3. 商誉成本的确定

商誉的计价只有在一个企业卖给另一个企业时才发生，商誉成本即为购买商誉所付出的代价，它是买者付给卖者的价款总额与买进企业所有净资产总额之间的差额。这个差额是买卖双方协商作价的结果。计算商誉价值的方法，一种是按协商前若干年的超额利润作价。按国际惯例是以协商前的3～7年的超额利润为基础，计算确定商誉价值；另一种是按利润的本金化金额减净资产额作价，即将企业买进前4年的平均利润额本金化，再从中扣除企业已计价的所有净资产额，即可得到商誉的价值。

（四）无形资产管理

管理好无形资产必须做到下列工作。

① 树立知识产权概念，即知识成果是商品，具有实用价值和交换价值，使用他人的知识成果，要事先依法取得使用权或所有权，并支付相应的代价。

② 要依法保护自己的无形资产不被非法侵害，也不侵害他人的无形资产。

③ 重视对无形资产的投资，积极创立和积累自己的无形资产，科学地运用无形资产为企业创造经济效益。

④ 为了盘活无形资产，可以将无形资产投资于其他企业，通过分红等形式取得补偿。尤其要重视将闲置不用或自用不如转让获利高的无形资产，抓住时机进行转让，使其转化为工业企业的经济效益和社会效益。

三、流动资产管理

流动资产是指在一年以内或超过一年在一个营业周期内运作的资产，包括原材料、辅助材料、燃料、低值易耗品等劳动资料，还包括现金、短期投资、应收款、预付款、银行存款和存货。工业企业流动资产构成如图7-1所示。企业流动资产分为生产领域的流动资产和流通领域的流动资产两部分，这两部分流动资产又可细分为储备资产；生产资产、成品资产以及以货币形态存在的结算资金、货币资金五种形态。其中，储备资产、生产资产和成品资产，因其占用量大，且有规律可循，可以用定额管理，因此称为定额流动资产，对应的资金称为定额流动资金。结算资金和货币资金占用量小，且影响因素多而复杂，事先难以核定定额，因此称非定额流动资金。

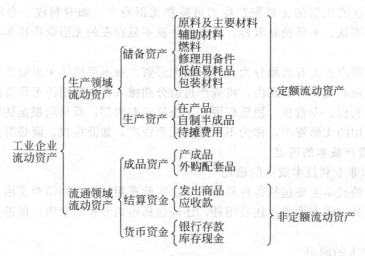

图 7-1　流动资产构成示意图

（一）流动资产的特点
根据流动资产的构成和转化，流动资产具有以下几个显著的特点。

1. 变动性

流动资产的原始形态是货币资金，随着原材料等劳动资料的购买完成，货币资金转化为储备资产形态，随着这些劳动资料投入生产过程，又转化为生产资产形态，随着产品完成验收入库，又转化为成品资产形态，随着产品投放市场并完成销售过程，又转化为货币资金形态，这样就完成了流动资产的一次循环。流动资产的这种循环称为流动资产的周转。

2. 并存性

流动资产在企业生产经营过程中，各种形态同时并存。即在任一时刻企业生产经营过程的各个环节上同时占用着不同数量和形态的流动资产。

3. 增值性

流动资产在周转过程中，由于加入了劳动者新创造的价值，因此在正常情况下，流动资产每周转一次都会有所增值；表现为销售收入大于成本，这是企业盈利的基本过程。

4. 一次性

流动资产向实物形态的转移是一次性全部转移的，如生产活动中耗用的原材料、燃料等流动资产都是一次全部转移到产品中，并通过产品在销售过程中价值的实现而一次性地得到补偿，即其价值是一次性消耗、转移、实现的。

（二）货币资金管理
货币资金是指企业中处于货币形态的资产，包括现金、银行存款和其他货币资金。货币资金管理是为了有效地保证企业随时有资金可以支付，并从一定数量的资金中取得最大收益。

1. 现金管理

现金是指存放于企业财会部门、由出纳人员经管的货币。现金是流动性最强的资产，可以不受限制地立即用于购买和偿债，企业应严格遵守国家有关现金管理制度，正确进行现金收支的核算，监督现金使用的合理性和合法性。国务院发布的《现金管理暂行条例》规定现金支付范围为：职工工资和津贴；个人劳务报酬；根据国家规定颁发给予个人的科技、文艺、体育等各种奖金；各种劳保和福利费用；向个人收购农副产品和其他物资的款项；出差人必需随身携带的差旅费；结算起点（1000元人民币）以下的零星支出；银行确定需要支付现金的其他支出。除上述情况外，其他款项的支付应通过银行转账结算。库存现金的限额一般按照企业3~5天日常零星开支的需要核定，核定后的库存现金限额开户企业必须严格遵守。

2. 银行存款管理

银行存款是指企业存放于银行的货币资金。其收支应严格按照银行结算制度的规定执行。银行结算制度的主要依据是中国人民银行发布，于1997年12月1日施行的《支付结算办法》。结算是把一个时期的各项经济收支往来核算清楚的意思。结算方式是以一定的形式和条件来实现不同经济单位之间货币资金收付的程序和方法。

(1) 银行存款的结算制度。首先，企业应当严格按照《银行账户管理办法》的规定开立和使用基本存款账户、一般存款账户、临时存款账户和专用存款账户。基本存款账户是企业办理日常转账结算和现金收付的账户；一般存款账户是企业在基本存款账户以外的银行借款转存及与异地的附属非独立核算单位开立的账户；临时存款账户是企业因临时生产经营活动的需要开立的账户；专用存款账户是企业因特定用途需要所开立的账户。其次，企业在办理支付结算时，必须使用按中国人民银行规定统一印制的票据凭证和结算凭证。再次，企业对票据的签发、取得和转让，必须具有真实的交易关系和债权债务关系。

(2) 银行存款的结算方式。银行存款的结算方式多种多样，下面着重就支票、汇兑、托收承付、委托收款等结算方式作一简介。

支票结算。支票是出票人签发的，委托办理支票存款业务的银行在见票时无条件支付确定的金额给收款人或持票人的票据。支票上印有"现金"字样的为现金支票；支票上印有"转账"字样的为转账支票；支票上未印有"现金"和"转账"字样的为普通支票，普通支票可支取现金，也可用于转账。若普通支票左上角划两条平行线的，为划线支票，则只能用于转账，不得支取现金。企业和个人在同一票据交换区域内的各种款项结算，均可使用支票。支票的提示付款期自出票日起10日，超过期限的出票人开户银行不予受理，付款人不予付款。

汇兑结算。汇兑结算是汇款人委托银行将其款项支付给收款人的结算方式。企业和个人各种款项的结算都可使用汇兑结算方式，汇兑分信汇和电汇两种，由汇款人选择使用。汇入银行对于收款人拒绝接受的款项，应立即办理退汇；汇入银行对于向收款人发出通知，经过两个月无法交付的汇款，应主动办理退汇。

托收承付结算。托收承付是根据购销合同由收款人发货后委托银行向异地付款人收取款项，由付款人向银行承认付款的结算方式。办理托收承付结算的款项必须是商品交易以及因商品交易而产生的劳务供应的款项。收款人办理托收，必须具有商品确已发出的证件及其他证件。托收承付结算每笔的金额起点为10000元。承付货款分为验单付款和验货付款两种，验单付款的承付期为3天；验货付款的承付期为10天。

委托收款结算。委托收款是收款人委托银行向付款人收取款项的结算方式。单位和个人凭已承兑商业汇票、债券、存单等付款人债务证明办理款项的结算，均可使用委托收款结算方式。委托收款在同城和异地均可使用。委托收款结算款的划回方式分为邮划和电划两种，由收款人选用。委托人办理委托收款应向银行提交委托收款凭证和有关债务证明，银行接到寄来的委托收款凭证及债务证明，审查无误办理付款，若以银行为付款人的，银行应当在当日将款项主动支付给收款人；以单位为付款人的，银行应及时通知付款人，按照规定需将有关债务证明交给付款人并签收，付款人应于接到通知的当日书面通知银行付款。

(3) 结算凭证的基本要素。银行存款的结算凭证应具备下列基本要素：签发年、月、日；收、付企业的户名和账号；收、付企业开户银行的名称和地点；人民币大小写金额；款项来源或用途的摘要；按照有关规定的企业印章。

(4) 结算凭证的填写规定和要求。企业在填写结算凭证时必须做到：第一，结算凭证上应填各栏必须填写齐全和准确。如委托日期应写当天日期；寄往省外的凭证，地点应冠上省、县名称；收、付企业名称不宜过简；根据合同办理的结算凭证，必须注明合同名称及号码。第二，款项的用途必须如实填写。如属于行政经费开支、专项基金支出的，要写明具体项目或商品名称；对于企业购销业务的结算，可以只写商品类别或项目。第三，印章必须加盖清晰完整。对于各种结算凭证必须盖齐预留的银行印鉴、财务部门公章或结算专用章。各种印章必须加盖端正、清楚，若印章模糊不清，银行有权不予受理。第四，签发支付凭证时必须有足够的款项。企业签发各种支付凭证的金额，不得超过自己存款的余额，若签发空头支票，银行将予以退票并按票面金额处予5%但不低于1000元的罚款。第五，结算凭证的字迹必须书写工整规范。凭证中的汉字要书写端正，不得潦草，不随意使用未经国务院公布的简化字；阿拉伯数码不得连写；大小写金额数字必须符合规格，金额数字写错一律不准更改，而应重新填写。

3. 应收账款管理

应收账款是指企业在正常的生产经营活动中，按照一定的信用政策赊销商品而产生的应收款项。应收账款是企业债权资产的主要形式，其发生的原因：一是由于距离因素和结算因素导致不能及时收回货款；二是由于企业采用信用促销形成的。利用信用促销中形成的应收账款会给企业增加风险和成本。因此，企业要在风险与收益两者之间进行权衡，确定适当的信用政策，适当控制应收账款的投资，同时要加强应收账款的日常管理。管理好应收账款一般应做好以下几方面的工作。

(1) 正确确定信用标准。信用标准是企业对于客户信用要求的最低标准。若信用标准定得过高，会限制企业通过赊销扩大营业额的规模；信用标准过低，可能会带来较大的坏账损失。因此，企业在确定信用标准前，必须对客户进行信用评估，评估内容包括客户的资本量、抵押品、生产经营状况、经营道德和信誉情况等因素。目前，中国工商银行等一些银行经常公布一些企业的信用等级，可供企业在评估时参考。

(2) 综合考虑信用条件。信用条件是企业要求客户支付赊销款项的条件，主要包括信用期限和折扣率。企业必须在综合考虑各种因素的基础上规定适宜的信用条件，如国外常用的2/10和n/30规则，对我国具有借鉴价值。2/10和n/30规则即客户在10天内付款，可享受2%的折扣，若超过10天，并在30天内付款，则不再享受折扣。

(3) 制定和实施有效的收款策略。对于拖欠应收账款的客户，企业应按照一定的程序，采取相应的方法尽快收回账款。如通过函电催收、派人催收等。若仍没有效果则可诉诸法律解决，这是不得已的办法。

(4) 建立提取坏账准备金制度。坏账是因债务人逾期未履行偿债义务超过3年，仍然不能收回的应收账款。提取坏账准备金是在应收账款管理中稳健原则的应用，它要求企业在发生赊销行为时就考虑可能的坏账损失，按一定比例从有关费用中计提。提取坏账准备金有利的一面是能够化解坏账损失，保证企业的正常生产经营秩序，不利的一面是企业费用增加，影响了企业的经济效益。

(三) 存货管理

存货是指企业在生产经营活动中为销售和耗用而储备的各种资产，包括各种原材料、燃料、包装物、低值易耗品、库存商品、在产品、产成品等。存货是流动资产的重要组成部分。由于其种类繁多、占用量大、变现能力差，所以需要进行有效的数量管理和资金管理，以实现既保证生产经营活动的正常进行，又尽可能地降低存货资金占用和各项开支，以最低的总成本提供维持生产经营活动所需存货的目标。

企业财务管理主要是对与存货对应的流动资金实施管理。下面简要介绍几种主要存货定额流动资金的核定方法。

1. 储备资金额的核定

(1) 原材料资金定额的核定。计算公式如下：

$$\text{原材料资金定额} = \text{某原材料每日平均消耗量} \times \text{某原材料计划价格} \times \text{某原材料储备日数} \tag{7-11}$$

式中：储备日数指一次进货到下一次进货间隔日数，根据采购日数、在途日数、验收日数、整理准备日数、正常储备日数和保险日数而定。

(2) 燃料、辅助材料、修理备件、包装材料、低值易耗品等的资金定额核定，可按各种消耗定额或按产品产量比例，并考虑一定储备日数确定。

2. 生产资金定额的核定

(1) 在产品资金定额的核定，计算公式如下。

$$\text{在产品资金定额} = \text{在产品平均日产量} \times \text{单位在产品平均工厂成本} \times \text{生产周期} \times \text{在产品系数} \tag{7-12}$$

式中

$$\text{在产品系数} = \frac{\text{一次投入的费用} + \text{陆续投入的费用} \times 0.5}{\text{单位产品平均工厂成本}} \times 100\% \tag{7-13}$$

(2) 待摊费用定额核定。待摊费用是以流动资金按计划支付某项用途后，由于数量较大分若干月逐期摊入成本，而尚未摊入成本的费用称为待摊费用。待摊费用定额按历史资料取平均先进值确定。

3. 产成品资金定额的核定

产成品资金是指从产品入库到销售回收货款为止占用的资金。计算公式如下：

$$\text{产成品资金定额} = \text{平均每天入库产品数} \times \text{产品工厂成本} \times \text{产成品定额日数} \tag{7-14}$$

汇总以上各部分的资金定额即为企业定额流动资金。

(四) 加速流动资金周转的途径

流动资金周转速度表示企业流动资金管理水平和使用效果。流动资金周转速度加快，会给企业带来经济效益，即可用同样数量的资金生产出更多的产品，或用较少的资金生产出同样多的产品。流动资金周转速度用年周转次数或周转一次所需天数表示。计算公式如下：

$$\text{周转次数} = \frac{\text{年销售收入}}{\text{流动资金平均占用额}} \tag{7-15}$$

$$\text{周转天数} = \frac{360}{\text{周转次数}} \tag{7-16}$$

加速流动资金周转速度的途径归纳起来有三条。

① 改进物资采购供应工作，减少库存量，加快库存物资周转速度，因为资金周转速度是物资周转速度的体现。

② 改进生产技术，强化生产管理，缩短生产周期，以加快生产过程的资金周转速度。

③ 改进和强化市场营销，提高商品的流通速度，减少成品库存，尽快回收货款，加快

成品资金的周转速度。

四、企业财产保险

保险是一种经济补偿制度，是为了补偿可能发生的自然灾害和意外事故给人民生命财产造成的损失。企业财产保险是一种合同行为，必须有保险公司与企业签订财产保险合同，才有法律效力。现代工业企业财产占用量大、周期长、价值高，自然灾害和意外事故的发生虽然具有很大的偶然性，但一旦发生，损失巨大。企业参加了财产保险，就能及时地得到经济补偿，这对于保障企业正常的生产经营活动，安定企业职工的生活都是十分有利的。

1. 企业财产保险的投保范围

凡是企业自有或替他人保管或与他人所共有而由投保企业负责管理的财产，都可列入投保的范围。具体地说，下列财产都可投保财产保险。

① 房屋、建筑物及附属装修设备；
② 建造中的房屋、建筑物和建筑材料；
③ 机器设备；
④ 工具、仪器及生产用具；
⑤ 交通运输工具及设备；
⑥ 管理用具及低值易耗品；
⑦ 原材料、半成品、在产品、产成品或库存商品；
⑧ 账外或已摊销的财产；
⑨ 代保管财产。

2. 企业财产保险金额的确定方法

企业财产保险的保险金额可以采用多种方法确定。但是，不管采用什么方法，都必须严格遵守保险金额不得超过该保险财产价值的基本原则。常用的基本方法有以下两种。

（1）按账面值确定。这种方法适用于管理正常、财务制度健全的企业。其中固定资产可以按照账面原值确定，也可以按照账面净值确定，若按净值投保的，保险公司对赔偿的损失部分将按原值和净值的比例计算赔款；流动资产按最近的账面余额确定。

（2）按估价值确定。对账务不健全、不具备计算条件的企业，或选择部分资产投保的企业，或财产项目简单、账外财产、代保管财产以致账面价值与实际价值相差悬殊的财产，一般按估价投保。

3. 企业财产保险费与费率

保险费是投保人按照规定向保险公司缴纳的费用，其数额根据投保金额和保险费率计算确定。企业财产保险费根据国家有关规定，可以摊入产品成本和有关费用。

保险费率根据保险财产占用性质和危险程度，划分费率档次：工业险分为六档，年费率为1‰至7‰；仓储险分为五档，年费率为0.5‰至4‰；普通险分为五档，年费率为0.8‰至3‰。

4. 企业财产保险的申办、变更和理赔

（1）企业财产保险的申办程序。企业要参加财产保险，应先向保险公司索取投保单，并按投保单栏目用钢笔逐项填写，注意投保单上的保险期限、投保财产的坐落地点必须填写清楚明确；保险金额要与资金平衡表有关项目核对无误；约定条款要严谨、明确；然后盖好公章，送交保险公司；保险公司收到投保单经审核无误，签发保险单；最后企业缴纳保险费。

（2）企业保险财产的变更。保险有效期内企业保险财产发生增减或其他变动事项，投保人应向保险公司及时办理批改。若不及时办理批改手续，一旦发生事故，保险公司对增加部分财产将不履行赔偿责任。如果财产减少则投保人白白交了保险费。办理批改手续较为简单，投保人只要向保险公司提出书面申请，说明理由，经签章后和原保险单一并交保险公司，保险公司凭此签发批单，办理批改手续。

（3）企业保险财产的出险理赔。投保的财产遭受灾害或事故时，投保人应尽力组织抢救，并保护现场，同时立即通知保险公司，以便及时勘察处理。投保人向保险公司申请赔偿，应提供保险单、损失清单、救护费用单据和有关证明。投保人从保险财产遭受损失的当天起，在规定的期限内不向保险公司申请赔偿，不提供必要的单据、证件或不领取应得的赔款，即作自愿放弃权益处理。

第三节 成本和费用管理

成本费用管理是对成本费用进行预测、计划、控制、核算、分析、考核，以及采取降低成本费用措施等一系列工作的管理。它是涉及企业各部门的一项综合性管理工作，是企业管理的重要组成部分。加强企业成本费用管理，对促进企业技术与经济的结合，搞好经济核算，厉行节约，降低成本费用，提高企业经济效益具有重要作用。

一、成本和费用的内容

1. 费用的内容

企业生产经营过程中发生的各种耗费，称为企业的生产经营管理费用，通常简称为费用。它包括直接费用、间接费用、期间费用。

（1）直接费用。即直接为产品生产发生的费用，包括直接材料费用、直接工资费用、其他直接支出费用。

（2）间接费用。即为组织管理产品生产活动共同发生的，但不能直接计入各产品的有关费用，包括管理人员工资、职工福利费、折旧费、保险费、办公费等。

（3）期间费用。即为组织生产经营活动发生的，不能直接归属于某种产品的有关费用，包括管理费用、财务费用、销售费用等。管理费用是为组织和管理生产经营活动发生的各项费用，如工资、工会经费、教育经费、招待费、转让费、开发费、摊销费、坏账损失等；财务费用是为筹集资金发生的各项费用，如利息支出、汇兑净损失、各种筹资手续费以及其他费用等；销售费用是为销售产品发生的各项费用，如运输费、装卸费、保险费、展览费、广告费、售后服务费、销售人员工资等。

直接费用应直接计入产品成本；间接费用于期末经分配计入产品成本；期间费用不能计入产品成本，而直接计入当期损益，即从当期营业收入中得到补偿。

2. 产品成本的内容

企业为生产一定种类、数量、质量的产品所支出的各种生产费用之和，称为产品的制造成本，通常简称为产品成本。按《企业财务通则》规定，它只包括直接材料费用、直接工资费用、其他直接费用和制造费用。

① 直接材料费用。即产品生产过程中直接消耗的原材料、辅助材料、备品备件、外购半成品、燃料动力、包装物及其他直接材料等费用。

② 直接工资费用。即直接从事产品生产的工人工资、津贴、补贴和奖金。

③ 其他直接费用。即按生产工人工资计提的职工福利费、产品外协费等。

④ 制造费用。即各个生产单位管理人员工资和福利费、办公费、差旅费、折旧费和保

险费等。

同对,《企业财务通则》还明确规定了不得列入成本费用的支出项目:购置固定资产、无形资产和其他资产的支出;对外投资支出;被罚没的财物;各项罚款;赞助、捐赠支出;国家规定不得列入成本费用的其他支出。

3. 成本与费用的关系

成本与费用的关系可用图 7-2 所示。

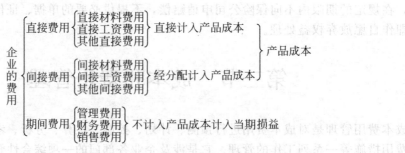

图 7-2　成本与费用的关系图

二、成本费用开支范围的界定

成本费用开支范围是指国家对企业生产经营过程中发生的各项费用支出,允许在成本费用中列支的范围,这是成本和费用列支内容的政策性规定。为了严格贯彻执行成本费用开支范围的规定,必须划清下列界限。

1. 划清收益性支出和资本性支出的界限。

收益性支出是使企业能获得当期收益而发生的支出,即为维护企业简单再生产而发生的补偿性支出;资本性支出是为企业取得长期收益而发生的支出,即为企业扩大再生产而发生的。若将收益性支出计入资本性支出,就会造成费用、成本补偿不足,而影响简单再生产进行。若将资本性支出列入收益性支出,就会人为地扩大成本费用,而影响企业利润水平。

2. 划清成本费用之间的界限。

要划清这个界限必须划清本期成本费用和下期成本费用,在产品成本和产成品成本,成本费用支出和企业税后利润支出等界限。否则就会造成财务混乱,或影响国家税收利益。

三、成本费用预测

成本费用预测是指企业根据发展目标和现实条件,运用专门方法,对未来成本目标进行事先的推测和估算。成本费用预测是成本费用管理的起点,既是成本费用控制的目标,又是成本费用分析与考核的依据。成本费用预测的方法简单介绍下面几种。

1. 高低点法

也称两点法。这是通过观察一定时期内业务量与相关成本费用所构成的所有坐标点,从中选出高、低两点,据此来推断固定成本与单位变动成本的一种分析方法。计算过程如下。

首先将高、低点坐标代入式(7-17),计算出单位变动成本 b。即:

$$b = \frac{\text{高、低成本之差}}{\text{高、低业务量之差}} \quad (7\text{-}17)$$

其次,将低点或高点坐标值和 b 值代入式(7-18)或式(7-19),计算出固定成本 a。即

$$a = 低点成本 - b \times 低点业务量 \quad (7\text{-}18)$$

或
$$a = 高点成本 - b \times 高点业务量 \quad (7\text{-}19)$$

最后，将 a、b 值代入式（7-20），根据业务量 x，计算总成本 y。即：
$$y = a + bx \quad (7\text{-}20)$$

2．散布图法

这是根据若干期历史资料，绘制各期产量与成本费用散布图，按目测画出接近坐标点的直线，直线的截距为固定成本 a，然后任取一点，计算出单位变动成本 b，再以得到的 a、b 值来预测某期总成本的一种分析方法。

3．因素预测法

这是分析与产品成本费用有关的诸多因素，如技术进步、劳动生产率变动等因素，在综合考虑上述因素影响的基础上，预测产品未来成本费用的一种分析方法。

4．定额测算法

这是根据老产品的消耗定额、成本、价格等资料，预测现有产品成本费用的一种分析方法。

四、成本费用决策

成本费用决策是为了提高经济效益，运用决策理论和方法，在预测、分析多个成本费用方案的基础上，选择最佳成本费用方案的过程。

1．成本费用决策的程序

① 确定成本费用决策目标。即首先要明确成本费用决策要解决什么问题，应达到什么目标。

② 收集有关的资料。一般包括国家有关政策、企业各项技术经济指标、市场需求状况等。

③ 确定多种可行方案。制定出切实可行的多套方案，为决策者的最后决策提供可靠依据。

④ 作出决策。经过对各方案提供资料的鉴别、论证、评选，最后确定录用方案。

2．成本费用决策的方法

（1）差异分析法。这是对两个备选方案的差额收入与差额成本进行比较分析，从而确定最优方案的方法。差额收入是一个备选方案的预期收入与另一个备选方案的预期收入的差异数；差额成本是一个备选方案的预期成本与另一个备选方案的预期成本的差异数。决策时，若差异收入大于差异成本，则前一方案为优；反之，则后一方案为优。

（2）成本费用无差别点分析法。成本费用决策中常会遇到两个备选方案的成本各具特点，即一方案的固定成本高，单位变动成本低；另一方案则相反。而且在不同业务量出现不同的高低组合。这时常借助成本费用无差别点分析法进行决策。成本无差别点是两方案总成本相等的交点，如图 7-3。

由图可知，当产销量超过成本无差别点时，应选择 B 方案；当产销量没有超过成本无差别点时，应选择 A 方案。

成本费用的决策方法还有很多，如盈亏临界点分析法、边际贡献分析法、决策树法、线性规划法等，这里不再一一介绍。

五、成本费用计划

按照成本费用决策要求，具体编制在一定时期（计划期）内必须实现的成本费用计划，

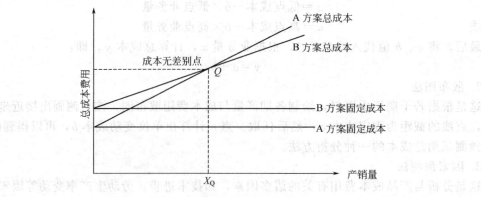

图 7-3 成本费用与产销量关系图

主要包括：主要产品单位成本费用计划、全部产品成本费用计划、销售费用计划、管理费用计划和财务费用计划。

1. 主要产品单位成本费用计划

产品单位成本费用主要由直接材料、直接工资、福利费支出和制造费用构成。

① 单位产品直接材料＝单位产品直接材料消耗定额×直接材料价格　　　(7-21)

② 单位产品直接工资＝单位产品耗及工时定额×计划小时工资率　　　(7-22)

③ 福利支出＝单位产品直接工资×福利费提取比率　　　(7-23)

④ 单位产品制造费用＝单位产品工时定额×计划费用分配率　　　(7-24)

2. 全部产品成本费用计划

全部产品成本费用计划通过产品成本费用降低额及降低率反映。

(1) 产品成本费用降低额＝
上年平均单位成本费用×计划产量－计划单位成本费用×计划产量　　　(7-25)

(2) 产品成本费用降低率＝$\dfrac{\text{产品成本费用降低额}}{\text{上年平均单位成本费用×计划产量}}\times 100\%$　　　(7-26)

3. 销售费用、管理费用、财务费用计划

这三项费用要根据本年度实际情况，结合以往年度的资料进行预计。有开支标准的按标准计算；无注明开支标准的，综合各种因素的影响，酌情增减。

六、成本费用控制

成本费用控制是指企业在生产经营过程中，按照既定的成本费用目标，对构成成本费用的诸要素进行的规划、限制和调节，及时纠正偏差，控制成本费用超支，把实际耗费控制在成本费用计划范围内。其控制的内容包括材料消耗成本控制、工资成本控制、费用成本控制。成本费用控制工作的基本程序大致可以分为以下几步。

(1) 制定成本费用控制标准，建立成本费用标准体系。成本费用标准是对各项费用开支和资源消耗规定的数量界限，是成本费用控制和成本费用考核的依据，并便于分清部门责任。成本费用控制标准种类繁多，要在实践中不断总结整理，使其形成有机的科学体系，以提高控制的实际效果。

(2) 建立成本费用控制的组织体系和责任体系。即要由财务部门负责，在各个费用发生点建立成本费用控制责任制，定岗、定人、定责，并定期检查。对成本费用的形成过程严格按照成本费用标准进行控制和监督。

(3) 建立成本费用控制信息反馈系统，及时准确地将成本费用标准与实际发生的成本费用之间的差异，以及成本费用控制实施情况反馈到企业决策层，以便适时地采取措施，组织协调企业财务活动，圆满完成成本费用计划。

七、成本费用分析

成本费用分析是根据有关资料全面分析了解成本费用变动情况，系统研究影响成本费用升降的各种因素及其形成原因，寻找降低成本费用可以采取的措施和途径。成本费用分析的基本方法是比较法。其内容包括与计划成本费用比较、与目标成本费用或标准成本费用比较、与企业历史最佳成本费用比较、与优秀同行业企业同产品成本费用比较等。比较时主要从成本费用水平和成本费用要素构成两方面结合进行。成本费用分析的具体内容应根据企业面临的实际情况确定。以下几个方面可供参考。

1. 全部商品成本费用分析

这是为了全面了解企业产品成本费用的基本情况，对成本费用计划执行情况、主要成本费用的阶段指标完成情况进行分析，如有问题则找出可能原因。这种定期的例行分析，一般由具体责任部门定期按时完成上报。

2. 可比产品成本费用分析

可比产品是指企业本计划期以前生产过的，并在本计划期继续生产的产品，重点是检查分析可比产品成本费用阶段指标降低目标是否实现，存在问题时则要分析可能原因。这也是定期的例行检查分析，由具体责任部门按时完成上报。

3. 单位产品成本费用分析

这是成本费用分析的重点内容。因为单位产品成本费用指标与先进企业同类产品的成本费用、理想成本费用或标准成本费用有很好的可比性，特别是当细致展开成本要素构成以后，可以得到丰富的经济信息和经营信息，所以企业对重点产品，在关键时期往往组成专门小组，进行单位产品成本费用分析。

八、降低产品成本费用的途径

1. 节约使用原材料，降低材料费用

产品成本费用中，材料费用所占比例大，这对降低产品成本费用意义巨大。其途径有二，一是降低单位产品的材料消耗量，企业要制定先进合理的材料消耗定额，杜绝生产过程中的材料浪费；二是降低材料的单位成本费用，企业购入材料的成本费用是由买价和采购费用构成。因此，采购过程中要货比三家，批量购买，以尽量降低买价；要实行就近购买，以减少运费和途中损耗。

2. 提高劳动生产率

对产品而言，劳动者的劳动耗费构成了产品成本中的工资和福利费用。如果劳动者的工资和福利费用不变，提高劳动生产率就会降低单位产品中工资和福利费用的比例，达到了降低产品成本费用的目的。如果劳动者的工资和福利费用按一定比例增长，只要劳动生产率的增长比例超过工资和福利的增长比例，同样可以降低单位产品中的工资和福利费用。

3. 提高生产设备的效率

在一定时期内生产设备的折旧费、修理费、保险费等往往是一定的，若提高设备的生产效率，则单位时间内可多生产产品，这样使单位产品的折旧费、修理费、保险费等降低，从而降低了产品成本费用。

第四节 利润管理

利润是企业在一定时期内生产经营成果的综合反映,是企业生产经营活动效率和效益的最终体现,也是企业最终的财务成果。加强利润管理,不断提高企业的利润水平,无论对企业还是对国家,都具有十分重要的意义。

一、利润的概念和构成

1. 利润的概念

利润是一个应用十分广泛的概念,在不同情况下,其含义也不完全一致。最常见的有下面几个利润概念。

(1) 总利润,又称利润总额。即企业在一定时期内所获得的利润总数,包括销售利润、投资净收益、营业外收支净额三部分。

(2) 毛利润,又称毛利。即企业的销售收入减去销售成本后的净额,它反映了企业盈利能力的强弱。

(3) 税前利润。即企业的毛利润减去期间费用后的净额,这是一个重要概念,它确定了企业交纳所得税的纳税基数。

(4) 税后利润,又称净利润或净利。即企业税前利润减去所得税后的净额,税后利润是归企业所有者的利润,在股份制企业中就是归股东所有的利润。

2. 利润的构成

《企业财务通则》和分行业的财务制度中,对利润的构成进行了统一的规范,工业企业利润总额具体构成见图 7-4。

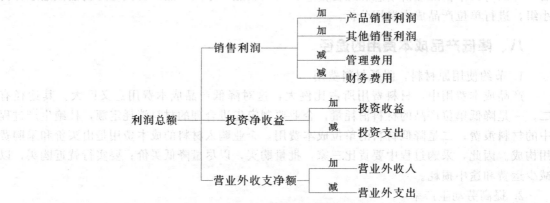

图 7-4 工业企业利润总额构成图

图中:

产品销售利润＝产品销售收入－产品销售成本－产品销售税金及附加－产品销售费用

(7-27)

二、企业税金及缴纳

企业是独立的经济法人,有依法向国家交纳税金的义务。税收是国家为了实现其职能的需要,凭借政治权力向纳税单位和个人(法人和自然人)强制地、无偿地、固定地取得财政收入的一种形式。任何企业都必须无条件地依法履行纳税义务,企业应缴纳的税收主要有增值税、消费税、营业税和所得税。其中前面三项税列入企业营业费用，从销售毛利中扣除，而所得税需在利润分配中予以计算和缴纳。

（一）增值税

增值税是指向产品生产和流通的单位和个人，对其销售收入中的增值额所征收的一种税。它克服了对已纳税销售额重复征税的弊端，使同一产品不受生产、流通环节多少的影响，始终保持同等的税收含量，避免了税负不平，同时又保持了征收范围广和收入稳定及时的优点。

1. 增值税的征税范围

增值税的征税范围是指凡在我国境内销售货物或提供加工、修理修配劳务以及进口货物的有偿转让行为。它把整个生产环节、进口环节、商业批发、零售环节以及加工、修理修配业务均纳入增值税的税收范围。其纳税义务人是所有销售应税货物和提供应税劳务的工商企业及其他单位和个人，也包括外商外资企业。

2. 增值税的税率

增值税的税率分为三档，即基本税率为17％，低税率为13％，出口商品的税率为零。除《增值税暂行条例》规定的五类商品适用低税率外，其他应税商品和劳务均适用基本税率。纳税人销售不同税率商品或应税劳务，并兼营应一并征收增值税的非应税劳务的，应当分别核算不同税率商品或应税劳务的销售额；未分别核算销售额的，从高适用税率；其非应税劳务应从高适用税率。

3. 增值税的计税方法

现行的增值税实行价外税，即将原来含税价格中的价和税分开，并以不含税价格为计税依据，在零售以前各环节销售商品时，必须按规定在增值税专用发票上分别填写税金和不含税金的价格，凡是发票上未注明税金的，以及所用发票不合规定的或发票填写不合规定的，均不予税款抵扣。

4. 增值税的缴纳

（1）纳税义务发生时间。纳税义务发生时间根据纳税人销售货物时的结算方式以及销售对象不同有所不同；但基本上是按照目前财务制度规定的销售实现时间来确定的，这样做有利于增值税的管理和保证收入。

（2）纳税地点。固定业户应当向其机构所在地主管税务机关申报纳税；固定业户到外地（县、市）销售商品的，应当向其机构所在地主管税务机关申领税收管理证明，并申报纳税；非固定业户应当向销售地主管税务机关申报纳税；进口商品应当由进口人或其代理人向报关地海关申报纳税。

（3）纳税期限。增值税的纳税期限分别为1日、3日、5日、10日、15日、1个月。纳税人的具体纳税期限，由主管税务机关根据纳税人应纳税额的大小分别核定。不能按固定期限纳税的，可以按次纳税。纳税人以1个月为一期纳税的，自期满之日起10日内申报纳税；以其他期限为一期纳税的，自期满之日起5日内预缴税款，于次月1日至15日申报纳税并结清上月应纳税款。纳税人进口商品应当自海关填发税款缴纳证的次日起7日内缴纳税款。

（二）消费税

消费税是对某些特定的消费品和消费行为征收的一种税。

1. 消费税的征税范围

消费税的征收范围仅限于生产、委托加工和进口应税消费品。消费税条例规定的征收范围为：烟、酒及酒精、鞭炮焰火、化妆品、护肤护发品、汽油、柴油、贵重首饰及珠宝玉石、汽车轮胎、摩托车、小汽车等11种商品。其纳税义务人是指中国境内从事生产、委托加工和进口应税消费品的单位和个人。

2. 消费税的税率

消费税的税率要根据不同消费品的种类、档次、结构、功能或消费品中某一成分的含量，以及市场供求状况，消费品价格水平等情况，制定高低不同的税率。如烟类分为四个子目：甲类卷烟税率为45％；乙类卷烟税率为40％；雪茄烟税率为40％；烟丝税率为30％。

3. 消费税的计税办法

消费税的计税办法，既可以采用对应税消费品制定单位税额，根据应税消费品的数量实行从量定额的办法进行计税；也可以采用对应税消费品或消费行为制定税率，根据应税消费品或消费行为的价格实行从价定率的办法进行计税。例如在酒及酒精的六个子目中，粮食白酒、薯类白酒、其他酒、酒精等四个子目采用了从价定率法，其税率分别为25％、15％、10％和5％；而黄酒、啤酒等两个子目，则采用了从量定额法，其税率分别为240元/吨、220元/吨。

4. 消费税的缴纳

（1）纳税义务发生时间。《消费税暂行条例》根据应税消费品的销货方式和结算方式不同，对其纳税义务发生时间分别作了规定。

（2）纳税地点。消费税的纳税地点为纳税人销售的应税消费品，以及自产自用的应税消费品，除国务院另有规定的外，应当向纳税人核算地主管税务机关申报纳税；委托加工的应税消费品，由受托方向所在地主管税务机关解缴税款；进口的应税消费品，由进口人或其代理人向报关海关申报纳税。

（3）纳税期限。消费税的纳税期限分别为1日、3日、5日、10日、15日或1个月，纳税人的具体纳税期限，由主管税务机关根据纳税人应纳税额的大小分别核定；不能按固定期限纳税的，可以按次纳税。纳税人以1个月为一期纳税的，自期满之日起10日内申报纳税；以其他期限为一期纳税的，自期满之日起5日内预缴税款，于次月1日起10日内申报纳税并结清前月应纳税款；纳税人进口应税消费品，应当自海关填发税款缴纳证的次日起7日内缴纳税款。

（三）营业税

营业税是以纳税人从事经营活动的营业额为征收对象的一种税。新的营业税法规定凡在中国境内提供应税劳务、转让无形资产或销售不动产的企业和个人，为营业税的纳税人，企业租赁或承包给他人经营，以承租或承包人为纳税人。

1. 营业税的税目和税率

营业税的税目是按行业设计的，为了便于执行，税目下还设置了若干子目。营业税的税目共设置了下面九个。

① 交通运输业。包括陆路运输、水路运输、航空运输、管道运输、装卸搬运。税率为3％。

② 建筑业。包括建筑、安装、修缮、装饰、其他工程作业。税率为3％。

③ 金融保险业。包括金融、保险、典当。税率为5％。

④ 邮电通讯业。包括邮政、电信。税率为3％。

⑤ 文化体育业。包括文化业、体育业。税率为3％。

⑥ 娱乐业。包括歌厅、舞厅、卡拉OK歌舞厅、音乐茶座、台球、保龄球、游艺。税率为5％～20％。

⑦ 服务业。包括代理业、旅游业、仓储业、租赁业、其他服务业。税率为5％。

⑧ 转让无形资产。包括转让土地使用权、专利权、非专利技术、商标权、著作权、商

誉等。税率为5%。

⑨ 销售不动产。包括销售建筑物及其他土地附着物。税率为5%。

2. 纳税义务发生时间和纳税期限

营业税的纳税义务发生时间，为纳税人收讫营业收入款项或者取得索取营业收入款项凭证的当天。营业税的纳税期限，分别为5日、10日、15日或者1个月。纳税人的具体纳税期限，由主管税务机关根据纳税人应纳税额的大小分别核定；不能按照固定期限纳税的，可以按次纳税。纳税人以1个月为一期纳税的，自期满之日起10日内申报纳税；以5日、10日或者15日为一期纳税的，自期满之日起5日内预缴税款，于次月1日起10日内申报纳税，并结清前月应纳税款。此外金融业的纳税期限为一季度；保险业的纳税期限为1个月。

（四）企业所得税

企业所得税是国家对企业单位的生产经营所得和其他所得征收的一种税，是国家参与企业利润分配，并直接调节企业利润的一个关键性税种。《企业所得税暂行条例》规定，凡是实行独立核算的企业或组织都是企业所得税的纳税人。

1. 企业所得税的税率

企业所得税实行33%的比例税率，考虑到我国目前存在大量规模小、利润低的企业，因此还设置了两档照顾税率，即一是对年应税所得额在3万元以下的企业，暂按18%的税率征收所得税；二是对年应税所得额在10万元以下至3万元的企业，暂按27%的税率征收所得税。

2. 企业所得税的计算依据

企业所得税的计税依据是应纳税所得额，即纳税人每一纳税年度的收入总额减去准予扣除项目金额后的余额。收入总额包括生产、经营收入，财产转让收入，利息收入，租赁收入，特许权使用收入，股息收入，其他收入。准予扣除项目包括各项直接费用，各项间接费用，销售费用，管理费用，财务费用，损失以及税金（如消费税、营业税、资源税、城乡维护建设税、土地增值税、教育费附加税）。企业增值税因属于价外税所以不能扣除。

3. 企业所得税的缴纳

企业所得税一般采用按年计算分月或分季预缴，年终汇总清缴的办法。企业所得税的分月或分季预缴，由主管税务机关根据纳税人应纳税额的大小，具体予以核定。纳税人应当在月度和季度终了后的15日内预缴企业所得税，年度终了后的4个月内汇总清缴，多退少补。

企业所得税的纳税地点，除国家另有规定的外，均由纳税人向企业生产经营所在地主管税务机关缴纳。这种"就地"原则一方面便于税务机关监控管理，另一方面对避税行为起到抑制作用。

4. 企业所得税的税收优惠

根据国家法律法规和国务院的有关规定，给予减税或免税的企业主要如下。

① 国务院批准的高新技术产业开发区的高新技术企业，经有关部门认定可按15%的税率征收所得税，新办的高新技术企业自投产年度起免征所得税3年。

② 第三产业企业可按产业政策在一定期限内减征或免征所得税。

③ 利用废水、废气、废渣等废弃物为主要原料进行生产的企业，可在5年内免征所得税。

④ 对"老、少、边、穷"地区新办的企业，经主管税务机关批准，可减征或免征所得税3年。

⑤ 企事业单位进行技术转让，年净收入在10万元以下的，暂免征收所得税。

⑥ 新办的劳动服务企业，当年安置城镇待业人员达到规定比例的，3年内可减征或免征所得税。

⑦ 高等学校和中小学校办厂，可减征或免征所得税。优惠范围仅限于教育部门所办的

普教性学校。

⑧ 民政部门的福利生产企业可减征或免征所得税。

⑨ 乡镇企业可按应缴税款减征10%，用于补助社会性开支的费用。

⑩ 企业遇有严重自然灾害，经主管税务机关批准，可在一定期限内减征或免征所得税。一般规定的期限为1年。

三、企业利润分配

企业利润分配是指企业利润的分解，必须兼顾各方利益，合理进行分配。既要保障企业利益、投资者利益，又要保障国家利益，做到统筹兼顾。《企业财务通则》规定，企业当年实现的利润，首先要按国家规定缴纳所得税，纳税后的利润，再按规定顺序进行分配。

① 支付被没收的财物损失，支付各项税收的滞纳金和罚金。

② 弥补企业以前年度的亏损（指超过用税前利润抵补亏损的法定期限后，仍未补足的亏损）。

③ 提取法定盈余公积金。法定盈余公积金是为了防止把利润分净吃光，降低企业经营风险，保护债权人利益而设置的。

④ 提取公益金。主要用于职工集体福利设施支出。

⑤ 提取任意盈余公积金。任意盈余公积金的提取由企业董事会决定，不受法律限制，可以多提，可以少提，也可以不提。

⑥ 向投资者分配利润。

相对于一般企业而言，股份制企业的利润分配又有其特殊性，股份制企业在提取法定盈余公积金、公益金后，分配程序为：

首先，支付优先股股利；其次，提取任意盈余公积金；最后，支付普通股股利。

上述利润分配顺序的逻辑关系明确了以下几个问题，即企业以前年度的亏损未弥补完，不得提取法定盈余公积金及公益金；企业在提取法定盈余公积金及公益金以前，不得向投资者分配利润；企业必须按照当年税后利润（减弥补亏损）的10%提取法定盈余公积金，当法定盈余公积金已达到注册资本50%时，可以不再提取；企业以前年度未分配利润，可以并入本年度利润分配；企业在向投资者分配利润前，经董事会讨论决定，可以提取任意盈余公积金，但股份制企业应先分配优先股股利。

四、增加企业利润的途径

企业利润是国家财政收入的主要来源，是企业扩大再生产提高竞争能力，改善职工福利条件，提高生活水平的基本保证。因此，任何一个企业都应千方百计采取必要可行的措施，来不断提高企业的利润水平，其途径主要有以下几个方面。

① 提高决策科学性，在产品结构、产业结构合理组合上下工夫。另外对诸如亏损产品是否应停产？零配件是自制还是外购？半成品是进一步加工还是立即销售等问题的决策要进行深入分析论证。

② 努力开拓潜在市场，不断扩大分销渠道，增加企业的销售收入。

③ 合理利用各种资产，提高资产利用率，降低成本费用，尤其要重视无形资产的开发利用，加快资金周转速度。

④ 改善劳动组织，激发员工的积极性，提高劳动生产率。

⑤ 加强企业管理，严格责任制度，提高工作质量和产品质量，厉行节约，防止损失，杜绝浪费。

第五节 财务报告和财务评价

一、财务报告

财务报告是反映企业财务状况和经营成果的总结性书面文件,主要由财务报表和财务情况说明书两部分组成。财务报表是财务报告中最基本的内容,通过财务报表可以把企业在一定时期内的经济活动,全面、系统、集中地反映给企业内部经营决策者,企业外部的投资者,债权人以及企业管理部门,并能提供必要的,供决策用的财务信息。财务报表综合反映了企业资金的来源和应用,净收益的取得和分配,现金收支活动等情况,它主要包括资产负债表、损益表和现金流量表。

(一) 资产负债表

资产负债表也称为财务状况表,是反映会计主体在特定日期内资产、负债、所有者权益等状况的报表。资产负债表向不同的报表使用者提供了相当丰富的信息资料。如:

① 企业所掌握的经济资源以及资源的分布和结构;
② 企业资金的来源构成,包括所承担的债务,以及所有者所拥有的权益;
③ 企业的财务实力、短期偿债能力和支付能力;
④ 不同时期相同项目纵向对比,可以反映出企业资金结构的变化情况以及财务状况的发展趋势。

工业企业资产负债表的内容和格式如表 7-2 所示。

表 7-2 工业企业资产负债表

编制单位:ABC公司　　　　　1999 年 12 月 31 日　　　　　单位:元

资　产	行次	年初数	期末数	负债和所有者权益	行次	年初数	期末数
流动资产:				流动负债:			
货币资金	1	2218900	1177802	短期借债		900000	150000
短期投资	2	45000		应付票据		600000	300000
应收票据	3	738000	138000	应付账款		861400	861400
应收账款	4	900000	1800000	其他应付款		650000	650000
减:坏账准备	5	2700	5400	应付工资		300000	300000
应收账款净额	6	897300	1794600	应付福利费		30000	240000
预付账款	7	300000	300000	未交税金		90000	771599
其他应收款	8	15000	15000	其他未交款		19800	19800
存货	9	7740000	7724100	预提费用		30000	
待摊费用	10	300000		一年内到期的长期负债		2500000	
流动资产合计		12254200	11149502	流动负债合计		5954200	3292799
长期投资:				长期负债			
长期投资		750000	750000	长期借款		1800000	3480000
固定资产:							
固定资产原价		4000000	2953000				
减:累计折旧		1200000	510000	负债合计		7754200	6772799
固定资产净值		2800000	2443000	所有者权益:			
在建工程		4500000	5934000	实收资本		14500000	14500000
固定资产合计		7300000	8377000	盈余公积		450000	566055
无形资产及其他资产:				其中:公益金			38685
无形资产		2400000	2220000	未分配利润			657647
无形资产及其他资产合计		2400000	2220000	所有者权益合计		14950000	15723702
资产合计		22704200	22496502	负债及所有者权益合计		22704200	22496502

（二）损益表

损益表是反映企业在一定期间（如年度、季度、月度）生产经营成果及分配情况的财务报表。损益表清楚地反映了企业利润总额的形成步骤，也揭示了利润总额各构成要素之间的内在联系。因此，便于报表使用者评价企业盈利状况和经营成果，并进行盈利分析，预测未来一定时期内的盈利趋势。

损益表可以分为两个部分：一部分反映企业在一定期间的收入与费用，说明企业损益的数额；另一部分反映企业的利润形成和分配。若损益表项目过多时，则可另外单独列出利润分配表反映。

工业企业损益表的内容和格式如表7-3所示。

表7-3 工业企业损益表

编制单位：ABD公司　　　　　1999年12月　　　　　　　　　　单位：元

项　目	行次	本月数	本年累计数
一、产品销售收入		（略）	900000
减：产品销售成本			500000
产品销售费用			20000
产品销售税金及附加			45000
二、产品销售利润			335000
加：其他业务利润			20000
减：管理费用			85000
财务费用			20000
三、营业利润			250000
加：投资收益			150000
营业外收入			35000
减：营业外支出			18000
四、利润总额			282000
减：所得税			30000
五、净利润			252000

（三）现金流量表

现金流量表是反映一定期间企业财务状况变动情况的报表，即根据企业在一定时期内各种资产、负债、所有者权益的增减变化，分析反映资金的取得来源和资金的流出用途说明财务动态的报表。现金流量表的主要作用如下。

① 可以向企业管理部门、投资者、债权人等提供一定期间企业财务状况变动的全貌，如企业有多少资金可供营运，这些资金的来源和去向，以及营运期间后的变动情况，使报表使用者能准确判断企业资金的营运效率。

② 可以通过揭示和反映企业所有重大的财务事项，进一步阐明其变化原因。

③ 可以反映个别资产负债，所有者权益项目的增减，并说明增减变化的原因及其影响，这是资产负债表和损益表所不能及的。

④ 不仅可以反映影响损益的财务活动，而且还可以反映不影响损益的各项财务活动。

现金流量表的结构和内容如表7-4所示。

（四）财务情况说明书

财务情况说明书是帮助报表使用者理解财务报表的内容而作出的解释。主要内容如下。

① 一定时期内的财务情况：如企业的生产经营状况，利润实现和分配情况，资金增减和周转情况，税金缴纳情况，各项资产的变动情况。

表 7-4　工业企业现金流量表

编制单位：ABE 公司　　　　1999 年　　　　　　　　　　　　　　　单位：元

项　目	行次	金　额
一、经营活动产生的现金流量		
销售商品、提供劳务收到的现金		3543000
收到增值税销行税额		484500
现金收入小计：		4027500
购买商品、接受劳务支付的现金		1049400
支付给职工及为职工支付的现金		900000
支付的增值税款		427398
支付的所得税款		135700
支付的所得税款支付的除增值税、所得税外的其他税费		6000
支付的其他与经营活动有关的现金		210000
现金支出小计：		2728498
经营活动产生现金流量净额		1299002
二、投资活动产生的现金流量		
收回投资所收到的现金		49500
分得股利或利润所得的现金		150000
处置固定资产而收回的现金净额		900900
现金收入小计：		1100400
购建固定资产所支付的现金		1353000
现金支出小计		1353000
投资活动产生的现金流量净额		－252600
三、筹资活动产生的现金流量		
借款所收到的现金		1200000
现金收入小计		1200000
偿还债务所支付的现金		3250000
偿还利息所支付的现金		37500
现金支出小计		3287500
筹资活动产生现金流量净额		－2087500
四、现金及现金等价物净增加额		－1041098

② 对本期或下期财务状况发生重大影响的事项。
③ 资产负债表日后至报出财务报告前发生的对企业财务状况变动有重大影响的事项。
④ 其他需要说明的事项。

二、财务评价

企业财务评价是以财务报告等资料为依据，对财务活动的过程和结果进行评价，以明确企业生产经营活动中的利弊得失。财务状况以及发展趋势，为改进财务管理工作和未来的经济决策提供财务信息。为了综合评价企业财务状况、国家财政部制定了评价指标体系，现分列如下。

① 销售利润率。即销售收入的获利水平。计算公式如下。

$$销售利润率 = \frac{利润总额}{产品销售净收入} \times 100\% \qquad (7\text{-}28)$$

其中，产品销售净收入是销售收入扣除销售折让、销售折扣和销售退回之后的净额。

② 资产报酬率。即企业运用全部资产获利的能力。计算公式如下。

$$资产报酬率 = \frac{净利润}{资产总额} \times 100\% \qquad (7\text{-}29)$$

其中，资产总额是年初与年末的平均数。

③ 资本收益率。即企业运用投资者投入资本获利的能力。计算公式如下。

$$资本收益率 = \frac{净利润}{资产总额} \times 100\% \qquad (7\text{-}30)$$

④ 资本保值增值率。即反映投资者投入企业的资本完整性和保全性。计算公式如下。

$$资本保值增值率 = \frac{期末所有者权益总额}{期初所有者权益总额} \times 100\% \qquad (7\text{-}31)$$

资本保值增值率等于 100% 为保值；大于 100% 为增值。

⑤ 资产负债率。即衡量企业负债水平高低的指标。计算公式如下。

$$资产负债率 = \frac{负债总额}{资产总额} \times 100\% \qquad (7\text{-}32)$$

⑥ 流动比率。即衡量企业在某一时点偿付即将到期债务的能力。计算公式如下。

$$流动比率 = \frac{流动资产}{流动负债} \times 100\% \qquad (7\text{-}33)$$

⑦ 应收账款周转率。即衡量企业应收账款周转快慢的指标。计算公式如下。

$$应收账款周转率 = \frac{赊销净额}{平均应收账款余额} \times 100\% \qquad (7\text{-}34)$$

⑧ 存货周转率。即反映企业购、产、销平衡效率的一种尺度。计算公式如下。

$$存货周转率 = \frac{产品销售成本}{平均存货成本} \times 100\% \qquad (7\text{-}35)$$

⑨ 成本费用利润率。即评价企业对成本费用的控制能力和经营管理水平。计算公式如下。

$$成本费用利润率 = \frac{利润总额}{成本费用总额} \times 100\% \qquad (7\text{-}36)$$

⑩ 社会贡献率。即衡量企业运用全部资产为国家或社会创造或支付价值的能力。计算公式如下：

$$社会贡献率 = \frac{企业社会贡献总额}{平均资产总额} \times 100\% \qquad (7\text{-}37)$$

其中，企业社会贡献总额包括工资、劳保、退休统筹、其他社会福利支出、利息支出净额、应交增值税、应交产品销售税金及附加、应交所得税及其他税金、净利润等。

复习思考题

1. 什么是资金筹集？并说明工业企业资金筹集应坚持的基本原则。
2. 银行借款可以分为哪几种形式？并简述各自的程序与优缺点。
3. 什么叫股票及股票交易？股票交易的基本程序可分哪几个阶段？
4. 什么叫企业债券？其优缺点有哪些？

5. 什么叫固定资产、流动资产、无形资产？各自的特点是什么？
6. 工业企业的流动资产包括哪些项目？
7. 银行存款常用的结算方式有哪几种形式？各自的内涵是什么？
8. 什么叫企业财产保险？企业参加财产保险具有什么意义？
9. 什么叫产品成本？《企业财务通则》规定哪些项目可以作为成本？哪些不能作为成本？
10. 工业企业应如何进行成本费用控制？
11. 工业企业应缴纳的主要税收包括哪几项？其各自的内涵是什么？
12. 某企业有一台设备，其原值为1000000元，预计净残值为6000元，设备预计使用年限为10年，试用直线折旧法和双倍余额递减法计算该设备的年折旧额。

第八章 技术经济分析

提高企业的经济效益是企业管理的中心内容之一。而技术经济分析就是为了实现这一目标，以经济观点为衡量尺度，通过对不同的技术规划、技术措施和技术方案进行分析论证，选择出技术上先进，经济上合理，实践上可行的令人满意的方案，从而达到提高经济效益的目标。

第一节 技术经济分析的基本原理

一、技术与经济的关系

（一）技术与经济的含义

1. 技术

技术是指人类在利用自然和改造自然过程中积累的，并在生产劳动中体现出来的经验、知识和技能以及生产工艺方法等。现代化生产中劳动生产率的提高，很大程度上取决于技术。据有关资料统计当今技术在影响劳动生产率增长的诸因素中所占的比重，已经上升到60%~80%。

2. 经济

经济是个多义词。一是指社会生产关系，如经济制度和经济基础等名词中的经济含义，即人类社会存在发展和上层建筑赖以建立的基础；二是指物质资料的生产、再生产和流通过程，以及相应的交换、分配、消费等社会经济活动；三是指人们日常生活用语中的"合算"、"节约"。技术经济分析中的经济主要是指后一种含义。

（二）技术与经济的关系

技术与经济是人类社会进行物质生产和流通不可缺少的两个方面，既互相联系、密切相关、互相促进，又互相制约。

1. 技术与经济是同时存在，不可分割的统一体

可以说在任何方案中，技术离不开经济，经济也离不开技术。在工程项目和产品生产方案中，既要考虑技术要求，又要考虑经济要求，即要实现方案的技术先进性和经济合理性的统一性要求。

2. 技术与经济不仅相互促进，而且相互制约

先进的技术方案，不一定是合理的经济方案，如技术上先进的太阳能或潮汐发电，受到社会经济条件的限制，费用太高，经济效果不好，因而不能被广泛采用。合理的经济方案，也不一定是先进的技术方案，如半机械化的技术并不很先进，但适用可行，经济效益反而较

好,因而被广泛应用于生产实践。技术经济就是要解决这对矛盾,对技术方案进行经济评价,对经济方案进行技术论证,要求采用的方案既有好的技术价值,又有好的经济效果。

二、技术经济效果及其评价指标

(一) 技术经济效果

实施任何一项技术方案,都必须重视其技术经济效果,它意味着用最少的资源和劳动消耗,生产出量多质优符合需要的使用价值。使用价值是劳动者对社会所作的贡献。在技术方案实施过程中,产出的有用劳动成果与投入的劳动消耗之间的比值就是技术经济效果。

其表达式为:

$$E = V/C \tag{8-1}$$

式中 E——技术经济效果;
V——劳动成果(即使用价值);
C——劳动消耗(物化劳动与活劳动消耗)。

使用价值一定,劳动耗费最少;或劳运消耗一定,使用价值最大,这时的技术方案的技术经济效果最佳。在现代化的生产条件下,不同的技术方案有着不同的技术经济效果。任何时候,经济效果都是各个方案之间的相对比较,所以应把技术经济效果看成是相对的、比较的概念。

(二) 技术经济效果的主要评价指标

在分析两个以上技术方案的经济效果大小时,一般采用两类指标:绝对效果指标与相对效果指标。

1. 绝对效果指标

即表示一个方案采用后的净收益。

$$\text{绝对效果指标}(R) = \text{收益}(V) - \text{费用}(C) \tag{8-2}$$

设 A 方案 每年投产费用 $C_A = 14$ 万元,每年销售收益 $V_A = 21$ 万元,
B 方案 每年投产费用 $C_B = 27$ 万元,每年销售收益 $V_B = 36$ 万元。
则两方案的绝对效果指标为

$$R_A = V_A - C_A = 21\text{万} - 14\text{万} = 7\text{万}(元)$$
$$R_B = V_B - C_B = 36\text{万} - 27\text{万} = 9\text{万}(元)$$
$R_B > R_A$,故 B 方案较优。

2. 相对效果指标

即表示单位费用的收益率。

$$\text{相对效果指标}(E) = \text{收益}(V)/\text{费用}(C)$$

则:

$$E_A = V_A/C_A = 21\text{万}/14\text{万} = 1.5$$
$$E_B = V_B/C_B = 36\text{万}/27\text{万} = 1.3$$
$E_A > E_B$,故 A 方案较优。

这两类指标经比较后,可能得出不同结论,所以应根据不同条件,按不同指标进行比较,一般相对效果指标应用较广,可比性较强。

三、技术经济分析的可比条件

进行技术经济分析,就是要对各种技术方案进行经济效果的比较,而各方案必须具备可比条件,才能从分析比较中选出最优者,这是技术经济分析的基本原则。两个以上的技术方

案相互进行经济效果比较时，必须具备以下四个可比条件。

（一）满足需求的可比条件

任何一个技术方案都是以满足一定客观需要为基础的，当两个方案相比时，必须具备满足相同需要，否则方案之间就无法比较。例如，焦炭和天然气是不可比的，因为它们是不同的物质，但如果生产合成氨，两者均可作为生产原料，在考虑用哪种原料比较经济合理，是采用焦炭原料方案还是采用天然气原料方案就有了可比性。

一般技术方案都以其产品数量、品种、质量等技术经济指标来满足社会需要的，因此，满足相同需要的不同技术方案进行比较时，首先要求不同方案的产品数量、品种和质量等指标具有可比性。

（1）产量不同的可比条件。如果两个方案的产量不同，不能直接比较投资和经营费用，而要把总投资和总经营费用化为单位产品投资和单位产品的经营费用才具有可比条件。

（2）质量与品种不同的可比条件。对不同产品的技术方案，首先要符合国家规定的质量标准，但技术方案的质量标准，有的可以转化为数量指标，有的不能转化为数量指标。可以转化为数量指标的，如使用寿命、可靠性等；使用寿命为2千小时的照明灯管肯定优于使用寿命1千小时的照明灯管。不能转化为数量指标的可以用达到某种相同的质量标准要付出多少代价来近似地计算，或采用评分法。其次品种不同的可比条件，可用原材料和人工工资的节约额来比较。

总之，由于产品产量、质量、品种不同，造成满足社会需求不同，在技术经济分析时，要进行相应的调整，使比较方案具有相同的可比性。

（二）消耗费用的可比条件

每一个技术方案的实现，都必须耗费一定的社会劳动和费用，不同方案的技术特性和经济特征不同，它们在各方面的耗费也不尽相同。为了使各技术方案能正确进行经济效益比较，要从系统观念出发，既要考虑方案本身的消耗费用，也要考虑与方案有密切关系的其他方面的消耗费用，如对机械产品要考虑包括用户使用费用在内的寿命周期费用；既要考虑本部门的各种消耗费用，也要考虑关系密切的相邻部门（原材料、燃料、动力等）的各种费用；要考虑方案的直接费用，也要考虑间接消耗费用如战胜劳动力、运输力、土地资源所引起的社会消耗费用的增加。因此，在方案对比时，要将综合后的总耗费来比较方案的优劣。

另外，在费用计算时，必须采用统一的定额和计费标准，否则对比方案，就失去其可比条件了。

（三）价格的可比条件

在计算方案的劳动成果和劳动消耗时，都要利用价格，不同方案的比较需要满足价格的可比条件。它反映有以下两个问题。

（1）价格是否反映价值。方案中的消耗与收益都应按产品价值进行计算，但因为我国长期忽视价值规律作用，一些社会产品的价值很难正确计算。因此如项目的投入产出的市场价格能真实反映其价值时，则经济分析可采用市场价格，如价格与价值背离太远，市场价格不能反映其价值时，为便于比较，可根据不同产品或设备具体确定一个合理计算价格，然后再作比较。

（2）消除物价涨落的因素。由于技术进步和劳动生产率的提高以及不同的市场供求关系，产品价格必然会不断变化，这就要求在计算和比较方案时，采用相应时期的价格指标。近期方案可采用现行价格指标；远期方案比较可采用远景价格指标。其目的是使不同方案具有价格的可比性。

(四) 时间的可比条件

时间可比条件应考虑两个因素：一是进行不同方案比较时，应采用统一的计算期，不能对甲方案计算五年内的经济效益，而对乙方案计算十年内的经济效益。二是考虑投资费用发生的时间先后和效益发挥的迟早对经济效益产生的影响。一般把不同时间发生的费用和效益采用适当的折现方法，折算成同一时间因素的货币来加以比较。

四、资金的时间价值

(一) 资金时间价值

资金时间价值是指等额货币在不同时点上具有不同的价值，即资金在扩大再生产及其循环周转过程中，随着时间的变化而产生增值。如今天的 100 元，按 10% 年利率复利计算，10 年后的今天就增值到 259.37 元，反之，10 年后的 100 元，按同样的复利率计算，只有今天的 38.55 元，显然，上述增加的值或减少的值，都是由于时间的影响而造成的。同样如果企业把一定数量的资金存入银行或投入生产，就会给企业带来一定的利息或收益。因此，在使用一笔资金时，必须树立资金的时间观念，考虑资金的时间价值，重视合理有效地利用资金，决策者要根据资金的增值程度来检验自己利用资金的经济效果。在技术经济论证中，就要用它来衡量不同投资方案的优劣。

(二) 资金流向图与现金流量

现金流量包括现金流入和现金流出，流入是指在一定周期内实际现金收入（收益），流出是指在一定周期内实际现金的支出（费用）。一般把现金流入定为正值，把现金流出定为负值。

资金流向图是表示在一定周期内，现金流入、流出数量与时间的图解方法，见图 8-1 所示。

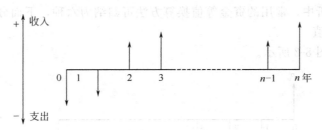

图 8-1　资金流向图

(三) 利息与利息率

1. 基本概念

利息是占用资金所付出的代价，或放弃使用资金所得到的报酬。利息率（利率）是指在计息期限内，所得或支付利息额与本金之比，一般以百分数表示。

2. 单利与复利

(1) 单利计算　是指使用本金计算利息，利息不再生息，单利计算的公式如下。

$$P_n = P_0(1 + ni) \tag{8-3}$$

式中　P_0——为本金，现值；
　　　n——计息周期；
　　　i——利率；
　　　P_n——本利和。

(2) 复利计算　是指由本金加上前一期限所得利息作为本期计算的本金，再生利息，即不但本金生息，利息也生息，复利计算的公式如下：

$$P_n = P_0(1+i)^n \tag{8-4}$$

3. 资金等值

是指在不同时点上绝对值不等，而从资金时间价值上认为是价值相等的资金。它可以把在一个时点发生的资金金额换算到另一时点的等值金额。在技术经济分析中，将不同时点发生的投资或收益，只有换算成同一时点的等额资金才具有可比性，才能使方案评价与选择切合实际。

如 100 元资金，年利率 10%，当计息周期 $n=1，2，3，4，5$ 年时，其本利和 P 为：

$n=1$　$P_1 = 100(1+0.1)^1 = 110.00$ 元

$n=2$　$P_2 = 100(1+0.1)^2 = 121.00$ 元

$n=3$　$P_3 = 100(1+0.1)^3 = 133.10$ 元

$n=4$　$P_4 = 100(1+0.1)^4 = 146.10$ 元

$n=5$　$P_5 = 100(1+0.1)^5 = 161.10$ 元

可以说，在不同时点上，这笔资金的绝对值不等，但从资金时间价值上分析，现在的 100 元与一年后有 110 元，2 年后的 121 元……5 年后的 161.10 元是等值的。

影响资金等值的因素是金额大小，金额发生的时间和利率的高低。

4. 资金的现值与终值

现值是指在利用资金等值的概念把不同时点发生的金额换算到现在时点的金额。而把将来某一时点的金额换算成现在时点等值的金额则称为折现（贴现），其换算所用的利率称贴现率。

终值（或称将来值）是指与现值等值的某一未来时点的价值。

（四）资金等值的计算

在技术经济分析中，常用的资金等值换算方法可归纳为六种，下面分别加以介绍。

1. 一次支付终值

资金流向图如图 8-2 所示。

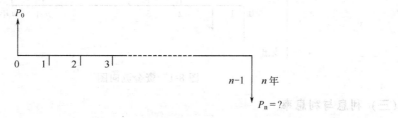

图 8-2　资金流向图

如果从银行一次贷款 P_0 元，偿还期 n 年，利率为 i。则 n 年末应偿还银行本利和 P 为：

$$P_n = P_0(1+i)^n$$

其中 $(1+i)^n$ 为复利终值系数。

【例 8-1】　某厂扩建向银行贷款 1500 万元，年利率 5%，5 年后一次还本付息，问到时本、息共付银行多少元？

$$P_n = P_0(1+i)^n = 1500(1+0.05)^5 = 1914.42（万元）$$

2. 一次支付现值

资金流向图如图 8-3 所示。

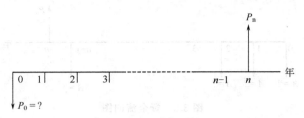

图 8-3　资金流向图

如果 n 年后要偿还银行 P_n 元，或 n 年末要从银行取 P_n 元。那么现在一次贷款数额或一次存款数额的计算公式如下。

$$P_0 = P_n \frac{1}{(1+i)^n} \tag{8-5}$$

其中 $\frac{1}{(1+i)^n}$ 为复利现值系数。

【例 8-2】　某企业要设立一笔 6 年后使用的专项基金 15 万元，银行年利率 5%，问现在应存入银行多少元？

$$P_0 = P_n \frac{1}{(1+i)^n} = 15 \frac{1}{(1+0.05)^6} = 11.932 \text{ 万元}$$

3．等额年金终值

资金流向图如图 8-4 所示。

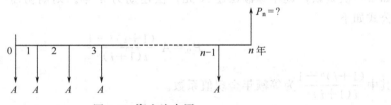

图 8-4　资金流向图

如果每年存入银行 A 元，存款期为 n 年，则 n 年存款者获得本利和的计算公式如下。

$$P_n = A \frac{(1+i)^n - 1}{i} \tag{8-6}$$

其中 $\frac{(1+i)^n - 1}{i}$ 为复利现值系数；A 为等额值、年金、发生到每期末。

【例 8-3】　某公司每年从利润中提取 2 万元，为公益金存入银行，若年利率 5%，15 年后可得到多少公益金？

$$P_n = A \frac{(1+i)^n}{i} = 2 \frac{(1+0.05)^{15} - 1}{0.05} = 43.1571 \text{ 万元} \tag{8-7}$$

4．等额储备年金

资金流向图如图 8-5 所示。

如果每年等额存款，存款期为 n 年，获得本利和为 P_n。则每年应等额存款的数额的计算公式如下。

$$A = P_n \frac{i}{(1+i)^n - 1} \tag{8-8}$$

其中 $\frac{i}{(1+i)^n - 1}$ 为等额储备系数，又称等额偿债系数。

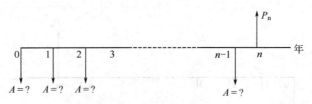

图 8-5 资金流向图

【例 8-4】 某企业 5 年后需要一笔 15 万元的专项基金进行技术改造，年利率为 5%，问每年需存入多少等额资金？

$$A = P_n \frac{i}{(1+i)^n - 1} = 15 \times \frac{0.05}{(1+0.05)^5 - 1} = 2.7146 \text{ 万元}$$

5. 等额年金现值

资金流向图如图 8-6 所示。

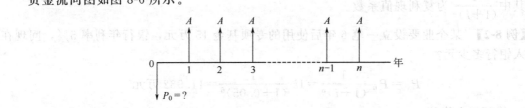

图 8-6 资金流向图

如果一次贷款，逐年等额偿还 A 元，偿还期为 n 年。则期初需一次从银行贷款数额的计算公式如下。

$$P_0 = A \frac{(1+i)^n - 1}{i(1+i)^n} \tag{8-9}$$

其中 $\dfrac{(1+i)^n - 1}{i(1+i)^n}$ 为等额年金现值系数。

【例 8-5】 某项目期初投资一笔资金，10 年内连本带利全部回收，每年年末可等额收回 3 万元，年利率 5%，问期初投资额为多少？

$$P_0 = A \frac{(1+i)^n - 1}{i(1+i)^n} = 3 \times \frac{(1+0.05)^{10} - 1}{0.05(1+0.05)^{10}} = 23.1667 \text{ 万元}$$

6. 等额资金回收

资金流向图如图 8-7 所示。

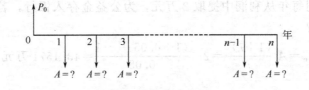

图 8-7 资金流向图

如果银行一次贷款 P_0 元，等额偿还，偿还期为 n 年。则每年末应等额偿还数额的计算公式如下。

$$A = P_0 \frac{i(1+i)^n}{(1+i)^n - 1} \tag{8-10}$$

其中 $\dfrac{i(1+i)^n}{(1+i)^n - 1}$ 为等额储备系数，又称等额偿债系数。

【例 8-6】 某企业投资一项目 100 万元,希望在 5 年内等额收回全部投资,年利率为 5%,问每年应回收多少元?

$$A = P_0 \frac{i(1+i)^n}{(1+i)^n - 1} = 100 \frac{0.05(1+0.05)^5}{(1+0.05)^5 - 1} = 23.0954 \text{ 万元}$$

以上六种复利计算方法中的系数均可查阅复利表得到。

第二节 技术经济分析的一般程序和方法

一、技术经济分析的一般程序

技术经济分析的一般程序可分为以下四个步骤。

1. 确定各种可行方案

根据投资事项要求,首先确定种种技术方案所预定要达到的经济目标和对各种方案进行比较的可比性经济效果指标,如投资收益率、投资回收期、资金利润率,劳动生产率等。再列出各种可能的技术方案。注意不要把实际可能的方案遗漏,也不要把实际不可能实现的方案罗列在内。

2. 初步评估可行方案

对各种可能的技术方案进行初步分析,对它从宏观到微观环境实现的可能性、利弊和各种影响因素进行比较、论证和甄别。此时要对反映方案的技术经济效益指标体系进行分类,使指标等同化,并具有可比性。

3. 对可行方案的经济评价

建立可行技术方案的经济指标和各种参数的函数关系,列出经济数学模型,并经过定量计算,求出各方案的经济效果,要力求真实、可靠,最好将数值用图表加以表达。方案经济评价的中心问题是检验投资得失,基本标准应该是得(收益)大于失(投资)。在经济评价中要注意全面性,即从直接到间接,从静态到动态,多方面衡量,以达到对各可行方案的经济效果有一个全面认识。

4. 对可行方案进行综合评价

最后对各可行技术方案进行综合技术经济评价,通过定量与定性分析、比较、论证、综合考虑各可行方案在政治、经济、社会、环境、资源、国防和对国民经济发展的影响,按优先秩序进行排队,最后选择一个(有时可以是两个)投资少、见效快、收益大的最佳技术方案,并写出技术经济评价报告,供主管部门决策选择。

二、技术经济分析的常用方法

1. 投资回收期法

投资回收期又称还本期,是指企业用每年所得收益偿还原始投资所需要的年限。其基本计算公式是:

$$投资回收期(年) = \frac{原始投资额(元)}{年净收益(元/年)} \tag{8-11}$$

式中的原始投资额,是某项方案的投资总额或一次性费用总额,式中的净收益,由于所含内容不同,有以下几种表达方式。

(1)用企业每年所得的利润或节约额,来补偿原始投资。

$$\text{投资回收期(年)} = \frac{\text{某项方案原始投资总额(元)}}{\text{年利润(或节约额)元/年}}$$

(2) 用企业每年所得利润加税金，来补偿原始投资。

$$\text{投资回收期(年)} = \frac{\text{某项方案原始投资总额(元)}}{\text{年利润+年上交税金(元/年)}}$$

(3) 用企业每年所得的现金净收入（折旧加税后利润）来补偿原始投资。

$$\text{投资回收期(年)} = \frac{\text{某项方案原始投资总额(元)}}{\text{年现金净收入(元/年)}}$$

上述各式中每年的利润、税金、现金净收入相等，如每年收入不等，则要逐年累计其金额与原始投资总额相比较，再计算回收期。

用此法进行投资决策时，一般方案投资总额越少，年平均收益额越多，回收期就越短，其经济效果也越好。由于它能反映投资综合效果，计算简便，易于理解，所以被较多采用。其主要缺点是没有考虑资金的时间价值对方案经济效益的影响，不能比较各方案未来收入的现值。另外它还忽视了回收期以后的收益，对某些近年收益较差的长期项目，如根据回收期长短来决定方案的舍取，可能导致决策错误。因此要与其他方法结合使用。

2. 追加投资回收期法

追加投资回收期是一个相对回收期指标，在比较两个或两个以上的同一项目不同技术方案投资效果时，可用此法来比较、评价。若有甲、乙两方案，甲方案的投资总额为 K_1，乙方案的投资总额为 K_2，而 $K_1 > K_2$；甲方案年经营费用为 C_1，乙方案年经营费用为 C_2，而 $C_1 < C_2$，则追加投资回收期 T_a 为：

$$T_a = \frac{K_1 - K_2}{C_2 - C_1} \tag{8-12}$$

当 $T_a > T_n$（标准投资回收期）时，乙方案优于甲方案；当 $T_a < T_n$ 时，甲方案优于乙方案。

【例 8-7】 某项目有两个可行技术方案，A 方案总投资 90 万元，年经营费用 9 万元；B 方案总投资 80 万元，年经营费用 12 万元，标准投资回收期为 4 年。试比较两方案优劣。

$$T_a = \frac{K_1 - K_2}{C_2 - C_1} = \frac{90 - 80}{12 - 9} = 3.3 \text{（年）}$$

因 $T_a < T_n = 4$ 年，所以 A 方案比 B 方案优，可以考虑接受。

追加投资回收期法优点是计算简便，能反映投入资金的回收速度，适合于有风险，强调偿还能力方案的评价。缺点是不能反映投资回收后方案的盈利能力的效果。

3. 净现值法

净现值法是把投资方案在有效期内未来各年现金净收入折算成现值之和，与原始投资总额相减，得出净现值额。其值如是正值，说明该项投资全部能按现值回收后还有剩余，具有投资效益。如其值为负，说明投资项目达不到预期目标，方案不可取或有待改进。净现值的计算公式如下：

$$\text{NPV} = \sum_{t=0}^{n} \frac{P_t}{(1+i)^t} - K_0 \tag{8-13}$$

式中 NPV——净现值；

K_0——方案原始投资总额；

t——年份；

P_t——第 t 年现金净收入；

i ——利率或贴现率；

n ——方案有效期（年）。

如每年现金净收入相等，可用下列公式计算：

$$NPV = A\left[\frac{(1+i)^n - 1}{i(1+i)^n}\right] - K_0 \tag{8-14}$$

式中 A ——每年相等的现金净收入，$\frac{(1+i)^n - 1}{i(1+i)^n}$ 为等额年金现值系数。

【例 8-8】 某企业有三个投资方案，逐年现金净收入和原始投资见表 8-1，贴现率为 10%，方案有效期为六年，试用净现值法分析，并选优。

表 8-1　各方案投资收益表　　　　　　　　　　　　　单位：万元

方 案		A	B	C
原始投资总额		55	53	48
各年现金净收入	第一年	6.6	0	5
	第二年	14	8	9
	第三年	20	16	15
	第四年	20	20	15
	第五年	15	20	15
	第六年	6	20	15

解： 用求净现值计算公式，可根据式(8-12)得出各方案的净现值。

A 方案：　NPV = (6.6×0.9091 + 14×0.8264 + 20×0.7513 + 20×0.683
　　　　　　+ 15×0.6209 + 6×0.5645) - 55 = 3.9561（万元）

复利现值系数可查复利表获得，也可用计算器计算。B、C 方案计算从略。

计算结果：A 方案 NPV = 3.9561 万元，B 方案 NPA = 3 万元，C 方案 NPV = 3.2786 万元。其中以 A 方案 NPV 最大，可以考虑选用。

采用净现值法，能考虑资金的时间价值，并把风险大小考虑在预定的贴现率中，是一种较好的方法。缺点是一般难以预测各年的现金净收入和贴现率，计算也较复杂。

4. 内部收益率法

内部收益率是使投资项目的净现值等于零的贴现率，又叫内部报酬率，即项目投资可以达到的报酬率，也可以说是计算投资方案现金流入量的现值等于原始投资额时的利率。内部收益率是反映投资资金利用效果（即资金利用好坏程度）的指标。内部收益率越高，则资金利用得越好。内部收益率可通过解出下述表达式中的 IRR 而求得。

$$\sum_{t=0}^{n} \frac{P_t}{(1+IRR)^t} = 0 \tag{8-15}$$

式中的 IRR 为内部收益率。

上式中各符号含义与净现值计算公式相同，只有 IRR 是求解的内部收益率。

求解内部收益 IRR 可通过试算法和插入计算法求得。现举例说明。

【例 8-9】 某项目原始投资额为 12000 元，项目寿命期为 10 年，预计每年现金净收益为 2500 元，若基准贴现率定为 10%，试求内部收益率，并对投资进行评价。

以 IRR（简称 i）为贴现率，令 NPV = 0，因每年现金收入相同，可代入以下公式。

$$NPV = A\left[\frac{(1+i)^n - 1}{i(1+i)^n}\right] - K_0 \tag{8-16}$$

解：
$$NPV = 2500\left[\frac{(1+i)^{10}-1}{i(1+i)^{10}}\right] - 12000 = 0$$

(1) 用试算法寻求 IRR 的取值范围。即先用估计的某一贴现率计算投资项目的净现值，如果正值，则采用较高贴现率再试算，直到净现值为接近于零的负值为止；如果为负值，则采用较低贴现率再试算，直到净现值为接近于零的正值为止。

若以贴现率 $i=16\%$ 取代 IRR，则得其净现值是：
$$NPV = 2500\left[\frac{(1+0.16)^{10}-1}{0.16(1+0.16)^{10}}\right] - 12000$$

$NPV = 2500 \times 4.833 - 12000 = 82.5$ 元，说明 i 值略高于 16%。

再以 $i=17\%$ 取代 IRR，则其净现值是：
$$NPV = 2500\left[\frac{(1+0.17)^{10}-1}{0.17(1+0.17)^{10}}\right] - 12000$$

$NPV = 2500 \times 4.6583 - 12000 = -354.3$ 元，说明所得的 i 值又低于 17%。即 $16\% < IRR < 17\%$。

(2) 再用插入计算法解出 IRR 的近似值，其计算公式：
$$IRR = i_1 + \frac{NPV_1}{NPV_1 + |NPV_2|}(i_1 - i_2)$$

式中 i_1, i_2 ——先后两次用试算净现值的贴现率；

NPV_1, NPV_2 ——对应 i_1, i_2 的净现率。

将上述数据代入得：
$$IRR = 0.16 + \frac{82.5}{82.5 + |-354.3|}(0.17 - 0.16) = 0.162，即 16.2\%$$

内部收益率指标用来判断最优方案或任何一个项目是否值得投资时，取决于它和所采用的基准贴现率相比较，如 $IRR > i$，说明此方案可行，若 $IRR < i$ 时，此方案不可取。

本例中求得的 IRR 为 $16.2\% > 10\%$（基准贴现率），所以该项目可以投资。

第三节 项目可行性研究简介

可行性研究是在拟建投资项目决策前，对项目的实施可能性、技术先进性、经济合理性进行调查研究、分析计算和评价的一种方法。它将为项目的投资者提供科学的决策依据。这种科学方法在企业新建、扩建、改建、技术改造；技术引进、设备更新和新产品开发等方面得到广泛的应用。

一、项目可行性研究的任务和作用

1. 项目可行性研究的任务

(1) 通过可行性研究要达到提高投资项目的经济效果，确保投资的经济利益。在经济领域中的投资，涉及面很广，如市场需求、竞争形势；又如建厂条件中对资源使用、动力供应、厂址选择、环保处理等；再如对基建方案中工艺条件选择、设备生产线选型、生产规模确定等等。若对这些问题缺乏全面了解、统筹兼顾、综合平衡、而盲目仓促决策，就可能造成不可挽回的损失。可行性研究的任务是在建设投资前，深入调查研究，预测估算，进行科学论证，尽量减少盲目性、片面性，使投资尊重客观规律，提高投资项目的经济效益。

(2) 通过可行性研究工作,来提高项目建设速度和确保项目的建设质量。可行性研究是属于项目投资前期工作,它所研究的工作内容,涉及到项目的合同签订、设计、施工安装以及工程投资费用。把项目前期工作做好做细,不但可以相应减少后期工作,缩短建设周期,还可以确保工程项目的质量,减少建设后期工作出现问题,促使投资能得到快速的回报。

2. 项目可行性研究的作用

(1) 作为项目投资的主要依据。可行性研究对投资项目所做出的综合评价,是用以鉴定该项目是否可行,为决策提供可靠的依据。这种决策包括两个方面:一是作为投资者或本身决策的依据,二是供投资管理部门审批的决策依据。

(2) 作为向银行申请贷款的依据。投资项目的资金来源一是自有资金,二是银行贷款,若向银行贷款,银行必须对项目可行性报告作出评估或审查,只有确认项目有偿还能力和承担风险很小时,银行才会同意贷款。

(3) 作为向当地政府和环保部门申请建设施工的依据。可行性研究报告经投资主管部门审批后,在施工建设前,还须经地方规划、环保部门审查,只有当一切符合要求时,才能得到建设施工许可证。

(4) 作为与有关部门签订协议或合同的依据。如工程项目所需的材料、燃料、动力和协议、合同以及今后施工、管理及进一步产品开发、技术更新的依据。

二、项目可行性研究的阶段与功能

为保证可行性研究的工作质量,要求由浅入深,循序渐进,具体可分为四个阶段。

1. 投资机会研究

投资机会研究阶段主要是一个项目的设想转变为一个概括性的投资建议书,其目的是引起投资者的兴趣。在内容上,根据目标进行一般机会研究,它含有产业、市场、经济效果等基础性的研究,这些研究往往采用几个主要指标进行概略的估算,还应包括一些基础性的信息和资料,并编制投资机会研究报告,要求迅速能指明方向。这阶段工作较粗略,花费不超过项目投资费用的1%。如引起投资者的兴趣,就可转入下一步研究工作。

2. 初步可行性研究

它是在机会研究基础上,进行较系统的研究工作。其主要目的是分析机会研究的结论,在占有资料、数据后,对投资机会作出初步抉择。它要表明工程项目的概貌,包括市场需求、产品规模、原材料来源、可供选择的工艺技术和设备、厂址布局、投资总费用、财务盈亏分析等。其目的是得出"要"或"不要"的结论。如果决策者认为项目可行,可进入技术经济的详细可行性研究。这阶段费用约占投资总费用的0.3%~1.5%。

3. 详细可行性研究

这是可行性研究的主要阶段,它是在经过初步可行性研究,确定项目可行后,进行深入、细致、全面的调查研究,对各种可行方案进行企业自身能力与环境比较分析,并将各方案的利弊得失,经综合论证和权衡后,从中选取最优方案。它也是向银行贷款、向政府申报以及同有关部门签订协议和合同的依据。其研究费用约占投资费用的1%~10%。

4. 评价与决策

评价与决策是可行性研究的最后阶段,又称项目评估。它是由投资决策部门组织或授权银行、咨询公司以及有关专家从第三者的角度,对项目可行性研究报告,进行全面审核和再评估,其任务是对拟建项目的可行性报告提出评价意见,最终决策该项目投资是否可行,并确定最佳投资方案。

上述四个阶段是由粗到细、逐步深化,并非每个投资项目都必须经过四个阶段,而是根据项目要求、规模大小、加以合并，可以节省人力和时间。

三、项目可行性研究的内容

根据国家计委1983年2月颁发的《关于建设项目进行可行性研究的试行管理办法》规定，对可行性研究的内容，可归纳为以下几项。

1. 项目背景与历史

提出建设项目的背景，说明项目的简要情况，对改、扩建项目要说明企业现有情况，要简述项目投资的必要性和经济意义，并指出其对地区经济发展的重要性；以及项目投产后的经济效益。同时要说明项目发展的历史，重大事件发生的时间与情况，研究调查得出的结论和决定等。

2. 市场需求的拟建规模

进行市场调查，了解市场对产品的需求量和产品的竞争能力，预测产品的市场销售前景，确定销售和价格策略。制定生产纲要，按照不同生产水平、投资费用和销售收益，确定综合生产能力，对拟建项目的生产规模、产品方案和发展方向，进行技术经济论证。

3. 使用资源、原材料、燃料及公用设施情况

研究需用的原材料、辅助材料、燃料、动力的种类、数量、来源、价格、供应的可能性、运输状况和费用支出。特别要分析基本生产材料的来源，如需进口材料，还要考虑外汇来源和供应协议中的限制条款。同时要研究该项目所需公用设施的数量、供应方式和供应条件。

4. 建厂条件和厂址选择

对可供选择建厂的地区，应从地理位置、气象、水文、地质、地形条件、交通运输、水、电、气及通讯等现状和发展趋势等作详细调查，同时对公用生活设施，社会经济现状与环境，协作条件等进行评述。

凡能满足建厂条件的区域，可作出具体厂址备选方案，再进一步分析论证。经过比较、择优确定厂址。

5. 项目设计方案

选择并比较项目的构成范围（包括主要的单项工程），技术来源和生产方法，主要技术工艺和设备选型。对改建项目要对原有固定资产的利用程度，对全厂平面布置方案及厂外、厂内交通运输、公用辅助设施等进行比较。确定项目土建结构和工程总量，并计算投资总费用。

6. 环境保护

调查环境现状，说明项目投产后产生三废（废水、废渣、废气）对环境将会造成的影响状况，提出保护环境，三废治理回收方案，如何达到环保部门提出的排放标准。所用经费计入投资费用，本着"三同时"的原则，做到与工程项目同时设计、同时施工、同时使用。

7. 企业组织、劳动定员、人员培训和管理费用

根据生产体系编制组织机构系统图，在此基础上配备各部门、各主要工序具体定员，按规定确定生产人员、管理人员、服务人员之间的比例。劳动定员不仅要看人员的数量，还要重视人员的素质和知识技术水平，要确定人员的来源和岗位培训计划。管理费用通常按产品设计的直接成本的百分比来计算，若具备详细资料时，应按费用项目计算。

8. 项目建设进度

制定实施进度计划，使项目实施各阶段、各环节彼此衔接，保证工程质量，按量、按期完成。实施进度可用网络图表示，通过合理组织各种资源，节省投资费用，使建设周期尽可

能地缩短，尽快发挥投资项目的经济效益。

9. 投资估算和资金筹措

运用技术经济分析论证和各种计算方法，算出主体工程和协作配套工程所需的投资额，估算生产流动资金。规划资金来源，筹措方式与数额。凡借贷外资，要充分考虑借贷条件、利率和偿还能力、偿还方式。为使工程项目有计划地实现，应将总投资按项目建设程序、步骤，列出分年度（季度）的投资计划。

10. 社会及经济评价与评估报告

根据投资估算和财务预测数据，分别从企业角度和国民经济角度评价投资效益，通常采用经济评价方法有：投资回收期法、净现值法、盈亏平衡分析法等，并对投资项目进行评定，提出可行或不可行的决策性结论和建议，写出评价报告，报主管部门审批。

综上所述，可行性研究的十项内容，不仅综合了投资项目技术经济预设计的全部内容，也对项目投产后的效益、费用进行客观分析，据此可对拟建项目与否作出结论，其中市场需求和拟建规模是前提，技术方案是基础，经济评价是目的和关键。

复习思考题

1. 简述技术与经济的关系和技术经济效果的评价指标。
2. 在技术经济分析中有哪些可比条件？
3. 何谓资金的时间价值、资金的现值和终值？它对使用资金的意义何在？
4. 技术经济分析一般要经过哪些程序？有哪些具体内容？
5. 简述项目可行性研究的任务和内容。
6. 为兴建某化工企业，需向国外贷款4400万元，假定年利率为10%，三年分期使用，现有两种不同使用方法：甲方案第一年贷款2400万元，第二年1800万元，第三年200万元，三年建成；乙方案第一年贷款1000万元，第二年1500万元，第三年1900万元，也是三年建成，请用复利法计算，采用哪个方案为佳？
7. 某厂要购买某型设备一台，现有两个机械厂出售这种设备（具体数据如下），试用净现值法作出购买经济评价。

项　目	一次投资额	使用寿命	年利率	年现金净收入
甲厂某型设备	50000	10年	6%	8000元
乙厂某型设备	80000	10年	6%	12500元

8. 某化工厂引进一套新工艺装置，需投资16万元，每年可获现金净收入3万元，有效期为10年，设基准贴现率为10%，试求内部收益率，并对该投资项目提出决策意见。

参考文献

[1] 李兴山. 现代管理. 北京：中国财经出版社，2003.
[2] 吴拓. 现代企业管理. 北京：机械工业出版社，2007.
[3] 刘兆信. 现代企业管理. 北京：北京交通大学出版社，2007.
[4] 王之泰. 新编现代物流学. 首都经贸大学出版社，2005.
[5] 薛威. 物流仓储管理. 北京：高等教育出版社，2006.
[6] 宋文官. 物流基础. 北京：高等教育出版社，2006.
[7] 于鹏. 电子商务基础. 北京：高等教育出版社，2006.
[8] 陶世怀. 电子商务概论. 大连：大连理工大学出版社，2007.
[9] 秦志华. 人力资源管理. 北京：中国人民大学出版社，2002.
[10] 冯拾松. 人力资源管理. 北京：高等教育出版社，2004.
[11] 全国经济技术资格考试用书编委会. 人力资源管理. 北京：中国人事出版社，2005.